交通运输安全生产实用法规汇编

（港航分册）

孙常强　主编

浙江工商大学出版社
ZHEJIANG GONGSHANG UNIVERSITY PRESS
·杭州·

图书在版编目（CIP）数据

交通运输安全生产实用法规汇编.港航分册/孙常强主编.—杭州：浙江工商大学出版社，2021.8
　　ISBN 978-7-5178-4612-3

　　Ⅰ.①交…　Ⅱ.①孙…　Ⅲ.①水路运输管理—安全生产—安全法规—汇编—中国②港口管理—安全生产—安全法规—汇编—中国　Ⅳ.①D922.296.9

中国版本图书馆 CIP 数据核字 (2021) 第 150944 号

交通运输安全生产实用法规汇编（港航分册）
JIAOTONG YUNSHU ANQUAN SHENGCHAN SHIYONG FAGUI HUIBIAN（GANGHANG FENCE）
孙常强　主编

责任编辑	尹　洁
封面设计	林朦朦
责任印制	包建辉
出版发行	浙江工商大学出版社
	（杭州市教工路 198 号　邮政编码 310012）
	（E-mail：zjgsupress@163.com）
	（网址：http：//www.zjgsupress.com）
	电话：0571-88904980，88831806（传真）
排　　版	杭州朝曦图文设计有限公司
印　　刷	浙江全能工艺美术印刷有限公司
开　　本	787mm×1092mm　1/16
印　　张	29.25
字　　数	760 千
版 印 次	2021 年 8 月第 1 版　2021 年 8 月第 1 次印刷
书　　号	ISBN 978-7-5178-4612-3
定　　价	98.00 元

前　言

安全生产事关人民群众生命财产安全，事关经济社会协调健康发展，是党和政府践行以人民为中心发展思想的具体体现，是建设人民满意交通的基本要求，是建设交通强国的基础保障。2016年，中共中央、国务院印发了《关于推进安全生产领域改革发展的意见》，浙江省委省政府、交通运输部也分别出台了关于推进本省、本行业安全生产领域改革发展的实施意见。全面深化交通运输行业安全生产领域改革发展，切实提升全行业安全防范治理能力和安全生产保障能力，各级交通主管部门承担着特殊重要任务。在此背景下，浙江省交通运输厅决定编写一套旨在指导各级交通运输管理部门"科学治安"，提高我省交通运输主管部门从业人员履职能力的培训用书，定名为"交通运输行业安全生产管理人员培训教材"。教材共分《交通运输行业安全生产监管实务》《交通运输安全生产实用法规汇编（港航分册）》两册。《交通运输行业安全生产监管实务》从安全生产管理责任、安全生产管理制度、安全生产管理工作机制、生产安全事故调查处理、生产安全事故应急救援、安全生产风险管控、安全生产隐患排查与治理七个方面论述各级交通运输主管部门应承担的监管职责，《交通运输安全生产实用法规汇编（港航分册）》为常用实用的法律法规的工具书。在2019年已编印《交通运输安全生产实用法规汇编（道路运输分册）》的基础上，此次收集整理并体系化安全管理中常用或援引较多的水路运输、港口航道及海事等相关的法律法规、规章制度、规范化文件等。

本教材由孙常强主编，陈建钢、姚建飞、曲承佳、陈姝娴、韩超、王广飞、张米雅等参与编写。

本教材如有不足之处，敬请广大读者批评指正。

本书编写组

2021年4月

目　录

第一编

安全生产相关法律

中华人民共和国航道法

（2014年12月28日第十二届全国人民代表大会常务委员会第十二次会议通过，中华人民共和国主席令第17号公布；根据2016年7月2日第十二届全国人民代表大会常务委员会第二十一次会议通过，中华人民共和国主席令第48号《全国人民代表大会常务委员会关于修改〈中华人民共和国节约能源法〉等六部法律的决定》修正）

第一章 总则

第一条 为了规范和加强航道的规划、建设、养护、保护，保障航道畅通和通航安全，促进水路运输发展，制定本法。

第二条 本法所称航道，是指中华人民共和国领域内的江河、湖泊等内陆水域中可以供船舶通航的通道，以及内海、领海中经建设、养护可以供船舶通航的通道。航道包括通航建筑物、航道整治建筑物和航标等航道设施。

第三条 规划、建设、养护、保护航道，应当根据经济社会发展和国防建设的需要，遵循综合利用和保护水资源、保护生态环境的原则，服从综合交通运输体系建设和防洪总体安排，统筹兼顾供水、灌溉、发电、渔业等需求，发挥水资源的综合效益。

第四条 国务院和有关县级以上地方人民政府应当加强对航道工作的领导，组织、协调、督促有关部门采取措施，保持和改善航道通航条件，保护航道安全，维护航道网络完整和畅通。

国务院和有关县级以上地方人民政府应当根据经济社会发展水平和航道建设、养护的需要，在财政预算中合理安排航道建设和养护资金。

第五条 国务院交通运输主管部门主管全国航道管理工作，并按照国务院的规定直接管理跨省、自治区、直辖市的重要干线航道和国际、国境河流航道等重要航道。

县级以上地方人民政府交通运输主管部门按照省、自治区、直辖市人民政府的规定主管所辖航道的管理工作。

国务院交通运输主管部门按照国务院规定设置的负责航道管理的机构和县级以上地方人民政府负责航道管理的部门或者机构（以下统称负责航道管理的部门），承担本法规定的航道管理工作。

第二章　航道规划

第六条　航道规划分为全国航道规划、流域航道规划、区域航道规划和省、自治区、直辖市航道规划。

航道规划应当包括航道的功能定位、规划目标、发展规划技术等级、规划实施步骤以及保障措施等内容。

航道规划应当符合依法制定的流域、区域综合规划，符合水资源规划、防洪规划和海洋功能区划，并与涉及水资源综合利用的相关专业规划以及依法制定的城乡规划、环境保护规划等其他相关规划和军事设施保护区划相协调。

第七条　航道应当划分技术等级。航道技术等级包括现状技术等级和发展规划技术等级。航道发展规划技术等级根据相关自然条件以及防洪、供水、水资源保护、生态环境保护要求和航运发展需求等因素评定。

第八条　全国航道规划由国务院交通运输主管部门会同国务院发展改革部门、国务院水行政主管部门等部门编制，报国务院批准公布。流域航道规划、区域航道规划由国务院交通运输主管部门编制并公布。

省、自治区、直辖市航道规划由省、自治区、直辖市人民政府交通运输主管部门会同同级发展改革部门、水行政主管部门等部门编制，报省、自治区、直辖市人民政府会同国务院交通运输主管部门批准公布。

编制航道规划应当征求有关部门和有关军事机关的意见，并依法进行环境影响评价。涉及海域、重要渔业水域的，应当有同级海洋主管部门、渔业行政主管部门参加。编制全国航道规划和流域航道规划、区域航道规划应当征求相关省、自治区、直辖市人民政府的意见。

流域航道规划、区域航道规划和省、自治区、直辖市航道规划应当符合全国航道规划。

第九条　依法制定并公布的航道规划应当依照执行；航道规划确需修改的，依照规划编制程序办理。

第三章 航道建设

第十条　新建航道以及为改善航道通航条件而进行的航道工程建设，应当遵守法律、行政法规关于建设工程质量管理、安全管理和生态环境保护的规定，符合航道规划，执行有关的国家标准、行业标准和技术规范，依法办理相关手续。

第十一条　航道建设单位应当根据航道建设工程的技术要求，依法通过招标等方式选择具有相应资质的勘察、设计、施工和监理单位进行工程建设，对工程质量和安全进行监督检查，并对工程质量和安全负责。

从事航道工程建设的勘察、设计、施工和监理单位，应当依照法律、行政法规的规定取得相应的资质，并在其资质等级许可的范围内从事航道工程建设活动，依法对勘察、设计、施工、监理的质量和安全负责。

第十二条　有关县级以上人民政府交通运输主管部门应当加强对航道建设工程质量和安全的监督检查,保障航道建设工程的质量和安全。

第十三条　航道建设工程竣工后,应当按照国家有关规定组织竣工验收,经验收合格方可正式投入使用。

航道建设单位应当自航道建设工程竣工验收合格之日起六十日内,将竣工测量图报送负责航道管理的部门。沿海航道的竣工测量图还应当报送海军航海保证部门。

第十四条　进行航道工程建设应当维护河势稳定,符合防洪要求,不得危及依法建设的其他工程或者设施的安全。因航道工程建设损坏依法建设的其他工程或者设施的,航道建设单位应当予以修复或者依法赔偿。

第四章 航道养护

第十五条　国务院交通运输主管部门应当制定航道养护技术规范。

负责航道管理的部门应当按照航道养护技术规范进行航道养护,保证航道处于良好通航技术状态。

第十六条　负责航道管理的部门应根据航道现状技术等级或者航道自然条件确定并公布航道维护尺度和内河航道图。

航道维护尺度是指航道在不同水位期应当保持的水深、宽度、弯曲半径等技术要求。

第十七条　负责航道管理的部门应当按照国务院交通运输主管部门的规定对航道进行巡查,发现航道实际尺度达不到航道维护尺度或者有其他不符合保证船舶通航安全要求的情形,应当进行维护,及时发布航道通告并通报海事管理机构。

第十八条　海事管理机构发现航道损毁等危及通航安全的情形,应当及时通报负责航道管理的部门,并采取必要的安全保障措施。

其他单位和人员发现航道损毁等危及通航安全的情形,应当及时报告负责航道管理的部门或者海事管理机构。

第十九条　负责航道管理的部门应当合理安排航道养护作业,避免限制通航的集中作业和在通航高峰期作业。

负责航道管理的部门进行航道疏浚、清障等影响通航的航道养护活动,或者确需限制通航的养护作业的,应当设置明显的作业标志,采取必要的安全措施,并提前通报海事管理机构,保证过往船舶通行以及依法建设的工程设施的安全。养护作业结束后,应当及时清除影响航道通航条件的作业标志及其他残留物,恢复正常通航。

第二十条　进行航道养护作业可能造成航道堵塞的,有关负责航道管理的部门应当会同海事管理机构事先通报相关区域负责航道管理的部门和海事管理机构,共同制定船舶疏导方案,并向社会公告。

第二十一条　因自然灾害、事故灾难等突发事件造成航道损坏、阻塞的,负责航道管理的部门应当按照突发事件应急预案尽快修复抢通;必要时由县级以上人民政府组织尽快修复抢通。

船舶、设施或者其他物体在航道水域中沉没,影响航道畅通和通航安全的,其所有人或者经营人应当立即报告负责航道管理的部门和海事管理机构，按照规定自行或者委托负责航道管理的部门或者海事管理机构代为设置标志，并应当在海事管理机构限定的时间内打捞清除。

第二十二条　航标的设置、养护、保护和管理，依照有关法律、行政法规和国家标准或者行业标准的规定执行。

第二十三条　部队执行任务、战备训练需要使用航道的，负责航道管理的部门应当给予必要的支持和协助。

第五章　航道保护

第二十四条　新建、改建、扩建（以下统称建设）跨越、穿越航道的桥梁、隧道、管道、缆线等建筑物、构筑物，应当符合该航道发展规划技术等级对通航净高、净宽、埋设深度等航道通航条件的要求。

第二十五条　在通航河流上建设永久性拦河闸坝，建设单位应当按照航道发展规划技术等级建设通航建筑物。通航建筑物应当与主体工程同步规划、同步设计、同步建设、同步验收、同步投入使用。

闸坝建设期间难以维持航道原有通航能力的，建设单位应当采取修建临时航道、安排翻坝转运等补救措施，所需费用由建设单位承担。

在不通航河流上建设闸坝后可以通航的，闸坝建设单位应当同步建设通航建筑物或者预留通航建筑物位置，通航建筑物建设费用除国家另有规定外，由交通运输主管部门承担。

通航建筑物的运行应当适应船舶通行需要，运行方案应当经负责航道管理的部门同意并公布。通航建筑物的建设单位或者管理单位应当按照规定维护保养通航建筑物，保持其正常运行。

第二十六条　在航道保护范围内建设临河、临湖、临海建筑物或者构筑物，应当符合该航道通航条件的要求。

航道保护范围由县级以上地方人民政府交通运输主管部门会同水行政主管部门或者流域管理机构、国土资源主管部门根据航道发展规划技术等级和航道保护实际需要划定，报本级人民政府批准公布。国务院交通运输主管部门直接管理的航道的航道保护范围，由国务院交通运输主管部门会同国务院水行政主管部门、国务院国土资源主管部门和有关省、自治区、直辖市人民政府划定公布。航道保护范围涉及海域、重要渔业水域的，还应当分别会同同级海洋主管部门、渔业行政主管部门划定。

第二十七条　建设本法第二十四条、第二十五条第一款、第二十六条第一款规定的工程（以下统称与航道有关的工程），除依照法律、行政法规或者国务院规定进行的防洪、供水等特殊工程外，不得因工程建设降低航道通航条件。

第二十八条　建设与航道有关的工程，建设单位应当在工程可行性研究阶段就建设项目对航道通航条件的影响作出评价，并报送有审核权的交通运输主管部门或者航道管理机构审核，但下列工程除外：

（一）临河、临湖的中小河流治理工程；

（二）不通航河流上建设的水工程；

（三）现有水工程的水毁修复、除险加固、不涉及通航建筑物和不改变航道原通航条件的更新改造等不影响航道通航条件的工程。

建设单位报送的航道通航条件影响评价材料不符合本法规定的，可以进行补充或者修改，重新报送审核部门审核。

未进行航道通航条件影响评价或者经审核部门审核认为建设项目不符合本法规定的，建设单位不得建设。政府投资项目未进行航道通航条件影响评价或者经审核部门审核认为建设项目不符合本法规定的，负责建设项目审批的部门不予批准。

第二十九条 国务院或者国务院有关部门批准、核准的建设项目，以及与国务院交通运输主管部门直接管理的航道有关的建设项目的航道通航条件影响评价，由国务院交通运输主管部门审核；其他建设项目的航道通航条件影响评价，按照省、自治区、直辖市人民政府的规定由县级以上地方人民政府交通运输主管部门或者航道管理机构审核。

第三十条 航道上相邻拦河闸坝之间的航道通航水位衔接，应当符合国家规定的通航标准和技术要求。位于航道及其上游支流上的水工程，应当在设计、施工和调度运行中统筹考虑下游航道设计最低通航水位所需的下泄流量，但水文条件超出实际标准的除外。

保障下游航道通航所需的最小下泄流量以及满足航道通航条件允许的水位变化的确定，应当征求负责航道管理的部门的意见。

水工程需大幅度减流或者大流量泄水的，应当提前通报负责航道管理的部门和海事管理机构，给船舶避让留出合理的时间。

第三十一条 与航道有关的工程施工影响航道正常功能的，负责航道管理的部门、海事管理机构应当根据需要对航标或者航道的位置、走向进行临时调整；影响消除后应当及时恢复。所需费用由建设单位承担，但因防洪抢险工程引起调整的除外。

第三十二条 与航道有关的工程竣工验收前，建设单位应当及时清除影响航道通航条件的临时设施及其残留物。

第三十三条 与航道有关的工程建设活动不得危及航道安全。

与航道有关的工程建设活动损坏航道的，建设单位应当予以修复或者依法赔偿。

第三十四条 在通航水域上建设桥梁等建筑物，建设单位应当按照国家有关规定和技术要求设置航标等设施，并承担相应费用。

桥区水上航标由负责航道管理的部门、海事管理机构负责管理维护。

第三十五条 禁止下列危害航道通航安全的行为：

（一）在航道内设置渔具或者水产养殖设施的；

（二）在航道和航道保护范围内倾倒砂石、泥土、垃圾以及其他废弃物的；

（三）在通航建筑物及其引航道和船舶调度区内从事货物装卸、水上加油、船舶维修、捕鱼等，影响通航建筑物正常运行的；

（四）危害航道设施安全的；

（五）其他危害航道通航安全的行为。

第三十六条 在河道内采砂，应当依照有关法律、行政法规的规定进行。禁止在河道内依法划定的砂石禁采区采砂、无证采砂、未按批准的范围和作业方式采砂等非法采砂行为。

在航道和航道保护范围内采砂，不得损害航道通航条件。

第三十七条 本法施行前建设的拦河闸坝造成通航河流断航，需要恢复通航且具备建设通航建筑物条件的，由发展改革部门会同水行政主管部门、交通运输主管部门提出恢复通航方案，报本级人民政府决定。

第六章　法律责任

第三十八条　航道建设、勘察、设计、施工、监理单位在航道建设活动中违反本法规定的，由县级以上人民政府交通运输主管部门依照有关招标投标和工程建设管理的法律、行政法规的规定处罚。

第三十九条　建设单位未依法报送航道通航条件影响评价材料而开工建设的，由有审核权的交通运输主管部门或者航道管理机构责令停止建设，限期补办手续，处三万元以下的罚款；逾期不补办手续继续建设的，由有审核权的交通运输主管部门或者航道管理机构责令恢复原状，处二十万元以上五十万元以下的罚款。

报送的航道通航条件影响评价材料未通过审核，建设单位开工建设的，由有审核权的交通运输主管部门或者航道管理机构责令停止建设、恢复原状，处二十万元以上五十万元以下的罚款。

违反航道通航条件影响评价的规定建成的项目导致航道通航条件严重下降的，由前两款规定的交通运输主管部门或者航道管理机构责令限期采取补救措施或者拆除；逾期未采取补救措施或者拆除的，由交通运输主管部门或者航道管理机构代为采取补救措施或者依法组织拆除，所需费用由建设单位承担。

第四十条　与航道有关的工程的建设单位违反本法规定，未及时清除影响航道通航条件的临时设施及其残留物的，由负责航道管理的部门责令限期清除，处二万元以下的罚款；逾期仍未清除的，处三万元以上二十万元以下的罚款，并由负责航道管理的部门依法组织清除，所需费用由建设单位承担。

第四十一条　在通航水域上建设桥梁等建筑物，建设单位未按照规定设置航标等设施的，由负责航道管理的部门或者海事管理机构责令改正，处五万元以下罚款。

第四十二条　违反本法规定，有下列行为之一的，由负责航道管理的部门责令改正，对单位处五万元以下罚款，对个人处二千元以下罚款；造成损失的，依法承担赔偿责任：

（一）在航道内设置渔具或者水产养殖设施的；

（二）在航道和航道保护范围内倾倒砂石、泥土、垃圾以及其他废弃物的；

（三）在通航建筑物及其引航道和船舶调度区内从事货物装卸、水上加油、船舶维修、捕鱼等，影响通航建筑物正常运行的；

（四）危害航道设施安全的；

（五）其他危害航道通航安全的行为。

第四十三条　在河道内依法划定的砂石禁采区采砂、无证采砂、未按批准的范围和作业方式采砂等非法采砂的，依照有关法律、行政法规的规定处罚。

违反本法规定，在航道和航道保护范围内采砂，损害航道通航条件的，由负责航道管理的部门责令停止违法行为，没收违法所得，可以扣押或者没收非法采砂船舶，并处五万元以上三十万元以下罚款；造成损失的，依法承担赔偿责任。

第四十四条　违反法律规定,污染环境、破坏生态或者有其他环境违法行为的,依照《中华人民共和国环境保护法》等法律的规定处罚。

第四十五条　交通运输主管部门以及其他有关部门不依法履行本法规定的职责的,对直接负责的主管人员和其他直接责任人员依法给予处分。

负责航道管理的机构不依法履行本法规定的职责的,由其上级主管部门责令改正,对直接负责的主管人员和其他直接责任人员依法给予处分。

第四十六条　违反本法规定,构成违反治安管理行为的,依法给予治安管理处罚;构成犯罪的,依法追究刑事责任。

第七章　附则

第四十七条　进出军事港口、渔业港口的专用航道不适用本法。专用航道由专用部门管理。

第四十八条　本法自2016年9月1日起施行。

中华人民共和国港口法

（2003年6月28日第十届全国人民代表大会常务委员会第三次会议通过；根据2015年4月24日第十二届全国人民代表大会常务委员会第十四次会议《关于修改〈中华人民共和国港口法〉等七部法律的决定》第一次修正；根据2017年11月4日第十二届全国人民代表大会常务委员会第三十次会议《关于修改〈中华人民共和国会计法〉等十一部法律的决定》第二次修正；根据2018年12月29日第十三届全国人民代表大会常务委员会第七次会议全国人民代表大会常务委员会《关于修改〈中华人民共和国电力法〉等四部法律的决定》第三次修正）

第一章　总则

第一条　为了加强港口管理，维护港口的安全与经营秩序，保护当事人的合法权益，促进港口的建设与发展，制定本法。

第二条　从事港口规划、建设、维护、经营、管理及其相关活动，适用本法。

第三条　本法所称港口，是指具有船舶进出、停泊、靠泊，旅客上下，货物装卸、驳运、储存等功能，具有相应的码头设施，由一定范围的水域和陆域组成的区域。

港口可以由一个或者多个港区组成。

第四条　国务院和有关县级以上地方人民政府应当在国民经济和社会发展计划中体现港口的发展和规划要求，并依法保护和合理利用港口资源。

第五条　国家鼓励国内外经济组织和个人依法投资建设、经营港口，保护投资者的合法权益。

第六条　国务院交通主管部门主管全国的港口工作。

地方人民政府对本行政区域内港口的管理，按照国务院关于港口管理体制的规定确定。

依照前款确定的港口管理体制，由港口所在地的市、县人民政府管理的港口，由市、县人民政府确定一个部门具体实施对港口的行政管理；由省、自治区、直辖市人民政府管理的港口，由省、自治区、直辖市人民政府确定一个部门具体实施对港口的行政管理。

依照前款确定的对港口具体实施行政管理的部门，以下统称港口行政管理部门。

第二章　港口规划与建设

第七条　港口规划应当根据国民经济和社会发展的要求以及国防建设的需要编制,体现合理利用岸线资源的原则,符合城镇体系规划,并与土地利用总体规划、城市总体规划、江河流域规划、防洪规划、海洋功能区划、水路运输发展规划和其他运输方式发展规划以及法律、行政法规规定的其他有关规划相衔接、协调。

编制港口规划应当组织专家论证,并依法进行环境影响评价。

第八条　港口规划包括港口布局规划和港口总体规划。

港口布局规划,是指港口的分布规划,包括全国港口布局规划和省、自治区、直辖市港口布局规划。

港口总体规划,是指一个港口在一定时期的具体规划,包括港口的水域和陆域范围、港区划分、吞吐量和到港船型、港口的性质和功能、水域和陆域使用、港口设施建设岸线使用、建设用地配置以及分期建设序列等内容。

港口总体规划应当符合港口布局规划。

第九条　全国港口布局规划,由国务院交通主管部门征求国务院有关部门和有关军事机关的意见编制,报国务院批准后公布实施。

省、自治区、直辖市港口布局规划,由省、自治区、直辖市人民政府根据全国港口布局规划组织编制,并送国务院交通主管部门征求意见。国务院交通主管部门自收到征求意见的材料之日起满三十日未提出修改意见的,该港口布局规划由有关省、自治区、直辖市人民政府公布实施;国务院交通主管部门认为不符合全国港口布局规划的,应当自收到征求意见的材料之日起三十日内提出修改意见;有关省、自治区、直辖市人民政府对修改意见有异议的,报国务院决定。

第十条　港口总体规划由港口行政管理部门征求有关部门和有关军事机关的意见编制。

第十一条　地理位置重要、吞吐量较大、对经济发展影响较广的主要港口的总体规划,由国务院交通主管部门征求国务院有关部门和有关军事机关的意见后,会同有关省、自治区、直辖市人民政府批准,并公布实施。主要港口名录由国务院交通主管部门征求国务院有关部门意见后确定并公布。

省、自治区、直辖市人民政府征求国务院交通主管部门的意见后确定本地区的重要港口。重要港口的总体规划由省、自治区、直辖市人民政府征求国务院交通主管部门意见后批准,公布实施。

前两款规定以外的港口的总体规划,由港口所在地的市、县人民政府批准后公布实施,并报省、自治区、直辖市人民政府备案。

市、县人民政府港口行政管理部门编制的属于本条第一款、第二款规定范围的港口的总体规划,在报送审批前应当经本级人民政府审核同意。

第十二条　港口规划的修改,按照港口规划制定程序办理。

第十三条　在港口总体规划区内建设港口设施,使用港口深水岸线的,由国务院交通主管部门会同国务院经济综合宏观调控部门批准;建设港口设施,使用非深水岸线的,由港口行政管理部门批准。但是,由国务院或者国务院经济综合宏观调控部门批准建设的项目使用港口岸线,不再另行办理使用港口岸线的审批手续。

港口深水岸线的标准由国务院交通主管部门制定。

第十四条　港口建设应当符合港口规划。不得违反港口规划建设任何港口设施。

第十五条　按照国家规定须经有关机关批准的港口建设项目,应当按照国家有关规定办理审批手续，并符合国家有关标准和技术规范。

建设港口工程项目，应当依法进行环境影响评价。

港口建设项目的安全设施和环境保护设施，必须与主体工程同时设计、同时施工、同时投入使用。

第十六条 港口建设使用土地和水域，应当依照有关土地管理、海域使用管理、河道管理、航道管理、军事设施保护管理的法律、行政法规以及其他有关法律、行政法规的规定办理。

第十七条 港口的危险货物作业场所、实施卫生除害处理的专用场所，应当符合港口总体规划和国家有关安全生产、消防、检验检疫和环境保护的要求，其与人口密集区和港口客运设施的距离应当符合国务院有关部门的规定；经依法办理有关手续后，方可建设。

第十八条 航标设施以及其他辅助性设施，应当与港口同步建设，并保证按期投入使用。

港口内有关行政管理机构办公设施的建设应当符合港口总体规划，建设费用不得向港口经营人摊派。

第十九条 港口设施建设项目竣工后，应当按照国家有关规定经验收合格，方可投入使用。

港口设施的所有权，依照有关法律规定确定。

第二十条 县级以上有关人民政府应当保证必要的资金投入，用于港口公用的航道、防波堤、锚地等基础设施的建设和维护。具体办法由国务院规定。

第二十一条 县级以上有关人民政府应当采取措施，组织建设与港口相配套的航道、铁路、公路、给排水、供电、通信等设施。

第三章　港口经营

第二十二条 从事港口经营，应当向港口行政管理部门书面申请取得港口经营许可，并依法办理工商登记。

港口行政管理部门实施港口经营许可，应当遵循公开、公正、公平的原则。

港口经营包括码头和其他港口设施的经营，港口旅客运输服务经营，在港区内从事货物的装卸、驳运、仓储的经营和港口拖轮经营等。

第二十三条 取得港口经营许可，应当有固定的经营场所，有与经营业务相适应的设施、设备、专业技术人员和管理人员，并应当具备法律、法规规定的其他条件。

第二十四条 港口行政管理部门应当自收到本法第二十二条第一款规定的书面申请之日起三十日内依法作出许可或者不予许可的决定。予以许可的，颁发港口经营许可证；不予许可的，应当书面通知申请人并告知理由。

第二十五条 国务院交通主管部门应当制定港口理货服务标准和规范。

经营港口理货业务，应当按照规定报港口行政管理部门备案。

港口理货业务经营人应当公正、准确地办理理货业务；不得兼营本法第二十二条第三款规定的货物装卸经营业务和仓储经营业务。

第二十六条 港口经营人从事经营活动，必须遵守有关法律、法规，遵守国务院交通主管部门有关港口作业规则的规定，依法履行合同约定的义务，为客户提供公平、良好的服务。

从事港口旅客运输服务的经营人,应当采取保证旅客安全的有效措施,向旅客提供快捷、便利的服务,保持良好的候船环境。

港口经营人应当依照有关环境保护的法律、法规的规定,采取有效措施,防治对环境的污染和危害。

第二十七条 港口经营人应当优先安排抢险物资、救灾物资和国防建设急需物资的作业。

第二十八条 港口经营人应当在其经营场所公布经营服务的收费项目和收费标准;未公布的,不得实施。

港口经营性收费依法实行政府指导价或者政府定价的,港口经营人应当按照规定执行。

第二十九条 国家鼓励和保护港口经营活动的公平竞争。

港口经营人不得实施垄断行为和不正当竞争行为,不得以任何手段强迫他人接受其提供的港口服务。

第三十条 港口行政管理部门依照《中华人民共和国统计法》和有关行政法规的规定要求港口经营人提供的统计资料,港口经营人应当如实提供。

港口行政管理部门应当按照国家有关规定将港口经营人报送的统计资料及时上报,并为港口经营人保守商业秘密。

第三十一条 港口经营人的合法权益受法律保护。任何单位和个人不得向港口经营人摊派或者违法收取费用,不得违法干预港口经营人的经营自主权。

第四章　港口安全与监督管理

第三十二条 港口经营人必须依照《中华人民共和国安全生产法》等有关法律、法规和国务院交通主管部门有关港口安全作业规则的规定,加强安全生产管理,建立健全安全生产责任制等规章制度,完善安全生产条件,采取保障安全生产的有效措施,确保安全生产。

港口经营人应当依法制定本单位的危险货物事故应急预案、重大生产安全事故的旅客紧急疏散和救援预案以及预防自然灾害预案,保障组织实施。

第三十三条 港口行政管理部门应当依法制定可能危及社会公共利益的港口危险货物事故应急预案、重大生产安全事故的旅客紧急疏散和救援预案以及预防自然灾害预案,建立健全港口重大生产安全事故的应急救援体系。

第三十四条 船舶进出港口,应当依照有关水上交通安全的法律、行政法规的规定向海事管理机构报告。海事管理机构接到报告后,应当及时通报港口行政管理部门。

船舶载运危险货物进出港口,应当按照国务院交通主管部门的规定将危险货物的名称、特性、包装和进出港口的时间报告海事管理机构。海事管理机构接到报告后,应当在国务院交通主管部门规定的时间内作出是否同意的决定,通知报告人,并通报港口行政管理部门。但是,定船舶、定航线、定货种的船舶可以定期报告。

第三十五条 在港口内进行危险货物的装卸、过驳作业,应当按照国务院交通主管部门的规定将危险货物的名称、特性、包装和作业的时间、地点报告港口行政管理部门。港口行政管理部门接到报告后,应当在国务院交通主管部门规定的时间内作出是否同意的决定,通知报告人,并通报海事管理机构。

  第三十六条 港口行政管理部门应当依法对港口安全生产情况实施监督检查,对旅客上下集中、货物装卸量较大或者有特殊用途的码头进行重点巡查;检查中发现安全隐患的,应当责令被检查人立即排除或者限期排除。

  负责安全生产监督管理的部门和其他有关部门依照法律、法规的规定,在各自职责范围内对港口安全生产实施监督检查。

  第三十七条 禁止在港口水域内从事养殖、种植活动。

  不得在港口进行可能危及港口安全的采掘、爆破等活动;因工程建设等确需进行的,必须采取相应的安全保护措施,并报经港口行政管理部门批准。港口行政管理部门应当将审批情况及时通报海事管理机构,海事管理机构不再依照有关水上交通安全的法律、行政法规的规定进行审批。

  禁止向港口水域倾倒泥土、砂石以及违反有关环境保护的法律、法规的规定排放超过规定标准的有毒、有害物质。

  第三十八条 建设桥梁、水底隧道、水电站等可能影响港口水文条件变化的工程项目,负责审批该项目的部门在审批前应当征求港口行政管理部门的意见。

  第三十九条 依照有关水上交通安全的法律、行政法规的规定,进出港口须经引航的船舶,应当向引航机构申请引航。引航的具体办法由国务院交通主管部门规定。

  第四十条 遇有旅客滞留、货物积压阻塞港口的情况,港口行政管理部门应当及时采取有效措施,进行疏港;港口所在地的市、县人民政府认为必要时,可以直接采取措施,进行疏港。

  第四十一条 港口行政管理部门应当组织制定所管理的港口的章程,并向社会公布。

  港口章程的内容应当包括对港口的地理位置、航道条件、港池水深、机械设施和装卸能力等情况的说明,以及本港口贯彻执行有关港口管理的法律、法规和国务院交通主管部门有关规定的具体措施。

  第四十二条 港口行政管理部门依据职责对本法执行情况实施监督检查。

  港口行政管理部门的监督检查人员依法实施监督检查时,有权向被检查单位和有关人员了解有关情况,并可查阅、复制有关资料。

  监督检查人员对检查中知悉的商业秘密,应当保密。

  监督检查人员实施监督检查时,应当出示执法证件。

  第四十三条 监督检查人员应当将监督检查的时间、地点、内容、发现的问题及处理情况作出书面记录,并由监督检查人员和被检查单位的负责人签字;被检查单位的负责人拒绝签字的,监督检查人员应当将情况记录在案,并向港口行政管理部门报告。

  第四十四条 被检查单位和有关人员应当接受港口行政管理部门依法实施的监督检查,如实提供有关情况和资料,不得拒绝检查或者隐匿、谎报有关情况和资料。

第五章 法律责任

  第四十五条 港口经营人、港口理货业务经营人有本法规定的违法行为的,依照有关法律、行政法规的规定纳入信用记录,并予以公示。

第四十六条　有下列行为之一的,由县级以上地方人民政府或者港口行政管理部门责令限期改正;逾期不改正的,由作出限期改正决定的机关申请人民法院强制拆除违法建设的设施;可以处五万元以下罚款:

(一)违反港口规划建设港口、码头或者其他港口设施的;

(二)未经依法批准,建设港口设施使用港口岸线的。

建设项目的审批部门对违反港口规划的建设项目予以批准的,对其直接负责的主管人员和其他直接责任人员,依法给予行政处分。

第四十七条　在港口建设的危险货物作业场所、实施卫生除害处理的专用场所与人口密集区或者港口客运设施的距离不符合国务院有关部门的规定的,由港口行政管理部门责令停止建设或者使用,限期改正,可以处五万元以下罚款。

第四十八条　码头或者港口装卸设施、客运设施未经验收合格,擅自投入使用的,由港口行政管理部门责令停止使用,限期改正,可以处五万元以下罚款。

第四十九条　未依法取得港口经营许可证从事港口经营,或者港口理货业务经营人兼营货物装卸经营业务、仓储经营业务的,由港口行政管理部门责令停止违法经营,没收违法所得;违法所得十万元以上的,并处违法所得二倍以上五倍以下罚款;违法所得不足十万元的,处五万元以上二十万元以下罚款。

第五十条　港口经营人不优先安排抢险物资、救灾物资、国防建设急需物资的作业的,由港口行政管理部门责令改正;造成严重后果的,吊销港口经营许可证。

第五十一条　港口经营人违反有关法律、行政法规的规定,在经营活动中实施垄断行为或者不正当竞争行为的,依照有关法律、行政法规的规定承担法律责任。

第五十二条　港口经营人违反本法第三十二条关于安全生产的规定的,由港口行政管理部门或者其他依法负有安全生产监督管理职责的部门依法给予处罚;情节严重的,由港口行政管理部门吊销港口经营许可证,并对其主要负责人依法给予处分;构成犯罪的,依法追究刑事责任。

第五十三条　船舶进出港口,未依照本法第三十四条的规定向海事管理机构报告的,由海事管理机构依照有关水上交通安全的法律、行政法规的规定处罚。

第五十四条　未依法向港口行政管理部门报告并经其同意,在港口内进行危险货物的装卸、过驳作业的,由港口行政管理部门责令停止作业,处五千元以上五万元以下罚款。

第五十五条　在港口水域内从事养殖、种植活动的,由海事管理机构责令限期改正;逾期不改正的,强制拆除养殖、种植设施,拆除费用由违法行为人承担;可以处一万元以下罚款。

第五十六条　未经依法批准在港口进行可能危及港口安全的采掘、爆破等活动的,向港口水域倾倒泥土、砂石的,由港口行政管理部门责令停止违法行为,限期消除因此造成的安全隐患;逾期不消除的,强制消除,因此发生的费用由违法行为人承担;处五千元以上五万元以下罚款;依照有关水上交通安全的法律、行政法规的规定由海事管理机构处罚的,依照其规定;构成犯罪的,依法追究刑事责任。

第五十七条　交通主管部门、港口行政管理部门、海事管理机构等不依法履行职责,有下列行为之一的,对直接负责的主管人员和其他直接责任人员依法给予行政处分;构成犯罪的,依法追究刑事责任:

(一)违法批准建设港口设施使用港口岸线,或者违法批准船舶载运危险货物进出港口、违法批准在港口内进行危险货物的装卸、过驳作业的;

（二）对不符合法定条件的申请人给予港口经营许可的；

（三）发现取得经营许可的港口经营人不再具备法定许可条件而不及时吊销许可证的；

（四）不依法履行监督检查职责，对违反港口规划建设港口、码头或者其他港口设施的行为，未经依法许可从事港口经营业务的行为，不遵守安全生产管理规定的行为，危及港口作业安全的行为，以及其他违反本法规定的行为，不依法予以查处的。

第五十八条 行政机关违法干预港口经营人的经营自主权的，由其上级行政机关或者监察机关责令改正；向港口经营人摊派财物或者违法收取费用的，责令退回；情节严重的，对直接负责的主管人员和其他直接责任人员依法给予行政处分。

第六章 附则

第五十九条 对航行国际航线的船舶开放的港口，由有关省、自治区、直辖市人民政府按照国家有关规定商国务院有关部门和有关军事机关同意后，报国务院批准。

第六十条 渔业港口的管理工作由县级以上人民政府渔业行政主管部门负责。具体管理办法由国务院规定。

前款所称渔业港口，是指专门为渔业生产服务、供渔业船舶停泊、避风、装卸渔获物、补充渔需物资的人工港口或者自然港湾，包括综合性港口中渔业专用的码头、渔业专用的水域和渔船专用的锚地。

第六十一条 军事港口的建设和管理办法由国务院、中央军事委员会规定。

第六十二条 本法自2004年1月1日起施行。

中华人民共和国海上交通安全法

（1983年9月2日第六届全国人民代表大会常务委员会第二次会议通过；根据2016年11月7日第十二届全国人民代表大会常务委员会第二十四次会议《关于修改〈中华人民共和国对外贸易法〉等十二部法律的决定》修正；根据2021年4月29日第十三届全国人民代表大会常务委员会第二十八次会议修订）

第一章 总则

第一条 为了加强海上交通管理，维护海上交通秩序，保障生命财产安全，维护国家权益，制定本法。

第二条 在中华人民共和国管辖海域内从事航行、停泊、作业以及其他与海上交通安全相关的活动，适用本法。

第三条 国家依法保障交通用海。

海上交通安全工作坚持安全第一、预防为主、便利通行、依法管理的原则，保障海上交通安全、有序、畅通。

第四条 国务院交通运输主管部门主管全国海上交通安全工作。

国家海事管理机构统一负责海上交通安全监督管理工作，其他各级海事管理机构按照职责具体负责辖区内的海上交通安全监督管理工作。

第五条 各级人民政府及有关部门应当支持海上交通安全工作，加强海上交通安全的宣传教育，提高全社会的海上交通安全意识。

第六条 国家依法保障船员的劳动安全和职业健康，维护船员的合法权益。

第七条 从事船舶、海上设施航行、停泊、作业以及其他与海上交通相关活动的单位、个人，应当遵守有关海上交通安全的法律、行政法规、规章以及强制性标准和技术规范；依法享有获得航海保障和海上救助的权利，承担维护海上交通安全和保护海洋生态环境的义务。

第八条 国家鼓励和支持先进科学技术在海上交通安全工作中的应用，促进海上交通安全现代化建设，提高海上交通安全科学技术水平。

第二章　船舶、海上设施和船员

第九条　中国籍船舶、在中华人民共和国管辖海域设置的海上设施、船运集装箱，以及国家海事管理机构确定的关系海上交通安全的重要船用设备、部件和材料，应当符合有关法律、行政法规、规章以及强制性标准和技术规范的要求，经船舶检验机构检验合格，取得相应证书、文书。证书、文书的清单由国家海事管理机构制定并公布。

设立船舶检验机构应当经国家海事管理机构许可。船舶检验机构设立条件、程序及其管理等依照有关船舶检验的法律、行政法规的规定执行。

持有相关证书、文书的单位应当按照规定的用途使用船舶、海上设施、船运集装箱以及重要船用设备、部件和材料，并应当依法定期进行安全技术检验。

第十条　船舶依照有关船舶登记的法律、行政法规的规定向海事管理机构申请船舶国籍登记、取得国籍证书后，方可悬挂中华人民共和国国旗航行、停泊、作业。

中国籍船舶灭失或者报废的，船舶所有人应当在国务院交通运输主管部门规定的期限内申请办理注销国籍登记；船舶所有人逾期不申请注销国籍登记的，海事管理机构可以发布关于拟强制注销船舶国籍登记的公告。船舶所有人自公告发布之日起六十日内未提出异议的，海事管理机构可以注销该船舶的国籍登记。

第十一条　中国籍船舶所有人、经营人或者管理人应当建立并运行安全营运和防治船舶污染管理体系。

海事管理机构经对前款规定的管理体系审核合格的，发给符合证明和相应的船舶安全管理证书。

第十二条　中国籍国际航行船舶的所有人、经营人或者管理人应当依照国务院交通运输主管部门的规定建立船舶保安制度，制定船舶保安计划，并按照船舶保安计划配备船舶保安设备，定期开展演练。

第十三条　中国籍船员和海上设施上的工作人员应当接受海上交通安全以及相应岗位的专业教育、培训。

中国籍船员应当依照有关船员管理的法律、行政法规的规定向海事管理机构申请取得船员适任证书，并取得健康证明。

外国籍船员在中国籍船舶上工作的，按照有关船员管理的法律、行政法规的规定执行。

船员在船舶上工作，应当符合船员适任证书载明的船舶、航区、职务的范围。

第十四条　中国籍船舶的所有人、经营人或者管理人应当为其国际航行船舶向海事管理机构申请取得海事劳工证书。船舶取得海事劳工证书应当符合下列条件：

（一）所有人、经营人或者管理人依法招用船员，与其签订劳动合同或者就业协议，并为船舶配备符合要求的船员；

（二）所有人、经营人或者管理人已保障船员在船舶上的工作环境、职业健康保障和安全防护、工作和休息时间、工资报酬、生活条件、医疗条件、社会保险等符合国家有关规定；

（三）所有人、经营人或者管理人已建立符合要求的船员投诉和处理机制；

（四）所有人、经营人或者管理人已就船员遣返费用以及在船就业期间发生伤害、疾病或者死亡依法应当支付的费用提供相应的财务担保或者投保相应的保险。

海事管理机构商人力资源社会保障行政部门，按照各自职责对申请人及其船舶是否符合前款规定条件进行审核。经审核符合规定条件的，海事管理机构应当自受理申请之日起十个工作日内颁发海事劳工证书；不符合规定条件的，海事管理机构应当告知申请人并说明理由。

海事劳工证书颁发及监督检查的具体办法由国务院交通运输主管部门会同国务院人力资源社会保障行政部门制定并公布。

第十五条　海事管理机构依照有关船员管理的法律、行政法规的规定，对单位从事海船船员培训业务进行管理。

第十六条　国务院交通运输主管部门和其他有关部门、有关县级以上地方人民政府应当建立健全船员境外突发事件预警和应急处置机制，制定船员境外突发事件应急预案。

船员境外突发事件应急处置由船员派出单位所在地的省、自治区、直辖市人民政府负责，船员户籍所在地的省、自治区、直辖市人民政府予以配合。

中华人民共和国驻外国使馆、领馆和相关海事管理机构应当协助处置船员境外突发事件。

第十七条　本章第九条至第十二条、第十四条规定适用的船舶范围由有关法律、行政法规具体规定，或者由国务院交通运输主管部门拟定并报国务院批准后公布。

第三章　海上交通条件和航行保障

第十八条　国务院交通运输主管部门统筹规划和管理海上交通资源，促进海上交通资源的合理开发和有效利用。

海上交通资源规划应当符合国土空间规划。

第十九条　海事管理机构根据海域的自然状况、海上交通状况以及海上交通安全管理的需要，划定、调整并及时公布船舶定线区、船舶报告区、交通管制区、禁航区、安全作业区和港外锚地等海上交通功能区域。

海事管理机构划定或者调整船舶定线区、港外锚地以及对其他海洋功能区域或者用海活动造成影响的安全作业区，应当征求渔业渔政、生态环境、自然资源等有关部门的意见。为了军事需要划定、调整禁航区的，由负责划定、调整禁航区的军事机关作出决定，海事管理机构予以公布。

第二十条　建设海洋工程、海岸工程影响海上交通安全的，应当根据情况配备防止船舶碰撞的设施、设备并设置专用航标。

第二十一条　国家建立完善船舶定位、导航、授时、通信和远程监测等海上交通支持服务系统，为船舶、海上设施提供信息服务。

第二十二条　任何单位、个人不得损坏海上交通支持服务系统或者妨碍其工作效能。建设建筑物、构筑物，使用设施设备可能影响海上交通支持服务系统正常使用的，建设单位、所有人或者使用人应当与相关海上交通支持服务系统的管理单位协商，作出妥善安排。

第二十三条　国务院交通运输主管部门应当采取必要的措施，保障海上交通安全无线电通信设施的合理布局和有效覆盖，规划本系统（行业）海上无线电台（站）的建设布局和台址，核发船舶制式无线电台执照及电台识别码。

国务院交通运输主管部门组织本系统（行业）的海上无线电监测系统建设并对其无线电信号实施监测，会同国家无线电管理机构维护海上无线电波秩序。

第二十四条 船舶在中华人民共和国管辖海域内通信需要使用岸基无线电台（站）转接的，应当通过依法设置的境内海岸无线电台（站）或者卫星关口站进行转接。

承担无线电通信任务的船员和岸基无线电台（站）的工作人员应当遵守海上无线电通信规则，保持海上交通安全通信频道的值守和畅通，不得使用海上交通安全通信频率交流与海上交通安全无关的内容。

任何单位、个人不得违反国家有关规定使用无线电台识别码，影响海上搜救的身份识别。

第二十五条 天文、气象、海洋等有关单位应当及时预报、播发和提供航海天文、世界时、海洋气象、海浪、海流、潮汐、冰情等信息。

第二十六条 国务院交通运输主管部门统一布局、建设和管理公用航标。海洋工程、海岸工程的建设单位、所有人或者经营人需要设置、撤除专用航标，移动专用航标位置或者改变航标灯光、功率等的，应当报经海事管理机构同意。需要设置临时航标的，应当符合海事管理机构确定的航标设置点。

自然资源主管部门依法保障航标设施和装置的用地、用海、用岛，并依法为其办理有关手续。

航标的建设、维护、保养应当符合有关强制性标准和技术规范的要求。航标维护单位和专用航标的所有人应当对航标进行巡查和维护保养，保证航标处于良好适用状态。航标发生位移、损坏、灭失的，航标维护单位或者专用航标的所有人应当及时予以恢复。

第二十七条 任何单位、个人发现下列情形之一的，应当立即向海事管理机构报告；涉及航道管理机构职责或者专用航标的，海事管理机构应当及时通报航道管理机构或者专用航标的所有人：

（一）助航标志或者导航设施位移、损坏、灭失；

（二）有妨碍海上交通安全的沉没物、漂浮物、搁浅物或者其他碍航物；

（三）其他妨碍海上交通安全的异常情况。

第二十八条 海事管理机构应当依据海上交通安全管理的需要，就具有紧迫性、危险性的情况发布航行警告，就其他影响海上交通安全的情况发布航行通告。

海事管理机构应当将航行警告、航行通告，以及船舶定线区的划定、调整情况通报海军航海保证部门，并及时提供有关资料。

第二十九条 海事管理机构应当及时向船舶、海上设施播发海上交通安全信息。

船舶、海上设施在定线区、交通管制区或者通航船舶密集的区域航行、停泊、作业时，海事管理机构应当根据其请求提供相应的安全信息服务。

第三十条 下列船舶在国务院交通运输主管部门划定的引航区内航行、停泊或者移泊的，应当向引航机构申请引航：

（一）外国籍船舶，但国务院交通运输主管部门经报国务院批准后规定可以免除的除外；

（二）核动力船舶、载运放射性物质的船舶、超大型油轮；

（三）可能危及港口安全的散装液化气船、散装危险化学品船；

（四）长、宽、高接近相应航道通航条件限值的船舶。

前款第三项、第四项船舶的具体标准，由有关海事管理机构根据港口实际情况制定并公布。

船舶自愿申请引航的，引航机构应当提供引航服务。

第三十一条 引航机构应当及时派遣具有相应能力、经验的引航员为船舶提供引航服务。

引航员应当根据引航机构的指派，在规定的水域登离被引领船舶，安全谨慎地执行船舶引航任务。被引领船舶应当配备符合规定的登离装置，并保障引航员在登离船舶及在船上引航期间的安全。

引航员引领船舶时，不解除船长指挥和管理船舶的责任。

第三十二条 国务院交通运输主管部门根据船舶、海上设施和港口面临的保安威胁情形，确定并及时发布保安等级。船舶、海上设施和港口应当根据保安等级采取相应的保安措施。

第四章　航行、停泊、作业

第三十三条 船舶航行、停泊、作业，应当持有有效的船舶国籍证书及其他法定证书、文书，配备依照有关规定出版的航海图书资料，悬挂相关国家、地区或者组织的旗帜，标明船名、船舶识别号、船籍港、载重线标志。

船舶应当满足最低安全配员要求，配备持有合格有效证书的船员。

海上设施停泊、作业，应当持有法定证书、文书，并按规定配备掌握避碰、信号、通信、消防、救生等专业技能的人员。

第三十四条 船长应当在船舶开航前检查并在开航时确认船员适任、船舶适航、货物适载，并了解气象和海况信息以及海事管理机构发布的航行通告、航行警告及其他警示信息，落实相应的应急措施，不得冒险开航。

船舶所有人、经营人或者管理人不得指使、强令船员违章冒险操作、作业。

第三十五条 船舶应当在其船舶检验证书载明的航区内航行、停泊、作业。

船舶航行、停泊、作业时，应当遵守相关航行规则，按照有关规定显示信号、悬挂标志，保持足够的富余水深。

第三十六条 船舶在航行中应当按照有关规定开启船舶的自动识别、航行数据记录、远程识别和跟踪、通信等与航行安全、保安、防治污染相关的装置，并持续进行显示和记录。

任何单位、个人不得拆封、拆解、初始化、再设置航行数据记录装置或者读取其记录的信息，但法律、行政法规另有规定的除外。

第三十七条 船舶应当配备航海日志、轮机日志、无线电记录簿等航行记录，按照有关规定全面、真实、及时记录涉及海上交通安全的船舶操作以及船舶航行、停泊、作业中的重要事件，并妥善保管相关记录簿。

第三十八条 船长负责管理和指挥船舶。在保障海上生命安全、船舶保安和防治船舶污染方面，船长有权独立作出决定。

船长应当采取必要的措施，保护船舶、在船人员、船舶航行文件、货物以及其他财产的安全。船长在其职权范围内发布的命令，船员、乘客及其他在船人员应当执行。

第三十九条 为了保障船舶和在船人员的安全，船长有权在职责范围内对涉嫌在船上进行违法犯罪活动的人员采取禁闭或者其他必要的限制措施，并防止其隐匿、毁灭、伪造证据。

船长采取前款措施，应当制作案情报告书，由其和两名以上在船人员签字。中国籍船舶抵达我国港口后，应当及时将相关人员移送有关主管部门。

第四十条 发现在船人员患有或者疑似患有严重威胁他人健康的传染病的，船长应当立即启动相应的应急预案，在职责范围内对相关人员采取必要的隔离措施，并及时报告有关主管部门。

第四十一条 船长在航行中死亡或者因故不能履行职责的，应当由驾驶员中职务最高的人代理船长职务；船舶在下一个港口开航前，其所有人、经营人或者管理人应当指派新船长接任。

第四十二条 船员应当按照有关航行、值班的规章制度和操作规程以及船长的指令操纵、管理船舶，保持安全值班，不得擅离职守。船员履行在船值班职责前和值班期间，不得摄入可能影响安全值班的食品、药品或者其他物品。

第四十三条 船舶进出港口、锚地或者通过桥区水域、海峡、狭水道、重要渔业水域、通航船舶密集的区域、船舶定线区、交通管制区，应当加强瞭望、保持安全航速，并遵守前述区域的特殊航行规则。

前款所称重要渔业水域由国务院渔业渔政主管部门征求国务院交通运输主管部门意见后划定并公布。

船舶穿越航道不得妨碍航道内船舶的正常航行，不得抢越他船船艏。超过桥梁通航尺度的船舶禁止进入桥区水域。

第四十四条 船舶不得违反规定进入或者穿越禁航区。

船舶进出船舶报告区，应当向海事管理机构报告船位和动态信息。

在安全作业区、港外锚地范围内，禁止从事养殖、种植、捕捞以及其他影响海上交通安全的作业或者活动。

第四十五条 船舶载运或者拖带超长、超高、超宽、半潜的船舶、海上设施或者其他物体航行，应当采取拖拽部位加强、护航等特殊的安全保障措施，在开航前向海事管理机构报告航行计划，并按有关规定显示信号、悬挂标志；拖带移动式平台、浮船坞等大型海上设施的，还应当依法交验船舶检验机构出具的拖航检验证书。

第四十六条 国际航行船舶进出口岸，应当依法向海事管理机构申请许可并接受海事管理机构及其他口岸查验机构的监督检查。海事管理机构应当自受理申请之日起五个工作日内作出许可或者不予许可的决定。

外国籍船舶临时进入非对外开放水域，应当依照国务院关于船舶进出口岸的规定取得许可。

国内航行船舶进出港口、港外装卸站，应当向海事管理机构报告船舶的航次计划、适航状态、船员配备和客货载运等情况。

第四十七条 船舶应当在符合安全条件的码头、泊位、装卸站、锚地、安全作业区停泊。船舶停泊不得危及其他船舶、海上设施的安全。

船舶进出港口、港外装卸站，应当符合靠泊条件和关于潮汐、气象、海况等航行条件的要求。

超长、超高、超宽的船舶或者操纵能力受到限制的船舶进出港口、港外装卸站可能影响海上交通安全的，海事管理机构应当对船舶进出港安全条件进行核查，并可以要求船舶采取加配拖轮、乘潮进港等相应的安全措施。

第四十八条 在中华人民共和国管辖海域内进行施工作业，应当经海事管理机构许可，并核定相应安全作业区。取得海上施工作业许可，应当符合下列条件：

（一）施工作业的单位、人员、船舶、设施符合安全航行、停泊、作业的要求；

（二）有施工作业方案；

（三）有符合海上交通安全和防治船舶污染海洋环境要求的保障措施、应急预案和责任制度。

从事施工作业的船舶应当在核定的安全作业区内作业，并落实海上交通安全管理措施。其他无关船舶、海上设施不得进入安全作业区。

在港口水域内进行采掘、爆破等可能危及港口安全的作业，适用港口管理的法律规定。

第四十九条　从事体育、娱乐、演练、试航、科学观测等水上水下活动,应当遵守海上交通安全管理规定;可能影响海上交通安全的,应当提前十个工作日将活动涉及的海域范围报告海事管理机构。

第五十条　海上施工作业或者水上水下活动结束后,有关单位、个人应当及时消除可能妨碍海上交通安全的隐患。

第五十一条　碍航物的所有人、经营人或者管理人应当按照有关强制性标准和技术规范的要求及时设置警示标志,向海事管理机构报告碍航物的名称、形状、尺寸、位置和深度,并在海事管理机构限定的期限内打捞清除。碍航物的所有人放弃所有权的,不免除其打捞清除义务。

不能确定碍航物的所有人、经营人或者管理人的,海事管理机构应当组织设置标志、打捞或者采取相应措施,发生的费用纳入部门预算。

第五十二条　有下列情形之一,对海上交通安全有较大影响的,海事管理机构应当根据具体情况采取停航、限速或者划定交通管制区等相应交通管制措施并向社会公告:

(一)天气、海况恶劣;

(二)发生影响航行的海上险情或者海上交通事故;

(三)进行军事训练、演习或者其他相关活动;

(四)开展大型水上水下活动;

(五)特定海域通航密度接近饱和;

(六)其他对海上交通安全有较大影响的情形。

第五十三条　国务院交通运输主管部门为维护海上交通安全、保护海洋环境,可以会同有关主管部门采取必要措施,防止和制止外国籍船舶在领海的非无害通过。

第五十四条　下列外国籍船舶进出中华人民共和国领海,应当向海事管理机构报告:

(一)潜水器;

(二)核动力船舶;

(三)载运放射性物质或者其他有毒有害物质的船舶;

(四)法律、行政法规或者国务院规定的可能危及中华人民共和国海上交通安全的其他船舶。

前款规定的船舶通过中华人民共和国领海,应当持有有关证书,采取符合中华人民共和国法律、行政法规和规章规定的特别预防措施,并接受海事管理机构的指令和监督。

第五十五条　除依照本法规定获得进入口岸许可外,外国籍船舶不得进入中华人民共和国内水;但是,因人员病急、机件故障、遇难、避风等紧急情况未及获得许可的可以进入。

外国籍船舶因前款规定的紧急情况进入中华人民共和国内水的,应当在进入的同时向海事管理机构紧急报告,接受海事管理机构的指令和监督。海事管理机构应当及时通报管辖海域的海警机构、就近的出入境边防检查机关和当地公安机关、海关等其他主管部门。

第五十六条　中华人民共和国军用船舶执行军事任务、公务船舶执行公务,遇有紧急情况,在保证海上交通安全的前提下,可以不受航行、停泊、作业有关规则的限制。

第五章　海上客货运输安全

第五十七条　除进行抢险或者生命救助外，客船应当按照船舶检验证书核定的载客定额载运乘客，货船载运货物应当符合船舶检验证书核定的载重线和载货种类，不得载运乘客。

第五十八条　客船载运乘客不得同时载运危险货物。

乘客不得随身携带或者在行李中夹带法律、行政法规或者国务院交通运输主管部门规定的危险物品。

第五十九条　客船应当在显著位置向乘客明示安全须知，设置安全标志和警示，并向乘客介绍救生用具的使用方法以及在紧急情况下应当采取的应急措施。乘客应当遵守安全乘船要求。

第六十条　海上渡口所在地的县级以上地方人民政府应当建立健全渡口安全管理责任制，制定海上渡口的安全管理办法，监督、指导海上渡口经营者落实安全主体责任，维护渡运秩序，保障渡运安全。

海上渡口的渡运线路由渡口所在地的县级以上地方人民政府交通运输主管部门会同海事管理机构划定。渡船应当按照划定的线路安全渡运。

遇有恶劣天气、海况，县级以上地方人民政府或者其指定的部门应当发布停止渡运的公告。

第六十一条　船舶载运货物，应当按照有关法律、行政法规、规章以及强制性标准和技术规范的要求安全装卸、积载、隔离、系固和管理。

第六十二条　船舶载运危险货物，应当持有有效的危险货物适装证书，并根据危险货物的特性和应急措施的要求，编制危险货物应急处置预案，配备相应的消防、应急设备和器材。

第六十三条　托运人托运危险货物，应当将其正式名称、危险性质以及应当采取的防护措施通知承运人，并按照有关法律、行政法规、规章以及强制性标准和技术规范的要求妥善包装，设置明显的危险品标志和标签。

托运人不得在托运的普通货物中夹带危险货物或者将危险货物谎报为普通货物托运。

托运人托运的货物为国际海上危险货物运输规则和国家危险货物品名表上未列明但具有危险特性的货物的，托运人还应当提交有关专业机构出具的表明该货物危险特性以及应当采取的防护措施等情况的文件。

货物危险特性的判断标准由国家海事管理机构制定并公布。

第六十四条　船舶载运危险货物进出港口，应当符合下列条件，经海事管理机构许可，并向海事管理机构报告进出港口和停留的时间等事项：

（一）所载运的危险货物符合海上安全运输要求；

（二）船舶的装载符合所持有的证书、文书的要求；

（三）拟靠泊或者进行危险货物装卸作业的港口、码头、泊位具备有关法律、行政法规规定的危险货物作业经营资质。

海事管理机构应当自收到申请之时起二十四小时内作出许可或者不予许可的决定。

定船舶、定航线并且定货种的船舶可以申请办理一定期限内多次进出港口许可，期限不超过三十日。海事管理机构应当自收到申请之日起五个工作日内作出许可或者不予许可的决定。

海事管理机构予以许可的，应当通报港口行政管理部门。

第六十五条　船舶、海上设施从事危险货物运输或者装卸、过驳作业，应当编制作业方案，遵守有关强制性标准和安全作业操作规程,采取必要的预防措施,防止发生安全事故。

在港口水域外从事散装液体危险货物过驳作业的,还应当符合下列条件,经海事管理机构许可并核定安全作业区:

(一)拟进行过驳作业的船舶或者海上设施符合海上交通安全与防治船舶污染海洋环境的要求;

(二)拟过驳的货物符合安全过驳要求;

(三)参加过驳作业的人员具备法律、行政法规规定的过驳作业能力;

(四)拟作业水域及其底质、周边环境适宜开展过驳作业;

(五)过驳作业对海洋资源以及附近的军事目标、重要民用目标不构成威胁;

(六)有符合安全要求的过驳作业方案、安全保障措施和应急预案。

对单航次作业的船舶,海事管理机构应当自收到申请之时起二十四小时内作出许可或者不予许可的决定;对在特定水域多航次作业的船舶,海事管理机构应当自收到申请之日起五个工作日内作出许可或者不予许可的决定。

第六章　海上搜寻救助

第六十六条　海上遇险人员依法享有获得生命救助的权利。生命救助优先于环境和财产救助。

第六十七条　海上搜救工作应当坚持政府领导、统一指挥、属地为主、专群结合、就近快速的原则。

第六十八条　国家建立海上搜救协调机制,统筹全国海上搜救应急反应工作,研究解决海上搜救工作中的重大问题,组织协调重大海上搜救应急行动。协调机制由国务院有关部门、单位和有关军事机关组成。

中国海上搜救中心和有关地方人民政府设立的海上搜救中心或者指定的机构(以下统称海上搜救中心)负责海上搜救的组织、协调、指挥工作。

第六十九条　沿海县级以上地方人民政府应当安排必要的海上搜救资金,保障搜救工作的正常开展。

第七十条　海上搜救中心各成员单位应当在海上搜救中心统一组织、协调、指挥下,根据各自职责,承担海上搜救应急、抢险救灾、支持保障、善后处理等工作。

第七十一条　国家设立专业海上搜救队伍,加强海上搜救力量建设。专业海上搜救队伍应当配备专业搜救装备,建立定期演练和日常培训制度,提升搜救水平。

国家鼓励社会力量建立海上搜救队伍,参与海上搜救行动。

第七十二条　船舶、海上设施、航空器及人员在海上遇险的,应当立即报告海上搜救中心,不得瞒报、谎报海上险情。

船舶、海上设施、航空器及人员误发遇险报警信号的,除立即向海上搜救中心报告外,还应当采取必要措施消除影响。

其他任何单位、个人发现或者获悉海上险情的,应当立即报告海上搜救中心。

第七十三条　发生碰撞事故的船舶、海上设施,应当互通名称、国籍和登记港,在不严重危及自身安全的情况下尽力救助对方人员,不得擅自离开事故现场水域或者逃逸。

第七十四条 遇险的船舶、海上设施及其所有人、经营人或者管理人应当采取有效措施防止、减少生命财产损失和海洋环境污染。

船舶遇险时，乘客应当服从船长指挥，配合采取相关应急措施。乘客有权获知必要的险情信息。

船长决定弃船时，应当组织乘客、船员依次离船，并尽力抢救法定航行资料。船长应当最后离船。

第七十五条 船舶、海上设施、航空器收到求救信号或者发现有人遭遇生命危险的，在不严重危及自身安全的情况下，应当尽力救助遇险人员。

第七十六条 海上搜救中心接到险情报告后，应当立即进行核实，及时组织、协调、指挥政府有关部门、专业搜救队伍、社会有关单位等各方力量参加搜救，并指定现场指挥。参加搜救的船舶、海上设施、航空器及人员应当服从现场指挥，及时报告搜救动态和搜救结果。

搜救行动的中止、恢复、终止决定由海上搜救中心作出。未经海上搜救中心同意，参加搜救的船舶、海上设施、航空器及人员不得擅自退出搜救行动。

军队参加海上搜救，依照有关法律、行政法规的规定执行。

第七十七条 遇险船舶、海上设施、航空器或者遇险人员应当服从海上搜救中心和现场指挥的指令，及时接受救助。

遇险船舶、海上设施、航空器不配合救助的，现场指挥根据险情危急情况，可以采取相应救助措施。

第七十八条 海上事故或者险情发生后，有关地方人民政府应当及时组织医疗机构为遇险人员提供紧急医疗救助，为获救人员提供必要的生活保障，并组织有关方面采取善后措施。

第七十九条 在中华人民共和国缔结或者参加的国际条约规定由我国承担搜救义务的海域内开展搜救，依照本章规定执行。

中国籍船舶在中华人民共和国管辖海域以及海上搜救责任区域以外的其他海域发生险情的，中国海上搜救中心接到信息后，应当依据中华人民共和国缔结或者参加的国际条约的规定开展国际协作。

第七章　海上交通事故调查处理

第八十条 船舶、海上设施发生海上交通事故，应当及时向海事管理机构报告，并接受调查。

第八十一条 海上交通事故根据造成的损害后果分为特别重大事故、重大事故、较大事故和一般事故。事故等级划分的人身伤亡标准依照有关安全生产的法律、行政法规的规定确定；事故等级划分的直接经济损失标准，由国务院交通运输主管部门会同国务院有关部门根据海上交通事故中的特殊情况确定，报国务院批准后公布施行。

第八十二条 特别重大海上交通事故由国务院或者国务院授权的部门组织事故调查组进行调查，海事管理机构应当参与或者配合开展调查工作。

其他海上交通事故由海事管理机构组织事故调查组进行调查，有关部门予以配合。国务院认为有必要的，可以直接组织或者授权有关部门组织事故调查组进行调查。

海事管理机构进行事故调查，事故涉及执行军事运输任务的，应当会同有关军事机关进行调查；涉及渔业船舶的，渔业渔政主管部门、海警机构应当参与调查。

第八十三条 调查海上交通事故，应当全面、客观、公正、及时，依法查明事故事实和原因，认定事故责任。

第八十四条　海事管理机构可以根据事故调查处理需要拆封、拆解当事船舶的航行数据记录装置或者读取其记录的信息，要求船舶驶向指定地点或者禁止其离港，扣留船舶或者海上设施的证书、文书、物品、资料等并妥善保管。有关人员应当配合事故调查。

第八十五条　海上交通事故调查组应当自事故发生之日起九十日内提交海上交通事故调查报告；特殊情况下，经负责组织事故调查组的部门负责人批准，提交事故调查报告的期限可以适当延长，但延长期限最长不得超过九十日。事故技术鉴定所需时间不计入事故调查期限。

海事管理机构应当自收到海上交通事故调查报告之日起十五个工作日内作出事故责任认定书，作为处理海上交通事故的证据。

事故损失较小、事实清楚、责任明确的，可以依照国务院交通运输主管部门的规定适用简易调查程序。

海上交通事故调查报告、事故责任认定书应当依照有关法律、行政法规的规定向社会公开。

第八十六条　中国籍船舶在中华人民共和国管辖海域外发生海上交通事故的，应当及时向海事管理机构报告事故情况并接受调查。

外国籍船舶在中华人民共和国管辖海域外发生事故，造成中国公民重伤或者死亡的，海事管理机构根据中华人民共和国缔结或者参加的国际条约的规定参与调查。

第八十七条　船舶、海上设施在海上遭遇恶劣天气、海况以及意外事故，造成或者可能造成损害，需要说明并记录时间、海域以及所采取的应对措施等具体情况的，可以向海事管理机构申请办理海事声明签注。海事管理机构应当依照规定提供签注服务。

第八章　监督管理

第八十八条　海事管理机构对在中华人民共和国管辖海域内从事航行、停泊、作业以及其他与海上交通安全相关的活动，依法实施监督检查。

海事管理机构依照中华人民共和国法律、行政法规以及中华人民共和国缔结或者参加的国际条约对外国籍船舶实施港口国、沿岸国监督检查。

海事管理机构工作人员执行公务时，应当按照规定着装，佩戴职衔标志，出示执法证件，并自觉接受监督。

海事管理机构依法履行监督检查职责，有关单位、个人应当予以配合，不得拒绝、阻碍依法实施的监督检查。

第八十九条　海事管理机构实施监督检查可以采取登船检查、查验证书、现场检查、询问有关人员、电子监控等方式。

载运危险货物的船舶涉嫌存在瞒报、谎报危险货物等情况的，海事管理机构可以采取开箱查验等方式进行检查。海事管理机构应当将开箱查验情况通报有关部门。港口经营人和有关单位、个人应当予以协助。

第九十条　海事管理机构对船舶、海上设施实施监督检查时，应当避免、减少对其正常作业的影响。

除法律、行政法规另有规定或者不立即实施监督检查可能造成严重后果外，不得拦截正在航行中的船舶进行检查。

第九十一条 船舶、海上设施对港口安全具有威胁的，海事管理机构应当责令立即或者限期改正、限制操作，责令驶往指定地点、禁止进港或者将其驱逐出港。

船舶、海上设施处于不适航或者不适拖状态，船员、海上设施上的相关人员未持有有效的法定证书、文书，或者存在其他严重危害海上交通安全、污染海洋环境的隐患的，海事管理机构应当根据情况禁止有关船舶、海上设施进出港，暂扣有关证书、文书或者责令其停航、改航、驶往指定地点或者停止作业。船舶超载的，海事管理机构可以依法对船舶进行强制减载。因强制减载发生的费用由违法船舶所有人、经营人或者管理人承担。

船舶、海上设施发生海上交通事故、污染事故，未结清国家规定的税费、滞纳金且未提供担保或者未履行其他法定义务的，海事管理机构应当责令改正，并可以禁止其离港。

第九十二条 外国籍船舶可能威胁中华人民共和国内水、领海安全的，海事管理机构有权责令其离开。

外国籍船舶违反中华人民共和国海上交通安全或者防治船舶污染的法律、行政法规的，海事管理机构可以依法行使紧追权。

第九十三条 任何单位、个人有权向海事管理机构举报妨碍海上交通安全的行为。海事管理机构接到举报后，应当及时进行核实、处理。

第九十四条 海事管理机构在监督检查中，发现船舶、海上设施有违反其他法律、行政法规行为的，应当依法及时通报或者移送有关主管部门处理。

第九章　法律责任

第九十五条 船舶、海上设施未持有有效的证书、文书的，由海事管理机构责令改正，对违法船舶或者海上设施的所有人、经营人或者管理人处三万元以上三十万元以下的罚款，对船长和有关责任人员处三千元以上三万元以下的罚款；情节严重的，暂扣船长、责任船员的船员适任证书十八个月至三十个月，直至吊销船员适任证书；对船舶持有的伪造、变造证书、文书，予以没收；对存在严重安全隐患的船舶，可以依法予以没收。

第九十六条 船舶或者海上设施有下列情形之一的，由海事管理机构责令改正，对违法船舶或者海上设施的所有人、经营人或者管理人处二万元以上二十万元以下的罚款，对船长和有关责任人员处二千元以上二万元以下的罚款；情节严重的，吊销违法船舶所有人、经营人或者管理人的有关证书、文书，暂扣船长、责任船员的船员适任证书十二个月至二十四个月，直至吊销船员适任证书：

（一）船舶、海上设施的实际状况与持有的证书、文书不符；

（二）船舶未依法悬挂国旗，或者违法悬挂其他国家、地区或者组织的旗帜；

（三）船舶未按规定标明船名、船舶识别号、船籍港、载重线标志；

（四）船舶、海上设施的配员不符合最低安全配员要求。

第九十七条 在船舶上工作未持有船员适任证书、船员健康证明或者所持船员适任证书、健康证明不符合要求的，由海事管理机构对船舶的所有人、经营人或者管理人处一万元以上十万元以下的罚款，对责任船员处三千元以上三万元以下的罚款；情节严重的，对船舶的所有人、经营人或者管理人处三万元以上三十万元以下的罚款,暂扣责任船员的船员适任证书六个月至十二个月,直至吊销船员适任证书。

第九十八条　以欺骗、贿赂等不正当手段为中国籍船舶取得相关证书、文书的,由海事管理机构撤销有关许可,没收相关证书、文书,对船舶所有人、经营人或者管理人处四万元以上四十万元以下的罚款。

以欺骗、贿赂等不正当手段取得船员适任证书的,由海事管理机构撤销有关许可,没收船员适任证书,对责任人员处五千元以上五万元以下的罚款。

第九十九条　船员未保持安全值班,违反规定摄入可能影响安全值班的食品、药品或者其他物品,或者有其他违反海上船员值班规则的行为的,由海事管理机构对船长、责任船员处一千元以上一万元以下的罚款,或者暂扣船员适任证书三个月至十二个月;情节严重的,吊销船长、责任船员的船员适任证书。

第一百条　有下列情形之一的,由海事管理机构责令改正;情节严重的,处三万元以上十万元以下的罚款:

(一)建设海洋工程、海岸工程未按规定配备相应的防止船舶碰撞的设施、设备并设置专用航标;

(二)损坏海上交通支持服务系统或者妨碍其工作效能;

(三)未经海事管理机构同意设置、撤除专用航标,移动专用航标位置或者改变航标灯光、功率等其他状况,或者设置临时航标不符合海事管理机构确定的航标设置点;

(四)在安全作业区、港外锚地范围内从事养殖、种植、捕捞以及其他影响海上交通安全的作业或者活动。

第一百零一条　有下列情形之一的,由海事管理机构责令改正,对有关责任人员处三万元以下的罚款;情节严重的,处三万元以上十万元以下的罚款,并暂扣责任船员的船员适任证书一个月至三个月:

(一)承担无线电通信任务的船员和岸基无线电台(站)的工作人员未保持海上交通安全通信频道的值守和畅通,或者使用海上交通安全通信频率交流与海上交通安全无关的内容;

(二)违反国家有关规定使用无线电台识别码,影响海上搜救的身份识别;

(三)其他违反海上无线电通信规则的行为。

第一百零二条　船舶未依照本法规定申请引航的,由海事管理机构对违法船舶的所有人、经营人或者管理人处五万元以上五十万元以下的罚款,对船长处一千元以上一万元以下的罚款;情节严重的,暂扣有关船舶证书三个月至十二个月,暂扣船长的船员适任证书一个月至三个月。

引航机构派遣引航员存在过失,造成船舶损失的,由海事管理机构对引航机构处三万元以上三十万元以下的罚款。

未经引航机构指派擅自提供引航服务的,由海事管理机构对引领船舶的人员处三千元以上三万元以下的罚款。

第一百零三条　船舶在海上航行、停泊、作业,有下列情形之一的,由海事管理机构责令改正,对违法船舶的所有人、经营人或者管理人处二万元以上二十万元以下的罚款,对船长、责任船员处二千元以上二万元以下的罚款,暂扣船员适任证书三个月至十二个月;情节严重的,吊销船长、责任船员的船员适任证书:

(一)船舶进出港口、锚地或者通过桥区水域、海峡、狭水道、重要渔业水域、通航船舶密集的区域、船舶定线区、交通管制区时，未加强瞭望、保持安全航速并遵守前述区域的特殊航行规则；

（二）未按照有关规定显示信号、悬挂标志或者保持足够的富余水深；

（三）不符合安全开航条件冒险开航，违章冒险操作、作业，或者未按照船舶检验证书载明的航区航行、停泊、作业；

（四）未按照有关规定开启船舶的自动识别、航行数据记录、远程识别和跟踪、通信等与航行安全、保安、防治污染相关的装置，并持续进行显示和记录；

（五）擅自拆封、拆解、初始化、再设置航行数据记录装置或者读取其记录的信息；

（六）船舶穿越航道妨碍航道内船舶的正常航行，抢越他船船艏或者超过桥梁通航尺度进入桥区水域；

（七）船舶违反规定进入或者穿越禁航区；

（八）船舶载运或者拖带超长、超高、超宽、半潜的船舶、海上设施或者其他物体航行，未采取特殊的安全保障措施，未在开航前向海事管理机构报告航行计划，未按规定显示信号、悬挂标志，或者拖带移动式平台、浮船坞等大型海上设施未依法交验船舶检验机构出具的拖航检验证书；

（九）船舶在不符合安全条件的码头、泊位、装卸站、锚地、安全作业区停泊，或者停泊危及其他船舶、海上设施的安全；

（十）船舶违反规定超过检验证书核定的载客定额、载重线、载货种类载运乘客、货物，或者客船载运乘客同时载运危险货物；

（十一）客船未向乘客明示安全须知、设置安全标志和警示；

（十二）未按照有关法律、行政法规、规章以及强制性标准和技术规范的要求安全装卸、积载、隔离、系固和管理货物；

（十三）其他违反海上航行、停泊、作业规则的行为。

第一百零四条 国际航行船舶未经许可进出口岸的，由海事管理机构对违法船舶的所有人、经营人或者管理人处三千元以上三万元以下的罚款，对船长、责任船员或者其他责任人员，处二千元以上二万元以下的罚款；情节严重的，吊销船长、责任船员的船员适任证书。

国内航行船舶进出港口、港外装卸站未依法向海事管理机构报告的，由海事管理机构对违法船舶的所有人、经营人或者管理人处三千元以上三万元以下的罚款，对船长、责任船员或者其他责任人员处五百元以上五千元以下的罚款。

第一百零五条 船舶、海上设施未经许可从事海上施工作业，或者未按照许可要求、超出核定的安全作业区进行作业的，由海事管理机构责令改正，对违法船舶、海上设施的所有人、经营人或者管理人处三万元以上三十万元以下的罚款，对船长、责任船员处三千元以上三万元以下的罚款，或者暂扣船员适任证书六个月至十二个月；情节严重的，吊销船长、责任船员的船员适任证书。

从事可能影响海上交通安全的水上水下活动，未按规定提前报告海事管理机构的，由海事管理机构对违法船舶、海上设施的所有人、经营人或者管理人处一万元以上三万元以下的罚款，对船长、责任船员处二千元以上二万元以下的罚款。

第一百零六条 碍航物的所有人、经营人或者管理人有下列情形之一的，由海事管理机构责令改正，处二万元以上二十万元以下的罚款；逾期未改正的，海事管理机构有权依法实施代履行，代履行的费用由碍航物的所有人、经营人或者管理人承担：

（一）未按照有关强制性标准和技术规范的要求及时设置警示标志；

（二）未向海事管理机构报告碍航物的名称、形状、尺寸、位置和深度；

（三）未在海事管理机构限定的期限内打捞清除碍航物。

第一百零七条　外国籍船舶进出中华人民共和国内水、领海违反本法规定的，由海事管理机构对违法船舶的所有人、经营人或者管理人处五万元以上五十万元以下的罚款，对船长处一万元以上三万元以下的罚款。

第一百零八条　载运危险货物的船舶有下列情形之一的，海事管理机构应当责令改正，对违法船舶的所有人、经营人或者管理人处五万元以上五十万元以下的罚款，对船长、责任船员或者其他责任人员，处五千元以上五万元以下的罚款；情节严重的，责令停止作业或者航行，暂扣船长、责任船员的船员适任证书六个月至十二个月，直至吊销船员适任证书：

（一）未经许可进出港口或者从事散装液体危险货物过驳作业；

（二）未按规定编制相应的应急处置预案，配备相应的消防、应急设备和器材；

（三）违反有关强制性标准和安全作业操作规程的要求从事危险货物装卸、过驳作业。

第一百零九条　托运人托运危险货物，有下列情形之一的，由海事管理机构责令改正，处五万元以上三十万元以下的罚款：

（一）未将托运的危险货物的正式名称、危险性质以及应当采取的防护措施通知承运人；

（二）未按照有关法律、行政法规、规章以及强制性标准和技术规范的要求对危险货物妥善包装，设置明显的危险品标志和标签；

（三）在托运的普通货物中夹带危险货物或者将危险货物谎报为普通货物托运；

（四）未依法提交有关专业机构出具的表明该货物危险特性以及应当采取的防护措施等情况的文件。

第一百一十条　船舶、海上设施遇险或者发生海上交通事故后未履行报告义务，或者存在瞒报、谎报情形的，由海事管理机构对违法船舶、海上设施的所有人、经营人或者管理人处三千元以上三万元以下的罚款，对船长、责任船员处二千元以上二万元以下的罚款，暂扣船员适任证书六个月至二十四个月；情节严重的，对违法船舶、海上设施的所有人、经营人或者管理人处一万元以上十万元以下的罚款，吊销船长、责任船员的船员适任证书。

第一百一十一条　船舶发生海上交通事故后逃逸的，由海事管理机构对违法船舶的所有人、经营人或者管理人处十万元以上五十万元以下的罚款，对船长、责任船员处五千元以上五万元以下的罚款并吊销船员适任证书，受处罚者终身不得重新申请。

第一百一十二条　船舶、海上设施不依法履行海上救助义务，不服从海上搜救中心指挥的，由海事管理机构对船舶、海上设施的所有人、经营人或者管理人处三万元以上三十万元以下的罚款，暂扣船长、责任船员的船员适任证书六个月至十二个月，直至吊销船员适任证书。

第一百一十三条　有关单位、个人拒绝、阻碍海事管理机构监督检查，或者在接受监督检查时弄虚作假的，由海事管理机构处二千元以上二万元以下的罚款，暂扣船长、责任船员的船员适任证书六个月至二十四个月，直至吊销船员适任证书。

第一百一十四条　交通运输主管部门、海事管理机构及其他有关部门的工作人员违反本法规定，滥用职权、玩忽职守、徇私舞弊的，依法给予处分。

第一百一十五条　因海上交通事故引发民事纠纷，当事人可以依法申请仲裁或者向人民法院提起诉讼。

第一百一十六条　违反本法规定，构成违反治安管理行为的，依法给予治安管理处罚；造成人身、财产损害的，依法承担民事责任；构成犯罪的，依法追究刑事责任。

第十章　附则

第一百一十七条　本法下列用语的含义是：

船舶，是指各类排水或者非排水的船、艇、筏、水上飞行器、潜水器、移动式平台以及其他移动式装置。

海上设施，是指水上水下各种固定或者浮动建筑、装置和固定平台，但是不包括码头、防波堤等港口设施。

内水，是指中华人民共和国领海基线向陆地一侧至海岸线的海域。

施工作业，是指勘探、采掘、爆破、构筑、维修、拆除水上水下构筑物或者设施，航道建设、疏浚（航道养护疏浚除外）作业，打捞沉船沉物。

海上交通事故，是指船舶、海上设施在航行、停泊、作业过程中发生的，由于碰撞、搁浅、触礁、触碰、火灾、风灾、浪损、沉没等原因造成人员伤亡或者财产损失的事故。

海上险情，是指对海上生命安全、水域环境构成威胁，需立即采取措施规避、控制、减轻和消除的各种情形。

危险货物，是指国际海上危险货物运输规则和国家危险货物品名表上列明的，易燃、易爆、有毒、有腐蚀性、有放射性、有污染危害性等，在船舶载运过程中可能造成人身伤害、财产损失或者环境污染而需要采取特别防护措施的货物。

海上渡口，是指海上岛屿之间、海上岛屿与大陆之间，以及隔海相望的大陆与大陆之间，专用于渡船渡运人员、行李、车辆的交通基础设施。

第一百一十八条　公务船舶检验、船员配备的具体办法由国务院交通运输主管部门会同有关主管部门另行制定。

体育运动船舶的登记、检验办法由国务院体育主管部门另行制定。训练、比赛期间的体育运动船舶的海上交通安全监督管理由体育主管部门负责。

渔业船员、渔业无线电、渔业航标的监督管理，渔业船舶的登记管理，渔港水域内的海上交通安全管理，渔业船舶（含外国籍渔业船舶）之间交通事故的调查处理，由县级以上人民政府渔业渔政主管部门负责。法律、行政法规或者国务院对渔业船舶之间交通事故的调查处理另有规定的，从其规定。

除前款规定外，渔业船舶的海上交通安全管理由海事管理机构负责。渔业船舶的检验及其监督管理，由海事管理机构依照有关法律、行政法规的规定执行。

浮式储油装置等海上石油、天然气生产设施的检验适用有关法律、行政法规的规定。

第一百一十九条　海上军事管辖区和军用船舶、海上设施的内部海上交通安全管理，军用航标的设立和管理，以及为军事目的进行作业或者水上水下活动的管理，由中央军事委员会另行制定管理办法。

划定、调整海上交通功能区或者领海内特定水域，划定海上渡口的渡运线路，许可海上施工作业，可能对军用船舶的战备、训练、执勤等行动造成影响的，海事管理机构应当事先征求有关军事机关的意见。

执行军事运输任务有特殊需要的，有关军事机关应当及时向海事管理机构通报相关信息。海事管理机构应当给予必要的便利。

海上交通安全管理涉及国防交通、军事设施保护的,依照有关法律的规定执行。

第一百二十条　外国籍公务船舶在中华人民共和国领海航行、停泊、作业,违反中华人民共和国法律、行政法规的,依照有关法律、行政法规的规定处理。

在中华人民共和国管辖海域内的外国籍军用船舶的管理,适用有关法律的规定。

第一百二十一条　中华人民共和国缔结或者参加的国际条约同本法有不同规定的,适用国际条约的规定,但中华人民共和国声明保留的条款除外。

第一百二十二条　本法自2021年9月1日起施行。

第二编

安全生产相关行政法规

中华人民共和国内河交通安全管理条例

（2020年6月28日中华人民共和国国务院令第355号公布；根据2011年1月8日《国务院关于废止和修改部分行政法规的决定》第一次修正；根据2017年3月1日《国务院关于修改和废止部分行政法规的决定》第二次修正；根据2019年3月2日《国务院关于修改部分行政法规的决定》第三次修正）

第一章　总则

第一条　为了加强内河交通安全管理，维护内河交通秩序，保障人民群众生命、财产安全，制定本条例。

第二条　在中华人民共和国内河通航水域从事航行、停泊和作业以及与内河交通安全有关的活动，必须遵守本条例。

第三条　内河交通安全管理遵循安全第一、预防为主、方便群众、依法管理的原则，保障内河交通安全、有序、畅通。

第四条　国务院交通主管部门主管全国内河交通安全管理工作。国家海事管理机构在国务院交通主管部门的领导下，负责全国内河交通安全监督管理工作。

国务院交通主管部门在中央管理水域设立的海事管理机构和省、自治区、直辖市人民政府在中央管理水域以外的其他水域设立的海事管理机构（以下统称海事管理机构）依据各自的职责权限，对所辖内河通航水域实施水上交通安全监督管理。

第五条　县级以上地方各级人民政府应当加强本行政区域内的内河交通安全管理工作，建立、健全内河交通安全管理责任制。

乡（镇）人民政府对本行政区域内的内河交通安全管理履行下列职责：

（一）建立、健全行政村和船主的船舶安全责任制；

（二）落实渡口船舶、船员、旅客定额的安全管理责任制；

（三）落实船舶水上交通安全管理的专门人员；

（四）督促船舶所有人、经营人和船员遵守有关内河交通安全的法律、法规和规章。

第二章　船舶、浮动设施和船员

第六条　船舶具备下列条件，方可航行：

（一）经海事管理机构认可的船舶检验机构依法检验并持有合格的船舶检验证书；

（二）经海事管理机构依法登记并持有船舶登记证书；

（三）配备符合国务院交通主管部门规定的船员；

（四）配备必要的航行资料。

第七条　浮动设施具备下列条件，方可从事有关活动：

（一）经海事管理机构认可的船舶检验机构依法检验并持有合格的检验证书；

（二）经海事管理机构依法登记并持有登记证书；

（三）配备符合国务院交通主管部门规定的掌握水上交通安全技能的船员。

第八条　船舶、浮动设施应当保持适于安全航行、停泊或者从事有关活动的状态。

船舶、浮动设施的配载和系固应当符合国家安全技术规范。

第九条　船员经水上交通安全专业培训，其中客船和载运危险货物船舶的船员还应当经相应的特殊培训，并经海事管理机构考试合格，取得相应的适任证书或者其他适任证件，方可担任船员职务。严禁未取得适任证书或者其他适任证件的船员上岗。

船员应当遵守职业道德，提高业务素质，严格依法履行职责。

第十条　船舶、浮动设施的所有人或者经营人，应当加强对船舶、浮动设施的安全管理，建立、健全相应的交通安全管理制度，并对船舶、浮动设施的交通安全负责；不得聘用无适任证书或者其他适任证件的人员担任船员；不得指使、强令船员违章操作。

第十一条　船舶、浮动设施的所有人或者经营人，应当根据船舶、浮动设施的技术性能、船员状况、水域和水文气象条件，合理调度船舶或者使用浮动设施。

第十二条　按照国家规定必须取得船舶污染损害责任、沉船打捞责任的保险文书或者财务保证书的船舶，其所有人或者经营人必须取得相应的保险文书或者财务担保证明，并随船携带其副本。

第十三条　禁止伪造、变造、买卖、租借、冒用船舶检验证书、船舶登记证书、船员适任证书或者其他适任证件。

第三章　航行、停泊和作业

第十四条　船舶在内河航行，应当悬挂国旗，标明船名、船籍港、载重线。

按照国家规定应当报废的船舶、浮动设施，不得航行或者作业。

第十五条　船舶在内河航行，应当保持瞭望，注意观察，并采用安全航速航行。船舶安全航速应当根据能见度、通航密度、船舶操纵性能和风、浪、水流、航路状况以及周围环境等主要因素决定。

使用雷达的船舶,还应当考虑雷达设备的特性、效率和局限性。

船舶在限制航速的区域和汛期高水位期间,应当按照海事管理机构规定的航速航行。

第十六条　船舶在内河航行时,上行船舶应当沿缓流或者航路一侧航行,下行船舶应当沿主流或者航路中间航行;在潮流河段、湖泊、水库、平流区域,应当尽可能沿本船右舷一侧航路航行。

第十七条　船舶在内河航行时,应当谨慎驾驶,保障安全;对来船动态不明、声号不统一或者遇有紧迫情况时,应当减速、停车或者倒车,防止碰撞。

船舶相遇,各方应当注意避让。按照船舶航行规则应当让路的船舶,必须主动避让被让路船舶;被让路船舶应当注意让路船舶的行动,并适时采取措施,协助避让。

船舶避让时,各方避让意图经统一后,任何一方不得擅自改变避让行动。

船舶航行、避让和信号显示的具体规则,由国务院交通主管部门制定。

第十八条　船舶进出内河港口,应当向海事管理机构报告船舶的航次计划、适航状态、船员配备和载货载客等情况。

第十九条　下列船舶在内河航行,应当向引航机构申请引航:

(一)外国籍船舶;

(二)1000总吨以上的海上机动船舶,但船长驾驶同一类型的海上机动船舶在同一内河通航水域航行与上一航次间隔2个月以内的除外;

(三)通航条件受限制的船舶;

(四)国务院交通主管部门规定应当申请引航的客船、载运危险货物的船舶。

第二十条　船舶进出港口和通过交通管制区、通航密集区或者航行条件受限制的区域,应当遵守海事管理机构发布的有关通航规定。

任何船舶不得擅自进入或者穿越海事管理机构公布的禁航区。

第二十一条　从事货物或者旅客运输的船舶,必须符合船舶强度、稳性、吃水、消防和救生等安全技术要求和国务院交通主管部门规定的载货或者载客条件。

任何船舶不得超载运输货物或者旅客。

第二十二条　船舶在内河通航水域载运或者拖带超重、超长、超高、超宽、半潜的物体,必须在装船或者拖带前24小时报海事管理机构核定拟航行的航路、时间,并采取必要的安全措施,保障船舶载运或者拖带安全。船舶需要护航的,应当向海事管理机构申请护航。

第二十三条　遇有下列情形之一时,海事管理机构可以根据情况采取限时航行、单航、封航等临时性限制、疏导交通的措施,并予公告:

(一)恶劣天气;

(二)大范围水上施工作业;

(三)影响航行的水上交通事故;

(四)水上大型群众性活动或者体育比赛;

(五)对航行安全影响较大的其他情形。

第二十四条　船舶应当在码头、泊位或者依法公布的锚地、停泊区、作业区停泊;遇有紧急情况,需要在其他水域停泊的,应当向海事管理机构报告。

船舶停泊,应当按照规定显示信号,不得妨碍或者危及其他船舶航行、停泊或者作业的安全。

船舶停泊,应当留有足以保证船舶安全的船员值班。

第二十五条　在内河通航水域或者岸线上进行下列可能影响通航安全的作业或者活动的,应当在进行作业或者活动前报海事管理机构批准：

（一）勘探、采掘、爆破；

（二）构筑、设置、维修、拆除水上水下构筑物或者设施；

（三）架设桥梁、索道；

（四）铺设、检修、拆除水上水下电缆或者管道；

（五）设置系船浮筒、浮趸、缆桩等设施；

（六）航道建设，航道、码头前沿水域疏浚；

（七）举行大型群众性活动、体育比赛。

进行前款所列作业或者活动，需要进行可行性研究的，在进行可行性研究时应当征求海事管理机构的意见；依照法律、行政法规的规定，需经其他有关部门审批的，还应当依法办理有关审批手续。

第二十六条 海事管理机构审批本条例第二十五条规定的作业或者活动，应当自收到申请之日起30日内作出批准或者不批准的决定，并书面通知申请人。

遇有紧急情况，需要对航道进行修复或者对航道、码头前沿水域进行疏浚的，作业人可以边申请边施工。

第二十七条 航道内不得养殖、种植植物、水生物和设置永久性固定设施。

划定航道，涉及水产养殖区的，航道主管部门应当征求渔业行政主管部门的意见；设置水产养殖区，涉及航道的，渔业行政主管部门应当征求航道主管部门和海事管理机构的意见。

第二十八条 在内河通航水域进行下列可能影响通航安全的作业，应当在进行作业前向海事管理机构备案：

（一）气象观测、测量、地质调查；

（二）航道日常养护；

（三）大面积清除水面垃圾；

（四）可能影响内河通航水域交通安全的其他行为。

第二十九条 进行本条例第二十五条、第二十八条规定的作业或者活动时，应当在作业或者活动区域设置标志和显示信号，并按照海事管理机构的规定，采取相应的安全措施，保障通航安全。

前款作业或者活动完成后，不得遗留任何妨碍航行的物体。

第四章　危险货物监管

第三十条 从事危险货物装卸的码头、泊位，必须符合国家有关安全规范要求，并征求海事管理机构的意见，经验收合格后，方可投入使用。

禁止在内河运输法律、行政法规以及国务院交通主管部门规定禁止运输的危险货物。

第三十一条 载运危险货物的船舶，必须持有经海事管理机构认可的船舶检验机构依法检验并颁发的危险货物适装证书，并按照国家有关危险货物运输的规定和安全技术规范进行配载和运输。

第三十二条 船舶装卸、过驳危险货物或者载运危险货物进出港口，应当将危险货物的名称、特性、包装、装卸或者过驳的时间、地点以及进出港时间等事项，事先报告海事管理机构和港口管理机构，经其同意后，方可进行装卸、过驳作业或者进出港口；但是，定船、定线、定货的船舶可以定期报告。

第三十三条　载运危险货物的船舶,在航行、装卸或者停泊时,应当按照规定显示信号;其他船舶应当避让。

第三十四条　从事危险货物装卸的码头、泊位和载运危险货物的船舶,必须编制危险货物事故应急预案,并配备相应的应急救援设备和器材。

第五章　渡口管理

第三十五条　设置或者撤销渡口,应当经渡口所在地的县级人民政府审批;县级人民政府审批前,应当征求当地海事管理机构的意见。

第三十六条　渡口的设置应当具备下列条件:

(一)选址应当在水流平缓、水深足够、坡岸稳定、视野开阔、适宜船舶停靠的地点,并远离危险物品生产、堆放场所;

(二)具备货物装卸、旅客上下的安全设施;

(三)配备必要的救生设备和专门管理人员。

第三十七条　渡口经营者应当在渡口设置明显的标志,维护渡运秩序,保障渡运安全。

渡口所在地县级人民政府应当建立、健全渡口安全管理责任制,指定有关部门负责对渡口和渡运安全实施监督检查。

第三十八条　渡口工作人员应当经培训、考试合格,并取得渡口所在地县级人民政府指定的部门颁发的合格证书。

渡口船舶应当持有合格的船舶检验证书和船舶登记证书。

第三十九条　渡口载客船舶应当有符合国家规定的识别标志,并在明显位置标明载客定额、安全注意事项。

渡口船舶应当按照渡口所在地的县级人民政府核定的路线渡运,并不得超载;渡运时,应当注意避让过往船舶,不得抢航或者强行横越。

遇有洪水或者大风、大雾、大雪等恶劣天气,渡口应当停止渡运。

第六章　通航保障

第四十条　内河通航水域的航道、航标和其他标志的规划、建设、设置、维护,应当符合国家规定的通航安全要求。

第四十一条　内河航道发生变迁,水深、宽度发生变化,或者航标发生位移、损坏、灭失,影响通航安全的,航道、航标主管部门必须及时采取措施,使航道、航标保持正常状态。

第四十二条　内河通航水域内可能影响航行安全的沉没物、漂流物、搁浅物,其所有人和经营人,必须按照国家有关规定设置标志,向海事管理机构报告,并在海事管理机构限定的时间内打捞清除；没有所有人或者经营人的，由海事管理机构打捞清除或者采取其他相应措施，保障通航安全。

第四十三条 在内河通航水域中拖放竹、木等物体，应当在拖放前24小时报经海事管理机构同意，按照核定的时间、路线拖放，并采取必要的安全措施，保障拖放安全。

第四十四条 任何单位和个人发现下列情况，应当迅速向海事管理机构报告：

（一）航道变迁，航道水深、宽度发生变化；

（二）妨碍通航安全的物体；

（三）航标发生位移、损坏、灭失；

（四）妨碍通航安全的其他情况。

海事管理机构接到报告后，应当根据情况发布航行通告或者航行警告，并通知航道、航标主管部门。

第四十五条 海事管理机构划定或者调整禁航区、交通管制区、港区外锚地、停泊区和安全作业区，以及对进行本条例第二十五条、第二十八条规定的作业或者活动，需要发布航行通告、航行警告的，应当及时发布。

第七章　救助

第四十六条 船舶、浮动设施遇险，应当采取一切有效措施进行自救。

船舶、浮动设施发生碰撞等事故，任何一方应当在不危及自身安全的情况下，积极救助遇险的他方，不得逃逸。

船舶、浮动设施遇险，必须迅速将遇险的时间、地点、遇险状况、遇险原因、救助要求，向遇险地海事管理机构以及船舶、浮动设施所有人、经营人报告。

第四十七条 船员、浮动设施上的工作人员或者其他人员发现其他船舶、浮动设施遇险，或者收到求救信号后，必须尽力救助遇险人员，并将有关情况及时向遇险地海事管理机构报告。

第四十八条 海事管理机构收到船舶、浮动设施遇险求救信号或者报告后，必须立即组织力量救助遇险人员，同时向遇险地县级以上地方人民政府和上级海事管理机构报告。

遇险地县级以上地方人民政府收到海事管理机构的报告后，应当对救助工作进行领导和协调，动员各方力量积极参与救助。

第四十九条 船舶、浮动设施遇险时，有关部门和人员必须积极协助海事管理机构做好救助工作。

遇险现场和附近的船舶、人员，必须服从海事管理机构的统一调度和指挥。

第八章　事故调查处理

第五十条 船舶、浮动设施发生交通事故，其所有人或者经营人必须立即向交通事故发生地海事管理机构报告，并做好现场保护工作。

第五十一条　海事管理机构接到内河交通事故报告后,必须立即派员前往现场,进行调查和取证。

海事管理机构进行内河交通事故调查和取证,应当全面、客观、公正。

第五十二条　接受海事管理机构调查、取证的有关人员,应当如实提供有关情况和证据,不得谎报或者隐匿、毁灭证据。

第五十三条　海事管理机构应当在内河交通事故调查、取证结束后30日内,依据调查事实和证据作出调查结论,并书面告知内河交通事故当事人。

第五十四条　海事管理机构在调查处理内河交通事故过程中,应当采取有效措施,保证航路畅通,防止发生其他事故。

第五十五条　地方人民政府应当依照国家有关规定积极做好内河交通事故的善后工作。

第五十六条　特大内河交通事故的报告、调查和处理,按照国务院有关规定执行。

第九章　监督检查

第五十七条　在旅游、交通运输繁忙的湖泊、水库,在气候恶劣的季节,在法定或者传统节日、重大集会、集市、农忙、学生放学放假等交通高峰期间,县级以上地方各级人民政府应当加强对维护内河交通安全的组织、协调工作。

第五十八条　海事管理机构必须建立、健全内河交通安全监督检查制度,并组织落实。

第五十九条　海事管理机构必须依法履行职责,加强对船舶、浮动设施、船员和通航安全环境的监督检查。发现内河交通安全隐患时,应当责令有关单位和个人立即消除或者限期消除;有关单位和个人不立即消除或者逾期不消除的,海事管理机构必须采取责令其临时停航、停止作业,禁止进港、离港等强制性措施。

第六十条　对内河交通密集区域、多发事故水域以及货物装卸、乘客上下比较集中的港口,对客渡船、滚装客船、高速客轮、旅游船和载运危险货物的船舶,海事管理机构必须加强安全巡查。

第六十一条　海事管理机构依照本条例实施监督检查时,可以根据情况对违反本条例有关规定的船舶,采取责令临时停航、驶向指定地点,禁止进港、离港,强制卸载、拆除动力装置、暂扣船舶等保障通航安全的措施。

第六十二条　海事管理机构的工作人员依法在内河通航水域对船舶、浮动设施进行内河交通安全监督检查,任何单位和个人不得拒绝或者阻挠。

有关单位或者个人应当接受海事管理机构依法实施的安全监督检查,并为其提供方便。

海事管理机构的工作人员依照本条例实施监督检查时,应当出示执法证件,表明身份。

第十章　法律责任

第六十三条　违反本条例的规定,应当报废的船舶、浮动设施在内河航行或者作业的,由海事管理机构责令停航或者停止作业,并对船舶、浮动设施予以没收。

第六十四条　违反本条例的规定，船舶、浮动设施未持有合格的检验证书、登记证书或者船舶未持有必要的航行资料，擅自航行或者作业的，由海事管理机构责令停止航行或者作业；拒不停止的，暂扣船舶、浮动设施；情节严重的，予以没收。

第六十五条　违反本条例的规定，船舶未按照国务院交通主管部门的规定配备船员擅自航行，或者浮动设施未按照国务院交通主管部门的规定配备掌握水上交通安全技能的船员擅自作业的，由海事管理机构责令限期改正，对船舶、浮动设施所有人或者经营人处1万元以上10万元以下的罚款；逾期不改正的，责令停航或者停止作业。

第六十六条　违反本条例的规定，未经考试合格并取得适任证书或者其他适任证件的人员擅自从事船舶航行的，由海事管理机构责令其立即离岗，对直接责任人员处2000元以上2万元以下的罚款，并对聘用单位处1万元以上10万元以下的罚款。

第六十七条　违反本条例的规定，按照国家规定必须取得船舶污染损害责任、沉船打捞责任的保险文书或者财务保证书的船舶的所有人或者经营人，未取得船舶污染损害责任、沉船打捞责任保险文书或者财务担保证明的，由海事管理机构责令限期改正；逾期不改正的，责令停航，并处1万元以上10万元以下的罚款。

第六十八条　违反本条例的规定，船舶在内河航行时，有下列情形之一的，由海事管理机构责令改正，处5000元以上5万元以下的罚款；情节严重的，禁止船舶进出港口或者责令停航，并可以对责任船员给予暂扣适任证书或者其他适任证件3个月至6个月的处罚：

（一）未按照规定悬挂国旗，标明船名、船籍港、载重线的；

（二）未按照规定向海事管理机构报告船舶的航次计划、适航状态、船员配备和载货载客等情况的；

（三）未按照规定申请引航的；

（四）擅自进出内河港口，强行通过交通管制区、通航密集区、航行条件受限制区域或者禁航区的；

（五）载运或者拖带超重、超长、超高、超宽、半潜的物体，未申请或者未按照核定的航路、时间航行的。

第六十九条　违反本条例的规定，船舶未在码头、泊位或者依法公布的锚地、停泊区、作业区停泊的，由海事管理机构责令改正；拒不改正的，予以强行拖离，因拖离发生的费用由船舶所有人或者经营人承担。

第七十条　违反本条例的规定，在内河通航水域或者岸线上进行有关作业或者活动未经批准或者备案，或者未设置标志、显示信号的，由海事管理机构责令改正，处5000元以上5万元以下的罚款。

第七十一条　违反本条例的规定，从事危险货物作业，有下列情形之一的，由海事管理机构责令停止作业或者航行，对负有责任的主管人员或者其他直接责任人员处2万元以上10万元以下的罚款；属于船员的，并给予暂扣适任证书或者其他适任证件6个月以上直至吊销适任证书或者其他适任证件的处罚：

（一）从事危险货物运输的船舶，未编制危险货物事故应急预案或者未配备相应的应急救援设备和器材的；

（二）船舶装卸、过驳危险货物或者载运危险货物进出港口未经海事管理机构、港口管理机构同意的。

未持有危险货物适装证书擅自载运危险货物或者未按照安全技术规范进行配载和运输的,依照《危险化学品安全管理条例》的规定处罚。

第七十二条　违反本条例的规定,未经批准擅自设置或者撤销渡口的,由渡口所在地县级人民政府指定的部门责令限期改正;逾期不改正的,予以强制拆除或者恢复,因强制拆除或者恢复发生的费用分别由设置人、撤销人承担。

第七十三条　违反本条例的规定,渡口船舶未标明识别标志、载客定额、安全注意事项的,由渡口所在地县级人民政府指定的部门责令改正,处2000元以上1万元以下的罚款;逾期不改正的,责令停航。

第七十四条　违反本条例的规定,在内河通航水域的航道内养殖、种植植物、水生物或者设置永久性固定设施的,由海事管理机构责令限期改正;逾期不改正的,予以强制清除,因清除发生的费用由其所有人或者经营人承担。

第七十五条　违反本条例的规定,内河通航水域中的沉没物、漂流物、搁浅物的所有人或者经营人,未按照国家有关规定设置标志或者未在规定的时间内打捞清除的,由海事管理机构责令限期改正;逾期不改正的,海事管理机构强制设置标志或者组织打捞清除;需要立即组织打捞清除的,海事管理机构应当及时组织打捞清除。海事管理机构因设置标志或者打捞清除发生的费用,由沉没物、漂流物、搁浅物的所有人或者经营人承担。

第七十六条　违反本条例的规定,船舶、浮动设施遇险后未履行报告义务或者不积极施救的,由海事管理机构给予警告,并可以对责任船员给予暂扣适任证书或者其他适任证件3个月至6个月直至吊销适任证书或者其他适任证件的处罚。

第七十七条　违反本条例的规定,船舶、浮动设施发生内河交通事故的,除依法承担相应的法律责任外,由海事管理机构根据调查结论,对责任船员给予暂扣适任证书或者其他适任证件6个月以上直至吊销适任证书或者其他适任证件的处罚。

第七十八条　违反本条例的规定,遇险现场和附近的船舶、船员不服从海事管理机构的统一调度和指挥的,由海事管理机构给予警告,并可以对责任船员给予暂扣适任证书或者其他适任证件3个月至6个月直至吊销适任证书或者其他适任证件的处罚。

第七十九条　违反本条例的规定,伪造、变造、买卖、转借、冒用船舶检验证书、船舶登记证书、船员适任证书或者其他适任证件的,由海事管理机构没收有关的证书或者证件;有违法所得的,没收违法所得,并处违法所得2倍以上5倍以下的罚款;没有违法所得或者违法所得不足2万元的,处1万元以上5万元以下的罚款;触犯刑律的,依照刑法关于伪造、变造、买卖国家机关公文、证件罪或者其他罪的规定,依法追究刑事责任。

第八十条　违反本条例的规定,船舶、浮动设施的所有人或者经营人指使、强令船员违章操作的,由海事管理机构给予警告,处1万元以上5万元以下的罚款,并可以责令停航或者停止作业;造成重大伤亡事故或者严重后果的,依照刑法关于重大责任事故罪或者其他罪的规定,依法追究刑事责任。

第八十一条　违反本条例的规定,船舶在内河航行、停泊或者作业,不遵守航行、避让和信号显示规则的,由海事管理机构责令改正,处1000元以上1万元以下的罚款;情节严重的,对责任船员给予暂扣适任证书或者其他适任证件3个月至6个月直至吊销适任证书或者其他适任证件的处罚;造成重大内河交通事故的,依照刑法关于交通肇事罪或者其他罪的规定,依法追究刑事责任。

第八十二条　违反本条例的规定,船舶不具备安全技术条件从事货物、旅客运输,或者超载运输货物、旅客的，由海事管理机构责令改正，处2万元以上10万元以下的罚款，可以对责任船员给予暂扣适任证书或者其他适任证件6个月以上直至吊销适任证书或者其他适任证件的处罚，并对超载运输的船舶强制卸载，因卸载而发生的卸货费、存货费、旅客安置费和船舶监管费由船舶所有人或者经营人承担；发生重大伤亡事故或者造成其他严重后果的，依照刑法关于重大劳动安全事故罪或者其他罪的规定，依法追究刑事责任。

第八十三条 违反本条例的规定，船舶、浮动设施发生内河交通事故后逃逸的，由海事管理机构对责任船员给予吊销适任证书或者其他适任证件的处罚；证书或者证件吊销后，5年内不得重新从业；触犯刑律的，依照刑法关于交通肇事罪或者其他罪的规定，依法追究刑事责任。

第八十四条 违反本条例的规定，阻碍、妨碍内河交通事故调查取证，或者谎报、隐匿、毁灭证据的，由海事管理机构给予警告，并对直接责任人员处1000元以上1万元以下的罚款；属于船员的，并给予暂扣适任证书或者其他适任证件12个月以上直至吊销适任证书或者其他适任证件的处罚；以暴力、威胁方法阻碍内河交通事故调查取证的，依照刑法关于妨害公务罪的规定，依法追究刑事责任。

第八十五条 违反本条例的规定，海事管理机构不依据法定的安全条件进行审批、许可的，对负有责任的主管人员和其他直接责任人员根据不同情节，给予降级或者撤职的行政处分；造成重大内河交通事故或者致使公共财产、国家和人民利益遭受重大损失的，依照刑法关于滥用职权罪、玩忽职守罪或者其他罪的规定，依法追究刑事责任。

第八十六条 违反本条例的规定，海事管理机构对审批、许可的安全事项不实施监督检查的，对负有责任的主管人员和其他直接责任人员根据不同情节，给予记大过、降级或者撤职的行政处分；造成重大内河交通事故或者致使公共财产、国家和人民利益遭受重大损失的，依照刑法关于滥用职权罪、玩忽职守罪或者其他罪的规定，依法追究刑事责任。

第八十七条 违反本条例的规定，海事管理机构发现船舶、浮动设施不再具备安全航行、停泊、作业条件而不及时撤销批准或者许可并予以处理的，对负有责任的主管人员和其他直接责任人员根据不同情节，给予记大过、降级或者撤职的行政处分；造成重大内河交通事故或者致使公共财产、国家和人民利益遭受重大损失的，依照刑法关于滥用职权罪、玩忽职守罪或者其他罪的规定，依法追究刑事责任。

第八十八条 违反本条例的规定，海事管理机构对未经审批、许可擅自从事旅客、危险货物运输的船舶不实施监督检查，或者发现内河交通安全隐患不及时依法处理，或者对违法行为不依法予以处罚的，对负有责任的主管人员和其他直接责任人员根据不同情节，给予降级或者撤职的行政处分；造成重大内河交通事故或者致使公共财产、国家和人民利益遭受重大损失的，依照刑法关于滥用职权罪、玩忽职守罪或者其他罪的规定，依法追究刑事责任。

第八十九条 违反本条例的规定，渡口所在地县级人民政府指定的部门，有下列情形之一的，根据不同情节，对负有责任的主管人员和其他直接责任人员，给予降级或者撤职的行政处分；造成重大内河交通事故或者致使公共财产、国家和人民利益遭受重大损失的，依照刑法关于滥用职权罪、玩忽职守罪或者其他罪的规定，依法追究刑事责任：

（一）对县级人民政府批准的渡口不依法实施监督检查的；

（二）对未经县级人民政府批准擅自设立的渡口不予以查处的；

（三）对渡船超载、人与大牲畜混载、人与爆炸品、压缩气体和液化气体、易燃液体、易燃固体、自燃物品和遇湿易燃物品、氧化剂和有机过氧化物、有毒品和腐蚀品等危险品混载以及其他危及安全的行为不及时纠正并依法处理的。

　　第九十条　违反本条例的规定，触犯《中华人民共和国治安管理处罚法》，构成违反治安管理行为的，由公安机关给予治安管理处罚。

第十一章　附则

　　第九十一条　本条例下列用语的含义：

　　（一）内河通航水域，是指由海事管理机构认定的可供船舶航行的江、河、湖泊、水库、运河等水域。

　　（二）船舶，是指各类排水或者非排水的船、艇、筏、水上飞行器、潜水器、移动式平台以及其他水上移动装置。

　　（三）浮动设施，是指采用缆绳或者锚链等非刚性固定方式系固并漂浮或者潜于水中的建筑、装置。

　　（四）交通事故，是指船舶、浮动设施在内河通航水域发生的碰撞、触碰、触礁、浪损、搁浅、火灾、爆炸、沉没等引起人身伤亡和财产损失的事件。

　　第九十二条　军事船舶在内河通航水域航行，应当遵守内河航行、避让和信号显示规则。军事船舶的检验、登记和船员的考试、发证等管理办法，按照国家有关规定执行。

　　第九十三条　渔船的登记以及进出渔港报告，渔船船员的考试、发证，渔船之间交通事故的调查处理，以及渔港水域内渔船的交通安全管理办法，由国务院渔业行政主管部门依据本条例另行规定。

　　渔业船舶的检验及相关监督管理，由国务院交通运输主管部门按照相关渔业船舶检验的行政法规执行。

　　第九十四条　城市园林水域水上交通安全管理的具体办法，由省、自治区、直辖市人民政府制定；但是，有关船舶检验、登记和船员管理，依照国家有关规定执行。

　　第九十五条　本条例自2002年8月1日起施行。1986年12月16日国务院发布的《中华人民共和国内河交通安全管理条例》同时废止。

国内水路运输管理条例

（2012年9月26日国务院第218次常务会议通过，2012年10月13日中华人民共和国国务院令第625号公布，自2013年1月1日起施行；根据2016年2月6日中华人民共和国国务院令第666号公布的《国务院关于修改部分行政法规的决定》第一次修正；根据2017年3月1日国务院令第676号公布的《国务院关于修改和废止部分行政法规的决定》第二次修正）

第一章 总则

第一条 为了规范国内水路运输经营行为，维护国内水路运输市场秩序，保障国内水路运输安全，促进国内水路运输业健康发展，制定本条例。

第二条 经营国内水路运输以及水路运输辅助业务，应当遵守本条例。

本条例所称国内水路运输（以下简称水路运输），是指始发港、挂靠港和目的港均在中华人民共和国管辖的通航水域内的经营性旅客运输和货物运输。

本条例所称水路运输辅助业务，是指直接为水路运输提供服务的船舶管理、船舶代理、水路旅客运输代理和水路货物运输代理等经营活动。

第三条 国家鼓励和保护水路运输市场的公平竞争，禁止垄断和不正当竞争行为。

国家运用经济、技术政策等措施，支持和鼓励水路运输经营者实行规模化、集约化经营，促进水路运输行业结构调整；支持和鼓励水路运输经营者采用先进适用的水路运输设备和技术，保障运输安全，促进节约能源，减少污染物排放。

国家保护水路运输经营者、旅客和货主的合法权益。

第四条 国务院交通运输主管部门主管全国水路运输管理工作。

县级以上地方人民政府交通运输主管部门主管本行政区域的水路运输管理工作。县级以上地方人民政府负责水路运输管理的部门或者机构（以下统称负责水路运输管理的部门）承担本条例规定的水路运输管理工作。

第五条 经营水路运输及其辅助业务，应当遵守法律、法规，诚实守信。

国务院交通运输主管部门和负责水路运输管理的部门应当依法对水路运输市场实施监督管理，对水路运输及其辅助业务的违法经营活动实施处罚，并建立经营者诚信管理制度，及时向社会公告监督检查情况。

第二章　水路运输经营者

第六条　申请经营水路运输业务,除本条例第七条规定的情形外,申请人应当符合下列条件:

(一)取得企业法人资格;

(二)有符合本条例第十三条规定的船舶,并且自有船舶运力符合国务院交通运输主管部门的规定;

(三)有明确的经营范围,其中申请经营水路旅客班轮运输业务的,还应当有可行的航线营运计划;

(四)有与其申请的经营范围和船舶运力相适应的海务、机务管理人员;

(五)与其直接订立劳动合同的高级船员占全部船员的比例符合国务院交通运输主管部门的规定;

(六)有健全的安全管理制度;

(七)法律、行政法规规定的其他条件。

第七条　个人可以申请经营内河普通货物运输业务。

申请经营内河普通货物运输业务的个人,应当有符合本条例第十三条规定且船舶吨位不超过国务院交通运输主管部门规定的自有船舶,并应当符合本条例第六条第六项、第七项规定的条件。

第八条　经营水路运输业务,应当按照国务院交通运输主管部门的规定,经国务院交通运输主管部门或者设区的市级以上地方人民政府负责水路运输管理的部门批准。

申请经营水路运输业务,应当向前款规定的负责审批的部门提交申请书和证明申请人符合本条例第六条或者第七条规定条件的相关材料。

负责审批的部门应当自受理申请之日起30个工作日内审查完毕,作出准予许可或者不予许可的决定。予以许可的,发给水路运输业务经营许可证,并为申请人投入运营的船舶配发船舶营运证;不予许可的,应当书面通知申请人并说明理由。

第九条　各级交通运输主管部门应当做好水路运输市场统计和调查分析工作,定期向社会公布水路运输市场运力供需状况。

第十条　为保障水路运输安全,维护水路运输市场的公平竞争秩序,国务院交通运输主管部门可以根据水路运输市场监测情况,决定在特定的旅客班轮运输和散装液体危险货物运输航线、水域暂停新增运力许可。

采取前款规定的运力调控措施,应当符合公开、公平、公正的原则,在开始实施的60日前向社会公告,说明采取措施的理由以及采取措施的范围、期限等事项。

第十一条　外国的企业、其他经济组织和个人不得经营水路运输业务,也不得以租用中国籍船舶或者舱位等方式变相经营水路运输业务。

香港特别行政区、澳门特别行政区和台湾地区的企业、其他经济组织以及个人参照适用前款规定,国务院另有规定的除外。

第十二条　依照本条例取得许可的水路运输经营者终止经营的,应当自终止经营之日起15个工作日内向原许可机关办理注销许可手续,交回水路运输业务经营许可证。

第十三条　水路运输经营者投入运营的船舶应当符合下列条件:

(一)与经营者的经营范围相适应;

（二）取得有效的船舶登记证书和检验证书；

（三）符合国务院交通运输主管部门关于船型技术标准和船龄的要求；

（四）法律、行政法规规定的其他条件。

第十四条 水路运输经营者新增船舶投入运营的，应当凭水路运输业务经营许可证件、船舶登记证书和检验证书向国务院交通运输主管部门或者设区的市级以上地方人民政府负责水路运输管理的部门领取船舶营运证件。

从事水路运输经营的船舶应当随船携带船舶营运证件。

海事管理机构在现场监督检查时，发现从事水路运输的船舶不能提供有效的船舶营运证件的，应当通知有关主管部门依法处理。

第十五条 国家根据保障运输安全、保护水环境、节约能源、提高航道和通航设施利用效率的需求，制定并实施新的船型技术标准时，对正在使用的不符合新标准但符合原有标准且未达到规定报废船龄的船舶，可以采取资金补贴等措施，引导、鼓励水路运输经营者进行更新、改造；需要强制提前报废的，应当对船舶所有人给予补偿。具体办法由国务院交通运输主管部门会同国务院财政部门制定。

第十六条 水路运输经营者不得使用外国籍船舶经营水路运输业务。但是，在国内没有能够满足所申请运输要求的中国籍船舶，并且船舶停靠的港口或者水域为对外开放的港口或者水域的情况下，经国务院交通运输主管部门许可，水路运输经营者可以在国务院交通运输主管部门规定的期限或者航次内，临时使用外国籍船舶运输。

在香港特别行政区、澳门特别行政区、台湾地区进行船籍登记的船舶，参照适用本条例关于外国籍船舶的规定，国务院另有规定的除外。

第三章　水路运输经营活动

第十七条 水路运输经营者应当在依法取得许可的经营范围内从事水路运输经营。

第十八条 水路运输经营者应当使用符合本条例规定条件、配备合格船员的船舶，并保证船舶处于适航状态。

水路运输经营者应当按照船舶核定载客定额或者载重量载运旅客、货物，不得超载或者使用货船载运旅客。

第十九条 水路运输经营者应当依照法律、行政法规和国务院交通运输主管部门关于水路旅客、货物运输的规定、质量标准以及合同的约定，为旅客、货主提供安全、便捷、优质的服务，保证旅客、货物运输安全。

水路旅客运输业务经营者应当为其客运船舶投保承运人责任保险或者取得相应的财务担保。

第二十条 水路运输经营者运输危险货物，应当遵守法律、行政法规以及国务院交通运输主管部门关于危险货物运输的规定，使用依法取得危险货物适装证书的船舶，按照规定的安全技术规范进行配载和运输，保证运输安全。

第二十一条 旅客班轮运输业务经营者应当自取得班轮航线经营许可之日起60日内开航，并在开航15日前公布所使用的船舶、班期、班次、运价等信息。

旅客班轮运输应当按照公布的班期、班次运行；变更班期、班次、运价的，应当在15日前向社会公布；停止经营部分或者全部班轮航线的，应当在30日前向社会公布并报原许可机关备案。

第二十二条　货物班轮运输业务经营者应当在班轮航线开航的7日前，公布所使用的船舶以及班期、班次和运价。

货物班轮运输应当按照公布的班期、班次运行；变更班期、班次、运价或者停止经营部分或者全部班轮航线的，应当在7日前向社会公布。

第二十三条　水路运输经营者应当依照法律、行政法规和国家有关规定，优先运送处置突发事件所需的物资、设备、工具、应急救援人员和受到突发事件危害的人员，重点保障紧急、重要的军事运输。

出现关系国计民生的紧急运输需求时，国务院交通运输主管部门按照国务院的部署，可以要求水路运输经营者优先运需要紧急运输的物资。水路运输经营者应当按照要求及时运输。

第二十四条　水路运输经营者应当按照统计法律、行政法规的规定报送统计信息。

第四章　水路运输辅助业务

第二十五条　运输船舶的所有人、经营人可以委托船舶管理业务经营者为其提供船舶海务、机务管理等服务。

第二十六条　申请经营船舶管理业务，申请人应当符合下列条件：

（一）取得企业法人资格；

（二）有健全的安全管理制度；

（三）有与其申请管理的船舶运力相适应的海务、机务管理人员；

（四）法律、行政法规规定的其他条件。

第二十七条　经营船舶管理业务，应当经设区的市级以上地方人民政府负责水路运输管理的部门批准。

申请经营船舶管理业务，应当向前款规定的部门提交申请书和证明申请人符合本条例第二十六条规定条件的相关材料。

受理申请的部门应当自受理申请之日起30个工作日内审查完毕，作出准予许可或者不予许可的决定。予以许可的，发给船舶管理业务经营许可证件，并向国务院交通运输主管部门备案；不予许可的，应当书面通知申请人并说明理由。

第二十八条　船舶管理业务经营者接受委托提供船舶管理服务，应当与委托人订立书面合同，并将合同报所在地海事管理机构备案。

船舶管理业务经营者应当按照国家有关规定和合同约定履行有关船舶安全和防止污染的管理义务。

第二十九条　水路运输经营者可以委托船舶代理、水路旅客运输代理、水路货物运输代理业务的经营者，代办船舶进出港手续等港口业务，代为签订运输合同，代办旅客、货物承揽业务以及其他水路运输代理业务。

第三十条　船舶代理、水路旅客运输代理业务的经营者应当自企业设立登记之日起15个工作日内，向所在地设区的市级人民政府负责水路运输管理的部门备案。

第三十一条　船舶代理、水路旅客运输代理、水路货物运输代理业务的经营者接受委托提供代理服务，应当与委托人订立书面合同，按照国家有关规定和合同约定办理代理业务，不得强行代理，不得为未依法取得水路运输业务经营许可或者超越许可范围的经营者办理代理业务。

第三十二条　本条例第十二条、第十七条的规定适用于船舶管理业务经营者。本条例第十一条、第二十四条的规定适用于船舶管理、船舶代理、水路旅客运输代理和水路货物运输代理业务经营活动。

国务院交通运输主管部门应当依照本条例的规定制定水路运输辅助业务的具体管理办法。

第五章　　法律责任

第三十三条　未经许可擅自经营或者超越许可范围经营水路运输业务或者国内船舶管理业务的，由负责水路运输管理的部门责令停止经营，没收违法所得，并处违法所得1倍以上5倍以下的罚款；没有违法所得或者违法所得不足3万元的，处3万元以上15万元以下的罚款。

第三十四条　水路运输经营者使用未取得船舶营运证件的船舶从事水路运输的，由负责水路运输管理的部门责令该船停止经营，没收违法所得，并处违法所得1倍以上5倍以下的罚款；没有违法所得或者违法所得不足2万元的，处2万元以上10万元以下的罚款。

从事水路运输经营的船舶未随船携带船舶营运证件的，责令改正，可以处1000元以下的罚款。

第三十五条　水路运输经营者未经国务院交通运输主管部门许可或者超越许可范围使用外国籍船舶经营水路运输业务，或者外国的企业、其他经济组织和个人经营或者以租用中国籍船舶或者舱位等方式变相经营水路运输业务的，由负责水路运输管理的部门责令停止经营，没收违法所得，并处违法所得1倍以上5倍以下的罚款；没有违法所得或者违法所得不足20万元的，处20万元以上100万元以下的罚款。

第三十六条　以欺骗或者贿赂等不正当手段取得本条例规定的行政许可的，由原许可机关撤销许可，处2万元以上20万元以下的罚款；有违法所得的，没收违法所得；国务院交通运输主管部门或者负责水路运输管理的部门自撤销许可之日起3年内不受理其对该项许可的申请。

第三十七条　出租、出借、倒卖本条例规定的行政许可证件或者以其他方式非法转让本条例规定的行政许可的，由负责水路运输管理的部门责令改正，没收违法所得，并处违法所得1倍以上5倍以下的罚款；没有违法所得或者违法所得不足3万元的，处3万元以上15万元以下的罚款；情节严重的，由原许可机关吊销相应的许可证件。

伪造、变造、涂改本条例规定的行政许可证件的，由负责水路运输管理的部门没收伪造、变造、涂改的许可证件，处3万元以上15万元以下的罚款；有违法所得的，没收违法所得。

第三十八条　水路运输经营者有下列情形之一的，由海事管理机构依法予以处罚：

（一）未按照规定配备船员或者未使船舶处于适航状态；

（二）超越船舶核定载客定额或者核定载重量载运旅客或者货物；

（三）使用货船载运旅客；

（四）使用未取得危险货物适装证书的船舶运输危险货物。

第三十九条　水路旅客运输业务经营者未为其经营的客运船舶投保承运人责任保险或者取得

相应的财务担保的,由负责水路运输管理的部门责令限期改正,处2万元以上10万元以下的罚款;逾期不改正的,由原许可机关吊销该客运船舶的船舶营运许可证件。

第四十条　班轮运输业务经营者未提前向社会公布所使用的船舶、班期、班次和运价或者其变更信息的,由负责水路运输管理的部门责令改正,处2000元以上2万元以下的罚款。

第四十一条　旅客班轮运输业务经营者自取得班轮航线经营许可之日起60日内未开航的,由负责水路运输管理的部门责令改正;拒不改正的,由原许可机关撤销该项经营许可。

第四十二条　水路运输、船舶管理业务经营者取得许可后,不再具备本条例规定的许可条件的,由负责水路运输管理的部门责令限期整改;在规定期限内整改仍不合格的,由原许可机关撤销其经营许可。

第四十三条　负责水路运输管理的国家工作人员在水路运输管理活动中滥用职权、玩忽职守、徇私舞弊,不依法履行职责的,依法给予处分。

第四十四条　违反本条例规定,构成违反治安管理行为的,依法给予治安管理处罚;构成犯罪的,依法追究刑事责任。

第六章　附则

第四十五条　载客12人以下的客运船舶以及乡、镇客运渡船运输的管理办法,由省、自治区、直辖市人民政府另行制定。

第四十六条　本条例自2013年1月1日起施行。1987年5月12日国务院发布的《中华人民共和国水路运输管理条例》同时废止。

中华人民共和国船舶登记条例

（1994年6月2日中华人民共和国国务院令第155号公布；根据2014年7月9日国务院第54次常务会议通过，2014年7月29日中华人民共和国国务院令第653号公布，自公布之日起施行的《国务院关于修改部分行政法规的决定》修正）

第一章 总则

第一条 为了加强国家对船舶的监督管理，保障船舶登记有关各方的合法权益，制定本条例。

第二条 下列船舶应当依照本条例规定进行登记：

（一）在中华人民共和国境内有住所或者主要营业所的中国公民的船舶；

（二）依据中华人民共和国法律设立的主要营业所在中华人民共和国境内的企业法人的船舶。但是，在该法人的注册资本中有外商出资的，中方投资人的出资额不得低于50%；

（三）中华人民共和国政府公务船舶和事业法人的船舶；

（四）中华人民共和国港务监督机构认为应当登记的其他船舶。

军事船舶、渔业船舶和体育运动船艇的登记依照有关法规的规定办理。

第三条 船舶经依法登记，取得中华人民共和国国籍，方可悬挂中华人民共和国国旗航行；未经登记的，不得悬挂中华人民共和国国旗航行。

第四条 船舶不得具有双重国籍。凡在外国登记的船舶，未中止或者注销原登记国国籍的，不得取得中华人民共和国国籍。

第五条 船舶所有权的取得、转让和消灭，应当向船舶登记机关登记；未经登记的，不得对抗第3人。

船舶由2个以上的法人或者个人共有的，应当向船舶登记机关登记；未经登记的，不得对抗第3人。

第六条 船舶抵押权、光船租赁权的设定、转移和消灭，应当向船舶登记机关登记；未经登记的，不得对抗第3人。

第七条 中国籍船舶上应持适任证书的船员，必须持有相应的中华人民共和国船员适任证书。

第八条 中华人民共和国港务监督机构是船舶登记主管机关。

各港的港务监督机构是具体实施船舶登记的机关（以下简称船舶登记机关），其管辖范围由中华人民共和国港务监督机构确定。

第九条　船舶登记港为船籍港。

船舶登记港由船舶所有人依据其住所或者主要营业所所在地就近选择，但是不得选择2个或者2个以上的船舶登记港。

第十条　一艘船舶只准使用一个名称。

船名由船籍港船舶登记机关核定。船名不得与登记在先的船舶重名或者同音。

第十一条　船舶登记机关应当建立船舶登记簿。

船舶登记机关应当允许利害关系人查阅船舶登记簿。

第十二条　国家所有的船舶由国家授予具有法人资格的全民所有制企业经营管理的，本条例有关船舶所有人的规定适用于该法人。

第二章　船舶所有权登记

第十三条　船舶所有人申请船舶所有权登记，应当向船籍港船舶登记机关交验足以证明其合法身份的文件，并提供有关船舶技术资料和船舶所有权取得的证明文件的正本、副本。

就购买取得的船舶申请船舶所有权登记的，应当提供下列文件：

（一）购船发票或者船舶的买卖合同和交接文件；

（二）原船籍港船舶登记机关出具的船舶所有权登记注销证明书；

（三）未进行抵押的证明文件或者抵押权人同意被抵押船舶转让他人的文件。

就新造船舶申请船舶所有权登记的，应当提供船舶建造合同和交接文件。但是，就建造中的船舶申请船舶所有权登记的，仅需提供船舶建造合同；就自造自用船舶申请船舶所有权登记的，应当提供足以证明其所有权取得的文件。

就因继承、赠与、依法拍卖以及法院判决取得的船舶申请船舶所有权登记的，应当提供具有相应法律效力的船舶所有权取得的证明文件。

第十四条　船籍港船舶登记机关应当对船舶所有权登记申请进行审查核实；对符合本条例规定的，应当自收到申请之日起7日内向船舶所有人颁发船舶所有权登记证书，授予船舶登记号码，并在船舶登记簿中载明下列事项：

（一）船舶名称、船舶呼号；

（二）船籍港和登记号码、登记标志；

（三）船舶所有人的名称、地址及其法定代表人的姓名；

（四）船舶所有权的取得方式和取得日期；

（五）船舶所有权登记日期；

（六）船舶建造商名称、建造日期和建造地点；

（七）船舶价值、船体材料和船舶主要技术数据；

（八）船舶的曾用名、原船籍港以及原船舶登记的注销或者中止的日期；

（九）船舶为数人共有的，还应当载明船舶共有人的共有情况；

（十）船舶所有人不实际使用和控制船舶的，还应当载明光船承租人或者船舶经营人的名称、地址及其法定代表人的姓名；

（十一）船舶已设定抵押权的，还应当载明船舶抵押权的设定情况。

船舶登记机关对不符合本条例规定的，应当自收到申请之日起7日内书面通知船舶所有人。

第三章　船舶国籍

第十五条　船舶所有人申请船舶国籍，除应当交验依照本条例取得的船舶所有权登记证书外，还应当按照船舶航区相应交验下列文件：

（一）航行国际航线的船舶，船舶所有人应当根据船舶的种类交验法定的船舶检验机构签发的下列有效船舶技术证书：

1.国际吨位丈量证书；

2.国际船舶载重线证书；

3.货船构造安全证书；

4.货船设备安全证书；

5.乘客定额证书；

6.客船安全证书；

7.货船无线电报安全证书；

8.国际防止油污证书；

9.船舶航行安全证书；

10.其他有关技术证书。

（二）国内航行的船舶，船舶所有人应当根据船舶的种类交验法定的船舶检验机构签发的船舶检验证书簿和其他有效船舶技术证书。

从境外购买具有外国国籍的船舶，船舶所有人在申请船舶国籍时，还应当提供原船籍港船舶登记机关出具的注销原国籍的证明书或者将于重新登记时立即注销原国籍的证明书。

对经审查符合本条例规定的船舶，船籍港船舶登记机关予以核准并发给船舶国籍证书。

第十六条　依照本条例第十三条规定申请登记的船舶，经核准后，船舶登记机关发给船舶国籍证书。船舶国籍证书的有效期为5年。

第十七条　向境外出售新造的船舶，船舶所有人应当持船舶所有权取得的证明文件和有效船舶技术证书，到建造地船舶登记机关申请办理临时船舶国籍证书。

从境外购买新造的船舶，船舶所有人应当持船舶所有权取得的证明文件和有效船舶技术证书，到中华人民共和国驻外大使馆、领事馆申请办理临时船舶国籍证书。

境内异地建造船舶，需要办理临时船舶国籍证书的，船舶所有人应当持船舶建造合同和交接文件以及有效船舶技术证书，到建造地船舶登记机关申请办理临时船舶国籍证书。

在境外建造船舶，船舶所有人应当持船舶建造合同和交接文件以及有效船舶技术证书，到中华人民共和国驻外大使馆、领事馆申请办理临时船舶国籍证书。

以光船条件从境外租进船舶，光船承租人应当持光船租赁合同和原船籍港船舶登记机关出具的中止或者注销原国籍的证明书，或者将于重新登记时立即中止或者注销原国籍的证明书到船舶登记机关申请办理临时船舶国籍证书。

对经审查符合本条例规定的船舶,船舶登记机关或者中华人民共和国驻外大使馆、领事馆予以核准并发给临时船舶国籍证书。

第十八条　临时船舶国籍证书的有效期一般不超过1年。

以光船租赁条件从境外租进的船舶,临时船舶国籍证书的期限可以根据租期确定,但是最长不得超过2年。光船租赁合同期限超过2年的,承租人应当在证书有效期内,到船籍港船舶登记机关申请换发临时船舶国籍证书。

第十九条　临时船舶国籍证书和船舶国籍证书具有同等法律效力。

第四章　船舶抵押权登记

第二十条　对20总吨以上的船舶设定抵押权时,抵押权人和抵押人应当持下列文件到船籍港船舶登记机关申请办理船舶抵押权登记:

(一)双方签字的书面申请书;

(二)船舶所有权登记证书或者船舶建造合同;

(三)船舶抵押合同。

该船舶设定有其他抵押权的,还应当提供有关证明文件。

船舶共有人就共有船舶设定抵押权时,还应当提供三分之二以上份额或者约定份额的共有人的同意证明文件。

第二十一条　对经审查符合本条例规定的,船籍港船舶登记机关应当自收到申请之日起7日内将有关抵押人、抵押权人和船舶抵押情况以及抵押登记日期载入船舶登记簿和船舶所有权登记证书,并向抵押权人核发船舶抵押权登记证书。

第二十二条　船舶抵押权登记,包括下列主要事项:

(一)抵押权人和抵押人的姓名或者名称、地址;

(二)被抵押船舶的名称、国籍,船舶所有权登记证书的颁发机关和号码;

(三)所担保的债权数额、利息率、受偿期限。

船舶登记机关应当允许公众查询船舶抵押权的登记状况。

第二十三条　船舶抵押权转移时,抵押权人和承转人应当持船舶抵押权转移合同到船籍港船舶登记机关申请办理抵押权转移登记。

对经审查符合本条例规定的,船籍港船舶登记机关应当将承转人作为抵押权人载入船舶登记簿和船舶所有权登记证书,并向承转人核发船舶抵押权登记证书,封存原船舶抵押权登记证书。

办理船舶抵押权转移前,抵押权人应当通知抵押人。

第二十四条　同一船舶设定2个以上抵押权的,船舶登记机关应当按照抵押权登记申请日期的先后顺序进行登记,并在船舶登记簿上载明登记日期。

登记申请日期为登记日期;同日申请的,登记日期应当相同。

第五章　光船租赁登记

第二十五条　有下列情形之一的，出租人、承租人应当办理光船租赁登记：

（一）中国籍船舶以光船条件出租给本国企业的；

（二）中国企业以光船条件租进外国籍船舶的；

（三）中国籍船舶以光船条件出租境外的。

第二十六条　船舶在境内出租时，出租人和承租人应当在船舶起租前，持船舶所有权登记证书、船舶国籍证书和光船租赁合同正本、副本，到船籍港船舶登记机关申请办理光船租赁登记。

对经审查符合本条例规定的，船籍港船舶登记机关应当将船舶租赁情况分别载入船舶所有权登记证书和船舶登记簿，并向出租人、承租人核发光船租赁登记证明书各一份。

第二十七条　船舶以光船条件出租境外时，出租人应当持本条例第二十六条规定的文件到船籍港船舶登记机关申请办理光船租赁登记。

对经审查符合本条例规定的，船籍港船舶登记机关应当依照本条例第四十二条规定中止或者注销其船舶国籍，并发给光船租赁登记证明书一式二份。

第二十八条　以光船条件从境外租进船舶，承租人应当比照本条例第九条规定确定船籍港，并在船舶起租前持下列文件，到船舶登记机关申请办理光船租赁登记：

（一）光船租赁合同正本、副本；

（二）法定的船舶检验机构签发的有效船舶技术证书；

（三）原船籍港船舶登记机关出具的中止或者注销船舶国籍证明书，或者将于重新登记时立即中止或者注销船舶国籍的证明书。

对经审查符合本条例规定的，船舶登记机关应当发给光船租赁登记证明书，并应当依照本条例第十七条的规定发给临时船舶国籍证书，在船舶登记簿上载明原登记国。

第二十九条　需要延长光船租赁期限的，出租人、承租人应当在光船租赁合同期满前15日，持光船租赁登记证明书和续租合同正本、副本，到船舶登记机关申请办理续租登记。

第三十条　在光船租赁期间，未经出租人书面同意，承租人不得申请光船转租登记。

第六章　船舶标志和公司旗

第三十一条　船舶应当具有下列标志：

（一）船首两舷和船尾标明船名；

（二）船尾船名下方标明船籍港；

（三）船名、船籍港下方标明汉语拼音；

（四）船首和船尾两舷标明吃水标尺；

（五）船舶中部两舷标明载重线。

受船型或者尺寸限制不能在前款规定的位置标明标志的船舶，应当在船上显著位置标明船名和船籍港。

第三十二条 船舶所有人设置船舶烟囱标志、公司旗，可以向船籍港船舶登记机关申请登记，并按照规定提供标准设计图纸。

第三十三条 同一公司的船舶只准使用一个船舶烟囱标志、公司旗。

船舶烟囱标志、公司旗由船籍港船舶登记机关审核。

船舶烟囱标志、公司旗不得与登记在先的船舶烟囱标志、公司旗相同或者相似。

第三十四条 船籍港船舶登记机关对经核准予以登记的船舶烟囱标志、公司旗应当予以公告。

业经登记的船舶烟囱标志、公司旗属登记申请人专用，其他船舶或者公司不得使用。

第七章 变更登记和注销登记

第三十五条 船舶登记项目发生变更时，船舶所有人应当持船舶登记的有关证明文件和变更证明文件，到船籍港船舶登记机关办理变更登记。

第三十六条 船舶变更船籍港时，船舶所有人应当持船舶国籍证书和变更证明文件，到原船籍港船舶登记机关申请办理船籍港变更登记。对经审查符合本条例规定的，原船籍港船舶登记机关应当在船舶国籍证书签证栏内注明，并将船舶有关登记档案转交新船籍港船舶登记机关，船舶所有人再到新船籍港船舶登记机关办理登记。

第三十七条 船舶共有情况发生变更时，船舶所有人应当持船舶所有权登记证书和有关船舶共有情况变更的证明文件，到船籍港船舶登记机关办理有关变更登记。

第三十八条 船舶抵押合同变更时，抵押权人和抵押人应当持船舶所有权登记证书、船舶抵押权登记证书和船舶抵押合同变更的证明文件，到船籍港船舶登记机关办理变更登记。

对经审查符合本条例规定的，船籍港船舶登记机关应当在船舶所有权登记证书和船舶抵押权登记证书以及船舶登记簿上注明船舶抵押合同的变更事项。

第三十九条 船舶所有权发生转移时，原船舶所有人应当持船舶所有权登记证书、船舶国籍证书和其他有关证明文件到船籍港船舶登记机关办理注销登记。

对经审查符合本条例规定的，船籍港船舶登记机关应当注销该船舶在船舶登记簿上的所有权登记以及与之相关的登记，收回有关登记证书，并向船舶所有人出具相应的船舶登记注销证明书。向境外出售的船舶，船舶登记机关可以根据具体情况出具注销国籍的证明书或者将于重新登记时立即注销国籍的证明书。

第四十条 船舶灭失（含船舶拆解、船舶沉没）和船舶失踪，船舶所有人应当自船舶灭失（含船舶拆解、船舶沉没）或者船舶失踪之日起3个月内持船舶所有权登记证书、船舶国籍证书和有关船舶灭失（含船舶拆解、船舶沉没）、船舶失踪的证明文件，到船籍港船舶登记机关办理注销登记。经审查核实，船籍港船舶登记机关应当注销该船舶在船舶登记簿上的登记，收回有关登记证书，并向船舶所有人出具船舶登记注销证明书。

第四十一条 船舶抵押合同解除，抵押权人和抵押人应当持船舶所有权登记证书、船舶抵押权登记证书和经抵押权人签字的解除抵押合同的文件，到船籍港船舶登记机关办理注销登记。对经审查符合本条例规定的，船籍港船舶登记机关应当注销其在船舶所有权登记证书和船舶登记簿上的抵押登记的记录。

第四十二条 以光船条件出租到境外的船舶，出租人除依照本条例第二十七条规定办理光船租赁登记外，还应当办理船舶国籍的中止或者注销登记。船籍港船舶登记机关应当封存原船舶国籍证书，发给中止或者注销船舶国籍证明书。特殊情况下，船籍港船舶登记机关可以发给将于重新登记时立即中止或者注销船舶国籍的证明书。

第四十三条 光船租赁合同期满或者光船租赁关系终止，出租人应当自光船租赁合同期满或者光船租赁关系终止之日起15日内，持船舶所有权登记证书、光船租赁合同或者终止光船租赁关系的证明文件，到船籍港船舶登记机关办理光船租赁注销登记。

以光船条件出租到境外的船舶，出租人还应当提供承租人所在地船舶登记机关出具的注销船舶国籍证明书或者将于重新登记时立即注销船舶国籍的证明书。

经核准后，船籍港船舶登记机关应当注销其在船舶所有权登记证书和船舶登记簿上的光船租赁登记的记录，并发还原船舶国籍证书。

第四十四条 以光船条件租进的船舶，承租人应当自光船租赁合同期满或者光船租赁关系终止之日起15日内，持光船租赁合同、终止光船租赁关系的证明文件，到船籍港船舶登记机关办理注销登记。

以光船条件从境外租进的船舶，还应当提供临时船舶国籍证书。

经核准后，船籍港船舶登记机关应当注销其在船舶登记簿上的光船租赁登记，收回临时船舶国籍证书，并出具光船租赁登记注销证明书和临时船舶国籍注销证明书。

第八章　船舶所有权登记证书、船舶国籍证书的换发和补发

第四十五条 船舶国籍证书有效期届满前1年内，船舶所有人应当持船舶国籍证书和有效船舶技术证书，到船籍港船舶登记机关办理证书换发手续。

第四十六条 船舶所有权登记证书、船舶国籍证书污损不能使用的，持证人应当向船籍港船舶登记机关申请换发。

第四十七条 船舶所有权登记证书、船舶国籍证书遗失的，持证人应当书面叙明理由，附具有关证明文件，向船籍港船舶登记机关申请补发。

船籍港船舶登记机关应当在当地报纸上公告声明原证书作废。

第四十八条 船舶所有人在境外发现船舶国籍证书遗失或者污损时，应当向中华人民共和国驻外大使馆、领事馆申请办理临时船舶国籍证书，但是必须在抵达本国第一个港口后及时向船籍港船舶登记机关申请换发船舶国籍证书。

第九章　法律责任

第四十九条 假冒中华人民共和国国籍，悬挂中华人民共和国国旗航行的，由船舶登记机关依法没收该船舶。

中国籍船舶假冒外国国籍，悬挂外国国旗航行的，适用前款规定。

第五十条　隐瞒在境内或者境外的登记事实，造成双重国籍的，由船籍港船舶登记机关吊销其船舶国籍证书，并视情节处以下列罚款：

（一）500总吨以下的船舶，处2000元以上、10000元以下的罚款；

（二）501总吨以上、10000总吨以下的船舶，处以10000元以上、50000元以下的罚款；

（三）10001总吨以上的船舶，处以50000元以上、200000元以下的罚款。

第五十一条　违反本条例规定，有下列情形之一的，船籍港船舶登记机关可以视情节给予警告、根据船舶吨位处以本条例第五十条规定的罚款数额的50％直至没收船舶登记证书：

（一）在办理登记手续时隐瞒真实情况、弄虚作假的；

（二）隐瞒登记事实，造成重复登记的；

（三）伪造、涂改船舶登记证书的。

第五十二条　不按照规定办理变更或者注销登记的，或者使用过期的船舶国籍证书或者临时船舶国籍证书的，由船籍港船舶登记机关责令其补办有关登记手续；情节严重的，可以根据船舶吨位处以本条例**第五十条**规定的罚款数额的10％。

第五十三条　违反本条例规定，使用他人业经登记的船舶烟囱标志、公司旗的，由船籍港船舶登记机关责令其改正；拒不改正的，可以根据船舶吨位处以本条例第五十条规定的罚款数额的10％；情节严重的，并可以吊销其船舶国籍证书或者临时船舶国籍证书。

第五十四条　船舶登记机关的工作人员滥用职权、徇私舞弊、玩忽职守、严重失职的，由所在单位或者上级机关给予行政处分；构成犯罪的，依法追究刑事责任。

第五十五条　当事人对船舶登记机关的具体行政行为不服的，可以依照国家有关法律、行政法规的规定申请复议或者提起行政诉讼。

第十章　附则

第五十六条　本条例下列用语的含义是：

（一）"船舶"系指各类机动、非机动船舶以及其他水上移动装置，但是船舶上装备的救生艇筏和长度小于5米的艇筏除外；

（二）"渔业船舶"系指从事渔业生产的船舶以及属于水产系统为渔业生产服务的船舶；

（三）"公务船舶"系指用于政府行政管理目的的船舶。

第五十七条　除公务船舶外，船舶登记机关按照规定收取船舶登记费。船舶登记费的收费标准和管理办法，由国务院财政部门、物价行政主管部门会同国务院交通行政主管部门制定。

第五十八条　船舶登记簿、船舶国籍证书、临时船舶国籍证书、船舶所有权登记证书、船舶抵押权登记证书、光船租赁登记证明书、申请书以及其他证明书的格式，由中华人民共和国港务监督机构统一制定。

第五十九条　本条例自1995年1月1日起施行。

中华人民共和国船舶和海上设施检验条例

（1993年2月14日中华人民共和国国务院令第109号发布；根据2019年3月2日《国务院关于修改部分行政法规的决定》修正）

第一章　总则

第一条　为了保证船舶、海上设施和船运货物集装箱具备安全航行、安全作业的技术条件，保障人民生命财产的安全和防止水域环境污染，制定本条例。

第二条　本条例适用于：

（一）在中华人民共和国登记或者将在中华人民共和国登记的船舶（以下简称中国籍船舶）；

（二）根据本条例或者国家有关规定申请检验的外国籍船舶；

（三）在中华人民共和国沿海水域内设置或者将在中华人民共和国沿海水域内设置的海上设施（以下简称海上设施）；

（四）在中华人民共和国登记的企业法人所拥有的船运货物集装箱（以下简称集装箱）。

第三条　中华人民共和国船舶检验局（以下简称船检局）是依照本条例规定实施各项检验工作的主管机构。

经国务院交通主管部门批准，船检局可以在主要港口和工业区设置船舶检验机构。

经国务院交通主管部门和省、自治区、直辖市人民政府批准，省、自治区、直辖市人民政府交通主管部门可以在所辖港口设置地方船舶检验机构。

第四条　中国船级社是社会团体性质的船舶检验机构，承办国内外船舶、海上设施和集装箱的入级检验、鉴证检验和公证检验业务；经船检局授权，可以代行法定检验。

第五条　实施本条例规定的各项检验，应当贯彻安全第一、质量第一的原则，鼓励新技术的开发和应用。

第二章　船舶检验

第六条　船舶检验分别由下列机构实施：

（一）船检局设置的船舶检验机构；

（二）省、自治区、直辖市人民政府交通主管部门设置的地方船舶检验机构；

（三）船检局委托、指定或者认可的检验机构。

前款所列机构，以下统称船舶检验机构。

第七条 中国籍船舶的所有人或者经营人，必须向船舶检验机构申请下列检验：

（一）建造或者改建船舶时，申请建造检验；

（二）营运中的船舶，申请定期检验；

（三）由外国籍船舶改为中国籍船舶的，申请初次检验。

第八条 中国籍船舶所使用的有关海上交通安全的和防止水域环境污染的重要设备、部件和材料，须经船舶检验机构按照有关规定检验。

第九条 中国籍船舶须由船舶检验机构测定总吨位和净吨位，核定载重线和乘客定额。

第十条 在中国沿海水域从事钻探、开发作业的外国籍钻井船、移动式平台的所有人或者经营人，必须向船检局设置或者指定的船舶检验机构申请下列检验：

（一）作业前检验；

（二）作业期间的定期检验。

第十一条 中国沿海水域内的移动式平台、浮船坞和其他大型设施进行拖带航行，起拖前必须向船检局设置的或者指定的船舶检验机构申请拖航检验。

第十二条 中国籍船舶有下列情形之一的，船舶所有人或者经营人必须向船舶检验机构申请临时检验：

（一）因发生事故，影响船舶适航性能的；

（二）改变船舶证书所限定的用途或者航区的；

（三）船舶检验机构签发的证书失效的；

（四）海上交通安全或者环境保护主管机关责成检验的。

在中国港口内的外国籍船舶，有前款（一）、（四）项所列情形之一的，必须向船检局设置或者指定的船舶检验机构申请临时检验。

第十三条 下列中国籍船舶，必须向中国船级社申请入级检验：

（一）从事国际航行的船舶；

（二）在海上航行的乘客定额一百人以上的客船；

（三）载重量一千吨以上的油船；

（四）滚装船、液化气体运输船和散装化学品运输船；

（五）船舶所有人或者经营人要求入级的其他船舶。

第十四条 船舶经检验合格后，船舶检验机构应当按照规定签发相应的检验证书。

第三章 海上设施检验

第十五条 海上设施的所有人或者经营人，必须向船检局设置或者指定的船舶检验机构申请下列检验，但是本条例第三十一条规定的除外：

（一）建造或者改建海上设施时，申请建造检验；

（二）使用中的海上设施，申请定期检验；

（三）因发生事故影响海上设施安全性能的，申请临时检验；

（四）海上交通安全或者环境保护主管机关责成检验的，申请临时检验。

第十六条 海上设施经检验合格后，船舶检验机构应当按照规定签发相应的检验证书。

第四章 集装箱检验

第十七条 集装箱的所有人或者经营人，必须向船检局设置或者指定的船舶检验机构申请下列检验：

（一）制造集装箱时，申请制造检验；

（二）使用中的集装箱，申请定期检验。

第十八条 集装箱经检验合格后，船舶检验机构应当按照规定签发相应的检验证书。

第五章 检验管理

第十九条 船舶、海上设施、集装箱的检验制度和技术规范，除本条例第三十一条规定的外，由船检局制订，经国务院交通主管部门批准后公布施行。

第二十条 船舶检验机构的检验人员，必须具备相应的专业知识和检验技能，并经考核合格。

第二十一条 检验人员执行检验任务或者对事故进行技术分析调查时，有关单位应当提供必要的条件。

第二十二条 船舶检验机构实施检验，按照规定收取费用。收费办法由国务院交通主管部门会同国务院物价主管部门、国务院财政主管部门制定。

第二十三条 当事人对船舶检验机构的检验结论有异议的，可以向上一级检验机构申请复验；对复验结论仍有异议的，可以向船检局提出再复验，由船检局组织技术专家组进行检验、评议，作出最终结论。

第二十四条 任何单位和个人不得涂改、伪造检验证书，不得擅自更改船舶检验机构勘划的船舶载重线。

第二十五条 关于外国船舶检验机构在中国境内设置常驻代表机构或者派驻检验人员的管理办法，由国务院交通主管部门制定。

第六章 罚则

第二十六条 涂改检验证书、擅自更改船舶载重线或者以欺骗行为获取检验证书的,船检局或者其委托的检验机构有权撤销已签发的相应证书,并可以责令改正或者补办有关手续。

第二十七条 伪造船舶检验证书或者擅自更改船舶载重线的,由有关行政主管机关给予通报批评,并可以处以相当于相应的检验费一倍至五倍的罚款;构成犯罪的,由司法机关依法追究刑事责任。

第二十八条 船舶检验机构的检验人员滥用职权、徇私舞弊、玩忽职守、严重失职的,由所在单位或者上级机关给予行政处分或者撤销其检验资格;情节严重,构成犯罪的,由司法机关依法追究刑事责任。

第七章 附则

第二十九条 本条例下列用语的定义:

(一)船舶,是指各类排水或者非排水船、艇、水上飞机、潜水器和移动式平台;

(二)海上设施,是指水上水下各种固定或者浮动建筑、装置和固定平台;

(三)沿海水域,是指中华人民共和国沿海的港口、内水和领海以及国家管辖的一切其他海域。

第三十条 除从事国际航行的渔业辅助船舶依照本条例进行检验外,其他渔业船舶的检验,由国务院交通运输主管部门按照相关渔业船舶检验的行政法规执行。

第三十一条 海上设施中的海上石油天然气生产设施的检验,由国务院石油主管部门会同国务院交通主管部门另行规定。

第三十二条 下列船舶不适用本条例:

(一)军用舰艇、公安船艇和体育运动船艇;

(二)按照船舶登记规定,不需要登记的船舶。

第三十三条 本条例自发布之日起施行。

浙江省港口管理条例

（2007年5月25日浙江省第十届人民代表大会常务委员会第三十二次会议通过；根据2020年11月27日浙江省第十三届人民代表大会常务委员会第二十五次会议《关于修改〈浙江省港口管理条例〉等七件地方性法规的决定》修正）

第一章　总则

第一条　为了加强港口管理，保护和合理开发利用港口资源，维护港口的安全与经营秩序，保障当事人的合法权益，促进港口的建设与发展，根据《中华人民共和国港口法》和有关法律、行政法规，结合本省实际，制定本条例。

第二条　本条例适用于本省行政区域内港口的规划、建设、维护、经营、管理及其相关活动。

第三条　港口所在地县级以上人民政府应当将港口的发展纳入国民经济和社会发展规划，依法保护和合理利用港口资源，鼓励国内外经济组织和个人依法投资建设、经营港口，保护投资者的合法权益。

第四条　省交通运输主管部门和设区的市、县（市、区）人民政府交通运输主管部门或者其他负责港口管理的部门（以下统称港口主管部门），主管本行政区域内的港口工作。

港口主管部门所属的港航管理机构按照规定职责承担港口管理的具体工作。

县级以上人民政府其他有关部门应当按照各自职责做好港口管理的相关工作。

第二章　港口规划

第五条　港口规划应当根据本省国民经济和社会发展的要求以及国防建设的需要编制，体现合理利用港口岸线资源的原则，符合国土空间规划，并与江河流域规划、防洪规划、产业布局规划、水路运输发展规划和其他运输方式发展规划以及法律、法规规定的其他有关规划相衔接、协调。

第六条　港口规划包括全省港口布局规划、港口总体规划和港区控制性详细规划。

全省港口布局规划是指全省港口的分布规划，主要明确各港口的地位、作用、主要功能等内容，促进全省港口岸线资源的合理利用。

港口总体规划是指一个港口在一定时期的具体规划,包括港口的水域(海域,下同)和陆域范围、港区划分、吞吐量和到港船型、港口的性质和功能、水域和陆域使用、港口设施建设岸线使用、建设用地配置以及分期建设序列等内容。港口总体规划应当符合全省港口布局规划。

港区控制性详细规划指具体港区依据港口总体规划编制的在一定时期的实施性规划,是对港口总体规划的细化和深化。

第七条　全省港口布局规划、国务院交通运输主管部门确定的主要港口的总体规划、省人民政府确定的重要港口的总体规划以及其他港口的总体规划,其编制和批准程序依照《中华人民共和国港口法》有关规定执行。

主要港口和重要港口的重点港区的控制性详细规划由所在地港口主管部门会同同级自然资源主管部门编制,经本级人民政府审核后,报省人民政府批准。重点港区由省人民政府确定。

其他港区的控制性详细规划由所在地港口主管部门会同同级自然资源主管部门编制,经本级人民政府批准后公布实施,并报省人民政府备案。

第八条　港口规划的修改,按照港口规划制定程序办理。未经法定程序,任何单位和个人不得擅自修改港口规划。

第三章　港口岸线使用和港口建设

第九条　港口建设项目应当按照国家和省规定的权限和程序办理项目审批或者核准手续。

港口建设使用土地和水域,应当依照土地管理、水域管理、规划管理、航道管理、环境保护管理、军事设施保护管理等有关法律、法规规定办理。

第十条　县级以上人民政府可以按照特许经营方式依法确定港口设施的建设经营单位,并与其签订特许经营协议,明确港口设施的建设要求、经营期限、维护责任、期限届满后设施的处理以及公共服务义务、保证措施、违约责任等事项。

第十一条　对港区内需同时占用土地、港口岸线和水域的港口设施项目,所在地港口主管部门应当会同同级自然资源、水域主管部门,根据设施的性质和功能,事先明确其所需占用的土地、港口岸线、水域的配置要求及其使用期限、期限届满后设施的处理等事项。

该设施所需占用的土地、港口岸线、水域应当由同一主体使用。

该设施所需占用的土地、港口岸线、水域的使用期限应当一致。

本条例实施前已批准建设的港口设施,对其占用的土地、港口岸线、水域的使用期限、期限届满后设施的处理未予以明确的,由所在地港口主管部门会同同级自然资源、水域主管部门与设施所有人协商后提出意见,报原审批机关依法决定。

第十二条　在港区内建设港口设施使用港口岸线的,申请人应当向所在地港口主管部门提出书面申请,说明港口岸线的使用期限、范围、功能等事项,并按照下列规定报经批准:

(一)申请使用港口深水岸线的,经省交通运输主管部门会同省发展改革部门审查并出具意见后,依法报国家有关部门审批;

(二)申请使用适宜建设三千吨级以上泊位的沿海港口非深水岸线的,由所在地港口主管部门审查并出具意见后,报省交通运输主管部门征求省发展改革部门意见后批准;

（三）申请使用其他港口非深水岸线的，由所在地港口主管部门征求同级发展改革部门意见后批准。

属于所在地港口主管部门审批权限的，港口主管部门应当自受理申请之日起三十日内作出许可或者不予许可的决定。属于省交通运输主管部门审批权限的，省交通运输主管部门应当自所在地港口主管部门受理申请之日起六十日内作出许可或者不予许可的决定。属于国家有关部门审批权限的，省交通运输主管部门应当自所在地港口主管部门受理申请之日起六十日内上报。

第十三条 因工程建设等需要临时使用港口岸线建设港口设施的，申请人应当向所在地港口主管部门提出书面申请，说明港口岸线临时使用的期限、范围、功能、恢复措施等事项。

申请临时使用适宜建设三千吨级以上泊位的沿海港口岸线的，由所在地港口主管部门提出审查意见后报省交通运输主管部门批准。申请临时使用其他港口岸线的，由所在地港口主管部门批准。

审批机关应当自所在地港口主管部门受理申请之日起三十日内作出许可或者不予许可的决定。

批准临时使用港口岸线的，应当对港口岸线临时使用期限、范围、功能、是否允许建设永久性建筑物（构筑物）、期限届满后设施的处理以及相应责任予以明确。

临时使用港口岸线的期限一般不得超过两年。

第十四条 港口岸线可以实行有偿使用。具体办法由省人民政府根据国家有关规定另行制定。

第十五条 港口岸线使用人应当按照批准的范围、功能使用港口岸线，不得擅自改变港口岸线的使用范围、功能。确需改变港口岸线使用范围、功能的，港口岸线使用人应当向所在地港口主管部门提出书面申请，并由原审批机关批准。

港口岸线使用人依法转让港口岸线使用权或者终止使用港口岸线的，应当书面报告所在地港口主管部门，并由原审批机关办理变更或者注销手续。

第十六条 港口建设项目应当依法进行环境影响评价，危险货物港口建设项目还应当依法进行安全评价。

港口建设项目的安全设施和环境保护设施，应当与主体工程同时设计、同时施工、同时投入生产和使用。

第十七条 港口设施的建设应当符合强制性标准和技术规范，并按照法律、法规和国家有关规定进行勘察、设计、施工、监理和竣工验收。

第十八条 港口建设项目施工时，建设单位应当采取相应的安全防护措施和环境保护措施；对航道、防波堤、锚地、导流堤、护岸等港口公共基础设施造成损坏的，应当及时予以修复；建设项目竣工后，建设单位应当及时清除港区内的废弃物。

建设单位未按前款规定修复港口公共基础设施、清除港区内废弃物的，所在地港口主管部门应当责令限期改正；逾期未改正的，港口主管部门应当组织修复、清除，所需费用由建设单位承担。

第十九条 港区内新建建筑物、构筑物，自然资源主管部门在核发建设项目选址意见书、建设用地规划许可证前，应当征求所在地港口主管部门意见。

第二十条 港口主管部门以及海事、海关等部门应当积极推进港口信息标准化建设，做好港口信息整合，实行信息共享，及时发布港口相关信息。

第四章　港口经营

第二十一条　从事下列港口经营活动,应当依法取得港口经营许可证,并办理工商登记:

（一）从事码头和其他港口设施经营;

（二）港口旅客运输服务经营;

（三）在港区内从事货物的装卸、驳运、仓储经营;

（四）港口拖轮经营;

（五）其他依法需要取得港口经营许可的港口经营活动。

港口经营人应当在经营许可证核准的范围内从事经营活动。

第二十二条　从事港口经营,应当具备下列条件:

（一）有固定的经营场所;

（二）有与经营业务相适应的港口设施、设备;

（三）有与经营业务相适应的专业技术人员和管理人员;

（四）法律、法规规定的其他条件。

从事危险货物港口装卸作业的港口经营人,还应当依法取得由所在地港口主管部门核发的危险货物港口作业资质证书;其装卸管理人员应当取得港口主管部门按规定核发的上岗资格证;其装卸作业人员应当具备相应专业知识。

从事港口经营的具体条件,由省交通运输主管部门根据本条例和国家有关规定,结合本省沿海和内河港口实际作出规定,并向社会公布。

第二十三条　申请从事港口经营的,应当向所在地港口主管部门提出书面申请,并提交相应的材料。

港口主管部门应当自受理书面申请之日起三十日内作出许可或者不予许可的决定。对符合条件的,核发港口经营许可证;对不符合条件的,不予许可,并书面说明理由。

新建、改建、扩建港口需要调试运行的,调试运行期间的港口经营许可证的有效期不超过六个月。

第二十四条　从事港口货物装卸和仓储业务的经营人不得兼营理货业务。理货业务经营人不得兼营港口货物装卸和仓储经营业务。

第二十五条　港口旅客运输服务经营人应当向旅客提供快捷、便利服务,保持良好的候船环境。

港口旅客运输服务经营人应当采取保证旅客安全的有效措施,对上下船舶的车辆、旅客携带的物品进行安全检查,制止装载、夹带或者携带国家禁止的危险物品上船。相关人员应当给予配合。

第二十六条　承运人不能按时运输旅客的,港口经营人应当及时发布公告;对滞留港口候船的旅客,港口经营人应当会同承运人维持候船秩序,妥善安排旅客,做好船期变更、退换票等工作,并依法承担相应责任。

第二十七条　遇有旅客滞留、货物积压而阻塞港口的情况,港口经营人应当立即采取疏散措施,并及时报告所在地港口主管部门。港口阻塞严重的,港口主管部门应当及时采取有效措施,进行疏港;县级以上人民政府认为必要时,可以直接采取措施,进行疏港。

港口经营人及有关单位和个人应当服从疏港的统一调度。

第二十八条　港口经营人应当根据县级以上人民政府的指令优先安排抢险物资、救灾物资、国防建设等急需物资的作业。

因执行前款规定造成港口经营人经济损失的,国家应当给予相应补偿。

第二十九条 港口旅客运输服务经营人停业或者歇业的,应当提前六十日报告所在地港口主管部门。港口主管部门应当采取相应的措施,避免或者减少因停业、歇业对公众、公共利益造成的损害。

前款规定以外的港口经营人停业或者歇业的,应当提前三十日告知所在地港口主管部门。

第三十条 港口主管部门按照国家和省有关规定负责港口行政事业性收费的征管工作。

缴费义务人应当依法及时足额缴纳。

第三十一条 港口经营人应当按照规定配备足够的船舶污染物接收设施,不得拒绝接收靠港船舶送交的生活污水、含油污水、生活垃圾。

第五章 港口安全与监督

第三十二条 所在地港口主管部门应当依法制定可能危及社会公共安全的港口危险货物事故应急预案、重大生产安全事故的旅客紧急疏散和救援预案、环境事故应急预案以及预防自然灾害预案,建立健全港口重大生产安全事故的应急救援体系。

发生生产安全事故或者出现紧急情况时,所在地港口主管部门应当根据危害程度,启动不同等级的预案,组织实施应急处置和救援。

第三十三条 港口经营人应当严格执行有关安全生产的法律、法规规定,建立并实施安全生产管理责任制。

港口经营人应当按照规定要求对港口安全设施定期检查,及时消除安全隐患,并将定期检查情况形成书面记录。

港口经营人应当按照规定要求制定危险货物事故应急预案、重大生产安全事故的旅客紧急疏散和救援预案、环境事故应急预案以及预防自然灾害预案,并按照预案要求配备相应人员和装备,储备必要救急物资,组织演练。

发生生产安全事故或者出现紧急情况时,港口经营人应当按照预案的要求,及时启动预案,采取措施,组织抢救,防止事故扩大。

第三十四条 港口经营人应当依法对石油化工码头、罐（库）区、危险货物码头和库场、港区内加油站以及生产用燃料油储存库等场所进行安全评价;存在安全隐患的,港口经营人应当采取相应的补救措施,消除安全隐患。

第三十五条 在港口内进行危险货物的装卸、过驳作业,港口经营人应当按照规定时限将危险货物的名称、特性、包装和作业的时间、地点报告所在地港口主管部门。港口主管部门接到报告后应当在规定时间内作出是否同意作业的决定,通知报告人,并通报海事管理机构。

定货种、定码头泊位的危险货物作业,经所在地港口主管部门同意,可以定期报告。

第三十六条 委托港口经营人进行危险货物作业的,委托人应当按照规定要求向港口经营人以书面方式真实说明该危险货物的中文名称、国家或者联合国编号、数量、适用包装、危害特性以及发生危害时应当采取的应急措施等事项。

委托人不得在委托作业的普通货物中夹带危险货物,或者将危险货物谎报为普通货物。

第三十七条 有下列情形之一的,港口经营人应当立即采取应急措施,并及时报告所在地港口主管部门：

（一）发现未申报或者申报不实的危险货物；

（二）在普通货物中发现危险货物；

（三）在已申报的危险货物中发现性质相抵触的危险货物，且不满足国家标准及行业标准中有关积载、隔离、堆码要求；

（四）其他可能危及港口安全的情形。

港口主管部门接到港口经营人报告后，应当按照预案的要求和有关规定及时提出处理意见，并告知港口经营人。

第三十八条　港口经营人应当加强对其作业区范围内助航标志和导航设施的保护；发现助航标志和导航设施损坏的，应当及时向海事管理机构、航道主管部门报告。

第三十九条　港口经营人应当及时对码头前沿水域进行疏浚，并将有关泊位的吨级、水深等资料及时通知靠泊船舶，确保靠泊、离泊和通航安全。

第四十条　货物或者其他物体落入港口水域可能影响港口安全或者有碍航行的，责任人应当立即向海事管理机构或者所在地港口主管部门报告，并负责清除该货物或者其他物体。

海事管理机构或者所在地港口主管部门发现货物或者其他物体落入港口水域的，应当责令责任人限期清除；逾期未清除的，可以代为清除；情况紧急的，应当直接予以清除。清除所需费用由责任人承担。

第四十一条　外国籍船舶和按照国家规定应当申请引航的中国籍船舶在港口水域内航行或者靠泊、离泊、移泊的，应当向引航机构申请引航。

前款规定以外的其他船舶在港口水域内航行或者靠泊、离泊、移泊的，可以根据需要申请引航。

引航机构应当按照船舶引航规范及有关规定，为船舶提供及时、安全的引航服务。

第四十二条　省交通运输主管部门及所在地港口主管部门应当依照《中华人民共和国港口法》及有关安全生产法律、法规规定，对港口安全生产责任制的落实、预案的建立实施及安全生产情况实施监督检查，发现违法情形或者存在安全隐患的，应当依法予以处理。

第六章　法律责任

第四十三条　违反本条例规定的行为，法律、行政法规已有法律责任规定的，从其规定。

第四十四条　港口所在地县级以上人民政府、有关部门及其工作人员有下列行为之一的，对直接负责的主管人员和其他直接责任人员给予处分：

（一）未按规定的条件、程序和期限实施行政许可的；

（二）违反规定权限、程序擅自修改港口规划的；

（三）未按规定建立、实施预案的；

（四）违反规定征收、使用港口行政事业性收费的；

（五）其他滥用职权、玩忽职守、徇私舞弊的行为。

第四十五条　有下列行为之一的，由县级以上人民政府港口主管部门责令限期改正；逾期不改正的，撤销港口岸线使用许可，申请人民法院强制拆除违法建设的设施，对港区内的违法建设行为，处一万元以上五万元以下罚款：

（一）违反港区控制性详细规划建设港口、码头或者其他港口设施的；

（二）未经批准擅自改变港口岸线使用范围、功能的；

（三）临时使用港口岸线修建的临时设施使用期届满后，未按许可文件的要求予以拆除的。

第四十六条 违反本条例第二十一条第二款规定，港口经营人超越经营许可范围从事港口经营活动的，由所在地港口主管部门责令停止违法经营，没收违法所得，对沿海港口经营人处二万元以上十万元以下罚款，对内河港口经营人处五千元以上五万元以下罚款。

第四十七条 港口经营人改变已经核准的场地、设备、设施，或者未按规定配备专业技术人员和管理人员等，导致其与本条例第二十二条规定的相应许可条件不符的，由所在地港口主管部门责令限期整改；逾期不整改或者整改后仍不符合规定条件的，吊销港口经营许可证。

第四十八条 违反本条例第二十六条规定，港口经营人不及时发布公告的，由所在地港口主管部门予以警告，对港口经营人可处二千元以上一万元以下罚款。

第四十九条 违反本条例第二十七条第二款规定，港口经营人不服从疏港统一调度的，由所在地港口主管部门予以警告；拒不服从的，对港口经营人处五千元以上三万元以下罚款；造成严重后果的，吊销港口经营许可证。

第五十条 违反本条例第二十九条规定，港口经营人停业、歇业前未按规定时限报告的，由所在地港口主管部门对港口经营人处五千元以上三万元以下罚款。

第五十一条 违反本条例第三十一条规定，港口经营人未按规定配备船舶污染物接收设施，或者拒绝接收靠港船舶送交的生活污水、含油污水、生活垃圾的，由所在地港口主管部门责令限期改正；逾期不改正的，处五千元以上五万元以下罚款；情节严重的，吊销港口经营许可证。

第五十二条 违反本条例第三十九条规定，港口经营人未及时对码头前沿水域进行疏浚的，由所在地港口主管部门责令限期疏浚；逾期不疏浚的，对港口经营人处五千元以上五万元以下罚款。

第五十三条 违反本条例第四十一条第三款规定，引航机构未按引航规范及有关规定提供引航服务，或者无故拖延引航的，由县级以上人民政府港口主管部门予以警告，处二万元以上十万元以下罚款。

第七章　附则

第五十四条 渔业港口由县级以上人民政府渔业主管部门按照国家有关规定管理。

军事港口的建设和管理按照国家有关规定执行。

第五十五条 港口深水岸线，是指沿海、各入海口门、主要入海河流感潮河段等水域内适宜建设各类型万吨级以上泊位的港口岸线和除沿海港口岸线以外的河流、湖泊、水库等水域内适宜建设千吨级以上泊位的港口岸线（含港口总体规划确定的维持港口正常运营所需的有关水域和陆域）。

第五十六条 本条例自2007年10月1日起施行。

浙江省航道管理条例

（2010年9月30日浙江省第十一届人民代表大会常务委员会第二十次会议通过；根据2011年11月25日浙江省第十一届人民代表大会常务委员会第二十九次会议《关于修改〈浙江省专利保护条例〉等十四件地方性法规的决定》第一次修正；根据2017年11月30日浙江省第十二届人民代表大会常务委员会第四十五次会议《关于修改〈浙江省水资源管理条例〉等十九件地方性法规的决定》第二次修正；根据2020年11月27日浙江省第十三届人民代表大会常务委员会第二十五次会议《关于修改〈浙江省港口管理条例〉等七件地方性法规的决定》第三次修正）

第一章 总则

第一条 为了合理开发利用水运资源，加强航道管理，保障航道安全畅通，发挥航道在交通运输中的重要作用，根据有关法律、行政法规，结合本省实际，制定本条例。

第二条 本省行政区域内航道和国家确定由本省管理的沿海航道的规划、建设、养护、保护和管理，适用本条例。

本条例所称航道，是指本省境内江河、湖泊、水库、运河及沿海海域中，根据航道规划和通航标准确定的供船舶和排筏航行的通道，包括航道整治建筑物、通航建筑物、航标等航道设施。

第三条 省、设区的市、县（市、区）人民政府（以下简称县级以上人民政府）应当加强对航道管理工作的领导，将航道规划、建设、养护纳入本行政区域国民经济和社会发展规划，引导和鼓励航道资源的合理开发利用，保障和改善航道通航条件，发展水运事业。

县级以上人民政府应当保障航道建设、养护的资金投入。

第四条 省交通运输主管部门和设区的市、县（市、区）人民政府交通运输主管部门或者其他负责航道管理的部门（以下统称航道主管部门），负责本行政区域内航道和国家确定由本省管理的沿海航道的管理工作。

航道主管部门所属的港航管理机构按照规定职责承担航道的规划、建设、养护、保护等具体工作。

县级以上人民政府其他有关部门和航道沿线乡镇人民政府，应当按照各自职责做好航道管理的相关工作。

第五条 航道受法律保护，任何单位和个人不得破坏、损毁或者非法占用。

第二章　航道规划和建设

第六条　航道规划是航道建设、保护和管理的依据。

编制航道规划应当依据国民经济和社会发展规划，符合国土空间规划，符合流域综合规划。

其他涉及航道的专项规划，应当与航道规划相互衔接。

第七条　航道规划应当包括规划范围、期限、目标、技术等级、布局原则、总体布局方案、主要建设工程、实施原则和措施等内容。

第八条　内河航道分为一级至七级航道和准七级航道。

内河航道规划应当按照以下规定编制并报经批准：

（一）一级至四级航道规划由省交通运输主管部门会同同级自然资源、水行政、渔业等部门编制，并征求航道沿线设区的市人民政府的意见，经省人民政府审核同意后，依法向国家有关部门办理报批手续；

（二）五级至七级航道规划和准七级航道规划由设区的市航道主管部门会同同级自然资源、水行政、渔业等部门编制，并征求航道沿线县（市、区）人民政府的意见，经设区的市人民政府和省交通运输主管部门审核同意后，报省人民政府批准。

沿海航道规划按照国家有关规定编制并报批。

航道规划和航道名录由航道规划编制机关向社会公布。

第九条　航道规划的修改按照航道规划制定程序办理。任何单位和个人不得擅自修改航道规划。

第十条　与航道通航条件有关的涉航建筑物（包括拦、跨（穿）、临航道建筑物）不符合航道规划等级的通航标准和技术规范的，县级以上人民政府应当按照航道规划明确改建或者重建的具体计划，并组织实施或者监督建筑物权属单位改建或者重建。

桥梁等跨航道建筑物新建投入使用，替代原有不符合通航要求的建筑物功能后，原有建筑物应当及时拆除，拆除经费列入新建项目预算。

第十一条　航道建设应当按照航道规划要求，执行国家规定的基本建设程序，符合通航标准和技术规范。

依照法律、法规的规定需要办理建设项目相关审批手续的，从其规定。

第十二条　县级以上人民政府应当加强对航道、水利、市政工程等建设计划、项目的协调，整合利用各项建设资金，统筹兼顾航道、水利、市政、水土保持等功能，提高建设资金的综合使用效益。

第十三条　内河航道规划已明确提升航道等级，并且等级提升需要拓宽航道的，县级以上人民政府应当组织交通运输、自然资源、水行政等部门对航道需要拓宽的区域，根据规划等级的通航标准和技术规范要求划定航道建筑控制区的范围。

在航道建筑控制区内，除必要的水工程、环境监测等设施外，不得规划、建设永久性建筑物（含构筑物）或者其他设施。

第十四条　航道规划中确定的航道建设使用土地应当纳入各级国土空间规划。

航道沿线县级以上人民政府应当按照规定权限落实航道建设使用土地或者海域（水域），做好拆迁安置补偿等相关工作。

第十五条　内河航道建设应当符合江河、湖泊防洪安全要求，并事先征求水行政主管部门的意见。

河道建设涉及航道的，应当兼顾航运需要，符合航道规划、通航标准和技术规范，并事先征求航道主管部门的意见。

航道建设和养护不得危及依法建设的水工程、跨河建筑物和其他设施的安全。因航道建设和养护损坏上述设施的,建设单位应当修复或者给予补偿。

第十六条　航道建设和养护作业单位依法在航道上进行勘测、疏浚、吹填、炸礁、清障、维修航道设施等活动,任何单位和个人不得阻挠。

从事前款活动可能对渔业资源产生严重影响的,航道建设或者养护单位应当采取有效措施,防止或者减少对渔业资源的损害;造成渔业资源损失的,应当依法予以补偿。

第十七条　航道建设、养护以政府投入为主,鼓励多种方式筹集建设、养护资金。

经省人民政府批准,可以建设收费航道。收费航道的建设和管理办法由省人民政府制定。

第十八条　通航建筑物向过往船舶、排筏收取过闸费的,应当报经省发展改革部门会同省交通运输主管部门核定收费标准。

前款规定以外的通航建筑物运行、养护资金,由县级以上人民政府按照规定通过财政预算、以电养航等方式予以保障。

第三章　航道养护

第十九条　港航管理机构、收费航道经营管理者应当加强对航道的养护,保障航道安全畅通。港航管理机构应当制定航道养护计划并组织实施。

第二十条　航道养护包括航道观测、水深监测,航道设施的设置、维护,航道疏浚、炸礁、清障等。因新建、改建航道而砌筑的航道护岸由港航管理机构或者收费航道经营管理者负责养护。

通航建筑物由承担建设主体责任的人民政府指定或者组建的运行单位负责养护。

通航建筑物大修的具体组织实施时间,应当根据相关技术标准在通航建筑物检测和鉴定的基础上合理确定。同一航道上相邻通航建筑物需要停航检修和大修的,一般应当安排在同一时间内作业。

第二十一条　港航管理机构应当依法通过招标等公平竞争方式确定航道养护施工单位。

航道养护施工单位应当按照航道养护技术规范、操作规程以及养护作业合同的要求实施养护。

第二十二条　当发生航道变迁、航道实际尺度不能达到维护尺度、内河航标异常等情形时,港航管理机构应当及时发布航道通告,海事管理机构应当相应发布航行通告或者航行警告。

第二十三条　桥梁及其他跨(穿)航道建筑物,其权属单位应当履行管理和维护责任,确保其不影响航道安全畅通;新建、改建的桥梁及其他跨(穿)航道建筑物建成后,应当及时移交给管理维护单位,落实管理和维护责任。

桥梁及其他跨(穿)航道建筑物,不能确定权属或者不能明确管理维护单位的,由所在地人民政府负责管理和维护。

港航管理机构在航道巡查中发现桥梁及其他跨(穿)航道建筑物存在影响航道安全畅通隐患时,应当及时通知其权属单位或者管理维护单位。

第四章　航道保护和管理

第二十四条　禁止下列侵占、损害航道的行为：

（一）在航道内种植植物、设置水生物养殖设施或者张网捕捞的；

（二）向航道内倾倒垃圾、砂石、泥土（浆）以及其他废弃物的；

（三）在通航建筑物及其引航道或者船舶调度区内从事货物装卸、水上加油、船舶维修等影响通航建筑物正常运行的；

（四）在依法划定并公告的航道设施安全保护范围内采挖砂石、取土、爆破的；

（五）违反禁行或者限行规定行驶船舶的；

（六）其他侵占、损害航道的行为。

第二十五条　水行政主管部门应当会同自然资源、交通运输等部门编制涉及航道的河道采砂规划。

在航道内采挖砂石、取土的，水行政或者海洋主管部门进行审批时，应当事先征求航道主管部门的意见。

第二十六条　修建涉航建筑物应当符合航道规划、通航标准和技术规范。

在航道或者规划将要通航的河流上修建拦航道闸坝的，应当按照航道规划等级和船舶通过能力的要求与主体工程同时建设通航建筑物。

在航道规划以外不通航河流修建永久性闸坝，修建闸坝后可以通航的，建设单位应当同时建设适当规模的通航建筑物或者预留建设通航建筑物的位置。

第二十七条　临内河航道修建码头、船坞、船台、滑道等建筑物的，应当选择在航道顺直段，并与航道交叉口和跨航道桥梁保持与航道规划等级相适应的安全距离。其建筑物外边线与航道中心线最小距离应当为该航道等级标准船宽的五倍，且相应的作业、停泊水域应当设置在航道设计水域外；不能满足该要求的，应当设置挖入式港池。

临内河限制性航道修建码头、船坞、船台、滑道、水闸、驳岸等建筑物的，其外边线不得突出岸线。

跨内河限制性航道修建桥梁、渡槽、缆线、管道等建筑物的，应当一跨过河。

临航道修建引水、排水设施的，取排水口不得延伸至主航道内。

内河引水、排水不得导致主航道横向流速大于每秒零点三米或者回流流速大于每秒零点四米。

第二十八条　依法应当进行航道通航条件影响评价的涉航建设项目，未进行航道通航条件影响评价或者经审核部门审核认为建设项目不符合航道法规定的，建设单位不得建设；属于政府投资项目的，负责建设项目审批的部门不予批准。

航道通航条件影响评价应当遵守国家有关技术规范。除修建下列建筑物外，建设项目的航道通航条件影响评价可以简化：

（一）拦航道建筑物；

（二）在通行海轮的航道内跨（穿）航道建筑物；

（三）在内河航道内穿航道建筑物和设有墩台的跨航道建筑物；

（四）取排水口确需延伸至主航道内或者在内河引水、排水导致主航道横向流速大于每秒零点三米、回流流速大于每秒零点四米的临航道引水、排水设施；

（五）沿海装卸危险货物的码头或者五千吨级以上的码头、船坞、船台、滑道等临航道建筑物。

建设项目的航道通航条件影响评价，除依法应当由国务院交通运输主管部门审核外，建设项目涉及规划等级为一级至四级的内河航道、舟山市一万吨级以上沿海航道和其他沿海五百吨级以上航道的，由省交通运输主管部门审核；涉及其他航道的，由设区的市航道主管部门审核。

第二十九条 修建码头、船坞、船台、滑道等临航道建筑物，不符合通航标准和技术规范的，港口主管部门不得批准其使用港口岸线。

第三十条 因工程建设施工等需要修建便桥等临时跨航道建筑物的，建设单位应当事先征得所在地航道主管部门同意。航道主管部门应当对其通航标准和技术规范、使用期限、恢复保证措施以及相应的责任予以明确。

临时跨航道建筑物许可的有效期不得超过两年。有效期届满的，建设单位应当及时拆除。因工程建设尚未竣工等原因需要延期使用的，建设单位应当在有效期届满三十日前向原审批机关申请延期。

第三十一条 修建涉航建筑物，应当采取措施保持施工期间航道的原有船舶通过能力；确实难以保持航道原有船舶通过能力的，应当采取其他相应的补救措施。

施工期间确需断航的，建设单位应当事先征得所在地航道主管部门和海事管理机构同意，并按照要求落实过船措施或者设置驳运设施，保持航道畅通。

第三十二条 修建闸坝、桥梁、渡槽、管道等拦、跨航道建筑物的，建设单位应当通知航道主管部门参与施工放样和竣工验收。

第三十三条 修建涉航建筑物施工结束后，建设单位应当及时清除堤坝、围堰、护桩、沉箱、墩台等施工设施，恢复航道原状。

第三十四条 在通航河段及其上游控制或者引走水源的，水工程管理单位应当保证航道设计等级所需要的水位。

闸坝等水工程因防洪等原因需要大流量泄水，可能影响通航安全的，水工程管理单位应当根据放水预警方案，及时向社会公告，并通知航道主管部门和海事管理机构；未及时向社会公告造成航道或者船舶损坏的，应当予以赔偿。

第三十五条 通航建筑物的运行应当服从航道主管部门的管理。航道主管部门应当加强监督检查，定期对通航建筑物运行情况进行考评。

通航建筑物的运行调度方案和定期检修停航方案应当经航道主管部门同意。涉及规划等级为一级至四级的内河航道或者沿海五百吨级以上航道的，由省交通运输主管部门审核；涉及其他航道的，由设区的市航道主管部门审核。停航检修的，应当提前三十日向社会公告。

通航建筑物的运行时间应当与船舶通行需求相适应。不属于全天候运行的通航建筑物应当建立应急延时运行机制。

通航建筑物满足设计运行条件的，应当实施通闸运行。通闸运行条件调整的，运行单位应当组织通闸安全专项论证。

第三十六条 修建涉航建筑物或者设置采砂、打捞、钻探等水上作业区的，有关单位或者个人应当自行或者委托专业航标养护单位，按照有关技术规范设置、维护专用航标和必要的辅助设施。

在内河航道设置、移动或者撤除专用航标，应当报经县级以上人民政府航道主管部门同意。

第三十七条 损坏航道设施的，责任者应当按照规定要求予以修复、更换或者重置。

省交通运输主管部门应当公布有关航道设施重置价格参考标准。

第三十八条 码头、船厂、排水口等建筑物在使用过程中造成航道淤积的，责任者应当及时清除淤积物。

第三十九条 航道主管部门执法人员可以在水上检查站、航道、码头、锚地以及施工作业场所，对航道保护以及航道内施工作业等情况实施监督检查。

第五章　　法律责任

第四十条 违反本条例规定的行为，法律、行政法规已有法律责任规定的，从其规定。

第四十一条 违反本条例第二十四条第一项、第二项规定，在航道内种植植物、设置水生物养殖设施、张网捕捞或者向航道内倾倒垃圾、砂石、泥土（浆）等废弃物的，由航道主管部门责令限期清除，对单位处五万元以下罚款，对个人处二千元以下罚款；逾期不清除的，由航道主管部门或者其依法委托的第三人代为清除，所需费用由责任者承担；造成损失的，依法承担赔偿责任。

违反本条例第二十四条第四项规定，在依法划定并公告的航道设施安全保护范围内非法采挖砂石、取土、爆破的，由航道主管部门责令停止违法行为，没收违法所得，可以扣押或者没收采砂船舶，并处五万元以上三十万元以下罚款；造成损失的，依法承担赔偿责任。

第四十二条 建设单位违反本条例第三十条第一款规定，未经航道主管部门同意修建临时跨航道建筑物，或者未按照批准的技术要求修建临时跨航道建筑物的，由航道主管部门处二万元以上二十万元以下罚款；尚可采取改正措施的，责令限期改正；无法采取改正措施或者逾期不改正的，责令限期拆除。

建设单位逾期拒不拆除的，由航道主管部门申请人民法院强制拆除。

第四十三条 建设单位违反本条例第三十一条第二款规定，未经航道主管部门同意，修建涉航建筑物断航施工的，由航道主管部门责令限期改正，处五千元以上五万元以下罚款；逾期不改正的，由航道主管部门或者其依法委托的第三人代为改正，所需费用由责任者承担。

第四十四条 违反本条例第三十三条、第三十七条第一款、第三十八条的规定，未按规定采取清除、修复、更换、重置等措施的，由航道主管部门责令限期履行；逾期不履行的，由航道主管部门或者其依法委托的第三人代为履行，所需费用由责任者承担。

第四十五条 违反本条例第三十五条规定，通航建筑物的运行调度方案和定期检修停航方案未经航道主管部门同意，或者停航检修未按规定提前向社会公告的，由航道主管部门责令改正，可处五千元以上五万元以下罚款。

第四十六条 县级以上人民政府交通运输、自然资源、水行政、港口等部门及其工作人员违反本条例规定，有下列行为之一的，按照管理权限对直接负责的主管人员和其他直接责任人员依法给予处分：

（一）不依法实施行政许可的；

（二）不依法履行有关管理职责，导致严重影响航道畅通的；

（三）违法实施行政处罚或者监督检查的；

（四）有其他玩忽职守、滥用职权、徇私舞弊行为的。

第六章 附则

第四十七条 港口等企业事业单位自行建设的专用航道由建设单位或者使用单位养护和管理，并接受航道主管部门的监督检查。

第四十八条 本条例下列用语的含义：

（一）内河一级至七级航道，是指按照国家有关技术标准划定的内河航道；

（二）内河准七级航道，是指通航船舶不超过五十吨级，航道水深不小于一点五米、底宽不小于十二米，跨航道建筑物净空高度不小于三米、下底净宽不小于十二米、上底净宽不小于九米的内河航道；

（三）内河限制性航道，是指因内河水面狭窄对船舶航行有明显限制的航道；

（四）航道整治建筑物，是指用于整治航道的起束水、导流、导沙、固滩和护岸等作用的建筑物。

第四十九条 本条例自2011年1月1日起施行。浙江省人民政府发布的《浙江省航道管理办法》同时废止。

浙江省水上交通安全管理条例

（2015年5月27日浙江省第十二届人民代表大会常务委员会第二十次会议通过）

第一章　总则

第一条　为了加强水上交通安全管理，维护水上交通秩序，保障公民人身、财产安全，根据《中华人民共和国海上交通安全法》《中华人民共和国内河交通安全管理条例》和有关法律、行政法规，结合本省实际，制定本条例。

第二条　在本省沿海、内河水域的船舶航行和作业、船舶和船员管理、通航保障、水上搜救以及与水上交通安全有关的活动，适用本条例。

第三条　水上交通安全管理应当以人为本，遵循安全第一、预防为主、综合治理的原则，保障水上交通安全、有序、畅通。

第四条　县级以上人民政府应当加强本行政区域内水上交通安全管理工作的领导，建立健全水上交通安全管理责任制，协调解决水上交通安全管理工作中的重大问题，并将水上交通安全管理经费纳入本级财政预算。

第五条　县级以上人民政府交通运输主管部门主管本行政区域内通航水域的水上交通安全管理工作。国家直属海事管理机构和地方海事管理机构（以下统称海事管理机构）按照国家和省确定的职责权限负责管辖通航水域的水上交通安全监督管理。

内河非通航水域的漂流、游乐等水上活动和内河农（林）自用船舶水上航行活动的安全监督管理，由设区的市或者县（市、区）人民政府确定的部门或者机构负责。

县级以上人民政府渔业、水利、体育、旅游、安全生产监督、公安、环境保护等管理部门按照各自法定职责，做好水上交通安全管理的相关工作。

第六条　船舶的检验、登记和船员考试、发证等管理，按照国家和省有关规定执行。

内河农（林）自用船舶的管理依照本条例第四章规定执行。

第七条　县级以上人民政府及其有关部门、乡（镇）人民政府、街道办事处应当组织开展水上交通安全法律、法规、规章以及安全知识、应急技能的宣传、教育活动，提高公众的水上交通安全意识。

第二章　安全管理职责

第八条　县级以上人民政府应当履行下列水上交通安全领导责任和管理职责：

（一）确定内河非通航水域水上活动安全监督管理的部门或者机构；

（二）制定水上交通安全突发事件应急预案，建立健全水上交通安全预防、预警和应急救援等工作机制；

（三）制定内河农（林）自用船舶的船身长度限制、编号造册、乘载人数限额等相关管理制度；

（四）法律、法规、规章和上级人民政府规定的其他水上交通安全管理职责。

第九条　县级以上人民政府交通运输主管部门应当履行下列水上交通安全管理职责：

（一）协调国家直属海事管理机构、组织地方海事管理机构依法履行水上交通安全监督管理职责，组织港航、船舶检验等管理机构依法履行水上交通安全管理相关职责；

（二）督促、指导水路运输和港口经营单位建立健全并落实水上交通安全生产和安全管理责任制度、及时排查和整治安全隐患；

（三）法律、法规、规章和本级人民政府规定的其他水上交通安全管理职责。

第十条　海事管理机构应当履行下列水上交通安全监督管理职责：

（一）建立健全水上交通安全监督检查制度，依法对水上交通安全实施监督检查，查处水上交通安全违法行为；

（二）根据水上交通安全突发事件应急预案，制定水上交通安全突发事件部门应急预案，并定期组织演练；

（三）法律、法规、规章和本级人民政府规定的其他水上交通安全监督管理职责。

政府确定的负有水上活动安全监督管理职责的部门或者机构，应当按照前款规定对管辖范围内的水上活动安全履行相应的监督管理职责。

第十一条　乡（镇）人民政府、街道办事处应当对本管辖区内水上交通安全管理履行下列职责：

（一）确定船舶水上交通安全管理的专（兼）职人员；

（二）负责内河农（林）自用船舶的编号造册、船号牌发放，开展必要的安全和救生知识宣传；

（三）指导、督促村（居）民委员会、船舶所有人建立健全船舶安全责任制；

（四）协助开展安全检查，督促村（居）民委员会、船舶所有人落实安全隐患的防范和整改工作。

第十二条　乡镇渡口的渡工、渡船管理和渡运水域安全监督管理，按照国家和省有关规定执行。

县（市、区）人民政府和乡（镇）人民政府、街道办事处应当保障管辖区域内的公益性乡镇渡口建设维护、渡船更新维修等费用，并逐步提高和改善渡工的待遇。

第十三条　因水上治安管理工作需要，公安机关向海事管理机构了解船舶登记、船员管理等有关信息的，海事管理机构应当提供。具备条件的地区，公安机关和海事管理机构应当建立相关信息共享机制。

第十四条　海事管理机构可以对监管水域实施水上交通安全技术监控。水上交通安全技术监控应当纳入社会治安监控系统。实施技术监控的航段应当公示。含有测速等计量装置的技术监控设施，应当经法定计量检定机构检定合格。

第三章 船舶和船员管理

第十五条 船舶的所有人或者经营人对其船舶的水上交通安全承担主体责任，应当履行下列义务：

（一）建立健全并落实安全生产、安全管理制度和措施；

（二）按照规定要求设立安全管理机构、配备安全管理人员，制定船舶的调度、使用、维修、保养制度及操作规程，保证船舶适航、船员适任；

（三）制定水上交通安全应急预案，并定期演练；

（四）保证安全生产和安全管理工作必要的资金、技术投入；

（五）客运经营企业定期开展客运航线安全评估；

（六）法律、法规规定的其他义务。

第十六条 船舶的所有人或者经营人委托船舶管理业务经营者提供船舶管理服务的，应当在双方订立的合同中明确接受委托的船舶管理业务经营者承担安全管理责任；但是，不免除法律、行政法规规定应当由船舶的所有人或者经营人承担的责任。

第十七条 船舶应当按照国家规定标明船名、船籍港、载重线，并保持清晰、完整，不得遮挡或者污损。

第十八条 船舶应当按规定要求配备通信设备、自动识别系统，保证其正常使用，并按要求安排人员值守。

第十九条 鼓励从事营业性运输的船舶的所有人或者经营人投保第三者责任险和危险货物承运人责任险。

第二十条 船长全面负责船舶航行、停泊和作业的安全。国家规定不需要配备船长的船舶，船舶的所有人或者经营人应当指定船上驾驶人员履行船长职责。

船长或者值班驾驶人员应当遵守有关水上交通安全管理规定，按照操作规范安全驾驶、文明驾驶，不得超抗风等级、超越核定航区（线）航行，不得在饮酒或者服用国家管制的精神药品、麻醉药品后值班作业，不得疲劳驾驶或者疲劳作业。

船长在船舶遇险时，应当组织船员和船舶上其他人员自救；决定弃船时，应当首先组织旅客安全离船，船长应当最后离船。

第二十一条 海事管理机构对船员水上交通安全违法行为除给予行政处罚外，实行水上交通安全违法行为累积记分制度。船员在一个记分周期内累积记分达到规定分值的，应当参加水上交通安全法律、法规、规章的学习并接受考试。

第二十二条 受洪水、台风、寒潮、风暴潮等灾害性天气影响期间，船舶应当及时采取安全防范措施；需要转移船舶或者撤离人员的，按照国家和省有关规定执行。

第二十三条 船舶航行时，船员在没有护栏的甲板上作业的，应当穿着救生衣。

船舶航行、移泊时，除救生等应急情况外，其附属艇筏、吊杆和舷梯等不得伸出舷外。

第二十四条 船舶的所有人或者经营人应当遵守《中华人民共和国水污染防治法》《浙江省饮用水水源保护条例》等相关法律、法规的规定，做好船舶的水污染防治工作和饮用水水源保护工作。

客运经营企业确需在饮用水水源保护区的库（湖）区水域从事客运经营的，应当建立并实施安全营运和防治船舶污染管理体系。

第四章 内河农（林）自用船舶管理

第二十五条 内河农（林）自用船舶的所有人应当向所在地乡（镇）人民政府、街道办事处申请办理船舶编号，并按规定在船舶显著位置设置船号牌。

第二十六条 内河农（林）自用船舶乘载人员应当穿着救生衣，并保证有乘载人员携带手机等通信设备。

第二十七条 内河农（林）自用船舶不得在主干航道中央航行、停泊或者作业；确需穿越主干航道的，应当保证不影响其他船舶和自身的航行安全。

第二十八条 内河农（林）自用船舶不得用于客货运输、游乐经营等营业性活动，其乘载人员数量不得超过设区的市或者县（市、区）人民政府规定限额。

第五章 通航保障

第二十九条 县级以上人民政府交通运输主管部门及其航道管理机构应当依法履行航道的规划、建设、养护和保护职责，保证航道处于良好通航技术状态。

第三十条 在建和已建的跨（穿、拦）通航水域建筑物、构筑物，其建设单位、管理单位应当按照国家标准设置防撞设施以及相应的助航标志、桥梁警示标志或者水上安全标志。

第三十一条 海事管理机构负责发布航行通告、航行警告。

对下列影响通航安全的事项，应当发布航行通告或者航行警告：

（一）船舶、人员遇险；

（二）航标和导航设施的设置、撤除、改建、变异或者失常；

（三）影响航行的沉船、碍航物以及进行沉船、碍航物的打捞、清除作业；

（四）进行海洋水文、地质调查或者设置测量标志；

（五）划定、变更或者撤销禁航区、军事训练区；

（六）接到航道变迁、航道实际尺度不能达到维护尺度、航标异常等报告；

（七）水上大型群众性活动或者体育比赛；

（八）其他需要发布航行通告或者航行警告的事项。

第三十二条 海事管理机构根据气象、水文、航道条件、通航密度、重大活动安全保卫等情况，可以采取限航、封航等交通管制措施。船舶应当服从海事管理机构工作人员的指挥和调度。

第三十三条 用于漂流、游乐等水上活动的竹筏、橡皮艇、摩托艇、水上自行车、脚踏船、水上气球等不得超越划定的水域范围活动。

前款规定的水域范围由海事管理机构、政府确定的负有水上活动安全监督管理职责的部门或者机构划定。从事漂流、游乐等水上活动的经营单位应当在划定的水域范围的边界设置明显标志。

第六章　水上搜救

第三十四条　县级以上人民政府应当加强对水上搜救工作的领导、协调，健全水上搜救机制，并将水上搜救经费纳入本级财政预算。

第三十五条　县级以上人民政府设立的水上搜救机构，应当按照分级管理原则，统一组织、协调、指挥水上搜救工作。

水上搜救机构应当组织协调海事、渔业、交通运输、公安、安全生产监督、环境保护、气象、卫生计生和部队等成员单位，共同做好水上搜救工作。

第三十六条　水上搜救机构应当配备必要的专业人员和设施、设备，设置并公布水上遇险求救专用电话，并保持二十四小时值班。

海事管理机构和政府确定的负有水上活动安全监督管理职责的部门或者机构应当建立健全值班和通信联络制度，保证通信畅通。

第三十七条　水上搜救机构接到求救信号或者水上险情报告后，应当立即核实情况，向本级人民政府和上一级水上搜救机构报告，并根据险情等级立即启动相应的应急预案，组织水上搜救和采取措施控制、减轻水域污染等危害，防止发生次生事故。

第三十八条　接到水上搜救指令的有关单位和人员，应当立即执行指令，并及时向水上搜救机构报告联系方式和动态；有特殊情况不能立即执行指令的，应当及时报告。

参加水上搜救行动的单位和人员，应当服从水上搜救机构以及现场指挥人员的协调和指挥；未经水上搜救机构同意或者宣布结束搜救的，不得擅自停止搜救行动。

第三十九条　受气象、海况、水情、技术状况等客观条件限制，水上搜救行动无法进行的，水上搜救机构可以决定中止水上搜救行动；中止原因消除后，应当立即恢复水上搜救行动。

有下列情形之一的，水上搜救机构可以按照规定权限决定终止水上搜救行动：

（一）所有可能存在遇险人员的区域均已搜寻；

（二）遇险人员在当时的气温、水温、风浪等自然条件下已经不可能生存；

（三）遇险人员已经成功获救或者紧急情况已经消除；

（四）水域污染事件的危害已经得到控制或者消除。

决定终止水上搜救行动的，水上搜救机构应当及时向参加水上搜救的船舶、设施、航空器、单位和人员通报。

第四十条　鼓励境内外企业、社会团体及其他组织和个人捐赠水上搜救事业。

鼓励具备水上搜救能力的社会力量参与水上搜救。县级以上人民政府应当对参与水上搜救的社会力量予以经费和设施设备支持，加强相关知识技能培训。

县级以上人民政府应当对参与水上搜救并作出突出贡献的集体和个人予以表彰、奖励。

第四十一条　县级以上人民政府可以通过购买服务方式，将有关搜救事项交由符合条件的水上搜救社会力量承担。

第四十二条　水上搜救机构应当与当地医疗机构建立水上紧急医疗救援联动机制。医疗机构应当协助水上搜救机构提供紧急医疗救援服务，及时抢救水上遇险人员。

第四十三条　水上搜救信息由事故发生地县级以上人民政府或者其授权的水上搜救机构向社会发布。发布水上搜救信息应当及时、准确。

任何单位和个人不得编造、传播有关水上突发事件事态发展或者水上搜救工作的虚假信息。

第四十四条 县级以上人民政府及其有关部门、乡（镇）人民政府、街道办事处应当按照国家和省有关规定，做好水上交通事故的善后处理工作。

第七章 法律责任

第四十五条 违反本条例规定的行为，法律、行政法规已有法律责任规定的，从其规定。

第四十六条 违反本条例第十七条规定，遮挡或者污损船名、船籍港、载重线的，由海事管理机构对船长或者履行船长职责的驾驶人员处五百元以上三千元以下罚款；情节严重的，暂扣其适任证书或者其他适任证件三个月至六个月。

第四十七条 违反本条例第十八条规定，船舶未按规定要求配备通信设备、自动识别系统的，由海事管理机构责令限期整改，对船舶所有人或者经营人可以处五百元以上三千元以下罚款；船舶配备的通信设备、自动识别系统不正常使用，或者未按要求安排人员值守的，由海事管理机构责令改正，对船长或者履行船长职责的驾驶人员可以处二百元以上一千元以下罚款。

第四十八条 违反本条例第二十条第二款规定，船长或者值班驾驶人员超抗风等级、超越核定航区（线）航行，在饮酒或者服用国家管制的精神药品、麻醉药品后值班作业，或者疲劳驾驶、疲劳作业的，由海事管理机构责令改正，对船长或者值班驾驶人员处一千元以上五千元以下罚款；情节严重的，并处暂扣其适任证书或者其他适任证件三个月至六个月；情节特别严重的，并处吊销其适任证书或者其他适任证件。

第四十九条 违反本条例第二十三条第一款规定，船舶航行时，船员在没有护栏的甲板上作业未穿着救生衣的，由海事管理机构责令改正，对船可以处五十元以上五百元以下罚款。

违反本条例第二十三条第二款规定，船舶航行、移泊时，其附属艇筏、吊杆和舷梯等伸出舷外的，由海事管理机构责令改正，对船长或者值班驾驶人员可以处二百元以上一千元以下罚款。

第五十条 违反本条例第二十五条、第二十六条规定，内河农（林）自用船舶的所有人未申请办理船舶编号、未按规定在船舶显著位置设置船号牌、乘载人员未穿着救生衣或者未有乘载人员携带手机等通信设备的，由海事管理机构、政府确定的负有水上活动安全监督管理职责的部门或者机构、乡（镇）人民政府、街道办事处给予批评教育，责令改正。

第五十一条 违反本条例第二十七条规定，内河农（林）自用船舶在主干航道中央航行、停泊或者作业的，由海事管理机构责令改正；拒不改正的，对违法行为人处五百元以上三千元以下罚款。

第五十二条 违反本条例第二十八条规定，将内河农（林）自用船舶用于客货运输、游乐经营等营业性活动，或者其乘载人员数量超过设区的市或者县（市、区）人民政府规定限额的，由海事管理机构、政府确定的负有水上活动安全监督管理职责的部门或者机构按照管理职责责令改正，对违法行为人处一千元以上五千元以下罚款。

第五十三条 违反本条例第三十三条第一款规定，用于漂流、游乐等水上活动的竹筏、橡皮艇、摩托艇、水上自行车、脚踏船、水上气球等超越划定的水域范围活动的，由海事管理机构、政府确定的负有水上活动安全监督管理职责的部门或者机构按照管理职责责令改正，对违法行为人可以处五百元以上三千元以下罚款。

第五十四条 县级以上人民政府及其有关部门、乡（镇）人民政府、街道办事处及其工作人员有下列行为之一的，对直接负责的主管人员和其他直接责任人员依法给予处分：

（一）县级以上人民政府未依法履行本条例第八条规定的水上交通安全领导责任和管理职责的；

（二）县级以上人民政府交通运输主管部门未依法履行本条例第九条规定的水上交通安全管理职责的；

（三）海事管理机构和政府确定的负有水上活动安全监督管理职责的部门或者机构，未依法履行本条例第十条规定的水上交通安全监督管理职责的；

（四）乡（镇）人民政府、街道办事处未依法履行本条例第十一条规定的水上交通安全管理职责的；

（五）有其他玩忽职守、滥用职权、徇私舞弊行为的。

第八章　附则

第五十五条 本省行政区域内渔业船舶管理和渔港水域的水上交通安全监督管理，依照《浙江省渔港渔业船舶管理条例》等相关法律、法规规定执行。

第五十六条 本条例下列用语的含义：

（一）通航水域，包括沿海水域和内河通航水域。沿海水域，是指中华人民共和国沿海的港口、内水和领海以及国家管辖的一切其他海域。内河通航水域，是指划有准七级以上航道的可供船舶航行的江、河、湖泊、水库、运河等水域，具体范围由海事管理机构根据航道等级和保障通航安全等要求划定，报设区的市人民政府批准并公布。

（二）内河非通航水域，是指内河通航水域以外的水域，包括未划有航道的河道、湖泊、水库和未划有航道的风景名胜区、自然保护区、城市园林范围内的水域。

（三）船舶，是指各类排水或者非排水的船、艇、筏、水上飞行器、潜水器、移动式平台以及其他水上移动装置。

（四）内河农（林）自用船舶，是指除游艇以外家庭或者个人用于农（林）业生产、生活的船舶。

第五十七条 本条例自2015年9月1日起施行。

第三编

安全生产相关部门规章

▌第一部分 港口类

港口危险货物安全管理规定

（2017年9月4日交通运输部发布；根据2019年11月28日《交通运输部关于修改〈港口危险货物安全管理规定〉的决定》修正）

第一章 总则

第一条 为了加强港口危险货物安全管理，预防和减少危险货物事故，保障人民生命、财产安全，保护环境，根据《港口法》《安全生产法》《危险化学品安全管理条例》等有关法律、行政法规，制定本规定。

第二条 在中华人民共和国境内，新建、改建、扩建储存、装卸危险货物的港口建设项目和进行危险货物港口作业，适用本规定。

前款所称危险货物港口作业包括在港区内装卸、过驳、仓储危险货物等行为。

第三条 港口危险货物安全管理坚持安全第一、预防为主、综合治理的方针，强化和落实危险货物港口建设项目的建设单位和港口经营人安全生产主体责任。

第四条 交通运输部主管全国港口危险货物安全行业管理工作。

省、自治区、直辖市交通运输主管部门主管本辖区的港口危险货物安全监督管理工作。

省、市、县级港口行政管理部门在职责范围内负责具体实施港口危险货物安全监督管理工作。

第二章 建设项目安全审查

第五条 新建、改建、扩建储存、装卸危险货物的港口建设项目（以下简称危险货物港口建设项目），应当由港口行政管理部门进行安全条件审查。

未通过安全条件审查，危险货物港口建设项目不得开工建设。

第六条 省级港口行政管理部门负责下列港口建设项目的安全条件审查：

（一）涉及储存或者装卸剧毒化学品的港口建设项目；

（二）沿海50000吨级以上、长江干线3000吨级以上、其他内河1000吨级以上的危险货物码头；

（三）沿海罐区总容量100000立方米以上、内河罐区总容量5000立方米以上的危险货物仓储设施。

其他危险货物港口建设项目由项目所在地设区的市级港口行政管理部门负责安全条件审查。

第七条 危险货物港口建设项目的建设单位，应当在可行性研究阶段按照国家有关规定委托有资质的安全评价机构对该建设项目进行安全评价，并编制安全预评价报告。安全预评价报告应当符合有关安全生产法律、法规、规章、国家标准、行业标准和港口建设的有关规定。

第八条 涉及危险化学品的港口建设项目，建设单位还应当进行安全条件论证，并编制安全条件论证报告。安全条件论证的内容应当包括：

（一）建设项目内在的危险和有害因素对安全生产的影响；

（二）建设项目与周边设施或者单位、人员密集区、敏感性设施和敏感环境区域在安全方面的相互影响；

（三）自然条件对建设项目的影响。

第九条 建设单位应当向危险货物建设项目所在地港口行政管理部门申请安全条件审查，并提交以下材料：

（一）建设项目安全条件审查申请书；

（二）建设项目安全预评价报告；

（三）建设项目安全条件论证报告（涉及危险化学品的提供）；

（四）依法需取得的建设项目规划选址文件。

所在地港口行政管理部门应当核查文件是否齐全，不齐全的告知申请人予以补正。对材料齐全的申请应当予以受理；对不属于本级审查权限的，应当在受理后5日内将申请材料转报有审查权限的港口行政管理部门。转报时间应当计入审查期限。

第十条 负责安全条件审查的港口行政管理部门应当自受理申请之日起45日内作出审查决定。

有下列情形之一的，安全条件审查不予通过：

（一）安全预评价报告存在重大缺陷、漏项的，包括对建设项目主要危险、有害因素的辨识和评价不全面或者不准确的；

（二）对安全预评价报告中安全设施设计提出的对策与建议不符合有关安全生产法律、法规、规章和国家标准、行业标准的；

（三）建设项目与周边场所、设施的距离或者拟建场址自然条件不符合有关安全生产法律、法规、规章和国家标准、行业标准的；

（四）主要技术、工艺未确定，或者不符合有关安全生产法律、法规、规章和国家标准、行业标准的；

（五）未依法进行安全条件论证和安全评价的；

（六）隐瞒有关情况或者提供虚假文件、资料的。

港口行政管理部门在安全条件审查过程中，应当对申请材料进行审查，并对现场进行核查。必要时可以组织相关专家进行咨询论证。

第十一条 港口行政管理部门对符合安全条件的，应当予以通过，并将审查决定送达申请人。

对未通过安全条件审查的,应当说明理由并告知申请人。建设单位经过整改后可以重新申请安全条件审查。

第十二条　已经通过安全条件审查的危险货物港口建设项目有下列情形之一的,建设单位应当按照本规定的有关要求重新进行安全条件论证和安全评价,并重新申请安全条件审查:

(一)变更建设地址的;

(二)建设项目周边环境因素发生重大变化导致安全风险增加的;

(三)建设项目规模进行调整导致安全风险增加或者安全性能降低的;

(四)建设项目平面布置、作业货种、工艺、设备设施等发生重大变化导致安全风险增加或者安全性能降低的。

第十三条　建设单位应当在危险货物港口建设项目初步设计阶段按照国家有关规定委托设计单位对安全设施进行设计。

安全设施设计应当符合有关安全生产和港口建设的法律、法规、规章以及国家标准、行业标准,并包括以下主要内容:

(一)该建设项目涉及的危险、有害因素和程度及周边环境安全分析;

(二)采用的安全设施和措施,预期效果以及存在的问题与建议;

(三)对安全预评价报告中有关安全设施设计的对策与建议的采纳情况说明;

(四)可能出现的事故预防及应急救援措施。

第十四条　由港口行政管理部门负责初步设计审批的危险货物港口建设项目,在初步设计审批中对安全设施设计进行审查。

前款规定之外的其他危险货物港口建设项目,由负责安全条件审查的港口行政管理部门进行安全设施设计审查。

建设单位在申请安全设施设计审查时应当提交以下材料:

(一)安全设施设计审查申请书;

(二)设计单位的基本情况及资信情况;

(三)安全设施设计。

港口行政管理部门应当自受理申请之日起20日内对申请材料进行审查,作出审查决定,并告知申请人;20日内不能作出决定的,经本部门负责人批准,可以延长10日,并应当将延长期限的理由告知申请人。

第十五条　有下列情形之一的,安全设施设计审查不予通过:

(一)设计单位资质不符合相关规定的;

(二)未按照有关法律、法规、规章和国家标准、行业标准的规定进行设计的;

(三)对未采纳安全预评价报告中的安全对策和建议,未作充分论证说明的;

(四)隐瞒有关情况或者提供虚假文件、资料的。

安全设施设计审查未通过的,建设单位经过整改后可以重新申请安全设施设计审查。

第十六条　已经通过审查的危险货物港口建设项目安全设施设计有下列情形之一的,建设单位应当报原审查部门重新申请安全设施设计审查:

(一)改变安全设施设计且可能导致安全性能降低的;

(二)在施工期间重新设计的。

第十七条　危险货物港口建设项目的建设单位应当在施工期间组织落实经批准的安全设施设

计的有关内容，并加强对施工质量的监测和管理，建立相应的台账。施工单位应当按照批准的设计施工。

第十八条 危险货物港口建设项目的安全设施应当与主体工程同时建成，并由建设单位组织验收。验收前建设单位应当按照国家有关规定委托有资质的安全评价机构对建设项目及其安全设施进行安全验收评价，并编制安全验收评价报告。安全验收评价报告应当符合国家标准、行业标准和港口建设的有关规定。

建设单位进行安全设施验收时，应当组织专业人员对该建设项目进行现场检查，并对安全设施施工报告及监理报告、安全验收评价报告等进行审查，作出是否通过验收的结论。参加验收人员的专业能力应当涵盖该建设项目涉及的所有专业内容。

安全设施验收未通过的，建设单位经过整改后可以再次组织安全设施验收。

第十九条 安全设施验收合格后，建设单位应当将验收过程中涉及的文件、资料存档，并自觉接受和配合安全生产监督管理部门依据《安全生产法》的规定对安全设施验收活动和验收结果进行的监督核查。

第二十条 安全评价机构的安全评价活动应当遵守有关法律、法规、规章和国家标准和行业标准的规定。

港口行政管理部门应当对违法违规开展港口安全评价的机构予以曝光，并通报同级安全生产监督管理部门。

第三章　经营人资质

第二十一条 从事危险货物港口作业的经营人（以下简称危险货物港口经营人）除满足《港口经营管理规定》规定的经营许可条件外，还应当具备以下条件：

（一）设有安全生产管理机构或者配备专职安全生产管理人员；

（二）具有健全的安全管理制度、岗位安全责任制度和操作规程；

（三）有符合国家规定的危险货物港口作业设施设备；

（四）有符合国家规定且经专家审查通过的事故应急预案和应急设施设备；

（五）从事危险化学品作业的，还应当具有取得从业资格证书的装卸管理人员。

第二十二条 申请危险货物港口经营人资质，除按《港口经营管理规定》的要求提交相关文件和材料外，还应当向所在地港口行政管理部门提交以下文件和材料：

（一）危险货物港口经营申请表，包括拟申请危险货物作业的具体场所、作业方式、危险货物品名（集装箱和包装货物载明到"项别"）；

（二）符合国家规定的应急设施、设备清单；

（三）装卸管理人员的从业资格证书（涉及危险化学品的提供）；

（四）新建、改建、扩建储存、装卸危险货物港口设施的，提交安全设施验收合格证明材料（包括安全设施施工报告及监理报告、安全验收评价报告、验收结论和隐患整改报告）；使用现有港口设施的，提交对现状的安全评价报告。

第二十三条 所在地港口行政管理部门应当自受理申请之日起30日内作出许可或者不予许可的

决定。符合许可条件的,应当颁发《港口经营许可证》,并对每个具体的危险货物作业场所配发《港口危险货物作业附证》。

《港口经营许可证》应当载明危险货物港口经营人的名称与办公地址、法定代表人或者负责人、经营地域、准予从事的业务范围、附证事项、发证日期、许可证有效期和证书编号。

《港口危险货物作业附证》应当载明危险货物港口经营人、作业场所、作业方式、作业危险货物品名(集装箱和包装货物载明到"项别")、发证机关、发证日期、有效期和证书编号。

所在地港口行政管理部门应当依法向社会公开有关信息,并及时向所在地海事管理机构和同级安全生产监督管理部门、环境保护主管部门、公安机关通报。

第二十四条 《港口经营许可证》有效期为3年,《港口危险货物作业附证》有效期不得超过《港口经营许可证》的有效期。

第二十五条 危险货物港口经营人应当在《港口经营许可证》或者《港口危险货物作业附证》有效期届满之日30日以前,向发证机关申请办理延续手续。

申请办理《港口经营许可证》及《港口危险货物作业附证》延续手续,除按《港口经营管理规定》的要求提交相关文件和材料外,还应当提交下列材料:

(一)除本规定第二十二条第(一)项之外的其他证明材料;

(二)本规定第二十八条规定的安全评价报告及落实情况。

第二十六条 危险货物港口经营人发生变更或者其经营范围发生变更的,应当按照本规定第二十二条的规定重新申请《港口经营许可证》及《港口危险货物作业附证》。

第二十七条 危险货物港口经营人应当在依法取得许可的范围内从事危险货物港口作业,依法提取和使用安全生产经费,聘用注册安全工程师从事安全生产管理工作,对从业人员进行安全生产教育、培训并如实记录相关情况,推进安全生产标准化建设。相关从业人员应当按照《危险货物水路运输从业人员考核和从业资格管理规定》的要求,经考核合格或者取得相应从业资格。

第二十八条 危险货物港口经营人应当在取得经营资质后,按照国家有关规定委托有资质的安全评价机构,对本单位的安全生产条件每3年进行一次安全评价,提出安全评价报告。安全评价报告的内容应当包括对事故隐患的整改情况、遗留隐患和安全条件改进建议。

危险货物港口经营人应当将安全评价报告以及落实情况报所在地港口行政管理部门备案。

第二十九条 出现下列情形之一的,危险货物港口经营人应当重新进行安全评价,并按照本规定第二十八条的规定进行备案:

(一)增加作业的危险货物品种;

(二)作业的危险货物数量增加,构成重大危险源或者重大危险源等级提高的;

(三)发生火灾、爆炸或者危险货物泄漏,导致人员死亡、重伤或者事故等级达到较大事故以上的;

(四)周边环境因素发生重大变化,可能对港口安全生产带来重大影响的。

增加作业的危险货物品种或者数量,涉及变更经营范围的,除应当符合环保、消防、职业卫生等方面相关主管部门的要求外,还应当按照本规定第二十六条的规定重新申请《港口经营许可证》及《港口危险货物作业附证》。

现有设施需要进行改扩建的,除应当履行改扩建手续外,还应当履行本规定第二章安全审查的有关规定。

第四章　作业管理

第三十条　危险货物港口经营人应当根据《港口危险货物作业附证》上载明的危险货物品名，依据其危险特性，在作业场所设置相应的监测、监控、通风、防晒、调温、防火、灭火、防爆、泄压、防毒、中和、防潮、防雷、防静电、防腐、防泄漏以及防护围堤或者隔离操作等安全设施、设备，并保持正常、正确使用。

第三十一条　危险货物港口经营人应当按照国家标准、行业标准对其危险货物作业场所的安全设施、设备进行经常性维护、保养，并定期进行检测、检验，及时更新不合格的设施、设备，保证正常运转。维护、保养、检测、检验应当做好记录，并由有关人员签字。

第三十二条　危险货物港口经营人应当在其作业场所和安全设施、设备上设置明显的安全警示标志；同时还应当在其作业场所设置通信、报警装置，并保证其处于适用状态。

第三十三条　危险货物专用库场、储罐应当符合国家标准和行业标准，设置明显标志，并依据相关标准定期安全检测维护。

第三十四条　危险货物港口作业使用特种设备的，应当符合国家特种设备管理的有关规定，并按要求进行检验。

第三十五条　危险货物港口经营人使用管道输送危险货物的，应当建立输送管道安全技术档案，具备管道分布图，并对输送管道定期进行检查、检测，设置明显标志。

在港区内进行可能危及危险货物输送管道安全的施工作业，施工单位应当在开工的7日前书面通知管道所属单位，并与管道所属单位共同制定应急预案，采取相应的安全防护措施。管道所属单位应当指派专门人员到现场进行管道安全保护指导。

第三十六条　危险货物港口作业委托人应当向危险货物港口经营人提供委托人身份信息和完整准确的危险货物品名、联合国编号、危险性分类、包装、数量、应急措施及安全技术说明书等资料；危险性质不明的危险货物，应当提供具有相应资质的专业机构出具的危险货物危险特性鉴定技术报告。法律、行政法规规定必须办理有关手续后方可进行水路运输的危险货物，还应当办理相关手续，并向港口经营人提供相关证明材料。

危险货物港口作业委托人不得在委托作业的普通货物中夹带危险货物，不得匿报、谎报危险货物。

第三十七条　危险货物港口经营人不得装卸、储存未按本规定第三十六条规定提交相关资料的危险货物。对涉嫌在普通货物中夹带危险货物，或者将危险货物匿报或者谎报为普通货物的，所在地港口行政管理部门或者海事管理机构可以依法开拆查验，危险货物港口经营人应当予以配合。港口行政管理部门和海事管理机构应当将查验情况相互通报，避免重复开拆。

第三十八条　发生下列情形之一的，危险货物港口经营人应当及时处理并报告所在地港口行政管理部门：

（一）发现未申报或者申报不实、申报有误的危险货物；

（二）在普通货物或者集装箱中发现夹带危险货物；

（三）在危险货物中发现性质相抵触的危险货物，且不满足国家标准及行业标准中有关积载、隔离、堆码要求。

对涉及船舶航行、作业安全的相关信息，港口行政管理部门应当及时通报所在地海事管理机构。

第三十九条　在港口作业的包装危险货物应当妥善包装,并在外包装上设置相应的标志。包装物、容器的材质以及包装的型式、规格、方法应当与所包装的货物性质、运输装卸要求相适应。材质、型式、规格、方法以及包装标志应当符合我国加入并已生效的有关国际条约、国家标准和相关规定的要求。

第四十条　危险货物港口经营人应当对危险货物包装和标志进行检查,发现包装和标志不符合国家有关规定的,不得予以作业,并应当及时通知或者退回作业委托人处理。

第四十一条　船舶载运危险货物进出港口,应当按照有关规定向海事管理机构办理申报手续。海事管理机构应当及时将有关申报信息通报所在地港口行政管理部门。

第四十二条　船舶危险货物装卸作业前,危险货物港口经营人应当与作业船舶按照有关规定进行安全检查,确认作业的安全状况和应急措施。

第四十三条　不得在港口装卸国家禁止通过水路运输的危险货物。

第四十四条　在港口内从事危险货物添加抑制剂或者稳定剂作业的单位,作业前应当将有关情况告知相关危险货物港口经营人和作业船舶。

第四十五条　危险货物港口经营人在危险货物港口装卸、过驳作业开始24小时前,应当将作业委托人以及危险货物品名、数量、理化性质、作业地点和时间、安全防范措施等事项向所在地港口行政管理部门报告。所在地港口行政管理部门应当在接到报告后24小时内作出是否同意作业的决定,通知报告人,并及时将有关信息通报海事管理机构。报告人在取得作业批准后72小时内未开始作业的,应当重新报告。未经所在地港口行政管理部门批准的,不得进行危险货物港口作业。

时间、内容和方式固定的危险货物港口装卸、过驳作业,经所在地港口行政管理部门同意,可以实行定期申报。

第四十六条　危险货物港口作业应当符合有关安全作业标准、规程和制度,并在具有从业资格的装卸管理人员现场指挥或者监控下进行。

第四十七条　两个以上危险货物港口经营人在同一港口作业区内进行危险货物港口作业,可能危及对方生产安全的,应当签订安全生产管理协议,明确各自的安全生产管理职责和应当采取的安全措施,并指定专职安全生产管理人员进行安全检查与协调。

第四十八条　危险货物港口经营人进行爆炸品、气体、易燃液体、易燃固体、易于自燃的物质、遇水放出易燃气体的物质、氧化性物质、有机过氧化物、毒性物质、感染性物质、放射性物质、腐蚀性物质的港口作业,应当划定作业区域,明确责任人并实行封闭式管理。作业区域应当设置明显标志,禁止无关人员进入和无关船舶停靠。

第四十九条　危险货物应当储存在港区专用的库场、储罐,并由专人负责管理;剧毒化学品以及储存数量构成重大危险源的其他危险货物,应当单独存放,并实行双人收发、双人保管制度。

危险货物的储存方式、方法以及储存数量,包括危险货物集装箱直装直取和限时限量存放,应当符合国家标准、行业标准或者国家有关规定。

第五十条　危险货物港口经营人经营仓储业务的,应当建立危险货物出入库核查、登记制度。

对储存剧毒化学品以及储存数量构成重大危险源的其他危险货物的,危险货物港口经营人应当将其储存数量、储存地点以及管理措施、管理人员等情况,依法报所在地港口行政管理部门和相关部门备案。

第五十一条　危险货物港口经营人应当建立危险货物作业信息系统,实时记录危险货物作业基础数据,包括作业的危险货物种类及数量、储存地点、理化特性、货主信息、安全和应急措施等,并在作业场所外异地备份。有关危险货物作业信息应当按要求及时准确提供相关管理部门。

第五十二条　危险货物港口经营人应当建立安全生产风险预防控制体系，开展安全生产风险辨识、评估，针对不同风险，制定具体的管控措施，落实管控责任。

第五十三条　危险货物港口经营人应当根据有关规定，进行重大危险源辨识，确定重大危险源级别，实施分级管理，并登记建档。危险货物港口经营人应当建立健全重大危险源安全管理规章制度，制定实施危险货物重大危险源安全管理与监控方案，制定应急预案，告知相关人员在紧急情况下应当采取的应急措施，定期对重大危险源进行安全评估。

第五十四条　危险货物港口经营人应当将本单位的重大危险源及有关安全措施、应急措施依法报送所在地港口行政管理部门和相关部门备案。

第五十五条　危险货物港口经营人在重大危险源出现本规定第二十九条规定的情形之一，可能影响重大危险源级别和风险程度的，应当对重大危险源重新进行辨识、分级、安全评估、修改档案，并及时报送所在地港口行政管理部门和相关部门重新备案。

第五十六条　危险货物港口经营人应当制定事故隐患排查制度，定期开展事故隐患排查，及时消除隐患，事故隐患排查治理情况应当如实记录，并向从业人员通报。

危险货物港口经营人应当将重大事故隐患的排查和处理情况及时向所在地港口行政管理部门备案。

第五章　应急管理

第五十七条　所在地港口行政管理部门应当建立危险货物事故应急体系，制定港口危险货物事故应急预案。应急预案应当依法经当地人民政府批准后向社会公布。

所在地港口行政管理部门应当在当地人民政府的领导下推进专业化应急队伍建设和应急资源储备，定期组织开展应急培训和应急救援演练，提高应急能力。

第五十八条　危险货物港口经营人应当制定本单位危险货物事故专项应急预案和现场处置方案，依法配备应急救援人员和必要的应急救援器材、设备，每半年至少组织一次应急救援培训和演练并如实记录，根据演练结果对应急预案进行修订。应急预案应当具有针对性和可操作性，并与所在地港口行政管理部门公布的港口危险货物事故应急预案相衔接。

危险货物港口经营人应当将其应急预案及其修订情况报所在地港口行政管理部门备案，并向本单位从业人员公布。

第五十九条　危险货物港口作业发生险情或者事故时，港口经营人应当立即启动应急预案，采取应急行动，排除事故危害，控制事故进一步扩散，并按照有关规定向港口行政管理部门和有关部门报告。

危险货物港口作业发生事故时，所在地港口行政管理部门应当按规定向上级行政管理部门、当地人民政府及有关部门报告，并及时组织救助。

第六章 安全监督与管理

第六十条 所在地港口行政管理部门应当采取随机抽查、年度核查等方式对危险货物港口经营人的经营资质进行监督检查,发现其不再具备安全生产条件的,应当依法撤销其经营许可。

第六十一条 所在地港口行政管理部门应当依法对危险货物港口作业和装卸、储存区域实施监督检查,并明确检查内容、方式、频次以及有关要求等。实施监督检查时,可以行使下列职权:

(一)进入并检查危险货物港口作业场所,查阅、抄录、复印相关的文件或者资料,提出整改意见;

(二)发现危险货物港口作业和设施、设备、装置、器材、运输工具不符合法律、法规、规章规定和国家标准、行业标准要求的,责令立即停止使用;

(三)对危险货物包装和标志进行抽查,对不符合有关规定的,责令港口经营人停止作业,及时通知或者退回作业委托人处理;

(四)检查中发现事故隐患的,应当责令危险货物港口经营人立即消除或者限期消除;重大事故隐患排除前或者排除过程中无法保证安全的,应当责令从危险区域内撤出作业人员并暂时停产停业;重大事故隐患排除后,经其审查同意,方可恢复作业;

(五)发现违法违章作业行为,应当当场予以纠正或者责令限期改正;

(六)对应急演练进行抽查,发现不符合要求的,当场予以纠正或者要求限期改正;

(七)经本部门主要负责人批准,依法查封违法储存危险货物的场所,扣押违法储存的危险货物。

港口行政管理部门依法进行监督检查,监督检查人员不得少于2人,并应当出示执法证件,将执法情况书面记录。监督检查不得影响被检查单位的正常生产经营活动。

第六十二条 有关单位和个人对依法进行的监督检查应当予以配合,不得拒绝、阻碍。港口行政管理部门依法对存在重大事故隐患作出停产停业的决定,危险货物港口经营人应当依法执行,及时消除隐患。危险货物港口经营人拒不执行,有发生生产安全事故的现实危险的,在保证安全的前提下,经本部门主要负责人批准,港口行政管理部门可以依法采取通知有关单位停止供电等措施,强制危险货物港口经营人履行决定。

港口行政管理部门依照前款规定采取停止供电措施,除有危及生产安全的紧急情形外,应当提前24小时通知危险货物港口经营人。危险货物港口经营人履行决定、采取相应措施消除隐患的,港口行政管理部门应当及时解除停止供电措施。

第六十三条 所在地港口行政管理部门应当加强对重大危险源的监管和应急准备,建立健全本辖区内重大危险源的档案,组织开展重大危险源风险分析,建立重大危险源安全检查制度,定期对存在重大危险源的港口经营人进行安全检查,对检查中发现的事故隐患,督促港口经营人进行整改。

第六十四条 港口行政管理部门应当建立举报制度,认真落实各类违法违规从事危险货物港口作业的投诉和举报,接受社会监督,及时曝光违法违规行为。

第六十五条 港口行政管理部门应当加强监管队伍建设,建立健全安全教育培训制度,依法规范行政执法行为。

第六十六条 所在地港口行政管理部门应当配备必要的危险货物港口安全检查装备,建立危险货物港口安全监管信息系统,具备危险货物港口安全监督管理能力。

第六十七条　港口行政管理部门应当建立港口危险货物管理专家库。专家库应由熟悉港口安全相关法律法规和技术标准、危险货物港口作业、港口安全技术、港口工程、港口安全管理和港口应急救援等相关专业人员组成。

港口行政管理部门在组织安全条件审查、安全设施设计审查或者其他港口危险货物管理工作时,需要吸收专家参加或者听取专家意见的,应当从专家库中抽取。

第六十八条　所在地港口行政管理部门应当建立健全安全生产诚信管理制度,对危险货物港口经营人存在安全生产违法行为或者造成恶劣社会影响的,应当列入安全生产不良信用记录,并纳入交通运输和相关统一信用信息共享平台。

第七章　法律责任

第六十九条　未经安全条件审查,新建、改建、扩建危险货物港口建设项目的,由所在地港口行政管理部门责令停止建设,限期改正;逾期未改正的,处五十万元以上一百万元以下的罚款。

第七十条　危险货物港口建设项目有下列行为之一的,由所在地港口行政管理部门责令停止建设或者停产停业整顿,限期改正;逾期未改正的,处五十万元以上一百万元以下的罚款,对其直接负责的主管人员和其他直接责任人员处二万元以上五万元以下的罚款:

（一）未按照规定对危险货物港口建设项目进行安全评价的;

（二）没有安全设施设计或者安全设施设计未按照规定报经港口行政管理部门审查同意的;

（三）施工单位未按照批准的安全设施设计施工的;

（四）安全设施未经验收合格,擅自从事危险货物港口作业的。

第七十一条　未依法取得相应的港口经营许可证,或者超越许可范围从事危险货物港口经营的,由所在地港口行政管理部门责令停止违法经营,没收违法所得;违法所得十万元以上的,并处违法所得二倍以上五倍以下罚款;违法所得不足十万元的,处五万元以上二十万元以下的罚款。

第七十二条　危险货物港口经营人未依法提取和使用安全生产经费导致不具备安全生产条件的,由所在地港口行政管理部门责令限期改正;逾期未改正的,责令停产停业整顿。

第七十三条　危险货物港口经营人有下列行为之一的,由所在地港口行政管理部门责令限期改正,可以处五万元以下的罚款;逾期未改正的,责令停产停业整顿,并处五万元以上十万元以下的罚款,对其直接负责的主管人员和其他直接责任人员处一万元以上二万元以下的罚款:

（一）未按照规定设置安全生产管理机构或者配备安全生产管理人员的;

（二）未依法对从业人员进行安全生产教育、培训,或者未如实记录安全生产教育、培训情况的;

（三）未将事故隐患排查治理情况如实记录或者未向从业人员通报的;

（四）未按照规定制定危险货物事故应急救援预案或者未定期组织演练的。

第七十四条　危险货物港口经营人有下列行为之一的,由所在地港口行政管理部门责令限期改正,可以处十万元以下的罚款;逾期未改正的,责令停产停业整顿,并处十万元以上二十万元以下的罚款,对其直接负责的主管人员和其他直接责任人员处二万元以上五万元以下的罚款:

（一）危险货物港口作业未建立专门安全管理制度、未采取可靠的安全措施的；

（二）对重大危险源未登记建档，或者未进行评估、监控，或者未制定应急预案的；

（三）未建立事故隐患排查治理制度的。

第七十五条 危险货物港口经营人有下列情形之一的，由所在地港口行政管理部门责令改正，可以处五万元以下的罚款；逾期未改正的，处五万元以上二十万元以下的罚款，对其直接负责的主管人员和其他直接责任人员处一万元以上二万元以下的罚款；情节严重的，责令停产停业整顿：

（一）未在生产作业场所和安全设施、设备上设置明显的安全警示标志的；

（二）未按照国家标准、行业标准或者国家有关规定安装、使用安全设施、设备并进行经常性维护、保养和定期检测的。

第七十六条 危险货物港口经营人有下列情形之一的，由所在地港口行政管理部门责令改正，可以处五万元以下的罚款；逾期未改正的，处五万元以上十万元以下的罚款；情节严重的，责令停产停业整顿：

（一）未对其铺设的危险货物管道设置明显的标志，或者未对危险货物管道定期检查、检测的；

（二）危险货物专用库场、储罐未设专人负责管理，或者对储存的剧毒化学品以及储存数量构成重大危险源的其他危险货物未实行双人收发、双人保管制度的；

（三）未建立危险货物出入库核查、登记制度的；

（四）装卸、储存没有安全技术说明书的危险货物或者外包装没有相应标志的包装危险货物的；

（五）未在作业场所设置通信、报警装置的。

在港口进行可能危及危险货物管道安全的施工作业，施工单位未按照规定书面通知管道所属单位，或者未与管道所属单位共同制定应急预案、采取相应的安全防护措施，或者管道所属单位未指派专门人员到现场进行管道安全保护指导的，由所在地港口行政管理部门按照前款规定的处罚金额进行处罚。

第七十七条 危险货物港口经营人有下列情形之一的，由所在地港口行政管理部门责令改正，处五万元以上十万元以下的罚款；逾期未改正的，责令停产停业整顿；除第（一）项情形外，情节严重的，还可以吊销其港口经营许可证件：

（一）未在取得从业资格的装卸管理人员现场指挥或者监控下进行作业的；

（二）未依照本规定对其安全生产条件定期进行安全评价的；

（三）未将危险货物储存在专用库场、储罐内，或者未将剧毒化学品以及储存数量构成重大危险源的其他危险货物在专用库场、储罐内单独存放的；

（四）危险货物的储存方式、方法或者储存数量不符合国家标准或者国家有关规定的；

（五）危险货物专用库场、储罐不符合国家标准、行业标准的要求的。

第七十八条 危险货物港口经营人有下列情形之一的，由所在地港口行政管理部门责令改正，可以处一万元以下的罚款；逾期未改正的，处一万元以上五万元以下的罚款：

（一）未将安全评价报告以及落实情况报港口行政管理部门备案的；

（二）未将剧毒化学品以及储存数量构成重大危险源的其他危险货物的储存数量、储存地点以及管理人员等情况报港口行政管理部门备案的。

第七十九条 两个以上危险货物港口经营人在同一港口作业区内从事可能危及对方生产安全的危险货物港口作业，未签订安全生产管理协议或者未指定专职安全管理人员进行安全检查和协调的，由所在地港口行政管理部门责令限期改正，可以处一万元以下的罚款，对其直接负责的主管人员和其他直接责任人员可以处三千元以下的罚款；情节严重的，可以处一万元以上五万元以下的罚款，对其直接负责的主管人员和其他直接责任人员可以处三千元以上一万元以下的罚款；逾期未改正的，责令停产停业整顿。

第八十条 危险货物港口经营人未采取措施消除事故隐患的，由所在地港口行政管理部门责令立即消除或者限期消除；逾期未改正的，责令停产停业整顿，并处十万元以上五十万元以下的罚款，对其直接负责的主管人员和其他直接责任人员处二万元以上五万元以下的罚款。

第八十一条 未按照本规定报告并经同意进行危险货物装卸、过驳作业的，由所在地港口行政管理部门责令改正，并处五千元以上五万元以下的罚款。

第八十二条 危险货物港口经营人有下列行为之一的，由所在地港口行政管理部门责令改正，并处三万元以下的罚款：

（一）装卸国家禁止通过该港口水域水路运输的危险货物的；

（二）未如实记录危险货物作业基础数据的；

（三）发现危险货物的包装和安全标志不符合相关规定仍进行作业的；

（四）未具备其作业使用的危险货物输送管道分布图、安全技术档案的；

（五）未将重大事故隐患的排查和处理情况、应急预案及时向所在地港口行政管理部门备案的；

（六）未按照规定实施安全生产风险预防控制的。

在港口从事危险货物添加抑制剂或者稳定剂作业前，未将有关情况告知相关危险货物港口经营人和作业船舶的，由所在地港口行政管理部门责令改正，并对相关单位处三万元以下的罚款。

第八十三条 港口作业委托人未按规定向港口经营人提供所托运的危险货物有关资料的，由所在地港口行政管理部门责令改正，处五万元以上二十万元以下的罚款。港口作业委托人在托运的普通货物中夹带危险货物，或者将危险货物谎报或者匿报为普通货物托运的，由所在地港口行政管理部门责令改正，处十万元以上十万元以下的罚款，有违法所得的，没收违法所得。

第八十四条 危险货物港口经营人拒绝、阻碍港口行政管理部门依法实施安全监督检查的，由港口行政管理部门责令改正；逾期未改正的，处二万元以上二十万元以下的罚款；对其直接负责的主管人员和其他直接责任人员处一万元以上二万元以下的罚款。

第八十五条 港口行政管理部门的工作人员有下列行为之一的，对直接负责的主管人员和其他直接责任人员给予行政处分；构成犯罪的，依法追究刑事责任：

（一）未按照规定的条件、程序和期限实施行政许可的；

（二）发现违法行为未依法予以制止、查处，情节严重的；

（三）未履行本规定设定的监督管理职责，造成严重后果的；

（四）有其他滥用职权、玩忽职守、徇私舞弊行为的。

第八十六条 违反本规定的其他规定应当进行处罚的，按照《港口法》《安全生产法》《危险化学品安全管理条例》等法律法规执行。

第八章 附则

第八十七条 本规定所称危险货物，是指具有爆炸、易燃、毒害、腐蚀、放射性等危险特性，在港口作业过程中容易造成人身伤亡、财产毁损或者环境污染而需要特别防护的物质、材料或者物品，包括：

（一）《国际海运危险货物规则》（IMDG code）第3部分危险货物一览表中列明的包装危险货物，以及未列明但经评估具有安全危险的其他包装货物；

（二）《国际海运固体散装货物规则》（IMSBC code）附录一B组中含有联合国危险货物编号的固体散装货物，以及经评估具有安全危险的其他固体散装货物；

（三）《经1978年议定书修订的1973年国际防止船舶造成污染公约》（MARPOL73/78公约）附则I附录1中列明的散装油类；

（四）《国际散装危险化学品船舶构造和设备规则》（IBC code）第17章中列明的散装液体化学品，以及未列明但经评估具有安全危险的其他散装液体化学品，港口储存环节仅包含上述中具有安全危害性的散装液体化学品；

（五）《国际散装液化气体船舶构造和设备规则》（IGC code）第19章列明的散装液化气体，以及未列明但经评估具有安全危险的其他散装液化气体；

（六）我国加入或者缔结的国际条约、国家标准规定的其他危险货物；

（七）《危险化学品目录》中列明的危险化学品。

第八十八条 本规定自2017年10月15日起施行。2012年12月11日交通运输部发布的《港口危险货物安全管理规定》（交通运输部令2012年第9号）同时废止。

港口经营管理规定

（2009年11月6日交通运输部发布；根据2014年12月23日《交通运输部关于修改〈港口经营管理规定〉的决定》第一次修正；根据2016年4月19日《交通运输部关于修改〈港口经营管理规定〉的决定》第二次修正；根据2018年7月31日《交通运输部关于修改〈港口经营管理规定〉的决定》第三次修正；根据2019年4月9日《交通运输部关于修改〈港口经营管理规定〉的决定》第四次修正；根据2019年11月28日《交通运输部关于修改〈港口经营管理规定〉的决定》第五次修正；根据2020年12月20日《交通运输部关于修改〈港口经营管理规定〉的决定》第六次修正）

第一章　总则

第一条　为规范港口经营行为，维护港口经营秩序，依据《中华人民共和国港口法》和其他有关法律、法规，制定本规定。

第二条　本规定适用于港口经营及相关活动。

第三条　本规定下列用语的含义是：

（一）港口经营，是指港口经营人在港口区域内为船舶、旅客和货物提供港口设施或者服务的活动，主要包括下列各项：

1.为船舶提供码头、过驳锚地、浮筒等设施；

2.为旅客提供候船和上下船舶设施和服务；

3.从事货物装卸（含过驳）、仓储、港区内驳运；

4.为船舶进出港、靠离码头、移泊提供顶推、拖带等服务。

（二）港口经营人，是指依法取得经营资格从事港口经营活动的组织和个人。

（三）港口理货业务经营人，是指为委托人提供货物交接过程中的点数和检查货物表面状况的理货服务的组织和个人。

（四）港口设施，是指为从事港口经营而建造和设置的建（构）筑物。

第四条　交通运输部主管全国港口经营行政管理工作。

省、自治区、直辖市人民政府交通运输（港口）主管部门负责本行政区域内的港口经营行政管理工作。

省、自治区、直辖市人民政府、港口所在地设区的市（地）、县人民政府确定的具体实施港口行政管理的部门负责该港口的港口经营行政管理工作。本款上述部门统称港口行政管理部门。

第五条　国家鼓励港口经营性业务实行多家经营、公平竞争。港口经营人、港口理货业务经营人不得实施垄断行为。任何组织和部门不得以任何形式实施地区保护和部门保护。

第二章　资质管理

第六条　从事港口经营,应当申请取得港口经营许可。

实施港口经营许可,应当遵循公平、公正和公开透明的原则,不得收取费用,并应当接受社会监督。

第七条　从事港口经营(港口拖轮经营除外),应当具备下列条件:

(一)有固定的经营场所;

(二)有与经营范围、规模相适应的港口设施、设备,其中:

1.码头、客运站、库场、储罐、岸电、污水预处理设施等固定设施应当符合港口总体规划和法律、法规及有关技术标准的要求;

2.为旅客提供上、下船服务的,应当具备至少能遮蔽风、雨、雪的候船和上、下船设施,并按相关规定配备无障碍设施;

3.为船舶提供码头、过驳锚地、浮筒等设施的,应当有相应的船舶污染物、废弃物接收能力和相应污染应急处理能力,包括必要的设施、设备和器材;

(三)有与经营规模、范围相适应的专业技术人员、管理人员;

(四)有健全的经营管理制度和安全管理制度以及生产安全事故应急预案,应急预案经专家审查通过;依法设置安全生产管理机构或者配备专职安全管理人员。

第八条　从事港口拖轮经营,应当具备下列条件:

(一)具备企业法人资格;

(二)有满足拖轮停靠的自有泊位或者租用泊位;

(三)在沿海港口从事拖轮经营的,应当至少自有并经营2艘沿海拖轮;在内河港口从事拖轮经营的,应当至少自有并经营1艘内河拖轮;

(四)海务、机务管理人员数量满足附件的要求,海务、机务管理人员具有不低于大副、大管轮的从业资历且在申请经营的港口从事拖轮服务满1年以上;

(五)有健全的经营管理制度和符合有关规定的安全与防污染管理制度。

第九条　申请从事港口经营,应当提交下列相应文件和资料:

(一)港口经营业务申请书;

(二)港口码头、客运站、库场、储罐、岸电、污水预处理等固定设施符合国家有关规定的竣工验收合格证明;

(三)使用港口岸线的,港口岸线的使用批准文件;

(四)提供拖轮服务的,拖轮的有效船舶证书及停靠泊位的相关证明材料;

(五)依法设置安全生产管理机构或者配备安全生产管理人员的相关证明材料,其中从事拖轮经营的,提供海务、机务管理人员的相关证明材料;

(六)证明符合第七条规定条件的其他文件和资料。

从事港口拖轮经营的，应当提供上述（一）、（四）、（五）项规定的材料和证明符合第八条规定条件的其他文件和材料。

第十条　申请从事港口经营，申请人应当向港口行政管理部门提出申请和第九条规定的相关文件资料。港口行政管理部门应当自受理申请之日起20个工作日内作出许可或者不许可的决定。符合资质条件的，由港口行政管理部门发给《港口经营许可证》，并通过信息网络或者报刊公布；不符合条件的，不予行政许可，并应当将不予许可的决定及理由书面通知申请人。《港口经营许可证》应当明确港口经营人的名称与办公地址、法定代表人或者负责人、经营项目、经营地域、主要设施设备、发证日期、许可证有效期和证书编号。

《港口经营许可证》的有效期为3年。

第十一条　港口行政管理部门对申请人提出的港口经营许可申请，应当根据下列情况分别作出处理：

（一）申请事项依法不需要取得行政许可的，应当即时告知申请人不受理；

（二）申请事项依法不属于港口行政管理部门职权范围的，应当即时告知申请人向有关行政机关申请；

（三）申请材料存在可以当场更正的错误的，应当允许申请人当场更正；

（四）申请材料不齐全或者不符合法定形式的，应当当场或者在5日内一次告知申请人需要补正的全部内容，逾期不告知的，自收到申请材料之日起即为受理；

（五）申请事项属于港口行政管理部门职权范围，申请材料齐全、符合法定形式，或者申请人按照要求提交全部补正申请材料的，应当受理经营业务许可申请。

受理或者不受理经营业务许可申请，应当出具加盖许可机关专用印章和注明日期的书面凭证。

第十二条　港口经营人应当按照港口行政管理部门许可的经营范围从事港口经营活动。

第十三条　港口经营人变更经营范围的，应当就变更事项按照本规定第十条规定办理许可手续。

港口经营人变更企业法定代表人或者负责人、办公地址的，应当向港口行政管理部门备案并换发《港口经营许可证》。

第十四条　港口经营人应当在《港口经营许可证》有效期届满之日30日以前，向《港口经营许可证》发证机关申请办理延续手续。

申请办理《港口经营许可证》延续手续，应当提交下列材料：

（一）《港口经营许可证》延续申请；

（二）本规定第九条第一款第（四）（五）（六）项材料。

第十五条　港口经营人停业或者歇业，应当提前30个工作日告知原许可机关。原许可机关应当收回并注销其《港口经营许可证》，并以适当方式向社会公布。

第三章　经营管理

第十六条　为船舶提供岸电、燃物料、生活品供应、水上船员接送及船舶污染物（含油污水、残油、洗舱水、生活污水及垃圾）接收、围油栏供应服务等船舶港口服务的单位，港口设施设备和机械租赁维修业务的单位以及港口理货业务经营人，应当向港口行政管理部门办理备案手续。港口行政管理部门应当建立备案情况档案。

从事船舶港口服务、港口设施设备和机械租赁维修的经营人以及港口理货业务经营人名称、固定经营场所、法定代表人、经营范围等事项发生变更或者终止经营的，应当在变更或者终止经营之日起15个工作日内办理变更备案。

第十七条　港口理货业务经营人不得兼营港口货物装卸经营业务和仓储经营业务。

第十八条　港口行政管理部门及相关部门应当保证港口公用基础设施的完好、畅通。

港口经营人、港口理货业务经营人以及从事船舶港口服务、港口设施设备和机械租赁维修的经营人应当按照核定的功能使用和维护港口经营设施、设备，并使其保持正常状态。

为国际航线船舶服务的码头（包括过驳锚地、浮筒），应当具备对外开放资格。

第十九条　港口经营人应当落实船舶污染物接收设施配置责任，按照国家有关规定加强港口接收设施与城市公共转运、处置设施的衔接，不得拒绝接收船舶送交的垃圾、生活污水、含油污水。

鼓励港口经营人优先使用清洁能源或者新能源的设施设备，并采取有效措施，防止港口作业过程造成污染。

第二十条　港口经营人变更或者改造码头、客运站、堆场、仓库、储罐、岸电和污水预处理设施等固定经营设施，应当依照有关法律、法规和规章的规定履行相应手续。依照有关规定无需经港口行政管理部门审批的，港口经营人应当向港口行政管理部门备案。

第二十一条　港口经营人、港口理货业务经营人应当建立健全安全生产责任制和安全生产规章制度，推进安全生产标准化建设，依法提取和使用安全生产费用，完善安全生产条件，建立实施安全风险分级管控和隐患排查治理制度，并严格落实治理措施；对从业人员进行安全生产教育、培训并如实记录相关情况，确保安全生产。

港口经营人应当按照国家有关规定落实港口大型机械防阵风防台风措施。

第二十二条　港口经营人应当按照码头竣工验收确定的泊位性质和功能接靠船舶，不得超过码头靠泊等级接靠船舶，但按照交通运输部的规定接靠满足相关条件的减载船舶除外。

第二十三条　港口经营人不得安排超过船舶载（乘）客定额数量的旅客上船。

港口经营人不得装载超过最大营运总质量的集装箱，不得超出船舶、车辆载货定额装载货物。沿海港口经营人不得为超出航区的内河船舶提供货物装卸服务。港口经营人应当配合海事管理机构做好恶劣天气条件下船舶靠离泊管理。

第二十四条　港口作业委托人应当向港口经营人如实提供其身份信息以及货物和集装箱信息，不得在委托作业的普通货物中夹带危险货物和禁止运输的物品，不得匿报、谎报危险货物和禁止运输的物品。未提供上述信息的，港口经营人不得接受港口作业委托。

港口经营人收到实名举报或者相关证据证明港口作业委托人涉嫌在普通货物中夹带危险货物或者将危险货物匿报、谎报为普通货物的，应当对相关货物进行检查。港口经营人发现存在上述情形或者港口作业委托人不接受检查的，应当拒绝提供港口服务，并按照规定及时将核实情况向海事管理机构、港口行政管理部门及有关部门报告。

危险货物装卸作业前，船舶应当向危险货物港口经营人提供船舶适装证书；对于不符合船舶适装证书所明确的危险货物范围的，港口经营人不得安排装卸作业。

第二十五条　从事港口旅客运输服务的经营人，应当按照国家有关规定设置安全、消防、救生以及反恐防范设施设备，配备安全检查人员和必要的安全检查设施设备，对登船旅客及其携带或者托运的行李、物品以及滚装车辆进行安全检查，落实旅客实名制相关要求，保证旅客基本生活用品的供应,保持安全、快捷、良好的候船条件和环境。

旅客或者滚装车辆拒绝接受安全检查或者携带国家规定禁止上船物品的,不得上船。

在港区内从事水上船员接送服务的,应当使用符合相关要求的船舶。

第二十六条 港口经营人应当优先安排突发事件处置、关系国计民生紧急运输和国防建设急需物资及人员的港口作业。

政府在紧急情况下征收征用港口设施,港口经营人应当服从指挥。港口经营人因此而产生费用或者遭受损失的,下达征收征用任务的机关应当依法给予相应的经济补偿。

第二十七条 在旅客严重滞留或者货物严重积压阻塞港口的紧急情况下,港口行政管理部门应当采取措施进行疏港。港口所在地的市、县人民政府认为必要时,可以直接采取措施,进行疏港。港口内的单位、个人及船舶、车辆应当服从疏港指挥。

第二十八条 港口行政管理部门应当依法制定可能危及社会公共利益的港口危险货物事故应急预案、重大生产安全事故的旅客紧急疏散和救援预案以及预防自然灾害预案,建立健全港口重大生产安全事故的应急救援体系。

港口行政管理部门按照前款规定制定的各项预案应当予以公布,并报送省级交通运输（港口）主管部门备案。

第二十九条 港口经营人、港口理货业务经营人应当依法制定本单位的危险货物事故应急预案、重大生产安全事故的旅客紧急疏散和救援预案以及预防自然灾害预案,按照国家有关规定落实配备应急物资、定期开展应急培训和演练、修订相关预案等组织保障措施。

港口经营人、港口理货业务经营人按照前款规定制定的各项预案应当与港口行政管理部门及有关部门制定的预案做好衔接,并报送港口行政管理部门和港口所在地海事管理机构备案。

第三十条 港口经营人、港口理货业务经营人以及从事船舶港口服务、港口设施设备和机械租赁维修的经营人从事港口经营和理货等业务,应当遵守有关法律、法规、规章以及相关服务标准和规范的规定,依法履行合同约定的义务,公正、准确地办理港口经营和理货等业务,为客户提供公平、良好的服务。

第三十一条 港口经营人、港口理货业务经营人以及从事船舶港口服务的经营人应当遵守国家有关港口经营价格和收费的规定,应当在其经营场所公布经营服务收费项目和收费标准,并通过多种渠道公开,使用国家规定的港口经营票据。

第三十二条 港口经营人、港口理货业务经营人以及从事船舶港口服务、港口设施设备和机械租赁维修的经营人不得采取不正当手段,排挤竞争对手,限制或者妨碍公平竞争;不得对具有同等条件的服务对象实行歧视;不得以任何手段强迫他人接受其提供的港口服务。

第三十三条 从事港口拖轮业务的经营人,应当公布所经营拖轮的实时状态,供船舶运输经营人自主选择。

第三十四条 港口经营人、港口理货业务经营人以及从事船舶港口服务、港口设施设备和机械租赁维修的经营人的合法权益受法律保护。任何单位和个人不得向港口经营人、港口理货业务经营人以及从事船舶港口服务、港口设施设备和机械租赁维修的经营人摊派或者违法收取费用。

港口经营人、港口理货业务经营人以及从事船舶港口服务、港口设施设备和机械租赁维修的经营人有权拒绝违反规定收取或者摊派的各种费用。

第三十五条 港口经营人、港口理货业务经营人以及从事船舶港口服务、港口设施设备和机械租赁维修的经营人应当按照国家有关规定,及时向港口行政管理部门如实提供港口统计资料及有关信息。

各级交通运输(港口)主管部门和港口行政管理部门应当按照有关规定向交通运输部和上级交通运输(港口)主管部门报送港口统计资料和相关信息,并结合本地区的实际建设港口管理信息系统。

上述部门的工作人员应当为港口经营人、港口理货业务经营人以及从事船舶港口服务、港口设施设备和机械租赁维修的经营人保守商业秘密。

第四章　监督检查

第三十六条　港口行政管理部门应当依法对港口安全生产情况和本规定执行情况实施监督检查,并将检查的结果向社会公布。港口行政管理部门应当对旅客集中、货物装卸量较大或者特殊用途的码头进行重点巡查。检查中发现安全隐患的,应当责令被检查人立即排除或者限期排除。

各级交通运输(港口)主管部门应当加强对港口行政管理部门实施《中华人民共和国港口法》和本规定的监督管理,切实落实法律规定的各项制度,及时纠正行政执法中的违法行为。

第三十七条　港口行政管理部门的监督检查人员依法实施监督检查时,有权向被检查单位和有关人员了解情况,并可查阅、复制有关资料。

监督检查人员应当对检查中知悉的商业秘密保密。

监督检查人员实施监督检查,应当两个人以上,并出示执法证件。

第三十八条　监督检查人员应当将监督检查的时间、地点、内容、发现的问题及处理情况作出书面记录,并由监督检查人员和被检查单位的负责人签字;被检查单位的负责人拒绝签字的,监督检查人员应当将情况记录在案,并向港口行政管理部门报告。

第三十九条　被检查单位和有关人员应当接受港口行政管理部门依法实施的监督检查,如实提供有关情况和资料,不得拒绝检查或者隐匿、谎报有关情况和资料。

第四十条　港口经营人、港口理货业务经营人以及从事船舶港口服务、港口设施设备和机械租赁维修的经营人有违反本规定行为的,港口行政管理部门依照有关法律、行政法规的规定将其信用信息录入水路运输信用信息管理系统,并予以公示。

第五章　法律责任

第四十一条　有下列行为之一的,由港口行政管理部门责令停止违法经营,没收违法所得;违法所得10万元以上的,并处违法所得2倍以上5倍以下罚款;违法所得不足10万元的,处5万元以上20万元以下罚款:

(一)未依法取得港口经营许可证,从事港口经营的;

(二)港口理货业务经营人兼营货物装卸经营业务、仓储经营业务的。

第四十二条　经检查或者调查证实,港口经营人在取得经营许可后又不符合本规定第七、八条规定一项或者几项条件的,由港口行政管理部门责令其停止经营,限期改正;逾期不改正的,由作出行政许可决定的行政机关吊销《港口经营许可证》，并以适当方式向社会公布。

从事船舶港口服务、港口设施设备和机械租赁维修的经营人未按规定进行备案的，由港口行政管理部门责令改正，并处1万元以上3万元以下罚款。

港口经营人有下列行为之一的，由港口行政管理部门责令改正，并处1万元以上3万元以下罚款：

（一）未按照国家有关规定落实港口大型机械防阵台风防台风措施的；

（二）未按照码头泊位性质和功能接靠船舶或者超过码头靠泊等级接靠船舶的，但接靠满足相关条件的减载船舶除外；

（三）未对登船旅客及其携带或者托运的行李、物品以及滚装车辆进行安全检查的；

（四）装载超出最大营运总质量的集装箱或者超出船舶、车辆载货定额装载货物的；

（五）未按照国家有关规定设置相应设施设备或者配备安全检查人员的。

第四十三条　港口经营人不优先安排抢险物资、救灾物资、国防建设急需物资的作业的，由港口行政管理部门责令改正；造成严重后果的，吊销《港口经营许可证》，并以适当方式向社会公布。

第四十四条　港口经营人、港口理货业务经营人违反本规定第二十一条第一款、第二十九条第一款关于安全生产规定的，由港口行政管理部门或者其他依法负有安全生产监督管理职责的部门依法给予处罚；情节严重的，由港口行政管理部门吊销《港口经营许可证》（港口理货业务经营人除外）；构成犯罪的，依法追究刑事责任。

第四十五条　港口经营人、港口理货业务经营人以及从事船舶港口服务、港口设施设备和机械租赁维修的经营人违反本规定第三十一条、第三十二条规定，港口行政管理部门应当进行调查，并协助相关部门进行处理。

第四十六条　港口经营人、港口理货业务经营人以及从事船舶港口服务、港口设施设备和机械租赁维修的经营人违反本规定第三十五条规定不及时和不如实向港口行政管理部门提供港口统计资料及有关信息的，由港口行政管理部门按照有关法律、法规的规定予以处罚。

第四十七条　港口行政管理部门不依法履行职责，有下列行为之一的，对直接负责的主管人员和其他直接责任人员依法给予行政处分；构成犯罪的，依法追究刑事责任：

（一）对不符合法定条件的申请人给予港口经营许可的；

（二）发现取得经营许可的港口经营人不再具备法定许可条件而不及时吊销许可证的；

（三）不依法履行监督检查职责，对未经依法许可从事港口经营的行为，不遵守安全生产管理规定的行为，危及港口作业安全的行为，以及其他违反本法规定的行为，不依法予以查处的。

第四十八条　港口行政管理部门违法干预港口经营人、港口理货业务经营人以及从事船舶港口服务、港口设施设备和机械租赁维修的经营人的经营自主权的，由其上级行政机关或者监察机关责令改正。向港口经营人、港口理货业务经营人以及从事船舶港口服务、港口设施设备和机械租赁维修的经营人摊派财物或者违法收取费用的，责令退回；情节严重的，对直接负责的主管人员和其他直接责任人员依法给予行政处分。

第六章　附则

第四十九条　《港口经营许可证》的式样由交通运输部统一规定，由省级交通运输（港口）主管部门负责印制。

第五十条　港口行政管理部门按照《中华人民共和国港口法》制定的港口章程应当在公布的同时送上级交通运输（港口）主管部门和交通运输部备案。

第五十一条　港口引航适用《船舶引航管理规定》（交通部令2001年第10号）。从事危险货物港口作业的，应当同时遵守《港口危险货物安全管理规定》（交通运输部令2019年第34号）。

第五十二条　本规定自2010年3月1日起施行。2003年12月26日交通部发布的《港口经营管理规定》（交通部令2004年第4号）同时废止。

附件

海务、机务管理人员最低配额表（人）

拖轮艘数	1—10艘	11—20艘	21—30艘	31—50艘	51艘及以上
沿海拖轮	1	2	3	4	每增加20艘按1人计，不足20艘按20艘计
内河拖轮	1	2			每增加50艘按1人计，不足50艘按50艘计

航道通航条件影响评价审核管理办法

（2017年1月16日交通运输部发布；根据2019年11月28日《交通运输部关于修改〈航道通航条件影响评价审核管理办法〉的决定》修正）

第一章　总则

第一条　为规范航道通航条件影响评价审核工作，依法保护航道，根据《中华人民共和国航道法》，制定本办法。

第二条　对与航道有关的工程进行航道通航条件影响评价审核及监督实施，适用本办法。

本办法所称航道通航条件影响评价审核，是指在新建、改建、扩建（以下统称建设）与航道有关的工程前，建设单位根据国家有关规定和技术标准规范，论证评价工程对航道通航条件的影响并提出减小或者消除影响的对策措施，由有审核权的交通运输主管部门或者航道管理机构进行审核。

第三条　除《中华人民共和国航道法》第二十八条第一款第（一）、（二）、（三）项规定的工程外，下列与航道有关的工程，应当进行航道通航条件影响评价审核：

（一）跨越、穿越航道的桥梁、隧道、管道、渡槽、缆线等建筑物、构筑物；

（二）通航河流上的永久性拦河闸坝；

（三）航道保护范围内的临河、临湖、临海建筑物、构筑物，包括码头、取（排）水口、栈桥、护岸、船台、滑道、船坞、圈围工程等。

第四条　交通运输部主管全国航道通航条件影响评价审核管理工作。

国务院或者国务院有关部门批准、核准的建设项目，以及与交通运输部按照国务院的规定直接管理的跨省、自治区、直辖市的重要干线航道和国际、国境河流航道等重要航道有关的建设项目，其航道通航条件影响评价，由交通运输部负责审核。其中，与长江干线航道有关的建设项目，除国务院或者国务院有关部门批准、核准的建设项目以及跨（穿）越长江干线的桥梁、隧道工程外，由长江航务管理局承担审核的具体工作。

其他建设项目的航道通航条件影响评价，按照省、自治区、直辖市人民政府的规定由县级以上地方人民政府交通运输主管部门或者航道管理机构负责审核。

本条第二款、第三款规定的负责审核的部门或者航道管理机构，以下统称审核部门。

第二章　航道通航条件影响评价报告编制

第五条　建设与航道有关的工程,建设单位应当在工程可行性研究阶段,按照交通运输部有关规定和技术标准要求编制航道通航条件影响评价报告(以下简称航评报告)。

第六条　航评报告应当包括下列内容:

(一)建设项目概况,包括项目名称、地点、规模、建设单位等;

(二)建设项目所在河段、湖区、海域的通航环境,包括自然条件、水上水下有关设施、航道及通航安全状况等;

(三)建设项目的选址评价;

(四)建设项目与通航有关的技术参数和技术要求的分析论证;

(五)建设项目对航道条件、通航安全、港口及航运发展的影响分析;

(六)减小或者消除对航道通航条件影响的措施;

(七)航道条件与通航安全的保障措施;

(八)征求各有关方面意见的情况及处理情况。

第七条　航评报告由建设单位自行编制,也可以委托具有相应经验、技术条件和能力,信誉良好的机构编制。审核部门不得以任何形式要求建设单位委托特定机构编制航评报告。

第八条　编制航评报告,应当开展现场踏勘、调研,做到搜集资料齐全、论证充分、评价全面、结论明确、客观公正,并如实反映各相关部门、单位的意见及处理情况。

建设单位和航评报告编制单位应当对资料的真实性、有效性,以及航评报告的内容与结论负责。

第九条　在航评报告编制过程中,建设单位应当就通航影响征求港航企业等利害相关方的意见。

在通航河流上建设永久性拦河闸坝的,建设单位应当书面征求上下游受影响省份的省级交通运输主管部门的意见。在长江水系四级及以上航道建设永久性拦河闸坝的,建设单位还应当征求长江航务管理局的意见;在珠江水系四级及以上航道建设永久性拦河闸坝和桥梁的,建设单位还应当征求珠江航务管理局的意见。

各相关交通运输主管部门及管理机构应当及时向征求意见的建设单位回复意见。

第三章　申请与审核

第十条　建设单位在工程可行性研究阶段完成航评报告后,应当向审核部门提出航道通航条件影响评价审核申请。

第十一条　建设单位申请航道通航条件影响评价审核时,应当提交以下材料:

(一)审核申请书;

(二)航评报告;

(三)项目的规划或者其他建设依据;

（四）涉及规划调整或者拆迁等措施的应当提供规划调整或者拆迁已取得同意或者已达成一致的承诺函、协议等材料。

建设单位应当对所提交材料的真实性、合法性负责。

第十二条 审核部门收到建设单位提交的审核申请后，应当进行材料审查，审查内容主要包括申请事项是否属于受理范围、材料是否齐全、航评报告文本格式是否符合规定要求等。

不属于受理范围的，审核部门应当及时告知建设单位。申请材料不全或者不符合规定要求的，应当在五个工作日内一次性告知需要补正的全部内容。材料审查通过的，审核部门应当予以受理，并出具受理通知书。

第十三条 审核部门受理建设单位提交的审核申请后，应当及时组织审核。审核依据主要包括：

（一）有关法律、法规、规章；

（二）《内河通航标准》（GB 50139）、《通航海轮桥梁通航标准》（JTJ 311）、《运河通航标准》（JTS 180-2）、《长江干线通航标准》（JTS 180-4）等有关标准；

（三）航道、港口等相关规划；

（四）建设项目所在河段、湖区、海域航道建设养护、通航安全、航运发展的相关要求。

第十四条 审核部门应当围绕航评报告内容是否全面，程序是否合规，论证是否充分，结论是否客观，拟采取的措施是否得当等方面内容，针对下列事项进行审核：

（一）拦河闸坝的选址，总平面布置，运量预测，代表船型，通航建筑物设计通航标准及规模、设计通航水位及流量、上下游梯级通航水位衔接、回水变动区淤积及坝下清水冲刷影响，施工期通航方案，通航建筑物施工组织计划，航道与通航安全保障措施等；

（二）桥梁、缆线等跨越航道建设项目的选址，河床演变分析，设计通航水位，代表船型，通航净空尺度，桥跨布置方案，墩柱防撞标准，航道与通航安全保障措施等；

（三）隧道、管道等穿越航道建设项目的选址、河床演变、埋设深度、出入土点、冲刷深度、应急抛锚影响，航道与通航安全保障措施等；

（四）临河、临湖、临海建设项目的选址及工程布置对航道通航条件的影响，航道与通航安全保障措施等。

第十五条 审核部门在审核中认为必要的，可以采取专家咨询、委托第三方技术咨询机构开展技术咨询等方式。咨询费用由审核部门按照国家有关规定纳入部门预算管理。

委托第三方技术咨询机构的，应当选择具有港口河海工程咨询、水运行业设计、水运行业（航道工程）设计资质之一，并具备相关专业业务能力的技术服务机构承担技术咨询工作。第三方技术咨询机构的选择应当遵守政府采购法律、法规的有关要求，并及时公告有关信息。

委托的第三方技术咨询机构不得与可行性研究报告编制单位、航评报告编制单位为同一单位，不得与可行性研究报告编制单位、航评报告编制单位、建设单位存在控股、管理关系或者存在法人、负责人为同一人等重大关联关系。

第三方技术咨询机构应当充分了解委托事项与航道、通航有关的情况以及有关各方的意见，客观、公正、及时地完成技术咨询工作，并对技术咨询结论负责。技术咨询报告应当对审核的各项内容提出明确的意见；有重大分歧的，应当如实反映并提出建议。

第十六条 审核部门应当在受理审核申请后二十个工作日内完成审核并出具航道通航条件影响评价审核意见（以下简称审核意见）。技术咨询、专家评审、评价材料修改完善所需时间不计算在规定的审核期限内。

第十七条　审核意见应当根据本办法第十四条规定的审核内容，提出明确意见，并作出通过或者不予通过审核的意见。

审核未通过的，建设单位可以根据审核意见对工程选址或者建设方案等进行调整，重新编制航评报告，并报送审核部门审核。

审核部门应当在审核意见中明确负责组织监督检查的部门或者建设项目所在水域负责航道现场管理的机构，并将审核意见抄送该部门或者机构。

第十八条　审核部门出具审核意见后，建设单位、项目名称和涉及航道、通航的事项发生变化的，建设单位应当向原审核部门申请办理变更手续。

其中，建设项目涉及航道、通航的以下事项发生较大调整且对航道通航条件可能产生不利影响的，建设单位应当开展补充或者重新评价，并重新报送审核部门审核：

（一）工程选址；

（二）拦河闸坝总平面布置，通航建筑物型式、有效尺度及规模，设计通航水位等；

（三）跨越航道建设项目的通航净空尺度、通航孔布置、墩柱布置等；

（四）穿越航道建设项目的埋设深度、出入土点等；

（五）临河、临湖、临海建设项目的设计代表船型、工程布置、功能用途、结构形式等；

（六）其他可能对航道条件、通航安全、航运发展产生较大影响的事项。

第十九条　建设单位取得审核意见后，未在审核意见签发之日起3年内开工建设的，或者建设项目开工建设前因重大自然灾害、极端水文条件等引起航道通航条件发生重大变化的，建设单位应当重新申请办理审核手续。

第二十条　审核部门应当将开展航道通航条件影响评价审核的依据、条件、程序、期限以及需要提交的材料目录等依法予以公开，接受社会监督。

第四章　监督检查

第二十一条　审核部门应当组织对航道通航条件影响评价审核意见的执行情况进行监督检查。其中，交通运输部负责审核的建设项目，由省级交通运输主管部门负责组织进行监督检查；但与长江干线航道有关的建设项目，由长江航务管理局负责组织进行监督检查。

建设项目所在水域负责航道现场管理的机构承担现场监督检查工作。

第二十二条　建设单位应当严格执行审核意见，并接受监督检查。

开工建设前，建设单位应当向负责航道现场管理的机构报送建设项目施工图设计中涉及航道、通航内容的资料。与航道、通航有关的建设内容完工后，建设单位应当向负责航道现场管理的机构报送建设项目审核意见执行情况、施工临时设施及残留物的清除情况等资料。建设单位应当对所报资料的真实性负责。

第二十三条　负责航道现场管理的机构在日常巡查中应当加强对与航道有关的工程执行航道通航条件影响评价审核意见的现场检查；对建设单位报送的建设项目施工图设计中涉及航道、通航内容的资料，应当及时进行核查。发现工程建设与审核意见不符的，应当要求建设单位及时改正；建设单位拒不改正的，应当及时报告负责组织监督检查的部门。

与航道有关的建设内容完工后，负责航道现场管理的机构应当将监督检查情况、建设单位关于审核意见的执行情况等逐级报送审核部门。

第二十四条 负责组织监督检查的部门在参与建设项目初步设计、施工图设计审查过程中，应当对建设项目执行审核意见的情况进行复核。

在建设项目开工前，负责组织监督检查的部门应当根据审核意见和建设项目现场监督检查实际，向负责航道现场管理的机构明确现场监管要求。

第二十五条 交通运输部和省级交通运输主管部门应当建立随机抽取被检查对象、随机选派抽查人员的抽查机制，对建设项目执行审核意见的情况进行监督检查，并将检查结果及时向社会公开。

第二十六条 有下列情形之一的，审核部门可以撤销已出具的审核意见：

（一）建设单位以提供虚假材料等不正当手段取得审核意见的；

（二）超越审核权限出具审核意见的；

（三）违反规定程序出具审核意见的；

（四）依法可以撤销审核意见的其他情形。

第五章　法律责任

第二十七条 审核部门、负责组织监督检查的部门或者负责航道现场管理的机构不依法履行职责的，由其上级主管部门责令改正，对直接负责的主管人员和其他直接责任人员依法给予处分。审核部门、负责组织监督检查的部门或者负责航道现场管理的机构工作人员滥用职权、玩忽职守、徇私舞弊的，依法给予处分；构成犯罪的，依法移交司法机关追究刑事责任。

第二十八条 建设单位违反航道通航条件影响评价审核规定进行项目建设的，由有审核权的交通运输主管部门或者航道管理机构依据《中华人民共和国航道法》的规定，追究法律责任。

负责组织监督检查的部门或者负责航道现场管理的机构应当将监督检查中发现的建设单位的相关违法行为报告审核部门，并提出处理建议。

第二十九条 实施罚款时，应当综合考虑航道的等级及重要性、建设项目对航道条件与通航安全的影响程度、建设单位采取补救措施的及时性和有效性等因素，合理确定罚款额度。

对违反《中华人民共和国航道法》第二十八条规定，位于内河四级及以上航道或者通航5000吨级及以上海轮航道的建设项目，在《中华人民共和国航道法》第三十九条规定的罚款幅度内给予从重处罚。

对违反《中华人民共和国航道法》第二十八条规定，位于内河四级以下航道上且对航道条件与通航安全影响较小并及时消除隐患的建设项目，在《中华人民共和国航道法》第三十九条规定的罚款幅度内给予从轻处罚。

第三十条 交通运输部和省级交通运输主管部门应当加强对建设单位、航评报告编制单位、相关技术服务机构、评审专家的信用管理，依法将失信行为信息及时向社会公开。

第六章　附则

　　第三十一条　本办法自2017年3月1日起施行。交通部于1994年9月10日发布的《跨越国家航道的桥梁通航净空尺度和技术要求的审批办法》（交基发〔1994〕906号）和2006年7月26日发布的《关于进一步做好跨越航道的桥梁通航净空尺度和技术要求审批工作的通知》（交水发〔2006〕388号）同时废止。

中华人民共和国水上水下活动通航安全管理规定

（2019年1月16日经交通运输部第2次部务会议通过，2019年1月28日中华人民共和国交通运输部令2019年第2号公布，自2019年5月1日起施行）

第一条 为了维护水上交通秩序，保障船舶航行、停泊和作业安全，保护水域环境，依据《中华人民共和国海上交通安全法》《中华人民共和国内河交通安全管理条例》等法律、行政法规，制定本规定。

第二条 公民、法人或者其他组织在中华人民共和国管辖水域从事可能影响通航安全的水上水下作业或者活动（以下简称水上水下活动），适用本规定。

第三条 水上水下活动通航安全管理应当遵循安全第一、预防为主、方便群众、依法管理的原则。

第四条 交通运输部主管全国水上水下活动通航安全管理工作。

国家海事管理机构负责全国水上水下活动通航安全监督管理工作。

其他各级海事管理机构依照各自的职责权限，负责本辖区水上水下活动通航安全监督管理工作。

第五条 在内河通航水域或者岸线上进行下列水上水下活动，应当经海事管理机构批准：

（一）勘探，港外采掘、爆破；

（二）构筑、设置、维修、拆除水上水下构筑物或者设施；

（三）架设桥梁、索道；

（四）铺设、检修、拆除水上水下电缆或者管道；

（五）设置系船浮筒、浮趸、缆桩等设施；

（六）航道建设施工、码头前沿水域疏浚；

（七）举行大型群众性活动、体育比赛；

（八）打捞沉船、沉物。

在管辖海域进行调查、勘探、开采、测量、建筑、疏浚（航道养护疏浚除外）、爆破、打捞沉船沉物、拖带、捕捞、养殖、科学试验和其他水上水下施工，应当经海事管理机构批准。

前款所称建筑，包括构筑、设置、维修、拆除水上水下构筑物或者设施，架设桥梁、索道，铺设、检修、拆除水上水下电缆或者管道，设置系船浮筒、浮趸、缆桩等设施，航道建设。

第六条　从事需经批准的水上水下活动的建设单位、主办单位或者施工单位,应当具备《中华人民共和国海事行政许可条件规定》规定的相应条件,向活动地的海事管理机构提出申请并报送相应的材料。在取得海事管理机构颁发的《中华人民共和国水上水下活动许可证》(以下简称许可证)后,方可进行相应的水上水下活动。

在港口进行可能危及港口安全的采掘、爆破等活动,建设单位、施工单位应当报经港口行政管理部门批准。港口行政管理部门应当将审批情况及时通报海事管理机构。

第七条　水上水下活动水域涉及两个以上海事管理机构的,许可证的申请应当向其共同的上一级海事管理机构或者共同的上一级海事管理机构指定的海事管理机构提出。

第八条　从事水上水下活动需要设置安全作业区的,由海事管理机构予以公告。

无关船舶、设施不得进入安全作业区。

第九条　许可证应当注明允许从事水上水下活动的单位名称、船名、时间、水域、活动内容、有效期等事项。

第十条　许可证的有效期由海事管理机构根据活动的期限及水域环境的特点确定。许可证有效期届满不能结束水上水下活动的,建设单位、主办单位或者施工单位应当于许可证有效期届满15日前向海事管理机构申请办理延期手续,由海事管理机构在原许可证上签注延期期限后方能继续从事相应活动。许可证有效期最长不得超过3年。

第十一条　许可证上注明的船舶在水上水下活动期间发生变更的,建设单位、主办单位或者施工单位应当及时向作出许可决定的海事管理机构申请办理变更手续。在变更手续未办妥前,变更的船舶不得从事相应的水上水下活动。

许可证上注明的从事水上水下活动的单位、活动内容、水域发生变更的,建设单位、主办单位或者施工单位应当重新申请许可证。

第十二条　有下列情形之一的,建设单位、主办单位或者施工单位应当及时向原发证的海事管理机构报告,并办理许可证注销手续:

(一)水上水下活动中止的;

(二)3个月以上不开工的;

(三)提前完工的;

(四)因许可事项变更而重新办理了新的许可证的;

(五)因不可抗力导致批准的水上水下活动无法实施的。

第十三条　从事维护性疏浚、清障等影响通航的航道养护活动,或者确需限制通航的养护作业的,应当提前向海事管理机构书面通报。

在内河通航水域进行气象观测、测量、地质调查、大面积清除水面垃圾和可能影响内河通航水域交通安全的其他活动的,应当在活动前将活动方案报海事管理机构备案。

第十四条　从事按规定需要发布航行警告、航行通告的水上水下活动,应当在活动开始前办妥相关手续。

第十五条　涉水工程建设单位、业主单位应当加强安全生产管理,落实安全生产主体责任。根据国家有关法律、法规及规章要求,明确本单位和施工单位、经营管理单位安全责任人。督促施工单位加强施工作业期间安全管理,落实水上交通安全的各项要求。

第十六条　涉水工程建设单位应当在工程招投标前明确参与施工作业的船舶、浮动设施应当具备的安全标准和条件,在工程招投标后督促施工单位落实施工过程中各项安全保障措施,将施工作业船舶、浮动设施及人员和为施工作业或者活动服务的船舶及其人员纳入水上交通安全管理体系，并与其签订安全生产管理协议。

第十七条 涉水工程建设单位、业主单位应当确保水上交通安全设施与主体工程同时设计、同时施工、同时投入生产和使用。

第十八条 涉水工程施工单位应当落实安全生产法律法规要求，完善安全生产条件，制定施工通航安全保障方案，保障施工作业及其周边水域交通安全。

施工通航安全保障方案应当包含涉水工程对通航环境、水上交通秩序的影响分析、存在的问题及通航安全保障措施等。

第十九条 对通航安全可能构成重大影响的水上水下活动，海事管理机构应当在许可前组织专家对施工通航安全保障方案进行技术评审。

第二十条 施工单位和作业人员在水上水下活动过程中应当遵守以下规定：

（一）按照海事管理机构批准的作业内容、核定的水域范围和使用核准的船舶进行作业，不得妨碍其他船舶的正常航行；

（二）及时向海事管理机构通报施工进度及计划，并保持工程水域良好的通航环境；

（三）使船舶、浮动设施保持在适于安全航行、停泊或者从事有关活动的状态；

（四）实施施工作业或者活动的船舶、设施应当按照有关规定在明显处昼夜显示规定的号灯号型。在现场作业船舶或者警戒船上配备有效的通信设备，施工作业或者活动期间指派专人警戒，并在指定的频道上守听。

第二十一条 水上水下活动经海事管理机构公告安全作业区的，建设单位、主办单位或者施工单位应当设置相关的安全警示标志和配备必要的安全设施或者警戒船，切实落实通航安全防范措施。

建设单位、主办单位或者施工单位不得擅自改变安全作业区的范围。需要改变的，应当由海事管理机构重新公告。

第二十二条 建设单位、主办单位或者施工单位应当及时清除水上水下活动过程中产生的碍航物，不得遗留任何有碍航行和作业安全的隐患。在碍航物未清除前，必须设置规定的标志、显示信号，并将碍航物的名称、形状、尺寸、位置和深度准确地报告海事管理机构。

第二十三条 建设单位、业主单位应当在工程涉及通航安全的部分完工后或者工程竣工后，将工程有关通航安全的技术参数报海事管理机构备案。

第二十四条 海事管理机构应当建立涉水工程施工作业或者活动现场监督检查制度，依法检查建设单位、主办单位和施工单位所属船舶、设施、人员水上通航安全作业条件、采取的通航安全保障措施落实情况。有关单位和人员应当予以配合。

第二十五条 有下列情形之一的，海事管理机构应当责令建设单位、施工单位立即停止施工作业，并采取安全防范措施：

（一）因恶劣自然条件严重影响施工作业及通航安全的；

（二）施工作业水域内发生水上交通事故，危及周围人命、财产安全的。

第二十六条 有下列情形之一的，海事管理机构应当责令改正；拒不改正的，应当责令其停止作业：

（一）建设单位或者业主单位未落实安全生产主体责任的；

（二）未按照规定设置安全警示标志、配备必要的安全设施或者警戒船的；

（三）未经批准擅自更换或者增加施工作业船舶的；

（四）未按照规定采取通航安全保障措施进行水上水下活动的；

（五）雇佣不符合安全标准的船舶和设施进行水上水下活动的。

第二十七条 违反本规定，隐瞒有关情况或者提供虚假材料，以欺骗或者其他不正当手段取得许可证的，由海事管理机构撤销其水上水下活动许可，收回其许可证，并处5000元以上3万元以下的罚款。

第二十八条 有下列情形之一的，海事管理机构应当责令施工单位、施工作业的船舶和设施立即停止施工作业，责令限期改正，并处5000元以上3万元以下的罚款。属于内河通航水域或者岸线水上水下活动的，处5000元以上5万元以下的罚款：

（一）未经许可擅自进行水上水下活动的；

（二）使用涂改或者非法受让的许可证进行水上水下活动的；

（三）未按照本规定报备水上水下活动的；

（四）擅自扩大活动水域范围的。

第二十九条 有下列情形之一的，海事管理机构应当责令改正，并可以处2000元以下的罚款；拒不改正的，海事管理机构应当责令施工单位、施工作业的船舶和设施停止作业：

（一）未按有关规定申请发布航行警告、航行通告即行实施水上水下活动的；

（二）水上水下活动与航行警告、航行通告中公告的内容不符的。

第三十条 未按照本规定取得许可证，擅自构筑、设置的水上水下构筑物或设施，船舶不得进行靠泊作业。影响通航环境的，应当责令构筑、设置者限期搬迁或者拆除，搬迁或者拆除的有关费用由构筑、设置者承担。

第三十一条 违反本规定，建设单位、主办单位或者施工单位未对有碍航行和作业安全的隐患采取设置标志、显示信号等措施的，海事管理机构应当责令改正，并处5000元以上3万元以下的罚款。属于内河通航水域或者岸线水上水下活动的，处5000元以上5万元以下的罚款。

第三十二条 海事管理机构工作人员不按法定的条件进行海事行政许可或者不依法履行职责进行监督检查，有滥用职权、徇私舞弊、玩忽职守等行为的，由其所在机构或上级机构依法处理；构成犯罪的，由司法机关依法追究刑事责任。

第三十三条 在军港、渔港内从事相关水上水下活动，按照国家有关规定执行。

第三十四条 本规定自2019年5月1日起施行。2011年1月27日以交通运输部令2011年第5号公布的《中华人民共和国水上水下活动通航安全管理规定》、2016年9月2日以交通运输部令2016年第69号公布的《交通运输部关于修改〈中华人民共和国水上水下活动通航安全管理规定〉的决定》同时废止。

内河航标管理办法

（1996年2月28日经第四次部长办公会议通过，自1996年8月1日起施行）

第一章　总则

第一条　为加强航标管理，保持航标的正常状态，提高航标维护质量，依据《中华人民共和国航标条例》（以下简称《航标条例》）、《中华人民共和国航道管理条例》（以下简称《航道管理条例》）及国家其他有关规定，制定本办法。

第二条　本办法适用于江河、湖泊、水库、运河等内河通航水域的航标管理。

第三条　航标管理实行统一领导，分级管理的原则。国务院交通行政主管部门设立的航道管理机构和县级以上地方人民政府交通行政主管部门（以下称航标管理机构）负责航标管理工作。

第四条　跨省、自治区、直辖市的航道，除交通部直属管辖的外，其航标的设置和管理，应按行政区划分工负责，也可通过协商确定管理范围。

省界河流的航标管理应通过协商由航运量大的省、自治区、直辖市交通主管部门设立的航标管理机构负责。

第二章　管理职责

第五条　航标管理机构对航标管理的基本职责是：

（一）负责宣传、贯彻、执行上级各项指示、规定；

（二）制定航标工作规章制度，督促、检查贯彻执行情况；

（三）负责编制和审定航标维护工作计划，提出实施措施；

（四）掌握航道特征、水情变化及碍航物分布情况，保持航标的正常状态，并发布航道通告；

（五）定期检查航标，指导和帮助基层班组工作；

（六）编制航标船艇及设备维修保养计划，并组织实施；

（七）收集整理航标技术资料，分析航标维护质量，总结航标维护管理经验；

（八）参加评审本辖区与航道有关的拦河、跨河、临河建筑物及其他水上工程的航标设施建设

项目和审定航标配布图;

（九）参与航标新材料、新结构、新工艺的研制、鉴定和推广使用;

（十）按规定对违反《航标条例》、《航道管理条例》及其实施细则和本办法中有关航标保护条款以及其他有关规定的行为进行处罚。

第六条 各级航标管理机构应按第五条规定的基本职责,结合本部门的实际情况,制定本部门的具体职责。

第七条 基层班组的基本职责是:

（一）贯彻执行航标技术规定和安全生产制度,完成辖区航标维护计划;

（二）负责航标的设置、维护和通行信号的揭示;

（三）掌握航道变化,及时调标、改槽;

（四）按规定测报航道尺度,并向上级报告航道情况,及时提出辖区航道内需要采取工程措施的建议;

（五）负责航标设备及船艇的管理和日常维修保养工作;

（六）做好航标维护和信号台工作记录,按时填报报表;

（七）对损害航标设施的行为予以制止,并向上级报告;

（八）对漂移、流失、损坏的航标,必须及时恢复。不能及时恢复,应发布航道通电,通报船舶和有关单位。

第八条 航标管理机构应根据需要配备航标工作船艇及维护航标的设备。

第九条 基层班组的管辖范围、人员编制、船艇及主要设备的配备等,按部颁《内河航道维护技术规范》的规定执行。

第三章 航标配布

第十条 内河航标的配布按国家标准《内河助航标志》的规定执行。航标配布类别应根据航道条件及航运需要,通过技术经济论证确定。

第十一条 航标配布应充分利用自然水深,符合航道尺度的规定,做到标位正确、灯质可靠、颜色鲜明、视距足够。

第十二条 干、支流汇合口河段和通海河口段的航标配布应注意连贯、衔接,明确航道的方向与界限。

第十三条 航标配布应注意航标间的有效结合,充分发挥岸标的作用,保证同侧相邻航标之间所标示的航道界限内有规定的维护水深。

第十四条 航标配布图的编制与审批按以下规定进行:

（一）按一、二类航标配布的航道应编制航标配布图,按三类航标配布或配布重点标的航道,可根据实际需要自行规定;

（二）航标配布图由航标管理机构编制,编制应征求驾引人员及港监等部门意见,编制方法与内容按《内河航道维护技术规范》的规定执行。编制后必须报上级航标管理机构审批或备案。属基建性的航道,其航标配布图按基建程序编报审批;

（三）航标配布图应根据航道变化定期修改；

（四）封冻河流航标配布图按年编制，报上级航标管理机构审批。

第十五条 变更航标配布图，及调整固定标位的重点航标时应报上级航标管理机构批准后执行，并通报有关单位。

第十六条 航标设置应以批准的航标配布图为依据，做到所设航标位置正确，结构良好，安装牢固，稳定可靠。

第十七条 航道内碍航物情况不明，或枯水期变化频繁的浅滩航道及石质河床，在设标前应视情况组织全面或重点扫床。

第四章　航标维护管理

第十八条 浅、险航道或重要河段，应根据需要建立值班守槽制度，以加强航标的维护管理，具体办法由各级航标管理机构自行制定。

第十九条 航道突变或航道内出现新的碍航物时，基层班组应立即采取调标措施并向上级及有关部门报告，对变化频繁的浅滩航道，应根据航道实际情况自行调整航标。

第二十条 设立通行信号台控制船舶单向通航时，应制定通行信号台控制指挥办法；当一个控制河段设置二个或二个以上信号台时，必须明确其中一个为指挥台，负责该河段通航的统一指挥。

第二十一条 航标管理机构应建立航标异动报告制度。设置或调整航标后，应进行定位或位置校核。

第二十二条 航标管理机构必须建立航标检查制度，并督促执行。航标检查实行日常检查和定期检查，检查内容和周期按《内河航道维护技术规范》的规定执行。

第二十三条 航标管理机构应定期或不定期发布航道通告或航道通电，及时向船舶和有关单位通报航标情况及有关注意事项。

第二十四条 航标管理机构负责编制年度航标维护计划，对计划的执行情况必须进行检查，并总结上报；遇特殊情况需要调整计划，应上报审批。

第二十五条 航标管理机构应建立健全航标技术和统计资料档案，统一制定航标工作原始记录和统计报表，并按时填报，定期整理，归档保存。

第二十六条 航标管理机构应制定航标维护质量标准及检查办法，建立航标质量保证体系。

第二十七条 航标管理机构应每年进行航标质量考核，主要内容包括航标维护正常率、设标座天、航标技术状况和航标使用效果。

第二十八条 航标管理机构应制定航标设备的管理制度，并按《内河航道维护技术规范》的规定进行维修保养。

第二十九条 航标设备应选用定型产品，并应有一定的储备量。储备量可根据设备的使用量、消耗量以及易损程度由航标管理机构确定。

第三十条 航标管理机构应建立健全安全组织和安全生产规章制度，定期开展安全检查，基层班组应配备安全设备，并指定专人负责保管。

第三十一条 基层班组发现或获悉船舶、排筏发生海事后，应赴现场了解航道、航标情况，并做好记录，及时向上级和有关单位报告。

第五章　专设航标的配布与维护管理

第三十二条　在通航河流上配布专设航标，必须报经航标管理机构同意。

第三十三条　本办法所称的专设航标是指：

（一）建设和管理单位为保障拦河、跨河、临河建筑物施工期间及建成后的安全和船舶航行安全所设置的航标；

（二）企事业单位为本单位生产需要而开辟的航道、锚地及生产作业区域内所设置的航标；

（三）船舶所有者或经营者按规定为标示沉船、沉物的位置和其他原因设置的航标。

第三十四条　专设航标的管理应按本办法和《内河航道维护技术规范》执行，并接受航标管理机构的指导和监督。

第三十五条　委托航标管理机构代设、代管专设航标时，委托方必须提供与设标有关的技术资料，签订委托代设、代管的协议，负担航标设施和维护管理的费用。

桥区水上的航标，其维护费由桥梁管理单位和航标管理部门各负担全部维护费用的一半。

第三十六条　修建桥梁、闸坝时，建设单位应按国家有关规定设置航标，其有关经费列入工程总概算。

在特殊河段建设桥梁，经论证需要增设的航标及其他设施，可由航标管理部门与桥梁建设单位协商确定，并由桥梁建设单位负责建设。

第三十七条　桥梁施工期及桥梁建成后，桥区水上航标的维护管理，桥梁建设、管理单位宜委托航标管理机构负责。桥涵标及桥柱灯由桥梁管理单位自行维护管理，也可委托航标管理机构维护管理。桥梁管理单位自行维护管理桥区水上航标时，必须执行以下规定：

（一）要按国家标准《内河助航标志》《内河助航标志的主要外形尺寸》和《内河航道维护技术规范》及本办法的有关规定编制航标配布图报航标管理机构审批；

（二）根据需要设立维护管理桥区航标的机构，按航标管理机构的要求对航标进行维护和管理。确保桥区航标与主航道标志的衔接，保证航道畅通；

（三）变更通航桥孔或调整桥区航标配布时，必须报航标管理机构同意，并通知有关部门和承担航标管理机构发布航道通告的费用；变更通航桥孔时，桥梁上的桥涵标及桥柱灯应与水上航标同步调整。

第三十八条　船闸信号标志由船闸管理单位负责设置和管理。船闸上、下游引航道和与之衔接段的航标，船闸管理单位宜委托航标管理机构负责设置和管理。如船闸管理单位自行设置和管理，则必须按本办法第三十七条规定的原则执行。

第三十九条　除桥梁、船闸外其他与通航有关设施的专设航标的管理办法，由航标管理机构根据辖区航道的具体情况按本办法的原则自行制定。

第六章　航标保护

第四十条　航标是船舶安全航行的重要助航设施,受国家法律保护,任何单位或个人不得侵占、破坏。

第四十一条　航标管理机构在设置、移动或撤销航标时,任何单位或个人不得阻挠,干涉或索取费用。

第四十二条　在航标设施的保护范围内,不得种植影响其工作效能的竹、木、高杆作物及水生物和设置渔箔、渔栅、渔网等;不得堆放物件或修建建筑物和其他标志。对影响航标发挥正常工作效能的灯光,应妥善遮蔽。

第四十三条　在进行与通航有关的设施建设及其他施工作业时,需移动或拆迁航标,必须经航标管理机构同意,其移动或拆迁费用由工程建设或管理单位承担。

第四十四条　禁止下列危害航标的行为:

（一）盗窃、破坏、哄抢、侵占航标;

（二）非法移动、攀登、涂抹航标;

（三）向航标射击、投掷物品;

（四）在航标上攀架物品、拴系牲畜、船只、渔捞器具、爆炸物品等;

（五）其他损坏航标的行为。

第四十五条　船舶、排筏碰撞航标后,其所有人或经营人必须立即报告就近航标管理机构和港航监督机构。

第四十六条　当航道内发生沉船、沉物时,航标管理机构为保证船舶航行安全采取设标或其他措施所发生的费用由责任单位或责任人承担。

第四十七条　航标管理机构要加强对航标的维护管理,积极开展保护航标的宣传,依靠地方政府,组织开展群众性的航标联防工作。

第七章　罚则

第四十八条　对违反《航标条例》《航道管理条例》及其实施细则和其他法律、法规及本办法规定行为的单位或个人,航标管理机构有权责令其纠正违法行为,并视情节的轻重给予处罚。

第四十九条　对违反本办法第三十二条和三十四条规定的,航标管理机构有权责令其调整、关闭或者撤销该航标。

第五十条　对违反本办法第四十条、第四十一条、第四十二条、第四十三条、第四十四条规定的,航标管理机构有权责令其停止违法活动、限期恢复原状、归还原物;造成损失的,航标管理部门应责令其赔偿损失。

对构成违反治安管理条例行为的,由公安机关依照《中华人民共和国治安管理处罚条例》予以处罚。

第五十一条　对违反本办法第四十五条规定造成航标损毁的,应按损失情况赔偿,航标管理机构可以视情节轻重,给予2万元以下的罚款;造成事故的要承担法律责任。

第八章　附则

　　第五十二条　国境河流的航标管理,按照我国与有关国家签定的协议执行。

　　第五十三条　本办法由交通部负责解释。

　　第五十四条　本办法自1996年8月1日起施行。交通部1962年8月发布的《交通部内河航标管理暂行办法》同时废止。

中华人民共和国港口设施保安规则

（2007年12月17日交通部发布；根据2016年9月2日《交通运输部关于修改〈中华人民共和国港口设施保安规则〉的决定》第一次修正；根据2019年6月3日《交通运输部关于修改〈中华人民共和国港口设施保安规则〉的决定》第二次修正；根据2019年11月28日《交通运输部关于修改〈中华人民共和国港口设施保安规则〉的决定》第三次修正）

第一章　总则

第一条　为加强港口设施保安工作，根据经修订的《1974年国际海上人命安全公约》（以下简称SOLAS公约）、《国际船舶和港口设施保安规则》（以下简称ISPS规则）和《国际海运危险货物规则》，制定本规则。

第二条　为航行国际航线的客船、500总吨及以上的货船、500总吨及以上的特种用途船和移动式海上钻井平台服务的港口设施保安工作，适用本规则。

第三条　本规则下列用语的含义是：

（一）船港界面活动，是指船舶与港口之间人员往来、货物装卸或者接受其他港口服务时发生的交互活动；

（二）港口设施，是指在港口发生船港界面活动的场所，包括码头及其相应设施和航道、锚地等港口公用基础设施；

（三）船到船活动，是指从一船向另一船转移物品或者人员的行为；

（四）保安事件，是指威胁船舶、港口设施、船港界面活动和船到船活动安全的任何可疑行为或者情况；

（五）保安等级，是指可能发生保安事件的风险级别划分；

（六）港口设施保安评估，是指港口所在地港口行政管理部门通过对港口设施保安状况进行分析并提出相关保安措施建议的活动；

（七）港口设施保安计划，是指港口设施经营人或者管理人根据保安评估报告为确保采取旨在保护港口设施和港口设施内的船舶、人员、货物、货物运输单元和船上物料免受保安事件威胁的措施而制订的计划；

（八）港口设施保安主管，又称港口设施保安员，是指被港口设施经营人或者管理人指定负责制定、实施、调整《港口设施保安计划》，并与船舶保安员和船公司保安员进行保安联络的人员；

（九）保安声明，是指发生船港界面活动时，港口设施与船舶为协调各自采取的保安措施签署的书面协议（式样见附件1）；

（十）替代保安协议，是指我国政府与其他SOLAS公约缔约国政府就相互间固定短程航线上的港口设施签署的双边或者多边保安协议；

（十一）港口设施保安训练，是指对《港口设施保安计划》规定内容的部分或者全部保安措施和应急反应程序进行的练习；

（十二）港口设施保安演习，是指为了验证、评价和提高各级保安组织、相关部门、港口设施及人员的综合反应和协调配合能力，通过模拟保安事件，根据《港口设施保安计划》进行的多单位参与、协同进行的练习；

（十三）港口设施管理人，是指航道、锚地等港口公用基础设施的管理主体。

第四条　交通运输部主管全国港口设施保安工作，履行下列职责：

（一）制定并发布全国港口设施保安工作制度和技术标准；

（二）确定并发布港口设施保安等级和各保安等级的基本保安措施（内容见附件2）及3级保安状态下的保安指令；

（三）建立全国港口设施保安管理信息系统，收集、整理、分析港口设施保安信息并按规定向相关单位提供，视情向国际海事组织、相关缔约国政府以及国内其他相关部门通报；

（四）组织对《港口设施保安符合证书》（式样见附件3）年度核验工作进行抽查；

（五）签署替代保安协议；

（六）组织全国性的港口设施保安演习。

第五条　省级交通运输（港口）管理部门负责本行政区域内的港口设施保安工作，具体履行下列职责：

（一）核发《港口设施保安符合证书》；

（二）负责《港口设施保安符合证书》年度核验工作；

（三）收集、整理、分析并向相关单位提供港口设施保安信息；

（四）组织区域性港口设施保安演习。

第六条　港口所在地港口行政管理部门履行下列职责：

（一）负责组织港口设施保安评估和评估报告的后续修订；

（二）监督检查《港口设施保安计划》的实施；

（三）收集、整理、分析并向有关单位提供港口设施保安信息；

（四）组织本港港口设施保安演习；

（五）对其管理的港口公用基础设施进行保安评估，编写《港口设施保安评估报告》；

（六）对《港口设施保安计划》进行审核，并向港口设施经营人或者管理人出具审核修改意见；

（七）受省级交通运输（港口）管理部门委托，对申请《港口设施保安符合证书》年度核验的港口设施上一年度的保安工作进行核查并提交核查报告；

（八）监督检查港口设施保安费的征收和使用。

第七条　港口设施经营人或者管理人履行下列职责：

（一）负责制订《港口设施保安计划》和后续修订；

（二）实施《港口设施保安计划》；

（三）为港口设施保安主管履行职责提供必要的条件；

（四）在3级保安状态下，实施交通运输部发出的保安指令；

（五）收集、整理、分析并向有关部门提供港口设施保安信息；

（六）进行港口设施保安训练，参加港口设施保安演习。

港口设施经营人按照规定收取港口设施保安费。

第八条 港口设施保安是港口安全管理的重要内容，应当与港口生产经营统筹考虑，遵循节约、环保、资源共享的原则。

港口设施经营人或者管理人的主要负责人负责领导本单位的港口设施保安工作。

第九条 港口设施的保安评估和保安计划的制定及实施的有关费用由港口设施保安费支出。

第二章　保安等级

第十条 交通运输部应当根据相关情报信息，国内外形势以及影响社会政治稳定的因素，威胁信息的可信程度、威胁信息得到印证的程度、威胁信息的具体或者紧迫程度和保安事件的潜在后果，确定港口设施的保安等级。

地方各级交通运输（港口）管理部门可以向交通运输部提出变更港口设施保安等级的建议。

第十一条 港口设施的保安等级从低到高分为三级，分别是保安等级1、保安等级2和保安等级3。

保安等级1是指应当始终保持的最低防范性保安措施的等级。

保安等级2是指由于保安事件危险性升高而应在一段时间内保持适当的附加保护性保安措施的等级。

保安等级3是指当保安事件可能或者即将发生（尽管可能尚无法确定具体目标）时应当在一段有限时间内保持进一步的特殊保护性保安措施的等级。

第十二条 交通运输部确定港口设施保安等级为2级或者3级的依据消失时，应当及时调整港口设施的保安等级。

交通运输部确定实施3级保安时，在必要的情况下应当发出适当的保安指令，并向可能受到影响的港口设施提供与保安有关的信息。

第十三条 港口设施经营人或者管理人应当根据保安等级的变化，按照《港口设施保安计划》及时调整保安措施。

在3级保安状态下，港口设施的经营人或者管理人应当执行交通运输部发出的保安指令，省、自治区交通运输（港口）管理部门和港口所在地港口行政管理部门应当监督保安指令的执行。

第十四条 交通运输部变更港口设施保安等级，应当根据具体情况及时以适当的方式通知有关的交通运输（港口）管理部门、海事管理机构、港口设施经营人或者管理人。

第十五条 各级交通运输（港口）管理部门、海事管理机构、港口设施经营人或者管理人收到港口设施保安等级变更的决定后，应当予以确认，并报告所采取的相应措施。

第十六条 计划入港或者在港的船舶保安等级高于港口设施的保安等级时，港口设施保安主管应当与船舶保安员或者船公司保安员协商，对有关情况作出评估，确定适当的保安措施，签署《保安声明》；计划入港或者在港的船舶保安等级不得低于该港口设施保安等级。

第十七条 港口设施经营人或者管理人应当将港口设施保安等级变更过程中的有关情况予以记

录,作为进行港口设施保安评估、编写《港口设施保安评估报告》、制(修)订《港口设施保安计划》、实施《港口设施保安计划》的参考依据。

第三章　保安评估

第十八条　港口所在地港口行政管理部门负责港口设施保安评估。

第十九条　港口设施保安评估应当符合交通运输部制定的港口设施保安评估规范。

港口设施保安评估应当进行现场保安检验。现场保安检验包括检查和评估港口的现有保安措施、程序和操作。

第二十条　对港口设施进行保安评估应当评估下列事项:

(一)设施的保安状况;

(二)设施的结构、布局情况;

(三)对人员进行保护的安全体系;

(四)保安工作程序;

(五)无线电和电信系统,包括计算机系统和网络;

(六)如被损害或者被用于非法窥测,会对人员、财产或者港口作业构成危险的其他区域。

第二十一条　港口设施保安评估应当进行以下工作:

(一)确定和评估重点保护的财产和基础设施;

(二)对可能威胁财产和基础设施的因素及其发生的可能性进行识别,并确定相应的保安要求;

(三)根据可能威胁财产和基础设施的因素及其发生可能性的识别结果,以及相应的保安要求,对采取的保安措施进行鉴别、选择和优化;

(四)分析港口设施和人员的安全保护体系、运营流程等,确定其中可能导致保安事件的薄弱环节,提出消除薄弱环节或者降低薄弱环节影响的措施。

第二十二条　港口设施保安评估完成后应当编写评估报告。

《港口设施保安评估报告》应当结合港口设施实际情况,全面反映评估的开展情况,内容主要包括:

(一)港口设施的基本情况,包括设施种类、位置、经营人、所有人、可以提供服务的船舶类型等情况;

(二)港口设施的保安现状调查及分析;

(三)保安事件预测及风险控制评估;

(四)风险评估方法及应用;

(五)可能导致保安事件的薄弱环节及说明;

(六)消除薄弱环节或者降低薄弱环节影响的措施建议;

(七)评估结论。

第二十三条　港口设施的保安评估每5年进行一次。

港口设施发生重大变化时,应当重新进行保安评估。重新进行保安评估及相关程序按照本章规定办理。

前款所称重大变化包括港口主要设施或者其功能发生重大变化，港口设施保安组织、通信系统、保安工作的协调与配合程序发生重大改变，港口设施发生了重大保安事件等。

第二十四条 如果同一经营人所经营的多个港口设施位置、运营方式、设备和设计相类似，可以共同评估并制作一份《港口设施保安评估报告》。

第二十五条 《港口设施保安评估报告》应当保密，港口设施和承担港口设施保安评估的机构应当制定并落实防止擅自接触、泄露的措施。

第四章　保安计划

第二十六条 港口设施经营人或者管理人负责制订《港口设施保安计划》。

港口设施经营人或者管理人应当根据所在地港口行政管理部门出具的《港口设施保安评估报告》和交通运输部发布的《港口设施保安计划制订导则》起草制订《港口设施保安计划》，并组织专家进行现场检验和审查，根据现场检验结果和审查意见对《港口设施保安计划》进行修改。现场检验情况应当记录。

第二十七条 《港口设施保安计划》应当包含下列内容：

（一）港口设施经营人或者管理人所确定的负责实施《港口设施保安计划》的机构或者部门；

（二）负责实施《港口设施保安计划》的组织与其他有关单位的联系和必要的通信系统；

（三）港口设施保安主管及24小时联系方式；

（四）1级保安状态下的保安措施和保安等级提高时的全部附加措施和特殊的保安措施；

（五）根据经验和实际情况对《港口设施保安计划》进行经常性评价，并不断完善的安排；

（六）《港口设施保安计划》保密措施；

（七）向交通运输（港口）管理部门报告的程序；

（八）港口设施内部报告保安事件的程序；

（九）便利船上人员登岸或者人员变动以及来访者上船的程序和措施；

（十）对保安状况受到的威胁或者破坏作出反应的程序，包括维护港口设施或者船港界面的关键操作的规定；

（十一）对交通运输部在3级保安状态下发出的保安指令的反应程序；

（十二）在保安状况受到威胁或者破坏的情况下撤离人员的程序；

（十三）负有保安责任的港口设施人员和设施内参与保安事务的其他人员的职责；

（十四）与船舶保安活动进行配合的程序，特别是港口设施的保安等级低于船舶的保安等级时港口设施应当采取的程序和保安措施；

（十五）港口设施内船舶的保安报警系统被启动后作出反应的程序；

（十六）针对与曾靠泊过非缔约国港口的船舶、不适用ISPS规则的船舶以及固定（浮动）平台或者移动式海上钻井平台进行船港界面活动的程序和保安措施。

第二十八条 对港口设施重新进行保安评估时，港口设施经营人或者管理人应当按照本规则规定重新制订《港口设施保安计划》。

当港口设施发生本规则第二十三条以外的情况变化时，港口设施经营人或者管理人可以对《港口设施保安计划》进行必要的调整。调整的内容应当符合《港口设施保安评估报告》和《港口设施保安计划制订导则》的相关要求。

第二十九条 港口设施经营人或者管理人完成《港口设施保安计划》制订后,应当报所在地港口行政管理部门审核,并根据审核意见对《港口设施保安计划》进行修改。

港口设施经营人或者管理人报送《港口设施保安计划》时,应当一并报送专家现场检验结果和审查意见、现场检验情况记录。

所在地港口行政管理部门审核《港口设施保安计划》后,应当出具审核意见。

第三十条 《港口设施保安计划》应当保密。港口设施经营人或者管理人、各级港口行政管理部门应当制定并落实防止《港口设施保安计划》内容泄露的措施。

在下列条件下,执法人员可以查看《港口设施保安计划》:

(一)各级港口行政管理部门进行港口设施保安现场检查时;

(二)《港口设施保安符合证书》年度核验过程中需要对《港口设施保安计划》内容实施情况进行核实时。

第三十一条 港口设施经营人或者管理人应当全面落实《港口设施保安计划》,包括配备必要的保安人员,安装使用保安设备设施,制定并执行各项保安制度、措施和程序。

第三十二条 港口设施经营人或者管理人应当按照交通运输部规定的保安标准配备保安、交通、通信装备,按照规定设置港口设施内的标志。

第三十三条 新建或者改扩建的港口设施的保安设备设施应当与港口设施主体工程同时设计、同时建设、同时验收、同时投入使用。

第三十四条 港口设施经营人或者管理人在执行保安措施时,应当最大限度地减少对乘客、船舶、船上人员和来访者、货物以及相关服务的干扰或者延误。

第三十五条 各级交通运输(港口)管理部门应当对港口设施经营人或者管理人在执行《港口设施保安计划》过程中涉及海事、海关、公安(边防)、检验检疫等部门的相关事宜给予必要的协调。

第三十六条 非经常性地为国际航行船舶提供服务的港口设施和处于试生产阶段的港口设施,经港口所在地港口行政管理部门同意,可以不制订《港口设施保安计划》,但应当采取适当的保安措施来达到保安要求。

港口所在地港口行政管理部门应当对港口设施采取的保安措施是否适当进行现场监管。

第五章　港口设施保安符合证书

第三十七条 《港口设施保安计划》经所在地港口行政管理部门审核并按要求修改后,港口设施经营人或者管理人应当向省级交通运输(港口)管理部门申请《港口设施保安符合证书》,并提交以下材料:

(一)申请书;

(二)《港口设施保安评估报告》;

(三)《港口设施保安计划》,以及所在地港口行政管理部门出具的审核意见。

第三十八条 省级交通运输（港口）管理部门参考所在地港口行政管理部门出具的审核意见和相关港口设施的实际情况对申请材料进行审查。符合保安要求的，颁发《港口设施保安符合证书》；不符合保安要求的，不予颁发并书面说明理由。

《港口设施保安符合证书》应当自受理之日起20个工作日内完成颁发工作。20个工作日内不能作出决定的，经本机关负责人批准，可以延长10个工作日，并应将延长期限的理由告知申请人。

《港口设施保安符合证书》由省级交通运输（港口）管理部门指定的负责人签发，签发后应当及时通知相关交通运输（港口）管理部门。

第三十九条 《港口设施保安符合证书》的有效期为五年。在有效期内每年由省级交通运输（港口）管理部门核验一次。

《港口设施保安符合证书》年度核验期限为签发之日起每周年的前3个月和后3个月。

第四十条 港口设施经营人或者管理人应当于《港口设施保安符合证书》签发之日起每周年的前三个月内，向省级交通运输（港口）管理部门提出年度核验申请，并提交如下材料：

（一）《港口设施保安符合证书》年度核验申请表；

（二）《港口设施保安符合证书》正、副本；

（三）港口设施保安年度工作报告；

（四）港口设施保安自评表；

（五）其他需要提交的文件。

前款所称港口设施保安年度工作报告由港口设施保安主管负责编写，港口设施经营人或者管理人应当盖章确认。港口设施保安年度工作报告应当全面反映《港口设施保安计划》的落实情况、接受相关培训情况、保安训练、演习情况及记录、保安事件发生的情况及记录、《港口设施保安计划》修改记录等内容。

第四十一条 省级交通运输（港口）管理部门应当自受理之日起20个工作日内完成《港口设施保安符合证书》年度核验。20个工作日内不能完成的，经本机关负责人批准，可以延长10个工作日，并应将延长期限的理由告知申请人。年度核验内容包括：

（一）港口设施保安组织结构；

（二）港口设施保安主管及相关人员是否具备履行其职责的知识和能力；

（三）港口设施保安设备状况及运行情况；

（四）港口设施保安通信状况；

（五）港口设施保安规章制度及实施情况；

（六）港口设施保安训练、演习情况；

（七）《港口设施保安计划》所确定保安措施及程序的落实情况；

（八）港口设施保安事件发生及应对情况；

（九）《港口设施保安计划》的年度调整情况；

（十）其他与港口设施保安工作有关的事项。

除前款规定外，港口设施于上一次核验后发生过本规则第二十三条第三款规定的重大变化的，年度核验主管部门应当审查港口设施是否已重新进行保安评估并重新制订《港口设施保安计划》。

年度核验时，省级交通运输（港口）管理部门可以对港口设施上一年度的保安工作进行核查，也可以委托港口所在地港口行政管理部门核查并接受其提交的核查报告。

第四十二条 下列情况年度核验不得通过：

（一）保安设备设施状况不符合《港口设施保安计划》规定；

（二）港口设施保安主管、港口设施其他保安人员不具备履行其职责的知识和能力；

（三）未按照规定进行或者参加保安训练、演习；

（四）未按照规定收取和使用港口设施保安费。

第四十三条　通过年度核验的港口设施,由省级交通运输（港口）管理部门主管领导或者其授权的人员（仅限授权1名）在《港口设施保安符合证书》正、副本上签字并加盖专用章。

第四十四条　未通过年度核验的港口设施,由省级交通运输（港口）管理部门主管领导或者其授权的人员在年度核验申请书上签署意见并退还申请人,责令其限期改正。港口设施经营人或者管理人在期限内改正完毕,可以重新申请《港口设施保安符合证书》年度核验。

第四十五条　省级交通运输（港口）管理部门应及时将下列情况录入信息系统:

（一）通过年度核验的港口设施；

（二）未通过年度核验的港口设施；

（三）未按本规则第三十九条规定时间申请年度核验的港口设施；

（四）在年度核验过程中隐瞒有关情况或者提供虚假材料的港口设施；

（五）连续两个年度未申请年度核验的港口设施；

（六）发生过本规则第二十三条第三款规定的重大变化但未重新进行保安评估并重新制订《港口设施保安计划》的港口设施。

第四十六条　省级交通运输（港口）管理部门应当将本辖区《港口设施保安符合证书》年度核验情况予以公布。

第四十七条　《港口设施保安符合证书》记载的内容发生变化或者证书丢失、毁损时,应当向省级交通运输（港口）管理部门书面申请换发或者补办,并附相关证明材料。

省级交通运输（港口）管理部门核发新证书时,应当公告原证书作废。

第六章　港口设施保安主管

第四十八条　港口设施经营人或者管理人应当指定本单位负责人或者部门负责人担任港口设施保安主管。港口设施保安主管应当具备履行其职责的知识和能力。

第四十九条　一人只能担任一个港口设施的港口设施保安主管。

第五十条　港口设施保安主管履行下列职责:

（一）配合港口设施保安评估对港口设施进行初次全面保安检查；

（二）确保港口设施按本规则的规定制订《港口设施保安计划》；

（三）对港口设施进行定期保安检查,保证《港口设施保安计划》有效实施；

（四）对《港口设施保安计划》所载内容进行经常性评价和必要的调整；

（五）进行港口设施相关人员保安意识和警惕性的教育；

（六）确保港口设施保安工作人员获得充分的培训；

（七）与相关机构和人员保持信息沟通,向有关部门报告危及港口设施保安的事件并保存事件记录；

（八）与船公司和船舶保安员协调实施《港口设施保安计划》；

（九）签署《保安声明》；

（十）与提供保安服务的机构协调保安工作；

（十一）确保港口设施保安人员符合相关要求；

（十二）确保正确操作、测试、校准和保养保安设施设备；

（十三）在接到船舶保安员请求时，协助其确认登船人员的身份。

第五十一条 当港口设施保安主管被告知船舶在履行SOLAS公约第XI-2章和ISPS规则的要求或者在实施《船舶保安计划》所列的措施和程序遇到困难时，以及在港口设施处于3级保安的情况下，港口设施的经营人或者管理人执行交通运输部发出的保安指令遇到困难时，港口设施保安主管和船舶保安员应进行联络并协调适当的行动。

第五十二条 港口设施保安主管在船舶入港之前和船舶在港口期间，应当履行下列义务：

（一）了解船舶履行SOLAS公约和ISPS规则的情况；

（二）与船舶保安员或者船公司保安员联系，了解该船舶的保安等级，并掌握有关船舶保安等级的任何变化；

（三）在与船舶建立联系后，港口设施保安主管应当将港口设施保安等级及其任何后续变化通知港内靠泊船舶和将要靠泊的船舶，并向船舶提供必要的保安信息。

第五十三条 当港口设施的保安等级确定为2级或者3级后，港口设施保安主管应及时确认《港口设施保安计划》所列的对应保安措施和程序得到执行，并应当立即与相关船公司和船舶保安员取得联系并协调适当的行动。

第五十四条 当港口设施保安主管得知船舶所处的保安等级高于港口设施的保安等级时，应当及时报告港口所在地港口行政管理部门，并与船舶保安员取得联系并协调适当的行动，包括按照各自的《保安计划》操作，并可视情填写或者签署《保安声明》。

第七章 保安声明

第五十五条 在下列情况下，应船舶的要求，港口设施经营人或者管理人应当与船舶签署《保安声明》：

（一）该船所处的保安等级高于与之发生界面活动的港口设施的保安等级；

（二）中国政府与其他缔约国政府之间有涉及某些国际航线或者这些航线上的特定船舶关于《保安声明》的协议；

（三）曾经有过涉及该船或者涉及该港口设施的保安威胁或者保安事件。

第五十六条 在港口设施保安评估所确定的需要引起特别注意的船港界面活动开始前，应港口设施经营人或者管理人的要求，船舶应当与港口设施经营人或者管理人签署《保安声明》。

前款所称需要引起特别注意的船港界面活动，包括在人口密集或者经济上重要的作业场所或者在其附近的设施进行的作业，以及旅客上下船舶、危险货物或者有害物质的过驳或者装卸作业、船舶曾经靠泊过本规则第二条规定以外的港口设施等。

第五十七条 港口设施所在地港口行政管理部门可以根据船港界面活动对人员、财产、环境可能造成危险程度的判断,要求船、港双方签署《保安声明》。

第五十八条 《保安声明》由港口设施保安主管与船长或者船舶保安员签署。

第五十九条 《保安声明》应当根据保安等级变化做相应的改变或者重新签署。

第六十条 《保安声明》应当由港口设施保安主管保存3年。

第八章 港口设施保安培训、训练和演习

第六十一条 港口设施保安主管及下列从事港口设施保安工作的人员,应当按照ISPS规则的有关要求,完成港口设施保安培训,具备履行其职责的港口保安管理、港口保安设备设施应用、港口保安风险分析等方面的知识和能力:

(一)从事港口设施保安行政管理工作人员;

(二)从事港口设施保安评估的人员;

(三)制定《港口设施保安计划》的人员;

(四)港口设施经营人中主管安全、生产的负责人。

其他从事与港口设施保安有关工作的人员,应当按照ISPS规则的有关要求,经过相应的培训,具备履行其担任职责方面的知识和能力。

第六十二条 万吨级以上的港口设施应有六人以上具备履行保安职责方面的知识和能力,万吨级以下的港口设施应有3人以上具备履行保安职责方面的知识和能力。

第六十三条 港口设施经营人或者管理人应当对其员工进行相关保安基础知识和岗位保安要求的教育或者培训,使其有针对性地了解并掌握《港口设施保安计划》中与其职责相关的内容,并保证其具备如下知识:

(一)各保安等级的含义和本岗位保安要求;

(二)辨认和探察武器、危险物质和装置;

(三)辨认可能威胁保安者的特点和行为模式;

(四)紧急撤离、简单救护等自我保护技术。

第六十四条 港口设施应当进行保安训练和演习,确保港口设施人员熟练履行其在各保安等级所承担的保安职责,发现并及时改进任何保安缺陷。

第六十五条 港口设施的经营人或者管理人应当保证至少每3个月进行一次港口设施保安训练。

训练应当根据《港口设施保安计划》进行,目的是对《港口设施保安计划》全部或部分内容进行测试。

第六十六条 各级交通运输(港口)管理部门应当组织保安演习。保安演习至少每年进行一次,两次演习间隔不得超过18个月。

演习应当结合《港口设施保安计划》,通过模拟一定保安事件情景,根据船港界面活动所涉及的各项保安要求,由多单位参与、协同进行,验证、评价和提高港口设施保安人员的综合反应能力,加强各级保安组织、各相关部门的整体反应和协调配合能力。

演习应当编制演习方案,并报送上级交通运输(港口)管理部门备案。

第六十七条 港口设施的经营人或者管理人应当参加包括有关部门、船舶保安员共同进行的保

安演习。

第六十八条 港口设施保安训练、演习可以采用实地或者模拟的形式，也可以与相关训练、演习结合进行。

第六十九条 训练、演习完成后，应当进行评估并记录存档。

第九章 保安信息联络与共享

第七十条 中国海上搜救中心是全国港口设施保安总联络点，负责全国港口设施的保安报警接收和保安信息联络工作。

各地方港口行政管理部门值班室是所在地港口设施保安联络点，负责下列事项的全天候联系工作：

（一）接收港口设施保安信息，向相关海事管理机构了解船舶保安信息，针对接收到的保安报警及时按照应急反应程序采取保安行动，并视情通报有关部门；

（二）将港口设施保安信息及时通报海事管理机构，并为相关船舶提供保安建议或者援助；

（三）向中国海上搜救中心报告保安信息。

第七十一条 港口设施保安主管收到保安报警后，应立即与港口所在地港口行政管理部门联系，报告港口设施名称、位置，经营人或者管理人名称，设施内相关船舶、人员和货物，受到的保安威胁等情况。

港口设施保安主管应当随时保持通信联络畅通。

第七十二条 港口所在地港口行政管理部门收到相关船舶保安事件和其他船舶保安信息，应当按照应急反应程序，通知相关的港口设施，协调港口设施和船舶的保安行动。

第七十三条 交通运输部根据国际公约规定和工作需要，向国际海事组织报送港口设施保安信息，并负责接收和向国内相关部门、机构传送相关信息。

第七十四条 港口设施保安相关信息发生变化后港口设施经营人或者管理人应当向原报送单位及时发出更正信息。

第七十五条 各级交通运输（港口）管理部门应当建立信息系统，通过信息系统核发《港口设施保安符合证书》，保证港口设施保安信息的及时报送、接收、分析、转发和共享。

第十章 监督检查与法律责任

第七十六条 各级交通运输（港口）管理部门依法对港口设施保安活动实施的监督检查，任何单位或者个人不得拒绝、妨碍或者阻挠。

有关单位或者个人应当接受港口行政管理部门依法实施的监督检查，并为其提供必要的方便。

港口行政管理部门的工作人员实施监督检查时，应当出示执法证件，表明身份。

第七十七条 港口所在地港口行政管理部门应当对港口设施的下列保安事项进行监督检查：

（一）《港口设施保安符合证书》的有效性；

（二）《港口设施保安计划》的实施效果，包括保安措施实施过程中的协调性；

（三）港口设施保安主管和相关人员对保安知识的掌握情况。

第七十八条 交通运输部应当制定年度监督检查计划，对省级交通运输（港口）管理部门的《港口设施保安符合证书》核发及年度核验等工作进行监督检查，发现不符合规定的，应当要求省级交通运输（港口）管理部门予以纠正。

第七十九条 未按规定取得有效《港口设施保安符合证书》且不符合本规则第三十六条规定的港口设施，不得为航行国际航线船舶提供服务。

对于违反前款规定，擅自为航行国际航线船舶提供服务的港口设施，由港口所在地港口行政管理部门予以警告并责令停止违法行为，并可处以3万元以下罚款。

第八十条 对于违反本规则规定，港口设施保安主管和相关人员未经必要的培训，港口行政管理部门可以责令更换；港口设施保安主管和相关人员未能履行本规则规定的职责，港口行政管理部门可以责令其参加保安培训；情节严重的，可以责令暂停或者撤销其港口设施保安主管资格。

第十一章　附则

第八十一条 交通运输部通过部网站公布与港口设施保安相关的公开信息。

第八十二条 本规则自2008年3月1日起施行。但为500总吨及以上特种用途船服务的港口设施自2008年7月1日起适用本规则。交通部于2003年11月14日发布的《港口设施保安规则》（交水发〔2003〕500号）同时废止。

附件1

保 安 声 明

船名：

船籍港：

IMO编号：

港口设施名称：

本《保安声明》的有效期自…………………至………………………，针对下列活动（指具体船港界面活动的内容，例如集装箱装卸作业、旅客上下船舶、散油过驳作业等）：

…………………………………………………………………………

所处保安等级：

船舶保安等级：

港口设施保安等级：

港口设施和船舶同意以下保安措施和责任，以确保符合《国际船舶和港口设施保安规则》A部分的要求。

活动	船长、船舶保安员和港口设施保安主管在本栏的签名表示该活动将由其所代表的方面根据保安计划完成	
	港口设施：	船舶：
确保履行所有保安职责		
监控限制区域，确保只有经批准人员才能进入		
对进入港口设施的控制		
对进入船舶的控制		
监控港口设施，包括靠泊区域和船舶周围水域		
监控船舶，包括靠泊区域和船舶周围水域		
货物装卸		
船舶物料交付		
无人照管行李的装卸		
控制人员及其物品上船		
确保船舶和港口之间的通讯联系随时可用		
……		

本声明的签字人证明，在具体活动中港口设施和船舶的保安措施和安排符合经修订的《1974年国际海上人命安全公约》第XI–2章以及《国际船舶和港口设施保安规则》A部分的规定，并将按保安计划的规定或双方商定的具体安排执行。

签署日期...................................... 地点 ....

代表签字	
港口设施：	船舶：
（港口设施保安主管签名）	（船长或船舶保安员签名）

签字人姓名和职务	
姓名：	姓名：
职务：	职务：

联系细节 （根据情况填写） （写明电话号码或无线电频道或所用频率）	
港口设施方： 港口设施： 港口设施保安主管：	船舶方： 船长： 船舶保安员： 船公司： 船公司保安员：

附件 2

港口设施基本保安措施

下表列举了港口设施在不同保安等级下应采用的基本保安措施，这些措施反应了港口设施保安的基本要求，但未包括针对各类港口设施（如集装箱码头、油港或化工码头等）的特殊措施。这些特殊措施应当在各港口设施制订《港口设施保安计划》时确定。

下表保安等级一栏中的"是"系指在该保安等级下必须执行的措施，"任选"是指在该保安等级下可以选择执行的措施。

1.保证港口设施保安工作的程序

保安措施	保安等级		
	1	2	3
制订保安计划，对保安计划定期评审和更新	是	是	是
具有独立的保安组织	任选	是	是
相关人员明确并能履行其保安职责、任务	是	是	是
每一港口设施配备港口设施保安主管	是	是	是
港口设施保安主管能与船舶、船公司、相关单位联络并协调保安措施	是	是	是
有一个高效的保安指挥系统	是	是	是
有特别情况下的人员撤离程序	是	是	是
建立保安事件日报制度	是	是	是
所有保安人员穿着成套的、醒目的、有权威性的制服	是	是	是
保安人员针对周边地区和重要区域进行定期的巡查	任选	是	是

保安措施	保安等级		
	1	2	3
与外部保安力量有良好沟通和协助	任选	是	是
按保安计划规定的时间间隔实施保安演习和训练	是	是	是
及时收集、分析港口设施保安信息	是	是	是
规定保安计划的审批程序	是	是	是
保安计划及其内容保密	是	是	是
具有针对未制订保安计划船舶的保安措施	是	是	是

2.港口设施进入通道的保安措施

保安措施	保安等级		
	1	2	3
建立进港人员身份识别系统	是	是	是
验证进港人员身份	是	是	是
检查进港人员、行李、物品,防止携带违禁武器、危险品和爆炸物进港	是	是	是
要求所有工作人员持证进入限制区域	任选	是	是
证件的设计与外表能让保安人员迅速、肯定地辨别持有人的身份和限制	是	是	是
确保工作人员离职时证件被收回	是	是	是
在指定区域布置值班人员	任选	是	是
在港区设立符合保安行业标准的栅栏或围墙	是	是	是
港口设施的大门、入口的数量应保持最小数量	任选	任选	是
来访者的活动受到全程陪同	任选	是	是
保留来访者的记录	任选	是	是
具有便利船上人员和其他重要人员来访的程序	是	是	是
协助船舶保安员确认上船人员身份	是	是	是
具有应急交通控制方案	任选	是	是
非工作车辆以外的所有车辆都停放在指定停车区域,司机处于保安人员监控的范围内	任选	是	是
停车场与码头的距离大于15米,而且处于围墙、货物装卸区及储存区之外	任选	是	是
涵洞、隧道、桥梁、下水道、公用设施入口、人行电梯等所有开口处都被适当地加以监控	任选	是	是

3.港口设施内限制区域的保安措施

保安措施	保安等级		
	1	2	3
根据港口设施的性质及作用设置限制区域	是	是	是
密切监控港口内限制区域的出入口	任选	是	是
所有限制区域的入口处设置岗哨	任选	任选	是
所有限制区域的入口处能进行保安联络	是	是	是
安排人员值班或巡逻	任选	是	是
增加限制区域监视频率和范围,包括: (1)巡逻限制区域; (2)设置岗哨连续守卫限制区域; (3)布置人员连续巡逻限制区域的临近地区; (4)保证逃生、撤退和救援通道畅通。	任选	任选	是
所有限制区域入口都设有障碍物	是	是	是
所有限制区域都有人员识别与监控系统	任选	是	是
非工作人员经批准进入限制区域时,处于持续的陪同之下	是	是	是
港口限制区域内的照明系统使用正常	是	是	是
协调船舶与港口设施提供岸边附加灯光照明	任选	是	是
对限制区内重要设施提供附加保安措施	任选	是	是

4.货物装卸过程中的保安措施

保安措施	保安等级		
	1	2	3
查验货物与清单的一致性	是	是	是
对外来运货车辆进行入港检查	是	是	是
司机凭证件或得到门卫许可方可进入港口设施	是	是	是
有货物的移动与储存的记录	是	是	是
有指定进行货物检查的区域	是	是	是
有指定用于留置观察货物的区域	任选	是	是
在货物验收之前,对电子数据交换(EDI)信息和货物与集装箱的交货单进行检查	任选	是	是
用X-光机、扫描仪、金属探测器、爆炸品探测器等仪器检查货物	任选	是	是
危险货物应有说明以供查验	是	是	是
通过一定方式保留并持续更新所有货物的准确清单、所有设施内的货物、集装箱的位置图	任选	是	是
保安人员了解危险货物的位置,并针对这些货物采取附加的保安措施	是	是	是

5.船舶物料交付过程中的保安措施

保安措施	保安等级		
	1	2	3
有检查船舶物料的程序	任选	任选	是
检查运送船舶物料的车辆	是	是	是
在港口设施内对物料进行监控	任选	是	是
对船舶物料进行扫描检查	任选	任选	是
对物料交接人进行身份确认	任选	任选	是
设置区域进行船上物料及货物的检查	任选	是	是
设立存储区对部分物料进行留置观察	任选	是	是

6.无人照管行李的保安措施

保安措施	保安等级		
	1	2	3
无人照管的行李在进入港口设施和在船港之间移动时,能够被确认、辨别、检查	是	是	是
对可疑行李打开检查	任选	是	是
通过功能分区等方法区分已检、未检行李	是	是	是
对可疑行李限制、暂停或拒绝装卸	任选	是	是
设置可疑行李的留置区	任选	是	是
用X-光机、扫描仪、金属探测器、爆炸品探测器等仪器检查无人照管行李	任选	是	是

7.港口设施保安技术规定

保安措施	保安等级		
	1	2	3
在通道、工作区域、储存区域、岸边设置警示标识和疏散示意图	是	是	是
保安组织间能有效联络并及早报警	是	是	是
警卫的分派、次数以及巡逻路线按间隔进行改变	任选	是	是
保安用车配备有标志、外部或顶部警灯（报）	是	是	是
所有的周边障碍物（栅栏、围墙）和大门都有人值守,并在不用时被锁闭	任选	是	是
如果某一水域形成了障碍物的一部分,能够采取额外的保安措施	是	是	是
照明的检测、修理和更换在合理的时间内完成	是	是	是
照明设备、数量达到标准	是	是	是
所有限制区域的四周都设置有照明	是	是	是
所有车辆和行人入口都有照明	任选	是	是
配备有应急备用电源	是	是	是

保安措施	保安等级		
	1	2	3
保安力量具有自己的通讯系统	任选	是	是
保安通讯中心与各相关单位保持信息沟通	是	是	是
保安通讯中心能满足不同保安等级的要求	是	是	是
通讯系统能够及时向所有保安力量传达指令	是	是	是
配备报警系统	是	是	是
正在工作中的保安人员配备手持通讯终端	任选	是	是
具有对船上报警作出反应的程序	是	是	是
闭路监控系统覆盖限制区域	是	是	是
闭路监控系统覆盖所有港口设施	任选	是	是
对水面(下)进行巡逻和搜索	任选	任选	是
能够对保安威胁事件独立或根据上级指令作出反应,并采取相应的保安措施	是	是	是

附件 3

中华人民共和国
THE PEOPLE'S REPUBLIC OF CHINA
港口设施保安符合证书
STATEMENT OF COMPLIANCE OF A PORT FACILITY
（套印国徽）

证书编号:

Statement Number:

本证书根据《中华人民共和国港口设施保安规则》及国际海事组织《国际船舶和港口设施保安规则》签发

Issued under the provisions of

Port Facility Security Rules of the People's Republic of China and the International Code for

the Security of Ships and of Port Facilities of IMO（ISPS CODE）

港口设施名称: ....

Name of the Port Facility: ....

港口设施地址: ....

Address of the Port Facility: ....

经营人: ....

Name of the Operator: ....

兹证明,经核验本港口设施符合经修订的《1974年国际海上人命安全公约》第XI-2章以及《国际船舶和港口设施保安规则》A部分的规定，且该港口设施根据《港口设施保安计划》操作，可以为下列类型的船舶提供服务：

This is to certify that the compliance of this port facility with the provisions of chapter XI-2 of the International Convention for the Safety of Life at Sea, 1974 and part A of the ISPS Code has been verified and that this port facility operates in accordance with the Port Facility Security Plan and can provide services to the following type（s） of ships:

本《符合证书》有效期至：＿＿＿＿＿＿＿＿＿＿，

但期间未通过核验的，即行失效。

This Statement of Compliance is valid until＿＿＿＿＿＿＿＿＿，

subject to verifications as indicated overleaf.

签发地点

Issued at ＿＿＿＿＿＿＿＿＿＿＿＿＿＿＿＿＿＿＿

（Place of issue of the statement）

签发日期　　　　　　　　经授权的官员签字

Date of issue　　　　　　（Signature of the duly authorized official issuing the document）

（发证机关盖章或钢印）

（Seal or stamp of issuing authority）

核 验 签 注

ENDORSEMENT FOR VERIFICATIONS

中华人民共和国政府确定,此《符合证书》的有效性取决于每年一次的核验。

The Government of The People's Republic of China has established that the validity of the Statement of Compliance is subject to mandatory annual verification.

兹证明,经核验该港口设施符合经修订的《1974年国际海上人命安全公约》第XI–2章以及《国际船舶和港口设施保安规则》A部分的规定。

This is to certify that, during a verification carried out in accordance with paragraph B/16.62.4 of the ISPS Code, the port facility was found to comply with the relevant provisions of chapter XI-2 of the Convention and Part A of the ISPS Code.

第1次核验　　　　签署：＿＿＿＿＿＿经授权的官员签字

1st verification　　Signed　　　　（Signature of authorized official）

地点（Place）：＿＿＿＿＿＿＿＿＿＿＿＿＿＿

日期（Date）：＿＿＿＿＿＿＿＿＿＿＿＿＿＿

第2次核验　　　　签署：＿＿＿＿＿＿经授权的官员签字

2nd verification　　Signed　　　　（Signature of authorized official）

地点（Place）：＿＿＿＿＿＿＿＿＿＿＿＿＿＿

日期（Date）：＿＿＿＿＿＿＿＿＿＿＿＿＿＿

第3次核验　　　　签署：＿＿＿＿＿＿经授权的官员签字

3rd verification　　Signed　　　　（Signature of authorized official）

地点（Place）：＿＿＿＿＿＿＿＿＿＿＿＿＿＿

日期（Date）：＿＿＿＿＿＿＿＿＿＿＿＿＿＿

第4次核验　　　　签署：＿＿＿＿＿＿经授权的官员签字

4th verification　　Signed　　　　（Signature of authorized official）

地点（Place）：＿＿＿＿＿＿＿＿＿＿＿＿＿＿

日期（Date）：＿＿＿＿＿＿＿＿＿＿＿＿＿＿

港口和船舶岸电管理办法

（2019年12月4日经第29次部务会议通过，自2020年2月1日起施行）

第一章　总则

第一条　为减少船舶靠港期间大气污染物排放，保障船舶靠港安全规范使用岸电，依据《中华人民共和国港口法》《中华人民共和国大气污染防治法》等法规的规定，制定本办法。

第二条　中华人民共和国境内港口和船舶岸电建设、使用及有关活动，应当遵守本办法。

第三条　交通运输部主管全国港口和船舶岸电建设、使用等工作。

县级以上地方人民政府交通运输（港口）主管部门按照职责负责辖区水路运输经营者船舶受电设施安装、码头岸电设施建设以及向靠港船舶提供岸电服务等活动的监督管理。

各级海事管理机构按照职责，负责船舶受电设施安装的监督管理。

第四条　地方各级交通运输（港口）主管部门应当积极争取地方人民政府出台政策，支持码头岸电设施改造和船舶受电设施安装，鼓励船舶靠港使用岸电。

第二章　建设和使用

第五条　码头工程项目单位应当按照法律法规和强制性标准等要求，对新建、改建、扩建码头工程（油气化工码头除外）同步设计、建设岸电设施。

第六条　港口经营人应当按照法律法规、强制性标准和国家有关规定，对已建码头（油气化工码头除外）逐步实施岸电设施改造。

第七条　码头岸电设施的供电能力应当与靠泊船舶的用电需求相适应。

第八条　为保障船舶靠港使用岸电安全，码头工程项目单位或者港口经营人在岸电设施投入使用前，应当按照相关强制性标准组织对岸电设施检测，其中高压岸电设施投入使用前，应当由具备相应能力的专业机构检测。

第九条　新建和已建中国籍船舶受电设施安装应当符合船舶法定检验技术规则，投入使用前需经船舶检验机构检验合格。

第十条　在船舶大气污染排放控制区靠泊的中国籍船舶,需要满足大气污染排放要求加装船舶受电设施的,相应水路运输经营者应当制定船舶受电设施安装计划并组织实施。

第十一条　具备受电设施的船舶(液货船除外),在沿海港口具备岸电供应能力的泊位靠泊超过3小时,在内河港口具备岸电供应能力的泊位靠泊超过2小时,且未使用有效替代措施的,应当使用岸电;船舶、码头岸电设施临时发生故障,或者恶劣气候、意外事故等紧急情况下无法使用岸电的除外。

船舶靠泊不足前款规定时间的,鼓励使用岸电。

第十二条　船舶靠港使用岸电的用电量不计入港口能耗统计范围。

第三章　服务和安全

第十三条　港口经营人、岸电供电企业应当将码头岸电设施主要技术参数等信息通过网站等渠道向社会公开,并报送所在地交通运输(港口)主管部门。

所在地交通运输(港口)主管部门应当汇总辖区全部码头岸电设施信息,通过网站等渠道向社会公开,并通报海事管理机构。

第十四条　船舶应当在靠泊前,向港口经营人提供船舶受电设施的配备情况以及主要技术参数等信息。

第十五条　按照第十一条规定应当使用岸电的,港口经营人应当将用电船舶安排在具备相应岸电供应能力的泊位靠泊,对其他具备受电设施的船舶,鼓励安排在具备岸电设施的泊位靠泊。

第十六条　鼓励有关单位对使用岸电的船舶实施优先靠泊、减免岸电服务费、优先过闸或者优先通行等措施。

第十七条　岸电供电企业和水路运输经营者应当建立健全码头岸电设施、船舶受电设施的管理、使用、维护保养制度和操作规程等,发生故障应当及时修复。

第十八条　岸电供电企业和船舶应当如实记录岸电设备设施使用情况,并至少保存2年。记录内容主要包括泊位名称、船舶名称、靠离泊时间、岸电使用起止时间、用电量等。码头岸电设施、船舶受电设施发生故障的,还应当记录故障时间、故障情况及修复时间等。

岸电供电企业应当按照有关规定将岸电供应情况报送所在地交通运输(港口)主管部门。船舶应当按照船舶能耗数据收集管理的要求,向海事管理机构报告岸电使用情况,将岸电使用情况记录留船备查。

第十九条　港口经营人、岸电供电企业和船舶应当制定事故应急预案,明确岸电使用过程中各类事故的应急处置流程,并定期进行演练,适时修订。

第二十条　岸电供电企业和水路运输经营者应当组织作业人员进行操作技能、设备使用、作业程序、安全防护和应急处置等培训。

第二十一条　港口经营人、岸电供电企业和水路运输经营者应明确划分岸电使用安全责任。鼓励港口经营人、岸电供电企业和水路运输经营者购买岸电安全责任相关保险。

第四章　监督检查

第二十二条　码头岸电设施建设和检测，港口经营人、岸电供电企业向靠港船舶提供岸电服务以及水路运输经营者组织实施船舶受电设施安装等情况由市、县级交通运输（港口）主管部门监督检查。

海事管理机构可以通过文件查阅等方式，核查船舶受电设施满足本办法和船舶法定检验技术规则要求、船舶使用岸电等情况。

交通运输（港口）主管部门和海事管理机构应当制定相关监督检查制度，并定期相互通报有关信息。

第二十三条　新建、改建、扩建港口工程的项目单位、已建码头的港口经营人违反第五条、第六条，港口经营人违反第十五条规定的，由所在地交通运输（港口）主管部门责令限期改正。

第二十四条　国内航行船舶未按照第十条规定安装受电设施的，由海事管理机构通报水路运输经营者注册地交通运输主管部门；国际航行船舶未按照第十条规定安装受电设施的，由直属海事机构汇总后定期报告交通运输部。

第二十五条　船舶违反本办法第十一条第一款规定的，由海事管理机构责令限期改正。

第二十六条　水路运输经营者未按照第十七条、第十九条规定制定相关制度、应急预案，由注册地交通运输主管部门责令限期改正。

第二十七条　岸电供电企业和船舶未按照第十七条、第十八条、第十九条、第二十条规定建立相关制度或者应急预案、记录或者报送岸电供电信息、提供岸电服务，或者岸电设施出现故障不及时维修导致3个月以上无法正常使用，由所在地交通运输（港口）主管部门和海事管理机构责令限期改正。

第二十八条　船舶未按照第十八条第二款规定报告岸电使用情况，由海事管理机构责令限期改正。

第五章　附则

第二十九条　岸电供电质量、供电安全、电力供应与使用、供电价格等应当符合电力、价格等法规，以及电力领域的强制性标准和技术规范。

第三十条　本办法所称船舶受电设施是指船舶岸电系统船载装置。

岸电供电企业是指为靠港船舶提供岸电服务的组织或单位，可为港口经营人或者受港口经营人委托的第三方。

有效替代措施是指船舶靠港期间使用电能、LNG等新能源、清洁能源作为动力，或者关闭辅机等其他等效措施。

岸电设施是指由岸侧电力系统向停靠码头的船舶提供电能的设备及装置的整体，主要包括开关柜、岸电电源、接电装置、电缆管理装置等。

第三十一条　公务船舶和工程船舶使用岸电参照本办法执行。

第三十二条　军事船舶、渔船和体育船舶不适用本办法。

第三十三条　本办法自2020年2月1日起施行。

通航建筑物运行管理办法

（《通航建筑物运行管理办法》已于2019年1月30日经第3次部务会议通过，自2019年4月1日起施行）

第一章　总则

第一条　为规范通航建筑物运行管理，保障通航建筑物高效运行和船舶安全通行，促进水路运输事业发展，依据《中华人民共和国航道法》和其他有关法律、行政法规，制定本办法。

第二条　中华人民共和国境内与船舶通行相关的通航建筑物运行管理，适用本办法。

前款所称通航建筑物，是指用于克服集中水位落差供船舶通行的航道设施，主要有船闸和升船机两种形式。引航道、口门区、连接段、待闸锚地、导航建筑物、靠船建筑物、相关附属设施等是通航建筑物的重要组成部分。

第三条　通航建筑物运行应当坚持安全便捷、有序调度、科学养护、畅通高效的原则，为船舶提供优质的通航服务。

第四条　通航建筑物运行应当充分发挥水资源的综合效益，并服从防洪的总体安排。

第五条　交通运输部主管全国通航建筑物运行的行业管理工作，并按照国务院的规定直接负责跨省、自治区、直辖市的重要干线航道和国际、国境河流航道等重要航道上通航建筑物运行的监督管理工作。

县级以上地方人民政府交通运输主管部门按照省、自治区、直辖市人民政府的规定主管所辖航道上通航建筑物运行的监督管理工作。

交通运输部按照国务院规定设置的负责航道管理的机构和县级以上地方人民政府负责航道管理的部门或者机构（以下统称负责航道管理的部门），在职责范围内具体实施通航建筑物运行的监督管理工作。

第二章　运行方案

第六条　通航建筑物投入运行前，承担运行操作、船舶调度、设备设施养护等职责的单位（以下统称运行单位）应当按照相关技术标准编制运行方案。

同一枢纽或者同一通航建筑物存在多个运行单位的，应当联合编制运行方案。

第七条 运行方案应当包括通航建筑物概况、运行条件、开放时间、调度规则、养护停航安排、信息公开与社会监督等内容。

第八条 省、自治区、直辖市人民政府负责航道管理的部门应当统筹协调所辖航道上通航建筑物的开放时间和养护停航安排。

交通运输部在长江干线、珠江水系上设置的负责航道管理的部门应当统筹协调长江干线、珠江水系通航建筑物的开放时间和养护停航安排。

其他跨省、自治区、直辖市河流上的通航建筑物，相关省、自治区、直辖市人民政府负责航道管理的部门应当共同协商通航建筑物开放时间和养护停航安排。

第九条 运行单位应当向具有管辖权的负责航道管理的部门申请运行方案审批，并提交以下申请材料：

（一）运行方案审查申请；

（二）运行方案及编制说明。

通航建筑物位于省界河流上的，运行单位应当向交通运输部指定的省、自治区、直辖市人民政府负责航道管理的部门申请运行方案审批。

第十条 申请材料符合要求的，负责航道管理的部门应当予以受理，并出具书面凭证；对于材料不全或者不符合要求的，负责航道管理的部门应当当场或者在五个工作日内一次告知需要补正的全部内容。

第十一条 负责航道管理的部门审查运行方案时，应当征求水行政主管部门、海事管理机构、航运企业等有关单位的意见。

第十二条 负责航道管理的部门可以采取专家评审等方式对运行方案进行审查，重点审查以下内容：

（一）通航建筑物运行条件、开放时间、养护停航安排与相关技术标准、设计和验收文件的符合性；

（二）通航建筑物开放时间、调度规则、养护停航安排与船舶通行需要的适应性；

（三）所辖航道上不同通航建筑物开放时间、养护停航安排之间的协调性。

第十三条 运行方案经审查同意后，负责航道管理的部门应当在五个工作日内通过本单位官方网站公开运行方案主要内容；运行单位应当在收到通知之日起五个工作日内通过易于船方获知的方式公开运行方案主要内容。

批准后的运行方案不能适应船舶通行需要的，负责航道管理的部门应当要求运行单位及时调整。

第十四条 运行方案未通过审查的，运行单位应当及时修改并重新报送负责航道管理的部门进行审查。

第十五条 运行单位应当严格执行经审查同意的运行方案，不得随意变更。

运行条件、开放时间、调度规则、养护停航安排等内容需要调整的，运行单位应当重新编制运行方案并报送原审批部门审批。

第三章 船舶调度

第十六条 运行单位应当根据调度规则组织实施船舶调度。

船舶调度应当遵循安全第一、公平公开、分类管理、兼顾效率的原则。

第十七条 船舶过闸前应当向运行单位提出过闸申请,并按照规定如实提供船名、船舶类型、最大平面尺度、吃水、货种、实际载货(客)量等相关信息。

运行单位应当建立船舶调度信息化平台,受理船舶过闸申请,编制船舶调度计划,组织船舶过闸。船舶调度计划应当主动公开。

第十八条 运行单位原则上应当按照船舶到闸先后次序安排过闸。

抢险救灾船、军事运输船、客运班轮、重点急运物资船、执行任务的公务船等优先过闸。

具有管辖权的省级以上人民政府交通运输主管部门可以确定重点急运物资船的范围以及其他优先过闸的船舶类型。

第十九条 载运危险货物的船舶应当在过闸前将危险货物的名称、危险特性、包装等事项向运行单位报告。运行单位应当及时将上述信息转报负责航道管理的部门。定船舶、定航线、定货种的船舶可以定期报告。

同一通航建筑物的运行单位和负责航道管理的部门之间以及各负责航道管理的部门之间应当逐步建立危险货物信息报告管理系统,实现信息资源共享,为船舶提供优质、便捷服务。

运行单位应当制定载运危险货物船舶专项运行调度和通航保障方案并严格实施,不得安排危险货物船舶与客船同一闸次通过。

第二十条 客船过闸期间,运行单位应当保证通航建筑物疏散通道和安全出口畅通、相关设施设备完好。

第二十一条 有下列情形之一的,运行单位应当禁止船舶过闸:

(一)船体受损、设备故障等影响通航建筑物运行安全的;

(二)最大平面尺度、吃水、水面以上高度等不符合通航建筑物运行限定标准的;

(三)交通运输部规定的禁止船舶过闸的其他情形。

第二十二条 过闸船舶在通航建筑物内不得有下列行为:

(一)不服从调度指挥,抢档超越;

(二)从事上下旅客、装卸货物、水上加油、船舶维修、捕鱼等活动;

(三)从事烧焊等明火作业;

(四)载运危险货物的船舶进行洗(清)舱作业;

(五)丢弃物品、倾倒垃圾、排放油污或者生活污水等行为。

第二十三条 运行单位应当全面、及时、准确记录船舶过闸和通航建筑物运行统计数据,并按照规定向负责航道管理的部门报送。

负责航道管理的部门应当按照规定将过闸船舶有关信用信息纳入相关信用信息共享平台。

第二十四条 同一通航河流上建有多梯级通航建筑物的,各相关负责航道管理的部门应当根据船舶拥堵和应急情况建立协调联动机制,保障船舶有序、高效通行。

长江干线、珠江水系通航建筑物的协调联动机制,分别由交通运输部在长江干线、珠江水系上设置的负责航道管理的部门建立。其他跨省、自治区、直辖市河流上通航建筑物的协调联动机制,由相关省、自治区、直辖市人民政府负责航道管理的部门共同建立。

第二十五条 负责航道管理的部门应当协调航道及其上游支流上的水工程运行和管理单位，统筹考虑航道及通航建筑物通航所需的最小下泄流量和满足航道及通航建筑物通航条件允许的水位变化，以保障航道及通航建筑物运行所需的通航水位。

第四章 运行保障

第二十六条 运行单位应当根据相关技术标准制定通航建筑物养护管理制度和技术规程，确定养护的类别、项目、内容、周期和标准。

第二十七条 运行单位应当按照养护管理制度和技术规程对通航建筑物进行检测、维护、保养，建立养护技术档案并做好统计分析，保持通航建筑物正常运行。

鼓励在养护工作中应用新技术、新材料和新工艺。

第二十八条 运行单位应当依法落实通航建筑物安全运行主体责任，按照有关法律法规建立健全安全运行责任制和规章制度，加强安全运行管理，确保通航建筑物运行安全。

第二十九条 运行单位应当按照有关规定建立通航建筑物安全运行风险预防控制体系，开展安全运行风险辨识、评估，针对不同风险，制定具体的管控措施，落实管控责任。

运行单位应当对通航建筑物运行进行监测和巡查，掌握通航建筑物安全技术状况。对发现的异常情况、重大问题或者安全隐患，应当按照有关规定处理，并及时向负责航道管理的部门和相关部门报告。

第三十条 通航建筑物应当按照国家有关规定和技术标准定期进行安全鉴定。经鉴定不符合安全要求的，运行单位应当及时采取除险加固等措施，消除安全隐患。

第三十一条 负责航道管理的部门应当依法制定、公布通航建筑物运行突发事件应急预案，建立健全突发事件应急管理体系，与当地人民政府应急预案相衔接，并保障组织实施。

运行单位应当制定本单位通航建筑物运行突发事件应急预案，与负责航道管理的部门公布的通航建筑物运行突发事件应急预案相衔接，并保障组织实施。

第三十二条 有下列情形之一的，运行单位应当停止开放通航建筑物：

（一）因防汛、泄洪等情况，有关防汛指挥机构依法要求停航的；

（二）遇有大风、大雾、暴雨、地震、事故或者其他突发事件，可能危及通航建筑物运行安全的；

（三）通航水域流量、水位等不符合运行条件的；

（四）按照运行方案进行养护或者应急抢修需要停航的。

除按照运行方案进行养护需提前公布并报告停航、复航信息外，上述其他情形运行单位应当及时向社会公布停航、复航信息，并报告负责航道管理的部门和海事管理机构。

第三十三条 运行单位应当依据《中华人民共和国反恐怖主义法》等相关法规的规定开展反恐怖防范工作。

第五章　监督检查

第三十四条　负责航道管理的部门应当依法加强对通航建筑物运行的监督检查。

运行单位及有关人员应当对依法开展的监督管理和检查予以配合,如实提供有关情况和资料,不得隐匿、谎报或者拒绝检查。

第三十五条　对监督检查中发现的问题,负责航道管理的部门应当及时下发整改通知书,责令运行单位限期整改,并对整改结果进行后续跟踪检查,确保整改到位。

第三十六条　负责航道管理的部门应当公开举报电话、信箱或者电子邮箱地址,依法受理并负责调查对通航建筑物运行过程中违法违规行为的举报。

第六章　法律责任

第三十七条　运行单位有下列行为之一的,由负责航道管理的部门责令限期改正;逾期未改正的,处1万元以上3万元以下的罚款:

（一）未按照本办法规定编制运行方案的;

（二）未经负责航道管理的部门同意,对运行方案中的运行条件、开放时间、调度规则、养护停航安排等内容进行调整的;

（三）未按照运行方案开放通航建筑物的;

（四）未按照调度规则进行船舶调度或者无正当理由调整船舶过闸次序的;

（五）未及时开展养护,造成通航建筑物停止运行或者不能正常运行的;

（六）养护停航时间超出养护停航安排规定时限且未重新报批的。

第三十八条　过闸船舶、船员有下列行为之一,影响通航建筑物正常运行的,由负责航道管理的部门责令改正,对船舶经营人处5万元以下的罚款,对责任人员处2000元以下的罚款;造成损失的,依法承担赔偿责任:

（一）有本办法第二十一条规定的情形强行过闸的;

（二）不服从调度指挥,抢档超越的;

（三）从事上下旅客、装卸货物、水上加油、船舶维修、捕鱼等活动的;

（四）从事烧焊等明火作业的;

（五）载运危险货物的船舶进行洗（清）舱作业的。

第三十九条　过闸船舶未按照规定向运行单位如实提供过闸信息的,由负责航道管理的部门责令改正,处1000元以上1万元以下的罚款。

第四十条　负责航道管理的部门未履行本办法规定职责的,由其上级主管部门责令改正,对直接负责的主管人员和其他直接责任人员依法处理;构成犯罪的,依法追究刑事责任。

第七章　附则

第四十一条　国际、国境河流上的通航建筑物运行，按照我国与签约国签订的协议管理。

第四十二条　本办法所称过闸，是指船舶通过船闸、升船机等通航建筑物的活动。

第四十三条　本办法自2019年4月1日起施行。1989年8月3日以交通部令1989年第5号公布的《船闸管理办法》同时废止。

航道工程建设管理规定

（2019年5月29日经第10次部务会议通过，自2020年2月1日起施行）

第一章 总则

第一条 为加强航道工程建设管理，规范航道工程建设活动，提高建设管理水平，根据《中华人民共和国航道法》《航道管理条例》《建设工程质量管理条例》《建设工程勘察设计管理条例》《企业投资项目核准和备案管理条例》《政府投资条例》等法律、行政法规，制定本规定。

第二条 在中华人民共和国境内从事航道工程建设活动，适用本规定。

本规定所称航道工程建设，是指新建航道以及为改善航道条件而进行的航道整治、航道疏浚工程和航运枢纽、通航建筑物等工程及其配套设施的工程建设。

第三条 交通运输部主管全国航道工程建设的行业管理工作，并具体负责中央财政事权航道的建设管理。

交通运输部具体负责的中央财政事权航道的建设管理工作，可以按照规定委托交通运输部设置的负责航道管理的机构、省级人民政府确定的负责航道管理的部门或者机构承担。

县级以上地方人民政府交通运输主管部门按照省、自治区、直辖市人民政府的规定主管所辖航道工程建设的管理工作。

第四条 航道工程建设应当坚持生态优先、绿色发展，遵守法律、行政法规关于建设工程质量管理、安全管理和生态环境保护的规定，符合航道规划，执行有关国家标准、行业标准和技术规范，依法办理相关手续。

第五条 鼓励航道工程建设采用新技术、新设备、新工艺、新材料，推行施工质量和安全标准化管理，加强施工安全风险管控和应急能力配备，科学组织建设。

第二章 建设程序管理

第六条 航道工程建设项目应当按照国家规定的建设程序进行。除国家另有规定外，不得擅自简化基本建设程序。

第七条 政府投资的航道工程建设项目，一般应当执行以下基本建设程序：

（一）根据相关规划，开展预可行性研究，编制项目建议书；

（二）根据批准的项目建议书，进行可行性研究，编制可行性研究报告；

（三）根据批准的可行性研究报告，编制初步设计文件；

（四）根据批准的初步设计文件，编制施工图设计文件；

（五）办理施工图设计审批手续；

（六）根据国家有关规定，依法办理开工前相关手续，具备开工条件后开工建设；

（七）组织工程实施；

（八）工程建成后，编制竣工资料，进行工程竣工验收的各项准备工作；

（九）组织竣工验收。

第八条 企业投资的航道工程建设项目，应当执行以下基本建设程序：

（一）根据规划，编制项目申请书或者填写备案信息，履行核准或者备案手续；

（二）根据核准的项目申请书或者备案信息，编制初步设计文件；

（三）根据批准的初步设计文件，编制施工图设计文件；

（四）办理施工图设计审批手续；

（五）根据国家有关规定，依法办理开工前相关手续，具备开工条件后开工建设；

（六）组织工程实施；

（七）工程建成后，编制竣工资料，进行工程竣工验收的各项准备工作；

（八）组织竣工验收。

第九条 交通运输部按照权限负责中央财政事权航道工程建设项目的项目建议书、可行性研究报告的批准工作。项目建议书和可行性研究报告的编制和委托咨询等工作按照有关规定执行。

第十条 交通运输部负责中央财政事权航道工程建设项目的初步设计审批。

县级以上地方交通运输主管部门按照规定的职责，负责其他航道工程建设项目的初步设计审批。

第十一条 由交通运输部负责审批初步设计的航道工程建设项目，项目单位应当通过交通运输部按照国务院规定设置的负责航道管理的机构或者项目所在地省级交通运输主管部门向交通运输部提出申请。

交通运输部按照国务院规定设置的负责航道管理的机构或者省级交通运输主管部门应当在收齐上述申请材料之日起3个工作日内将有关材料转报交通运输部。

其他航道工程建设项目的初步设计审批，项目单位应当向有审批权限的县级以上地方交通运输主管部门提出申请。

第十二条 项目单位申请航道工程建设项目初步设计审批，应当提供以下材料：

（一）申请文件；

（二）初步设计文件；

（三）经批准的可行性研究报告，或者经核准的项目申请书，或者备案证明。

第十三条 编制航道工程建设项目初步设计文件，应当符合以下要求：

（一）建设方案符合有关航道、港口等规划；

（二）建设规模、标准及主要建设内容等符合项目审批、核准文件或者备案信息；

（三）设计符合有关技术标准，编制格式和内容符合水运工程设计文件编制要求。

第十四条　县级以上交通运输主管部门按照规定的职责对航道工程建设项目施工图设计文件中涉及公共利益、公众安全、工程建设强制性标准的内容进行审查。

第十五条　项目单位向有审批权限的交通运输主管部门申请施工图设计审批,应当提供以下材料:

（一）申请文件;

（二）施工图设计文件;

（三）经批准的初步设计文件。

施工图设计文件原则上应当集中报批。对于工期长、涉及专业多的项目,可以分批报批。项目单位在首次申请施工图设计文件审批时,应当将分批安排报施工图审批部门。

第十六条　编制航道工程建设项目施工图设计文件,应当符合以下基本要求:

（一）建设规模、标准及主要建设内容符合经批准的初步设计文件;

（二）设计符合有关技术标准,编制格式和内容符合水运工程设计文件编制要求。

第十七条　对于技术复杂、难度较大、风险较大的航道工程建设项目,负责初步设计审批的部门在审批初步设计前应当委托初步设计编制单位以外的其他设计单位进行技术审查咨询。受委托的设计单位资质等级应当不低于原初步设计文件编制单位资质等级。

对于航运枢纽、通航建筑物等技术复杂、难度较大、风险较大的航道工程建设项目,负责施工图设计审批的部门在审批施工图设计前应当委托施工图设计单位以外的其他设计单位进行技术审查咨询。受委托的设计单位资质等级应当不低于原施工图设计文件编制单位资质等级。

第十八条　技术审查咨询主要核查以下内容,并对工程设计方案和概（预）算编制提出咨询意见:

（一）工程建设规模和主要建设内容与项目审批、核准文件或者备案信息的符合性;施工图技术审查咨询还应当核查与初步设计文件的符合性;

（二）工程设计与强制性标准的符合性;

（三）总体设计、总体布置、主要设备配置的合理性;

（四）地基基础、主要建筑物、金属结构等设计的合理性、安全性、稳定性、耐久性;

（五）主要施工方案、施工组织设计、疏浚土处理方式等的合理性;

（六）环境保护、安全、防震、消防、节能等涉及公共利益、公众安全的工程措施与强制性标准的符合性;

（七）工程概（预）算的编制依据和方法的合理性。

第十九条　交通运输主管部门应当在法定期限内对受理的设计审批申请作出书面决定,并告知项目单位;需要延长审批时限的,应当依法按照程序办理。

第二十条　航道工程建设项目设计文件经批准后方可使用。

第二十一条　对于建设内容简单、投资规模较小的航道整治、航道疏浚等航道工程建设项目,初步设计和施工图设计可以合并设计,深度应当达到施工图设计要求。

第二十二条　经核准的企业投资航道工程建设项目建设地点发生变更,或者建设规模、内容发生较大变更的,项目单位应当向项目核准机关提出变更申请。已备案的企业投资航道工程建设项目信息发生较大变更的,企业应当及时告知备案机关。

政府投资的航道工程建设项目投资概算调整的,按照国家有关规定执行。

第二十三条　航道工程建设项目出现批准机关调整审批、核准文件或者重新办理备案的,项目单位应当向初步设计审批部门申请调整初步设计审批内容。

第三章　建设实施管理

第二十四条　项目单位应当在立项审批、核准文件及其他文件规定的有效期内开工建设。在有效期内不能开工建设的，应当按照规定在有效期满前办理延期手续。

第二十五条　航道工程建设项目在条件具备后方可开工建设。项目单位在开工建设前，应当办理完成法规规定的各项手续，登录国家建立的全国投资项目在线监管平台进行项目申报，并按照要求填写项目开工建设、建设进度、竣工等基本信息，并接受依法负有监督管理职责的部门的监督管理。

交通运输主管部门应当利用在线平台进行在线审批、在线监测、协同监管等，提高信息化管理水平。

第二十六条　项目单位依据国家有关规定对航道工程建设项目实行全过程管理，对工程质量和安全管理负总责。项目单位应当合理确定并严格执行建设工期，任何单位和个人不得非法干预。

项目单位应当符合《水运建设市场监督管理办法》规定的管理能力；不具备管理能力的，应当按照规定委托符合条件的代建单位进行项目建设管理。

第二十七条　航道工程建设项目设计文件一经批准，应当严格遵照执行，不得擅自变更。确需对设计文件内容进行变更的，应当履行相关手续后方可实施。

项目单位不得以肢解设计变更内容的方式规避办理相关手续。

第二十八条　航道工程建设项目设计变更应当符合强制性标准和技术规范要求，满足工程安全、质量、使用功能和环境保护等要求。

第二十九条　设计变更发生下列情形之一的，由原初步设计审批部门审批：

（一）航道整治工程。

1.连续调整航道轴线布置，改变主要建筑物的平面布置、高程和主要结构型式；

2.护岸、护滩、护底结构范围调整超过原设计范围30%，清礁工程量调整超过原设计工程量30%；

3.单位工程调增费用超过10%且不低于1000万元；

4.政府投资航道工程建设项目超出初步设计批准总概算但在项目批准的投资估算10%以内。

（二）航道疏浚工程。

1.改变疏浚边线、设计底高程；

2.单位工程疏浚工程量调增超过原设计工程量30%；

3.单位工程调增费用超过10%且不低于1000万元；

4.政府投资航道工程建设项目超出初步设计批准总概算但在项目批准的投资估算10%以内。

（三）航运枢纽工程。

1.改变航运枢纽总体布置，改变主要建筑物的平面布置、高程和主要结构型式，改变主要水工建筑物的基础处理方式、消能防冲方式；

2.改变通航建筑物的输水系统型式、工作闸阀门和启闭型式，改变升船机的驱动方式；

3.改变水轮发电机组型式、单机容量、配置数量和重要技术参数；

4.改变电站接入系统方式和电气主接线方案；

5.改变施工导流标准和导流方式；

6.调增辅助生产、生活建筑物规模超过原设计规模的5%；

7.政府投资航道工程建设项目超出初步设计批准总概算但在项目批准的投资估算10%以内。

（四）通航建筑物工程。

1.改变通航建筑物平面布置、高程和主要结构型式，改变主要建筑物的基础处理方式、消能防冲方式；

2.改变通航建筑物的输水系统型式、工作闸阀门和启闭型式，改变升船机的驱动方式；

3.改变施工导流标准和导流方式；

4.调增辅助生产、生活建筑物规模超过原设计规模的5%；

5.政府投资航道工程建设项目超出初步设计批准总概算但在项目批准的投资估算10%以内。

前款规定的设计变更涉及施工图设计重大修改的，还应当由原施工图设计审批部门审批。

第三十条 设计变更发生下列情形之一的，由原施工图设计审批部门审批：

（一）航道整治工程。

1.护岸、护滩、护底工程范围调整超过原设计范围15%，清礁工程量调整超过原设计工程量15%；

2.单位工程调增费用超过10%且不低于500万元。

（二）航道疏浚工程。

1.单位工程疏浚工程量调增超过原设计工程量15%；

2.单位工程调增费用超过10%且不低于500万元；

3.调整疏浚工程抛泥区的控制高程。

（三）航运枢纽工程。

1.局部调整枢纽工程总平面布置但不影响其功能和规模；

2.调整主要配套工程、公用工程的规模和平面布置，调增辅助生产、生活建筑物规模超过原设计规模3%但不超过5%；

3.改变导流建筑物型式；

4.改变高压配电装置和高压引出线设计方案，改变电站控制运行方式及继电保护方案；

5.改变次要或者一般水工建筑物的布置或结构型式、基础处理方式、一般机电设备及金属结构设计，且工程费用变化超过单项工程总投资的5%。

（四）通航建筑物工程。

1.局部调整通航建筑物总平面布置但不影响其功能和规模；

2.调整主要配套工程、公用工程的规模和平面布置，调增辅助生产、生活建筑物规模超过原设计规模3%但不超过5%；

3.改变导流建筑物型式；

4.改变次要或一般水工建筑物的布置或者结构型式、基础处理方式、一般金属结构设计，且工程费用变化超过单项工程总投资的5%。

第三十一条 审批部门在批准设计变更时，可以委托另一设计单位进行技术审查咨询。受委托的设计单位资质等级应当不低于原设计文件编制单位资质等级。

第三十二条 本规定第二十九条、第三十条以外的设计变更，项目单位应当加强管理，制定设计变更内部管理程序，不得随意变更设计内容或者采取肢解设计变更内容等方式规避设计变更审批手续。

第三十三条 航道工程建设项目设计变更文件应当由原设计单位编制，或者经原设计单位书面同意，也可以由其他具有相应资质的设计单位编制。编制单位对设计变更文件承担相应责任。

第三十四条 申请航道工程建设项目设计变更，应当提交以下材料：

（一）申请文件；

（二）设计变更文件。内容包括该航道工程建设项目的基本情况、拟变更的主要内容以及设计变更的合理性论证；设计变更前后相应的勘察、设计图纸；工程量、概算变化对照清单和分项投资等。

第三十五条 因应急抢险等紧急情况引起的第二十九条、第三十条设计变更情形的，项目单位可先行组织实施，但应当在10个工作日内书面报告设计变更审批部门，并按要求及时履行相应的设计变更手续。

第四章 验收管理

第三十六条 航道工程建设项目应当按照法规和国家有关规定及时组织竣工验收，经竣工验收合格后方可正式交付使用。

本规定所称竣工验收，是指航道工程建设项目完工后、正式投入使用前，对工程交工验收、航运枢纽工程阶段验收、工程质量、强制性标准执行、资金使用等情况进行全面检查验收，以及对工程建设、设计、施工、监理等工作进行综合评价。

第三十七条 航道工程建设项目合同段完工后，由项目单位组织设计、施工、监理、试验检测等单位进行交工验收，并邀请具体负责建设项目监督管理工作的交通运输主管部门和质量监督机构参加。

第三十八条 交工验收应当具备以下条件：

（一）合同约定的各项内容已建设完成，未遗留有碍船舶安全航行和工程运行安全的隐患；

（二）项目单位组织对工程质量的检测结果合格；

（三）监理单位对工程质量的评定（评估）合格；

（四）质量监督机构对工程交工质量核验合格；

（五）设计单位、施工单位、监理单位已完成工作总结报告。

第三十九条 交工验收的主要工作内容：

（一）检查合同执行情况，核验工程建设内容与批复的设计内容是否一致；

（二）检查施工自检报告、施工总结报告及施工资料；

（三）检查监理单位独立抽检资料、监理总结报告及质量评定资料；

（四）检查设计单位对工程设计符合性评价意见和设计总结报告；

（五）检查工程实体质量；

（六）对合同是否全面执行、工程质量是否合格作出结论，出具交工验收意见。

第四十条 航运枢纽工程在截流前、水库蓄水前、通航前、机组启动前等关键阶段，项目单位应当组织设计、施工、监理、试验检测、运行管理等单位进行阶段验收，并邀请具体负责建设项目监督管理工作的交通运输主管部门和质量监督机构，必要时邀请地方人民政府、其他负有监督管理工作的部门或机构、专家等参加。

第四十一条 阶段验收的主要工作内容:

(一)检查已完工程交工验收情况,工程质量、形象进度是否达到阶段验收要求;

(二)检查在建工程是否正常、有序;

(三)检查下阶段工作方案和待建工程施工计划安排;

(四)检查拟投入运行的工程是否具备运行条件;

(五)检查工程资料是否按规定整理齐全;

(六)对阶段验收是否合格作出结论,出具阶段验收意见。

第四十二条 航道工程建设项目主体工程建成后,应当通过试运行检验工程效果和运行能力。项目单位应当在试运行前将试运行起讫时间、试运行方案、应急预案等报告负责建设项目竣工验收的交通运输主管部门。

第四十三条 试运行应当符合以下条件:

(一)主体工程已按初步设计批准的内容建成,各合同段交工验收合格,其中航运枢纽工程各阶段验收合格,满足使用要求;

(二)航道尺度、通航条件已达到设计要求;

(三)主要机械设备或设施调试及联动调试合格,达到运行条件;

(四)航标等配套的导助航设施已经建设完成;

(五)航运枢纽、通航建筑物等工程建设项目环境保护设施、安全设施、消防设施等已按要求与主体工程同时建设完成,且已通过安全设施和消防设施验收或者备案,符合国家有关法规、标准规定的试运行要求。

第四十四条 航道工程建设项目试运行期限原则上为1年,对不能按期申请竣工验收的项目,项目单位应当向负责建设项目竣工验收的交通运输主管部门申请试运行延期,延长期限一般不得超过1年,对于建设内容复杂的航运枢纽项目延长期限不得超过2年。

试运行期满符合运行要求且符合竣工验收条件的航道工程建设项目,应当在试运行期满后6个月内申请竣工验收。

第四十五条 交通运输部负责中央财政事权航道工程建设项目的竣工验收。

县级以上地方交通运输主管部门按照规定的职责,负责其他航道工程的竣工验收。

第四十六条 航道工程建设项目竣工验收应当具备以下条件:

(一)已按照批准的工程设计和有关合同约定的各项内容建设完成,各合同段交工验收合格,其中航运枢纽工程各阶段验收合格;建设项目有尾留工程的,尾留工程不得影响建设项目的投入使用,尾留工程投资额可以根据实际测算投资额或者按照工程概算所列的投资额列入竣工决算报告,但不超过工程总投资的5%;

(二)主要机械设备或者设施试运行性能稳定,主要技术参数达到设计要求;

(三)需要实船适航检验的,已选用设计船型进行了实船适航检验,各项检验指标满足设计要求;

(四)试运行期满足要求,工程效果和运行能力符合设计要求;

(五)环境保护设施,航运枢纽、通航建筑物等工程建设项目的安全设施、消防设施、水土保持设施等已按要求与主体工程同时建设完成,且已通过验收或者备案;

(六)竣工档案资料齐全,并通过专项验收;

（七）竣工决算报告已编制完成，按照国家有关规定需要审计的，已完成审计；

（八）工程运行管理单位已落实；

（九）廉政建设合同已经履行。

第四十七条 由交通运输部负责竣工验收的航道工程建设项目，项目单位应当通过交通运输部按照国务院规定设置的负责航道管理的机构或者项目所在地省级交通运输主管部门向交通运输部提出竣工验收申请。

对于其他航道工程建设项目，项目单位按管理权限向负责建设项目竣工验收的交通运输主管部门提出竣工验收申请。

第四十八条 项目单位申请竣工验收，应当提交以下材料：

（一）申请文件；

（二）竣工验收报告。

第四十九条 项目单位申请竣工验收前应当组织编制竣工验收报告，竣工验收报告应当包括以下内容：

（一）项目单位工作报告；

（二）设计、施工、监理等单位的工作报告；

（三）质量监督机构出具的项目工程质量鉴定报告和质量监督管理工作报告；

（四）试运行报告；

（五）竣工决算报告（按照国家有关规定需要审计的，应当包括竣工决算审计报告）；

（六）按法规办理的各专项验收或者备案证明材料；

（七）有关批准文件。

第五十条 航道工程建设项目竣工验收的主要依据：

（一）法规及相关技术标准、规范；

（二）项目审批、核准文件或者备案证明；

（三）项目初步设计、施工图设计、设计变更文件等批准文件；

（四）主要设备技术规格或者说明书；

（五）合同文件。

第五十一条 航道工程建设项目竣工验收的主要内容：

（一）检查工程执行有关部门批准文件情况；

（二）检查工程实体建设情况，核查质量监督机构出具的项目工程质量鉴定报告和质量监督管理工作报告；

（三）检查工程合同履约情况；

（四）检查工程执行强制性标准情况；

（五）检查按法规办理的各专项验收或者备案情况；

（六）检查竣工验收报告编制情况；

（七）检查廉政建设合同执行情况；

（八）对存在问题和尾留工程提出处理意见；

（九）对航道工程建设、设计、施工、监理等单位的工作作出综合评价；

（十）出具竣工验收现场核查报告，对竣工验收是否合格提出意见。

第五十二条 交通运输主管部门应当成立竣工验收现场核查组对工程进行现场核查。

竣工验收现场核查组应当由交通运输主管部门、质量监督机构、项目单位人员和专家等组成，并邀请海事管理机构等其他依法对项目负有监督管理职责的相关部门参加。

工程设计、施工、监理、试验检测等单位人员应当参加现场核查。

第五十三条　竣工验收现场核查组成员应当为9人以上单数，其中专家不少于5人；竣工验收现场核查组组长由负责组织竣工验收的交通运输主管部门人员担任。

对于建设内容简单、投资规模较小的航道疏浚、航道整治类建设项目，竣工验收现场核查组可以由7人以上单数组成，其中专家不少于4人。

第五十四条　竣工验收专家应当具有一定的水运工程建设和管理经验，具备良好的职业道德，具有高级专业技术职称，且不得与项目单位以及勘察、设计、施工、监理、试验检测等单位有直接利害关系。

第五十五条　竣工验收现场核查组应当对照航道工程竣工验收主要内容，客观公正、实事求是地对工程进行现场核查，形成竣工验收现场核查报告。

第五十六条　竣工验收现场核查报告应当全面反映竣工验收现场核查工作开展情况和工程建设实际情况，并明确作出竣工验收合格或者不合格的核查结论。

第五十七条　竣工验收现场核查报告由竣工验收现场核查组全体成员签字。

竣工验收现场核查组成员对核查结论有不同意见的，应当以书面形式说明其不同意见和理由，竣工验收现场核查报告应当注明不同意见。竣工验收现场核查组组长应当组织全体成员对不同意见进行研究，提出竣工验收是否合格的核查结论。

竣工验收现场核查组成员拒绝在核查报告上签字，又不书面说明其不同意见和理由的，视为同意核查结论。

第五十八条　竣工验收现场核查报告明确竣工验收合格但提出整改要求的，项目单位应当进行整改，将整改情况形成书面材料报负责竣工验收的交通运输主管部门；竣工验收现场核查报告明确竣工验收不合格的，项目单位整改后应当重新申请竣工验收。

第五十九条　交通运输主管部门应当按照国家规定的程序和时限完成航道工程建设项目竣工验收工作。竣工验收合格的，应当签发《航道工程竣工验收证书》。

第六十条　航道工程建设项目竣工验收合格后，项目单位应当按照要求及时登录在线平台填报竣工基本信息，并按规定将竣工测量图报送负责航道管理的部门，沿海航道的竣工测量图还应当报送海军航海保证部门。

第六十一条　省级交通运输主管部门完成国务院有关主管部门审批、核准的航道工程建设项目竣工验收后，应当自《航道工程竣工验收证书》签发之日起20个工作日内将竣工验收报告和竣工验收现场核查报告报交通运输部。

第六十二条　上级交通运输主管部门应当对下级交通运输主管部门组织的竣工验收工作进行监督检查。

第六十三条　对于一次设计、分期建成的航运枢纽、通航建筑物等航道工程建设项目，项目单位可以对已建成具有独立使用功能并符合竣工验收条件的部分航道工程提出分期竣工验收申请。

第六十四条　航道工程建设项目有尾留工程的，项目单位应当落实竣工验收现场核查报告对尾留工程的处理意见。尾留工程完工并符合交工验收条件后，项目单位应当组织尾留工程验收，验收通过后将相关资料报负责建设项目竣工验收的交通运输主管部门。

第六十五条　航道工程建设项目竣工验收合格后，项目单位应当按照国家有关规定办理档案、资产交付使用等相关手续。

第五章　政府投资项目的资金管理

第六十六条　政府投资的航道工程建设项目所需资金，应当按国家有关规定落实到位，注重防范化解财政金融风险，不得以各种名义开展违法违规举债融资，不得由施工单位垫资建设，不得拖欠工程款。

第六十七条　政府投资航道工程建设项目的项目单位应当科学决策、合理安排工程进度计划，按规定编制年度投资建议计划报交通运输主管部门。

第六十八条　政府投资航道工程建设项目的项目单位应当加强投资计划和预算执行管理，严格控制工程投资，合理安排和使用建设资金，防止财政资金沉淀，不得转移、侵占或者挪用财政资金，不得擅自改变建设内容、建设标准。

第六十九条　政府投资的航道工程建设项目竣工验收合格后，应当及时编制竣工财务决算，并及时按规定办理资产交付使用手续。竣工验收合格后结余的政府投资资金，应当按规定及时处理。

第七十条　交通运输主管部门应当加强对政府投资航道工程建设项目资金筹集、使用和管理工作的监督管理。

第六章　工程信息及档案管理

第七十一条　交通运输主管部门应当按照政府信息公开的要求，做好工程建设项目信息的公开工作。

第七十二条　下级交通运输主管部门应当按照要求向上级交通运输主管部门报送航道工程建设项目信息。

项目单位应当自工程开工建设之日起，按照交通固定资产投资统计有关要求，及时、准确报送项目建设相关统计数据，并登录在线平台填报项目建设动态进度基本信息。

项目单位应当指定信息员及时进行信息的收集、整理、统计和报送工作，确保所报信息真实、准确和完整，不得虚报、瞒报、漏报。

第七十三条　项目单位应当建立健全工程建设项目档案管理制度，保证档案资料真实、准确和完整，督促勘察设计、施工、监理、试验检测等单位加强建设项目档案管理，按照有关规定办理工程竣工档案专项验收。

第七十四条　项目单位应当按照国家有关规定负责航道工程建设项目档案的收集、整理和归档，包括纸质技术档案资料、电子技术档案资料、影像及图片资料等。

第七十五条　航道工程建设项目勘察、设计、施工、监理、试验检测等单位应当加强资料档案的管理，按照国家有关规定建立健全各自的工程项目档案，对各环节的文件、图片、影像等资料进行立卷归档。

第七章　法律责任

第七十六条　施工图设计未经审查或者审查不合格，擅自施工的，由具体负责监督管理的交通运输主管部门责令改正，处20万元以上50万元以下的罚款。

第七十七条　航道工程建设项目未组织竣工验收或者验收不合格，项目单位擅自交付使用的，由具体负责监督管理的交通运输主管部门责令改正，处工程合同价款2%以上4%以下的罚款。

第七十八条　项目单位违反本规定未报送项目建设信息的，由有管辖权的交通运输主管部门责令限期改正；下级交通运输主管部门违反本规定未报送相关信息的，由其上级交通运输主管部门责令限期改正。

第七十九条　交通运输主管部门在办理设计审批、设计变更、竣工验收等手续中存在滥用职权、玩忽职守、徇私舞弊等行为的，由有关行政主管部门对直接责任人依法给予处分；构成犯罪的，依法追究刑事责任。

第八章　附则

第八十条　本规定所称交通运输主管部门包括按地方人民政府规定的职责负责公用航道工程建设监督管理的港口行政管理部门。

第八十一条　在国际、国境河流上从事航道工程建设活动适用本规定，但本规定与我国缔结的政府间协议不一致的，按照有关协议执行。

第八十二条　本规定自2020年2月1日起施行。2007年4月11日以交通部令2007年第3号发布的《航道建设管理规定》、2008年1月7日以交通部令2008年第1号发布的《航道工程竣工验收管理办法》、2014年9月5日以交通运输部令2014年第13号发布的《关于修改〈航道工程竣工验收管理办法〉的决定》、2018年11月28日以交通运输部令2018年第44号发布的《关于修改〈航道建设管理规定〉的决定》同时废止。

港口规划管理规定

（《港口规划管理规定》已于2007年11月30日经第12次部务会议通过，自2008年2月1日起施行）

第一章　总则

第一条　为规范港口规划工作，科学利用、有效保护港口资源，促进港口健康、持续发展，根据《中华人民共和国港口法》，制定本规定。

第二条　本规定适用于港口规划的编制、审批、公布、修订与调整、实施和监督管理等活动。

第三条　交通部负责全国的港口规划管理工作。

省、自治区、直辖市人民政府港口行政管理部门负责本行政区内的港口规划管理工作。

港口所在地的市（指设区的市，下同）、县（包括县级市）人民政府港口行政管理部门或者省、自治区人民政府设立的负责特定港口管理的部门具体实施该港口的规划管理工作。

本规定所称港口行政管理部门，包括承担港口行政管理职能的交通主管部门或者与交通主管部门分设的港口管理部门。

第四条　港口规划应当根据国民经济和社会发展的要求以及国防建设的需要，统筹考虑产业布局、港口资源条件、综合运输网状况等因素制定，体现贯彻科学发展观、合理利用岸线资源的原则。

第五条　港口规划应当符合城镇体系规划，并与土地利用总体规划、城市总体规划、江河流域规划、防洪规划、海洋功能区划、水路运输发展规划和其他运输方式发展规划以及法律、行政法规规定的其他有关规划相衔接、协调。

第二章　港口规划的编制

第六条　港口规划包括港口布局规划和港口总体规划。

港口布局规划是指港口的分布规划。港口布局规划包括全国港口布局规划和省、自治区、直辖市港口布局规划。对港口资源丰富、港口分布密集的区域，可以根据需要编制跨省、自治区、直辖市或者省、自治区行政区内跨市的港口布局规划。

港口总体规划是指一个港口在一定时期的具体规划。

第七条　港口布局规划主要确定港口的总体发展方向,明确各港口的地位、作用、主要功能与布局等,合理规划港口岸线资源,促进区域内港口健康、有序、协调发展,并指导区域内港口总体规划的编制。

港口总体规划主要确定港口性质、功能和港区划分,根据港口资源条件、吞吐量预测和到港船型分析,重点对港口岸线利用、水陆域布置、港界、港口建设用地配置等进行规划。

第八条　直辖市根据实际情况可不编制港口布局规划,仅编制港口总体规划。

第九条　编制和修订、调整港口布局规划和港口总体规划时,应当根据需要编制相关的专项规划。

港口布局规划的专项规划包括分层次港口布局规划、分运输系统港口布局规划、港口资源整合规划及其他专项规划。

港口总体规划的专项规划包括港区总体规划、港口集疏运设施规划和港口仓储、保税、物流等园区规划及其他专项规划。

专项规划是港口布局规划和港口总体规划的组成部分。

第十条　组织编制港口总体规划的部门应当根据经审批的港口总体规划组织编制有关港区、作业区控制性详细规划。

港区、作业区控制性详细规划,是指对港口总体规划中的港区规划的深化方案。

第十一条　全国港口布局规划由交通部组织编制;跨省、自治区、直辖市的港口布局规划由交通部组织有关省、自治区、直辖市人民政府港口行政管理部门共同编制。

省、自治区、直辖市港口布局规划由省、自治区、直辖市人民政府港口行政管理部门组织编制;省、自治区行政区内跨市的港口布局规划由省、自治区人民政府港口行政管理部门组织有关市人民政府港口行政管理部门共同编制。

第十二条　主要港口的总体规划由港口所在直辖市、市人民政府港口行政管理部门或者省、自治区人民政府确定的具体实施港口行政管理的部门编制。

主要港口以外港口的总体规划,由港口所在市、县人民政府港口行政管理部门编制。

第十三条　编制港口规划应当符合以下要求:

(一)有效保护和节约使用港口资源,实现港口可持续发展;

(二)适应国家对外开放和东中西部区域经济协调发展及产业合理布局的要求;

(三)促进现代化综合运输体系协调发展,发挥港口衔接各种运输方式的综合运输枢纽作用;

(四)统筹不同层次港口的合理布局和功能分工,优化港口资源配置,提高港口群体的综合竞争力;

(五)依靠科技进步,适应国际国内航运、现代物流等发展的要求,提高港口专业化、规模化、集约化、现代化水平。

第十四条　跨省、自治区、直辖市的港口布局规划和省、自治区、直辖市港口布局规划应当符合全国港口布局规划。

省、自治区行政区内跨市的港口布局规划应当符合省、自治区港口布局规划。

港口总体规划应当符合相应的港口布局规划。

第十五条　编制和修订、调整港口布局规划和港口总体规划时,涉及新港区开发或者对现有港区功能有重大调整的,应当进行新港区选址论证或者有关专题论证。其中港口总体规划论证完成后应当编制港口总体规划。

第十六条 港区、作业区的控制性详细规划的编制，应当优化港区水陆域总体布局，统筹安排港区内集疏运、给排水、供电、通信信息、安全监督、口岸管理、环境保护等配套设施的布置，并与城市规划的相关设施协调、衔接。

第十七条 港口规划的编制部门在编制港口规划时，应当征求同级发展和改革、城市规划、国土、铁路、水利、海洋等有关部门和有关军事机关以及海事、航道等管理机构的意见。港口管理部门与交通主管部门分设的，还应当征求同级交通主管部门的意见。

第十八条 港口规划应当按照交通部统一制定的港口规划编制内容及文本格式的要求编制。

第十九条 编制港口规划应当依法进行环境影响评价，并符合国家规定的环境影响评价的程序、内容及深度要求。

第二十条 编制港口规划应当符合港口工程相关规范及有关技术要求，并统筹考虑航道、通航安全与港口规划布置的关系。

第二十一条 港口规划的具体编制工作，应当委托具备国家规定的相应资质的单位承担。

港口布局规划、主要港口和地区性重要港口的总体规划（包括相应的专项规划和港区、作业区控制性详细规划，下同），应当委托持有港口河海工程专业甲级工程咨询资格证书或者水运行业甲级工程设计证书的单位编制；其他港口的总体规划，应当委托持有港口河海工程专业乙级以上工程咨询资格证书或者水运行业乙级以上工程设计证书的单位编制。

前款所称地区性重要港口，是指省、自治区、直辖市人民政府按照《港口法》的规定确定的本地区的重要港口。

第三章　港口规划的审批与公布

第二十二条 全国港口布局规划由交通部报国务院批准后公布实施。

第二十三条 跨省、自治区、直辖市的港口布局规划由交通部征求相关省、自治区、直辖市人民政府和国务院有关部门意见后批准并公布实施。

第二十四条 省、自治区、直辖市港口布局规划和省、自治区行政区内跨市的港口布局规划由省、自治区、直辖市人民政府港口行政管理部门报省、自治区、直辖市人民政府审查同意后，书面征求交通部意见。交通部应当自收到征求意见的材料之日起30个工作日内提出意见。交通部同意或者提出的修改意见被采纳或者在上述规定期限内未提出意见的，有关省、自治区、直辖市人民政府可依法公布实施。有关省、自治区、直辖市人民政府对交通部提出的修改意见有异议的，报国务院决定。

第二十五条 主要港口所在城市是直辖市的，其港口总体规划由直辖市人民政府港口行政管理部门报交通部和直辖市人民政府审批。

主要港口所在城市不是直辖市的，其港口总体规划由港口所在市的港口行政管理部门报经市人民政府审核后，由市人民政府报交通部和省、自治区人民政府审批。

港口总体规划范围因特殊原因涉及跨行政区域的，港口总体规划上报前，相关人民政府应当就规划内容协调一致。

交通部会同省、自治区、直辖市人民政府对上报的港口总体规划进行审查，审查过程中应当征求国务院有关部门和有关军事机关的意见。经审查予以批准的，由交通部会同省、自治区、直辖市人民政府公布实施。

第二十六条　地区性重要港口的总体规划由港口所在地的市、县港口行政管理部门报经市、县人民政府审核同意后，由市、县人民政府报省、自治区人民政府审批。

省、自治区人民政府对上报的地区性重要港口的总体规划进行审查，审查过程中应当书面征求交通部意见。经审查予以批准的，由省、自治区人民政府公布实施。港口行政管理部门应当将公布实施的地区性重要港口总体规划报交通部备案。

第二十七条　主要港口和地区性重要港口以外港口的总体规划，由港口所在市、县的港口行政管理部门报市、县人民政府审批。

市、县人民政府对上报的港口总体规划进行审查，审查过程中应当书面征求省、自治区人民政府港口行政管理部门意见。经审查予以批准的，由市、县人民政府公布实施，并报省、自治区人民政府备案。

由县人民政府审批的港口总体规划在征求省、自治区人民政府港口行政管理部门意见前，应当先征得市人民政府同意。

第二十八条　主要港口所在城市是直辖市的，其港区、作业区控制性详细规划由直辖市人民政府港口行政管理部门书面征得交通部同意后，报直辖市人民政府批准并公布实施。直辖市人民政府港口行政管理部门应当将公布实施的港区、作业区控制性详细规划报交通部备案。

主要港口所在城市不是直辖市的，其港区、作业区控制性详细规划由港口所在市人民政府书面征得交通部和省、自治区人民政府同意后批准并公布实施，同时报交通部和省、自治区人民政府备案。

第二十九条　地区性重要港口的港区、作业区控制性详细规划由港口所在市、县人民政府书面征求交通部意见并征得省、自治区人民政府同意后批准并公布实施，同时报交通部和省、自治区人民政府备案。

由县人民政府审批的地区性重要港口的港区、作业区控制性详细规划在征求交通部和省、自治区人民政府意见前，应当先征得市人民政府同意。

第三十条　主要港口和地区性重要港口以外港口的港区、作业区控制性详细规划由港口所在市、县人民政府书面征求省、自治区人民政府港口行政管理部门意见后批准并公布实施，同时报省、自治区人民政府港口行政管理部门备案。

由县人民政府审批的港区、作业区控制性详细规划在征求省、自治区人民政府港口行政管理部门意见前，应当先征求市人民政府意见。

第三十一条　审批部门在审查港口规划时，应当听取相关专家的意见。

第三十二条　审批部门对送审的材料进行审查后，认为需要作重大修改的，应当提出书面审查意见。报审单位应当按照审查意见的要求进行修改。审查部门对修改后的送审材料可以重新组织审查。

第三十三条　交通部和省、自治区人民政府及其港口行政管理部门收到港口总体规划和港区、作业区控制性详细规划相关的专项规划征求意见文件及相关材料后，应当在30个工作日内提出书面意见，逾期视为同意。

第三十四条　报批港口规划，应当提交以下材料：

（一）申请报批的文件；

（二）报批的规划报告和规划文本；

（三）征求意见的情况；

（四）其他相关材料。

规划文本应当基于规划报告编制，是对规划有关内容提出规定性要求的文件。

第三十五条　港口规划经批准后，审批部门应当在其政府信息网站或者其他便于公众知悉的政府信息发布渠道上公布规划文本。国家规定需要保密的除外。

第四章　港口规划的修订与调整

第三十六条　港口规划经批准后，未经规定程序任何单位和个人不得随意更改。

第三十七条　组织编制港口规划的单位可以根据经济社会和港口发展的需要修订或者调整港口规划。

港口规划的修订是指对规划范围、港口性质及功能、岸线利用、港口布局及水陆域布置等进行重大变更。

港口规划的调整是指对港口规划进行局部修改。

第三十八条　修订或者调整港口规划，应当通过编制相应专项规划的方式进行。

第三十九条　对港口规划进行修订的专项规划，按照相应港口规划的编制、审查、批准、公布的程序办理。

对港口布局规划进行调整的专项规划，按照相应港口布局规划的编制、审查、批准、公布的程序办理。

对港口总体规划进行调整的专项规划，由原组织编制单位组织编制，报同级人民政府审批。同级人民政府征得原审批部门同意后批准并公布实施。

第五章　港口规划的实施与监督管理

第四十条　建设港口设施应当符合港口布局规划和港口总体规划，在港口总体规划确定的港区范围内进行。不得违反港口规划建设任何港口设施和其他设施。

需要在尚未纳入港口总体规划的区域建设港口设施或者在港口总体规划中新开发的港区建设港口设施的，应当首先按港口总体规划修订程序编制新港区总体规划，经批准后作为建设港口设施的规划依据。

第四十一条　拟建设港口项目的功能及选址与港口总体规划有较大差异，经专题论证认为确需改变港口总体规划按所选方案建设的，应当按规定程序修订或者调整港口总体规划后，方可办理港口建设项目的审批、核准手续。

第四十二条　建设港口设施使用港口岸线的，必须符合港口规划，并按国家有关规定办理港口岸线使用审批手续，取得港口岸线使用权。

第四十三条　建设码头（包括单点系泊及水上过驳设施）、船坞、船台、滑道等设施的港口建设项目，建设单位在申请水上水下施工作业许可时，应当提交由发展和改革部门、交通主管部门按照规定的权限出具的港口建设项目审批文件和交通主管部门按照规定的权限出具的港口岸线审批文件。海事管理机构在审批上述港口建设项目水上水下施工作业许可时,应当审查申请人是否依法办理了港口建设项目审批和港口岸线审批的相关手续。未依法办理的,海事管理机构不得批准其施工许可。

第四十四条　任何单位和个人需要使用港口总体规划区内的土地和水域,或者建设任何跨越、穿越港口总体规划区水陆域及其上下部相关空间的设施,建设项目的审批部门审批时应当征求港口所在地港口行政管理部门的意见,港口行政管理部门应当出具其是否符合港口规划及是否影响港口规划实施的审查意见。

第四十五条　在港口总体规划区周边建设工程项目,可能引起港口岸线及港区水陆域、通航水域、航道、锚地等水文、地形、地貌变化,从而影响港口规划实施的,建设项目的审批部门在审批前应当征求港口行政管理部门的意见。

第四十六条　交通部和各级港口行政管理部门应当依法对港口规划的实施情况进行监督检查,核查港口建设项目是否依法办理了项目审批和港口岸线审批手续,并公布检查结果。

港口行政管理部门在监督检查中发现未按规定程序取得批准,违反港口规划建设港口、码头及其他设施的行为,应当及时制止,依法查处,并通报相关部门。主要港口的港口行政管理部门应当将上述违法情况及处理意见书面报告交通部和省、自治区、直辖市人民政府港口行政管理部门;其他港口书面报告省、自治区、直辖市人民政府港口行政管理部门。

交通部和省、自治区、直辖市人民政府港口行政管理部门接到书面报告后,对处理意见无异议的,应当检查、督促有关港口行政管理部门落实对违法行为的处理意见;认为处理意见不当的,应当回复书面意见,并予以督促、落实。

第四十七条　任何企业、单位和个人投资、建设、经营港口、码头及相关设施的行为涉及港口规划的,应当接受各级港口行政管理部门依法进行的监督检查,并如实提供有关情况和相关的文件、资料;港口行政管理部门应当为被检查者保守有关技术秘密和商业秘密。

第六章　法律责任

第四十八条　港口规划审批部门违反规定的审批权限和程序批准规划,或者在审批中徇私舞弊、滥用职权或者玩忽职守的,由其上级行政主管机关责令改正,情节严重的,对其直接负责的主管人员和其他直接责任人员依法给予行政处分;构成犯罪的,依法追究刑事责任。

第四十九条　建设项目的审批或核准部门对违反港口规划的建设项目予以批准的,对其直接负责的主管人员和其他直接责任人员,依法给予行政处分。

第五十条　未经依法批准,违反港口规划建设港口、码头及其他设施的,由县级以上地方人民政府或者港口行政管理部门责令限期改正;逾期不改正的,由作出限期改正决定的机关申请人民法院强制拆除违法建设的设施;可以处五万元以下罚款。

第五十一条　港口行政管理部门不依法履行监督检查职责,对未经依法批准违反港口规划建设港口、码头及其他设施的行为不依法予以查处的,对其直接负责的主管人员和其他直接责任人员依法给予行政处分;构成犯罪的,依法追究刑事责任。

第五十二条　港口行政管理部门滥用规划职权导致破坏港口规划的，对其直接负责的主管人员和其他直接责任人员依法给予行政处分；构成犯罪的，依法追究刑事责任。

第五十三条　不依法履行职责，有下列行为之一的，有关部门对其直接负责的主管人员和其他直接责任人员，依法给予行政处分：

（一）未征求港口行政管理部门意见，违反港口规划擅自批准使用港口总体规划区内土地和水域的；

（二）未征求港口行政管理部门意见，违反港口规划擅自批准建设跨越、穿越港口总体规划区水陆域及其上下部相关空间的设施的；

（三）对违反项目审批、岸线使用审批规定的建设项目批准其水上水下施工作业许可的；

（四）对港口总体规划区周边可能影响港口自然条件变化的工程项目，负责审批该项目的部门在审批前不征求港口行政管理部门意见的。

第七章　附则

第五十四条　本规定自2008年2月1日起施行。交通部1990年2月4日（90）交计字58号文发布的《港口总体布局规划编制办法》同时废止。

港口工程建设管理规定

（2018年1月15日交通运输部发布；根据2018年11月28日《交通运输部关于修改〈港口工程建设管理规定〉的决定》第一次修正；根据2019年11月28日《交通运输部关于修改〈港口工程建设管理规定〉的决定》第二次修正）

第一章　总则

第一条　为了加强港口工程建设管理，规范港口工程建设活动，保证港口工程质量，根据《中华人民共和国港口法》《建设工程质量管理条例》《建设工程勘察设计管理条例》《企业投资项目核准和备案管理条例》等法律、行政法规，制定本规定。

第二条　在中华人民共和国境内从事港口工程建设活动，适用本规定。

本规定所称港口工程建设，是指在港口规划范围内，为实现港口功能进行新建、改建和扩建的码头工程（含舾装码头工程）及其同时立项的配套设施、防波堤、锚地、护岸等工程建设。

第三条　交通运输部主管全国港口工程建设的行业管理工作。

省级交通运输主管部门负责本行政区域内港口工程建设的监督管理工作。

所在地港口行政管理部门按照地方人民政府的规定具体实施本行政区域内港口工程建设的监督管理工作。

第四条　港口工程建设应当符合法规、技术标准和港口规划。

第五条　港口工程安全设施应当与主体工程同时设计、同时施工、同时投入使用。

新建、改建、扩建的码头工程应当规划、设计和建设岸基供电设施。已建成的码头应当逐步实施岸基供电设施改造。

港口工程应当按照法规和技术标准要求同时建设船舶污染物接收设施，并做好与城市公共转运、处置设施的衔接。

客运码头工程应当按照法规和技术标准要求建设客运设施，满足旅客安全、便捷出行需要。

第六条　鼓励港口工程建设采用新技术、新设备、新工艺、新材料，推行施工质量和安全标准化管理，加强施工安全风险管控，科学组织建设。

第七条　港口工程建设的项目单位（以下简称项目单位）应当通过登录国家建立的项目在线监管平台（以下简称在线平台）进行项目申报，并按照要求填写开工建设、建设进度、竣工等信息。

省级交通运输主管部门、所在地港口行政管理部门应当利用在线平台进行在线审批、在线监测、协同监管等，提高信息化管理水平。

第二章　建设程序管理

第八条　港口工程建设项目应当按照国家规定的建设程序进行。除国家另有规定外，不得擅自简化基本建设程序。

第九条　政府投资的港口工程建设项目应当执行以下建设程序：

（一）开展工程预可行性研究，编制项目建议书；

（二）根据批准的项目建议书，进行工程可行性研究，编制可行性研究报告；

（三）根据批准的可行性研究报告，编制初步设计文件；

（四）根据批准的初步设计文件，编制施工图设计文件；

（五）办理施工图设计审批手续；

（六）根据国家有关规定，依法办理开工前相关手续，具备条件后开工建设；

（七）组织工程实施；

（八）工程完工后，编制竣工材料，进行工程竣工验收的各项准备工作；

（九）组织竣工验收。

第十条　企业投资的港口工程建设项目应当执行以下建设程序：

（一）编制项目申请书或者填写备案信息，履行核准或者备案手续；

（二）根据核准的项目申请书或者备案信息，编制初步设计文件；

（三）根据批准的初步设计文件，编制施工图设计文件；

（四）办理施工图设计审批手续；

（五）根据国家有关规定，依法办理开工前相关手续，具备条件后开工建设；

（六）组织工程实施；

（七）工程完工后，编制竣工材料，进行工程竣工验收的各项准备工作；

（八）组织竣工验收。

第十一条　储存、装卸危险货物的港口工程建设项目，项目单位除执行本规定第九条、第十条的规定外，还应当按照《中华人民共和国安全生产法》《危险化学品安全管理条例》《港口危险货物安全管理规定》等要求，办理安全条件审查、安全设施设计审查手续，组织安全设施验收。

第十二条　港口工程建设项目需要使用港口岸线的，项目单位应当按照港口岸线使用的管理规定办理港口岸线使用手续。未取得岸线使用批准文件或者交通运输部关于岸线使用的意见，不得开工建设。

第十三条　交通运输部负责国家重点水运工程建设项目初步设计审批。

省级交通运输主管部门负责经省级人民政府及其投资主管部门审批、核准或者备案的港口工程建设项目初步设计审批。

所在地港口行政管理部门负责其余港口工程建设项目初步设计审批。

第十四条　项目单位应当向有审批权限的交通运输主管部门或者所在地港口行政管理部门申请初步设计审批，并提供以下材料：

（一）申请文件；

（二）初步设计文件；

（三）经批准的可行性研究报告，或者经核准的项目申请书，或者备案证明。

第十五条　编制港口工程建设项目初步设计文件，应当符合以下要求：

（一）建设方案符合港口总体规划；

（二）建设规模、标准及主要建设内容等符合项目审批、核准文件或者备案信息；

（三）设计符合有关技术标准，编制格式和内容符合水运工程设计文件编制要求。

第十六条　所在地港口行政管理部门负责港口工程建设项目施工图设计审批，对施工图设计文件中涉及公共利益、公众安全、工程建设强制性标准的内容进行审查。

第十七条　项目单位应当向所在地港口行政管理部门申请施工图设计审批，并提供以下材料：

（一）申请文件；

（二）施工图设计文件；

（三）经批准的初步设计文件。

施工图设计文件应当集中报批。对于工期长、涉及专业多的项目，可以分批报批。项目单位在首次申请施工图设计文件审批时，应当将分批安排报所在地港口行政管理部门。

第十八条　编制港口工程建设项目施工图设计文件，应当符合以下要求：

（一）建设规模、标准及主要建设内容符合经批准的初步设计文件；

（二）设计符合有关技术标准，编制格式和内容符合水运工程设计文件编制要求。

第十九条　对于技术复杂、难度较大、风险较大的港口工程建设项目，交通运输主管部门或者所在地港口行政管理部门在审批初步设计前应当委托另一设计单位进行技术审查咨询。受委托的设计单位资质等级应当不低于原初步设计文件编制单位资质等级。

所在地港口行政管理部门在审批施工图设计前可以委托另一设计单位进行技术审查咨询。受委托的设计单位资质等级应当不低于原施工图设计文件编制单位资质等级。

第二十条　技术审查咨询主要核查以下内容，并对工程设计方案和概（预）算编制提出合理化建议：

（一）工程建设规模和主要建设内容与项目审批、核准文件或者备案信息的符合性；

（二）工程设计与强制性标准的符合性；

（三）总平面布置、主要工艺流程、主要设备配置的合理性；

（四）地基基础、主体结构的合理性、安全性、稳定性、耐久性；

（五）环境保护、安全、职业病防护、消防、节能等涉及公共安全、公众利益的工程措施与强制性标准的符合性；

（六）工程概（预）算的编制依据和方法的合理性。

第二十一条　交通运输主管部门、所在地港口行政管理部门应当在法定期限内对受理的设计审批申请作出书面决定，并告知项目单位；需要延长审批时限的，应当依法按照程序办理。

第二十二条　港口工程建设项目设计文件经批准后方可使用。

第二十三条　对于建设内容简单、投资规模较小的按照备案管理的港口工程建设项目，初步设计和施工图设计可以合并设计，深度应当达到施工图设计要求。

第三章　建设实施管理

第二十四条　项目单位应当在立项审批、核准文件及其他文件规定的有效期内开工建设。在有效期内不能开工建设的，应当按照规定在有效期届满前申请延期。

第二十五条　港口工程建设项目在条件具备后方可开工建设。项目单位在开工建设前，应当完成法规规定的各项手续，登录在线平台填写项目开工基本信息，并接受省级交通运输主管部门、所在地港口行政管理部门等对项目依法负有监督管理职责的相关部门的监管。

所在地港口行政管理部门应当通过在线监测、现场核查等方式加强对项目开工建设的监管。

第二十六条　项目单位依据国家有关规定对港口工程建设项目实行全过程管理，对工程质量和安全管理负总责。

项目单位应当符合《水运建设市场监督管理办法》规定的管理能力；不具备管理能力的，应当按照规定委托符合条件的代建单位进行项目建设管理。

第二十七条　经核准的企业投资港口工程建设项目建设地点发生变更，或者建设规模、内容发生较大变更的，项目单位应当向项目核准机关提出变更申请。已备案的企业投资港口工程建设项目信息发生较大变更的，企业应当及时告知备案机关。

政府投资的港口工程建设项目投资概算超过项目批准的投资估算10%的，或者项目建设地点、建设内容及规模发生重大变化的，项目单位应当按照项目审批机关的要求重新报送可行性研究报告。

第二十八条　港口工程建设项目出现批准机关调整审批、核准文件或者重新办理备案的，项目单位应当向初步设计审批部门申请调整初步设计审批内容。

第二十九条　港口工程建设项目设计文件一经批准，应当严格遵照执行，不得擅自变更。确需对设计文件内容进行变更的，应当履行相关手续后方可实施。

第三十条　港口工程建设项目设计变更应当符合强制性标准和技术规范，满足工程安全、质量、使用功能和环境保护等要求。

第三十一条　设计变更发生下列情形之一的，由原初步设计审批部门审批：

（一）对工程总平面布置进行重大调整，主要包括水域设计水深、码头或者防波堤顶高程、陆域生产区主要布置形式、防波堤轴向或者口门尺度等；

（二）改变主要水工建筑物结构型式；

（三）改变主要装卸工艺方案；

（四）政府投资港口工程建设项目超出初步设计批准总概算但在项目批准的投资估算10%以内。

前款规定的设计变更涉及施工图设计重大修改的，还应当由原施工图设计审批部门审批。

第三十二条　设计变更发生下列情形之一的，由原施工图设计审批部门审批：

（一）对工程总平面布置进行较大调整，主要包括水域主要布置形式、陆域辅助生产区主要布置形式等；

（二）调整主要生产建筑物结构型式；

（三）调整主要装卸工艺设备配置规模。

第三十三条　审批部门在批准设计变更时，可以委托另一设计单位进行技术审查咨询。受委托的设计单位资质等级应当不低于原设计文件编制单位资质等级。

第三十四条 本规定第三十一条、第三十二条以外的设计变更,项目单位应当加强管理,制定设计变更内部管理程序,不得随意变更设计内容,或者采取肢解设计变更内容等方式规避设计变更审批手续。

第三十五条 港口工程建设项目设计变更文件应当由原设计单位编制,或者经原设计单位书面同意,也可以由其他具有相应资质的设计单位编制。编制单位对设计变更文件承担相应责任。

第三十六条 申请港口工程建设项目设计变更,应当提交以下材料:

(一)申请文件;

(二)设计变更文件,内容包括港口工程建设项目的基本情况、拟变更的主要内容以及设计变更的合理性论证;设计变更前后相应的勘察、设计图纸;工程量、概算变化对照清单和分项投资等。

第三十七条 因应急抢险等紧急情况引起本规定第三十一条、第三十二条规定的设计变更情形的,项目单位可以先行组织实施,但应当在10个工作日内书面报告设计变更审批部门,并按照要求及时履行相应的设计变更手续。

第四章 验收管理

第三十八条 港口工程建设项目应当按照法规和国家有关规定及时组织竣工验收,经竣工验收合格后方可正式投入使用。

本规定所称竣工验收,是指港口工程建设项目完工后、正式投入使用前,对工程交工验收、执行强制性标准、投资使用等情况进行全面检查验收,以及对工程建设、设计、施工、监理等工作进行综合评价。

第三十九条 港口工程建设项目合同段完工后,由项目单位组织设计、施工、监理、试验检测等单位进行交工验收,并邀请所在地港口行政管理部门参加。

第四十条 交工验收应当具备以下条件:

(一)合同约定的各项内容已建设完成,未遗留有碍船舶航行和港口作业安全的隐患;

(二)项目单位组织对工程质量的检测结果合格;

(三)监理单位对工程质量的评定(评估)合格;

(四)质量监督机构对工程交工质量核验合格;

(五)设计单位、施工单位、监理单位已完成工作总结报告。

第四十一条 交工验收的主要工作内容:

(一)检查合同执行情况,核验工程建设内容与批复的设计内容是否一致;

(二)检查施工自检报告、施工总结报告及施工资料;

(三)检查监理单位独立抽检资料、监理总结报告及质量评定资料;

(四)检查设计单位对工程设计符合性评价意见和设计总结报告;

(五)检查工程实体质量;

(六)对合同是否全面执行、工程质量是否合格作出结论,出具交工验收意见。

第四十二条 港口工程建设项目建成后,符合竣工验收条件的,项目单位应当及时办理港口工程竣工验收手续。

第四十三条 国家重点水运工程建设项目由项目单位向省级交通运输主管部门申请竣工验收。

前款规定以外的港口工程建设项目，属于政府投资的，由项目单位向所在地港口行政管理部门申请竣工验收；属于企业投资的，由项目单位组织竣工验收。

所在地港口行政管理部门应当加强对项目单位验收活动和验收结果的监督核查。

第四十四条 省级交通运输主管部门或者所在地港口行政管理部门应当按照国家规定的程序和时限完成港口工程竣工验收。竣工验收合格的，应当签发《港口工程竣工验收证书》。

第四十五条 港口工程建设项目竣工验收的主要依据是：

（一）法规及相关技术标准、规范；

（二）项目审批、核准文件或者备案证明；

（三）项目初步设计、施工图设计、设计变更等批准文件；

（四）主要设备技术规格或者说明书；

（五）合同文件。

第四十六条 港口工程建设项目竣工验收应当具备以下条件：

（一）已按照批准的工程设计和有关合同约定的各项内容建设完成，各合同段交工验收合格；建设项目有尾留工程的，尾留工程不得影响建设项目的投产使用，尾留工程投资额可以根据实际测算投资额或者按照工程概算所列的投资额列入竣工决算报告，但不超过工程总投资的5%；

（二）主要工艺设备或者设施通过调试具备生产条件；

（三）环境保护设施、安全设施、职业病防护设施、消防设施已按照有关规定通过验收或者备案；航标设施以及其他辅助性设施已按照《中华人民共和国港口法》的规定，与港口工程同时建设，并保证按期投入使用；

（四）竣工档案资料齐全，并通过专项验收；

（五）竣工决算报告编制完成，按照国家有关规定需要审计的，已完成审计；

（六）廉政建设合同已履行。

第四十七条 项目单位向所在地港口行政管理部门申请竣工验收，应当提交以下材料：

（一）申请文件；

（二）竣工验收报告。

第四十八条 申请或者组织竣工验收前，项目单位应当组织编制竣工验收报告，竣工验收报告应当包括以下内容：

（一）项目单位工作报告；

（二）设计、施工、监理等单位的工作报告；

（三）质量监督机构出具的交工质量核验意见；

（四）竣工决算报告（按照国家有关规定需要审计的，应当包括竣工决算审计报告）；

（五）环境保护设施、安全设施、职业病防护设施、消防设施已按照有关部门规定通过验收或者备案的相关文件；

（六）有关批准文件。

第四十九条 港口工程建设项目竣工验收的主要内容：

（一）检查工程执行有关部门批准文件情况；

（二）检查工程实体建设情况，核查质量监督机构出具的交工质量核验意见；

（三）检查工程合同履约情况；

（四）检查工程执行强制性标准情况；

（五）检查环境保护设施、安全设施、职业病防护设施、消防设施、档案等验收或者备案情况；

（六）检查竣工验收报告编制情况；

（七）检查廉政建设合同执行情况；

（八）对存在问题和尾留工程提出处理意见；

（九）对港口工程建设、设计、施工、监理等单位的工作作出综合评价；

（十）对工程竣工验收是否合格作出结论，出具竣工验收现场核查报告。

第五十条　港口工程建设项目竣工验收应当成立竣工验收现场核查组对工程进行现场核查。

竣工验收现场核查组应当由验收组织部门或者单位、所在地港口行政管理部门、质量监督机构、项目单位人员和专家等组成，并应当邀请海事管理机构等其他依法对项目负有监督管理职责的相关部门参加。

工程设计、施工、监理、试验检测等单位人员应当参加现场核查。

第五十一条　竣工验收现场核查组成员应当为9人以上单数，其中专家不少于5人；竣工验收现场核查组组长由负责组织竣工验收的部门或者单位人员担任。

对于建设内容简单、投资规模较小的备案项目，竣工验收现场核查组可以由7人以上单数组成，其中专家不少于4人。

第五十二条　竣工验收专家应当具有一定的水运工程建设和管理经验，具备良好的职业道德，具有高级专业技术职称，且不得与项目单位以及勘察、设计、施工、监理、试验检测等单位有直接利害关系。

第五十三条　竣工验收现场核查组应当对照港口工程竣工验收主要内容，客观公正、实事求是地对工程进行现场核查，形成竣工验收现场核查报告。

第五十四条　竣工验收现场核查报告应当全面反映竣工验收现场核查工作开展情况和工程建设实际情况，并明确作出竣工验收合格或者不合格的核查结论。

第五十五条　竣工验收现场核查报告由竣工验收现场核查组全体成员签字。

竣工验收现场核查组成员对核查结论有不同意见的，应当以书面形式说明其不同意见和理由，竣工验收现场核查报告应当注明不同意见。竣工验收现场核查组组长应当组织全体成员对不同意见进行研究，提出竣工验收是否合格的核查结论。

竣工验收现场核查组成员拒绝在核查报告上签字，又不书面说明其不同意见和理由的，视为同意核查结论。

第五十六条　竣工验收现场核查报告明确竣工验收合格但提出整改要求的，项目单位应当进行整改，将整改情况形成书面材料存档；竣工验收现场核查报告明确竣工验收不合格的，项目单位整改后应当重新申请或者组织竣工验收。

第五十七条　港口工程建设项目竣工验收合格后15日内，由项目单位负责组织竣工验收的，项目单位应当将修改完善的竣工验收报告和竣工验收现场核查报告报所在地港口行政管理部门。由省级交通运输主管部门或者所在地港口行政管理部门负责组织竣工验收的，省级交通运输主管部门或者所在地港口行政管理部门应当按照要求将竣工验收报告和竣工验收现场核查报告报上一级交通运输主管部门。

省级交通运输主管部门、所在地港口行政管理部门应当在港口工程建设项目竣工验收后30日内向海事管理机构通报通航技术尺度等信息。

第五十八条 港口工程建设项目竣工验收合格后，项目单位应当按照要求及时登录在线平台填报竣工基本信息。

第五十九条 交通运输主管部门、所在地港口行政管理部门应当通过市场检查、专项督查等方式对项目单位组织的竣工验收工作进行监督检查。上级交通运输主管部门应当对省级交通运输主管部门或者所在地港口行政管理部门组织的竣工验收工作进行监督检查。

第六十条 对于一次设计、分期建成的港口工程建设项目，可以对已建成具有独立使用功能并符合竣工验收条件的部分港口工程建设项目进行分期竣工验收。企业投资的港口工程建设项目的分期竣工验收方案应当报所在地港口行政管理部门。

第六十一条 港口工程建设项目有尾留工程的，项目单位应当落实竣工验收现场核查报告对尾留工程的处理意见。尾留工程完工并符合交工验收条件后，项目单位应当组织尾留工程验收，验收通过后将相关资料报所在地港口行政管理部门。

第六十二条 港口工程建设项目竣工验收合格后，项目单位应当按照国家有关规定办理档案、固定资产交付使用等相关手续；需要进行港口经营的，应当按照《港口经营管理规定》的要求办理相关手续。

第五章　工程信息及档案管理

第六十三条 港口工程建设项目实行信息报送制度。

第六十四条 省级交通运输主管部门、所在地港口行政管理部门应当按照政府信息公开和报送的要求，做好工程建设项目信息的公开和报送工作。

第六十五条 项目单位应当自工程开工建设之日起按照统计制度规定每月报送工程建设信息，并登录在线平台填报项目建设动态进度基本信息。

项目单位应当指定信息员及时进行信息的收集、整理、统计和报送工作，确保信息真实、准确和完整，不得谎报、瞒报、漏报。

第六十六条 项目单位应当建立健全工程档案管理制度，保证档案资料真实、准确和完整，督促勘察、设计、施工、监理、试验检测等单位加强建设项目档案管理，按照有关规定办理工程竣工档案专项验收。

第六十七条 项目单位应当按照国家有关规定负责港口工程建设项目档案的收集、整理和归档，包括纸质技术档案资料、电子技术档案资料、影像及图片资料等。

第六十八条 港口工程建设项目勘察、设计、施工、监理、试验检测等单位应当加强资料档案的管理，按照国家有关规定建立健全工程项目档案，对各环节的文件、图片、影像等资料进行立卷归档。

第六章　法律责任

第六十九条 项目单位有下列行为之一的，由所在地港口行政管理部门责令改正，处20万元以上

50万元以下的罚款：

（一）施工图设计未经批准，擅自开工建设的；

（二）施工图设计经批准后，对本规定第三十一条、第三十二条规定的情形擅自作出变更或者采取肢解变更内容等方式规避审批并开工建设的。

第七十条 项目单位有下列行为之一的，由所在地港口行政管理部门责令停止使用，处工程合同价款2%以上4%以下的罚款：

（一）未组织竣工验收或者验收不合格，擅自交付使用的；

（二）对不符合竣工验收条件和要求的项目按照合格项目验收的。

第七十一条 项目单位违反本规定未按时报送项目建设信息的，由所在地港口行政管理部门责令限期整改；省级交通运输主管部门或者所在地港口行政管理部门违反规定未按时报送相关信息的，由其上级交通运输主管部门责令限期整改。

第七十二条 交通运输主管部门、所在地港口行政管理部门在办理设计审批、设计变更、竣工验收等手续中存在滥用职权、玩忽职守、徇私舞弊等行为的，由有关行政主管部门对直接责任人给予行政处分；构成犯罪的，由司法机关依法追究刑事责任。

第七章 附则

第七十三条 本规定所称国家重点水运工程建设项目，是指国务院投资主管部门审批、核准或者交通运输部审批的港口工程建设项目。

第七十四条 本规定第十四条、第十七条、第三十六条、第四十七条要求提供的材料，可以是纸质文本或者电子文本。

第七十五条 港口公用航道工程按照交通运输部关于航道工程建设管理的有关规定执行。

第七十六条 本规定自2018年3月1日起施行。2007年4月24日以交通部令2007年第5号发布的《港口建设管理规定》、2005年4月12日以交通部令2005年第2号发布的《港口工程竣工验收办法》、2014年9月5日以交通运输部令2014年第12号发布的《关于修改〈港口工程竣工验收办法〉的决定》、2016年4月19日以交通运输部令2016年第44号发布的《关于修改〈港口工程竣工验收办法〉的决定》同时废止。

港口岸线使用审批管理办法

（2012年5月22日交通运输部 国家发展改革委令2012年第6号公布；根据2018年5月3日《交通运输部国家发展改革委关于修改〈港口岸线使用审批管理办法〉的决定》修正）

第一条 为了规范港口岸线使用审批管理，保障港口岸线资源的合理开发与利用，保护当事人的合法权益，根据《中华人民共和国港口法》和有关法律、法规，制定本办法。

第二条 在港口总体规划区内建设码头等港口设施使用港口岸线，应当按照本办法开展岸线使用审批。

第三条 港口岸线的开发利用应当符合港口规划，坚持深水深用、节约高效、合理利用、有序开发的原则。

第四条 交通运输部主管全国的港口岸线工作，会同国家发展改革委具体实施对港口深水岸线的使用审批工作。

县级以上地方人民政府港口行政管理部门按照本办法和省级人民政府规定的职责，具体实施港口岸线使用审批的相关工作。

第五条 本办法所称港口岸线，含维持港口设施正常运营所需的相关水域和陆域。

港口岸线分为港口深水岸线和非深水岸线。港口深水岸线和非深水岸线划分标准及范围由交通运输部另行制定并公布。

第六条 需要使用港口岸线的建设项目，应当在报送项目申请报告或者可行性研究报告前，向港口所在地港口行政管理部门提出港口岸线使用申请，申请材料包括：

（一）港口岸线使用申请表；

（二）申请人情况及相关证明材料；

（三）建设项目工程可行性研究报告或者项目申请报告；

（四）海事、航道部门关于建设项目的意见；

（五）法律、法规规定的其他材料。

前款规定的港口岸线使用申请表样式，由交通运输部统一规定。

第七条 港口所在地港口行政管理部门收到申请材料后，对申请材料符合法定形式的，应当当场受理；对申请材料不齐全或者不符合法定形式的，应当当场或者在5个工作日内一次告知申请人需要补正的全部内容。

第八条 使用港口深水岸线的，港口所在地港口行政管理部门收到申请后，应当对申请使用的岸线进行现场核查，核实申请材料，转报至省级港口行政管理部门。

省级港口行政管理部门收到港口岸线使用申请材料后,应当组织专家评审,并征求省级发展改革部门意见后,提出初审意见,连同申请材料报交通运输部。

交通运输部收到申请材料和初审意见后,进行审查,会同国家发展改革委作出批准或者不予批准的决定。

第九条　申请使用港口深水岸线的,港口所在地港口行政管理部门和省级人民政府港口行政管理部门应当在收到港口岸线使用申请材料后20个工作日内完成现场核查、初审和转报工作。

交通运输部应当在收到港口岸线使用申请材料后20个工作日内完成审查,并会同国家发展改革委作出审批决定。20个工作日内不能办结的,经负责人批准,可以延长10个工作日。

岸线使用专家评审所需时间不计算在期限内。

第十条　港口岸线使用申请审查、专家评审的主要内容包括:

（一）建设项目是否符合产业政策和港口规划;

（二）建设项目的必要性分析;

（三）工程可行性研究报告或者项目申请报告提出的岸线使用方案是否符合国家技术标准和规范;

（四）岸线使用方案的合理性分析;

（五）岸线使用方案是否满足航道、通航安全的相关要求;

（六）法律、法规和国家规定的其他要求。

第十一条　由国务院或者国家发展改革委审批、核准的港口建设项目,向国家发展改革委报送可行性研究报告或者项目申请报告时,应当同时抄报交通运输部。交通运输部对港口建设项目提出行业意见时,一并提出岸线使用意见。

由国务院或者国家发展改革委审批、核准的其他建设项目,在港口总体规划区内建设港口设施,使用港口深水岸线的,国家发展改革委在审批、核准之前,征求交通运输部关于建设项目使用港口岸线的意见。

本条第一款、第二款所指建设项目,不再另行办理使用港口岸线的审批手续。

第十二条　港口岸线使用审批机关审查决定批准港口岸线使用申请的,应当出具港口岸线使用批准文件。

审批机关决定不予批准使用港口岸线的,应当书面告知申请人,并且说明理由。

第十三条　使用港口岸线的港口设施项目未取得港口岸线使用批准文件或者交通运输部关于使用港口岸线的意见,不予批准港口设施项目初步设计和水上水下活动许可。

第十四条　港口行政管理部门应当及时在相关政府网站发布港口岸线使用批准情况的信息。

第十五条　批准使用港口岸线的建设项目,应当在取得岸线批准文件之日起两年内开工建设。需要延期的,应当在有效期届满60日前,按照本办法规定的程序报原批准机关审批。延期申请只能申请一次,延期时间不超过两年。逾期未开工建设,批准文件失效。

批准文件失效后,如继续建设该项目需要使用港口岸线,应当重新办理港口岸线使用审批手续。

第十六条　港口岸线使用有效期不超过50年。超过期限继续使用的,港口岸线使用人应当在期限届满3个月前向原批准机关提出申请。

第十七条　批准使用港口岸线后,如因企业更名或者控股权转移导致岸线实际使用人发生改变,或者改变批准的岸线用途,应当按照本办法规定的程序报原批准机关审批。

第十八条　港口行政管理部门应当加强港口岸线使用情况的事中事后监管，并按照规定将有关信用信息纳入相关信用信息共享平台。

第十九条　港口岸线使用审批机关及其工作人员滥用职权、玩忽职守、徇私舞弊的，由有关行政主管部门予以行政处分；构成犯罪的，由司法机关依法追究刑事责任。

第二十条　港口岸线使用申请人隐瞒有关情况或者提供虚假材料申请岸线使用许可的，不予受理或者不予许可。港口岸线申请人以欺骗、贿赂等不正当手段取得港口岸线使用许可的，应当予以撤销。

第二十一条　未按本办法规定取得使用港口岸线的批准，擅自使用岸线的，由县级以上地方人民政府或者港口行政管理部门依照《中华人民共和国港口法》第四十五条的规定予以处罚。

第二十二条　本办法自2012年7月1日起施行。

危险货物水路运输从业人员考核和从业资格管理规定

（《危险货物水路运输从业人员考核和从业资格管理规定》已于2016年6月14日经第12次部务会议通过，自2016年10月1日起施行）

第一章　总则

第一条　为规范危险货物水路运输从业人员的从业资格，提高从业人员的安全、法制、业务素质，防止和减少生产安全事故，依据《中华人民共和国安全生产法》《危险化学品安全管理条例》等有关法律、行政法规，制定本规定。

第二条　危险货物水路运输从业人员的考核和从业资格管理适用本规定。

前款所称危险货物水路运输从业人员包括：

（一）从事港口危险货物储存作业的港口经营人的主要负责人和安全生产管理人员（以下简称港口危货储存单位主要安全管理人员）；

（二）危险化学品港口经营人的装卸管理人员（以下简称装卸管理人员）；

（三）水路运输企业从事船舶载运危险化学品进出港口申报的人员（以下简称申报员）；

（四）水路运输企业从事船舶载运危险化学品集装箱装箱现场检查的人员（以下简称检查员）。

本规定所称水路运输企业包括港口经营人、水路运输经营者、无船承运业务经营者、船舶代理业务经营者和水路货物运输代理经营者等。

本条第一款所称从业人员的考核和从业资格管理，包括港口危货储存单位主要安全管理人员的考核管理和装卸管理人员、申报员、检查员的从业资格管理。

本条第二款所称船舶载运危险化学品集装箱装箱现场检查，是指托运人委托检查员对其托运的危险化学品的装箱过程、标牌标志、积载隔离等是否符合国际公约、规则和国内技术标准要求进行的现场检查。

第三条　交通运输部指导全国危险货物水路运输从业人员的考核和从业资格管理。

县级以上地方人民政府交通运输主管部门（含港口行政管理部门）负责本行政区域内港口危货储存单位主要安全管理人员考核和装卸管理人员的从业资格管理。

各级海事管理机构依据职责负责申报员、检查员的从业资格管理。

第四条 危险货物水路运输企业应当对危险货物水路运输从业人员进行安全教育、法制教育和岗位技术培训，制定培训计划，安排安全生产培训经费，建立培训管理档案。

危险货物水路运输从业人员应当接受教育和培训，未经安全生产教育和培训合格的，不得上岗作业。

第五条 港口行政管理部门及各级海事管理机构应当依据职责对辖区内装卸管理人员和申报员、检查员的从业资格进行监督检查。

监督检查中可以行使以下职权：

（一）查阅相应岗位人员的劳动合同、培训档案、年度考核材料等有关资料，向有关人员了解情况；

（二）检查核对相应岗位人员从业资格证书。

第二章　港口危货储存单位主要安全管理人员考核管理

第六条 港口危货储存单位主要安全管理人员应当按照《中华人民共和国安全生产法》的规定，经安全生产知识和管理能力考核合格。

第七条 交通运输部负责组织制定港口危货储存单位主要安全管理人员安全生产知识和管理能力考核大纲。

省级交通运输主管部门应当根据考核大纲编制考核题库，制定考核程序。

第八条 设区的市级港口行政管理部门应当按照省级交通运输主管部门编制的考核题库和制定的考核程序，组织港口危货储存单位主要安全管理人员安全生产知识和管理能力考核。考核不得收费。

组织考核的港口行政管理部门应当在考核结束后20个工作日内公布考核合格人员名单。参加考核人员可以向组织考核部门查询考核成绩。

第九条 从事港口危险货物储存作业的港口经营人应当及时组织本单位的主要安全管理人员报名参加考核，并向组织考核的港口行政管理部门提交报名申请及以下报名材料：

（一）申请考核人有效身份证件的复印件；

（二）能够证明其为主要安全管理人员的有效文件。

第十条 经考核合格的港口危货储存单位主要安全管理人员变动工作单位，担任其他港口危货储存单位主要安全管理人员的，可不再参加考核。

第十一条 从事港口危险货物储存作业的港口经营人应当加强经考核合格的主要安全管理人员的继续教育，及时更新法制、安全、业务方面的知识与技能。

第三章　装卸管理人员、申报员、检查员从业资格管理

第十二条 装卸管理人员、申报员、检查员应当按照本规定经考核合格，具备相应从业条件，

取得相应种类的《危险化学品水路运输从业资格证书》（以下简称《资格证书》），方可从事相应的作业。

《资格证书》按照危险化学品国际水路运输和国内水路运输类型，细分为包装、散装固体、散装液体等种类，并在证书备注栏中予以注明。

《资格证书》由交通运输部统一式样及编号，在全国范围内有效。

第十三条 交通运输部负责制定装卸管理人员、申报员、检查员从业资格考核大纲。

省级交通运输主管部门应当按照交通运输部制定的考核大纲，编制装卸管理人员考核题库，并制定本行政区域内装卸管理人员的考核程序。

交通运输部海事局应当按照交通运输部制定的考核大纲，编制申报员和检查员的考核题库，制定考核程序。

第十四条 省级交通运输主管部门按照考核程序和考核题库，组织装卸管理人员的从业资格考核工作。

交通运输部直属海事管理机构应当按照交通运输部海事局制定的考核程序和编制的考核题库，组织开展辖区内申报员和检查员的从业资格考核工作。

省级地方海事管理机构应当按照交通运输部海事局制定的考核程序和编制的考核题库，组织开展辖区内仅从事危险化学品国内水路运输的申报员和检查员的从业资格考核工作。

交通运输部直属海事管理机构、省级地方海事管理机构可以决定由下一级海事管理机构具体实施申报员、检查员的从业资格考核。实施机构的名录应当向社会公告。

第十五条 报名参加考核的人员应当向组织考核的机关提交报名申请和有效身份证件的复印件。

第十六条 组织从业资格考核的部门，应当在考核结束后20个工作日内公布考核合格人员名单。参加考核人员可以向组织考核部门查询考核成绩。

第十七条 组织装卸管理人员从业资格考核的部门，应当在公布考核合格人员名单后10个工作日内，向考核合格人员颁发《资格证书》。

第十八条 装卸管理人员的《资格证书》有效期为5年。

装卸管理人员的《资格证书》到期需要换发的，应当在《资格证书》有效期届满前30日至90日，由申请人向原发证机关或其从业单位所在地发证机关提出申请，并提交申请人在证书有效期内的培训经历。

装卸管理人员《资格证书》的发证机关应当在《资格证书》有效期届满前完成审核工作。审核合格的，由发证机关重新颁发《资格证书》；不合格的，不予换证并说明理由。

第十九条 申请换发装卸管理人员《资格证书》的人员有下列情形之一的，应当按照本规定重新参加考核合格后取得《资格证书》：

（一）按照《中华人民共和国安全生产法》规定接受安全生产教育和培训的时间未达到16个小时且培训不合格的；

（二）未履行安全生产管理职责，导致发生生产安全事故，受到行政处罚的。

第二十条 经考核合格拟从业申报员和检查员的，应当向组织考核的海事管理机构申请从业资格证书。

第二十一条 申请申报员、检查员从业资格的，应当符合以下条件并提供相应的证明材料：

（一）近2年内的考核合格证明；

（二）首次申请的，应当具有在同1个从业单位连续3个月的相应业务实习经历，提交从业单位的实习证明；

（三）检查员具有正常辨色力，提交医疗机构出具的体检证明；

（四）无因谎报、瞒报危险化学品违规行为曾被吊销从业资格的情形。

第二十二条　符合第二十一条规定的，海事管理机构应当在10个工作日内，作出是否给予从业资格的决定。同意的，应当签发《资格证书》；不同意的，应当向申请人说明原因。

第二十三条　2年内未从事船舶运输危险化学品申报或者危险化学品集装箱装箱现场检查的，应当重新申请考核和从业资格。

第二十四条　需要聘用装卸管理人员、申报员、检查员的水路运输企业，应当聘用依照本规定取得相应从业资格的装卸管理人员、申报员、检查员。

装卸管理人员、申报员、检查员应当按照所取得的《资格证书》注明的类型和种类范围从事相关作业活动。

第二十五条　水路运输企业应当将本单位的装卸管理人员、申报员、检查员的以下信息及时报送具有相应职责的管理部门，装卸管理人员信息报送港口所在地港口行政管理部门，申报员、检查员信息报送所在地海事管理机构：

（一）被聘用从业人员的有效身份证明复印件；

（二）被聘用从业人员的《资格证书》编号；

（三）被聘用从业人员的从业区域；

（四）解聘从业人员的姓名、有效身份证明证号和《资格证书》编号。

第四章　法律责任

第二十六条　港口危货储存单位主要安全管理人员未按照本规定经考核合格的，由所在地设区的市级港口行政管理部门责令限期改正，可以处5万元以下的罚款；逾期未改正的，责令停产停业整顿，并处5万元以上10万元以下的罚款，对其直接负责的主管人员和其他直接责任人员处1万元以上2万元以下的罚款。

第二十七条　水路运输企业的装卸管理人员、申报员、检查员未取得从业资格上岗作业的，由所在地港口行政管理部门或者海事管理机构责令改正，处5万元以上10万元以下的罚款；拒不改正的，责令停产停业整顿。

第二十八条　聘用装卸管理人员的危险化学品港口经营人或者聘用申报员、检查员的水路运输企业未按本规定第二十五条报送信息的，分别由所在地港口行政管理部门或者海事管理机构按照职责分工责令限期改正，并处以3000元的罚款；逾期未改正的，处以1万元的罚款。

第二十九条　装卸管理人员、申报员和检查员有下列行为之一的，分别由所在地港口行政管理部门或者海事管理机构按照职责分工责令改正，并处以5000元的罚款：

（一）将《资格证书》转借他人使用的；

（二）涂改《资格证书》的。

第三十条　各级交通运输主管部门、港口行政管理部门和海事管理机构的工作人员在从业人员的安全生产培训、考核、从业资格管理等工作中滥用职权、玩忽职守、徇私舞弊的,依照有关规定给予处分;构成犯罪的,依法追究刑事责任。

第五章　附则

第三十一条　本规定自2016年10月1日起施行。

危险货物港口作业重大事故隐患判定指南

（交办水〔2016〕178号）

第一条 为了准确判定、及时消除危险货物港口作业重大事故隐患（以下简称重大事故隐患），根据《安全生产法》《港口法》《危险化学品安全管理条例》《港口经营管理规定》《港口危险货物安全管理规定》等法律、法规、规章和交通运输部有关隐患治理的规定，制定本指南。

第二条 本指南适用港口区域内危险货物作业，用于指导危险货物港口经营人和港口行政管理部门判定各类危险货物港口作业重大事故隐患。

第三条 危险货物港口作业重大事故隐患包括以下5个方面：

（一）存在超范围、超能力、超期限作业情况，或者危险货物存放不符合安全要求的；

（二）危险货物作业工艺设备设施不满足危险货物的危险有害特性的安全防范要求，或者不能正常运行的；

（三）危险货物作业场所的安全设施、应急设备的配备不能满足要求，或者不能正常运行、使用的；

（四）危险货物作业场所或装卸储运设备设施的安全距离（间距）不符合规定的；

（五）安全管理存在重大缺陷的。

第四条 "存在超范围、超能力、超期限作业情况，或者危险货物存放不符合安全要求的"重大事故隐患，是指有下列情形之一的：

（一）超出《港口经营许可证》《港口危险货物作业附证》许可范围和有效期从事危险货物作业的；

（二）仓储设施（堆场、仓库、储罐，下同）超设计能力、超容量储存危险货物，或者储罐未按规定检验、检测评估的；

（三）储罐超温、超压、超液位储存，管道超温、超压、超流速输送，危险货物港口作业重要设备设施超负荷运行的；

（四）危险货物港口作业相关设备设施超期限服役且无法出具检测或检验合格证明、无法满足安全生产要求的；

（五）装载《危险货物品名表》（GB 12268）和《国际海运危险货物规则》规定的1.1项、1.2项爆炸品和硝酸铵类物质的危险货物集装箱未按照规定实行直装直取作业的；

（六）装载《危险货物品名表》（GB 12268）和《国际海运危险货物规则》规定的1类爆炸品（除1.1项、1.2项以外）、2类气体和7类放射性物质的危险货物集装箱超时、超量等违规存放的；

（七）危险货物未根据理化特性和灭火方式分区、分类和分库储存隔离，或者储存隔离间距不符合规定，或者存在禁忌物违规混存情况的。

第五条　"危险货物作业工艺设备设施不满足危险货物的危险有害特性的安全防范要求，或者不能正常运行的"重大事故隐患，是指有下列情形之一的：

（一）装卸甲、乙类火灾危险性货物的码头，未按《海港总体设计规范》（JTS 165）等规定设置快速脱缆钩、靠泊辅助系统、缆绳张力监测系统和作业环境监测系统，或者不能正常运行的；

（二）液体散货码头装卸设备与管道未按装卸及检修要求设置排空系统，或者不能正常运行的；吹扫介质的选用不满足安全要求的；

（三）对可能产生超压的工艺管道系统未按规定设置压力检测和安全泄放装置，或者不能正常运行的；

（四）储罐未根据储存危险货物的危险有害特性要求，采取氮气密封保护系统、添加抗氧化剂或阻聚剂、保温储存等特殊安全措施的；

（五）储罐（罐区）、管道的选型、布置及防火堤（隔堤）的设置不符合规定的。

第六条　"危险货物作业场所的安全设施、应急设备的配备不能满足要求，或者不能正常运行、使用的"重大事故隐患，是指有下列情形之一的：

（一）危险货物作业场所未按规定设置相应的防火、防爆、防雷、防静电、防泄漏等安全设施、措施，或者不能正常运行的；

（二）危险货物作业大型机械未按规定设置防阵风和防台风装置，或者不能正常运行的；

（三）危险货物作业场所未按规定设置通信、报警装置，或者不能正常运行的；

（四）重大危险源未按规定配备温度、压力、液位、流量、组份等信息的不间断采集和监测系统的；储存剧毒物质的场所、设施，未按规定设置视频监控系统，或者不能正常运行的；

（五）工艺设备及管道未根据输送物料的火灾危险性及作业条件，设置相应的仪表、自动联锁保护系统或者紧急切断措施，或者不能正常运行的；

（六）未按规定配备必要的应急救援器材、设备的；应急救援器材、设备不能满足可能发生的火灾、爆炸、泄漏、中毒事故的应急处置的类型、功能、数量要求，或者不能正常使用的。

第七条　"危险货物作业场所或装卸储运设备设施的安全距离（间距）不符合规定的"重大事故隐患，是指有下列情形之一的：

（一）危险货物作业场所与其外部周边地区人员密集场所、重要公共设施、重要交通基础设施等的安全距离（间距）不符合规定的；

（二）危险货物港口经营人内部装卸储运设备设施以及建构筑物之间的安全距离（间距）不符合规定的。

第八条　"安全管理存在重大缺陷的"重大事故隐患，是指有下列情形之一的：

（一）未按规定设置安全生产管理机构、配备专职安全生产管理人员的；未建立安全生产责任制、安全教育培训制度、安全操作规程、安全事故隐患排查治理、重大危险源管理、火灾（爆炸、泄漏、中毒）等重大事故应急预案等安全管理制度，或者落实不到位且情节严重的；

（二）未按规定对安全生产条件定期进行安全评价的；

（三）从业人员未按规定取得相关从业资格证书并持证上岗的；

（四）违反安全规范或操作规程在作业区域进行动火、受限空间作业、盲板抽堵、高处作业、吊装、临时用电、动土、断路作业等危险作业的。

第九条　除以上列明的情形外，各地可结合本地实际，对发现的风险较大且难以直接判断为重大事故隐患的，组织5名或7名危险货物港口作业领域专家，依据安全生产法律法规、国家标准和行业标准，结合同类型重特大事故案例，针对事故发生的概率和可能造成的后果、整改难易程度，采用风险矩阵、专家分析等方法，进行论证分析、综合判定。

第十条　关于危险货物港口作业特种设备相关重大事故隐患判定依照国家相关法律法规、标准规范执行，消防相关重大事故隐患判定依照《重大火灾隐患判定方法》（GA653）等标准规范执行。

第十一条　依照本指南判定为重大事故隐患的，应依法依规采取相应处置措施。

第十二条　本指南下列用语的含义：

（一）港口危险货物重大危险源，是指依照《危险化学品重大危险源辨识》（GB 18218）、《港口危险货物重大危险源监督管理办法（试行）》辨识确定，港口区域内储存危险货物的数量等于或者超过临界量的单元（包括场所和设施）；

（二）液体散货码头，是指原油、成品油、液体化工品和液化石油气、液化天然气等散装液体货物的装卸码头；

（三）事故隐患，是指危险货物港口经营人违反安全生产法律、法规、规章、标准、规程和安全生产管理制度的规定，或者因其他因素在生产经营活动中存在可能导致事故发生的人的不安全行为、物的危险状态、场所的不安全因素和管理上的缺陷。

重大事故隐患，是指危害和整改难度较大，需要局部或者全部停产停业，并经过一定时间整改治理方能消除的事故隐患，或者因外部因素影响致使生产经营单位自身难以消除的事故隐患。

危险货物港口建设项目安全预评价指南

（交办水〔2018〕25号）

一、范围

本指南规定了危险货物港口建设项目安全预评价（以下简称安全预评价）的基本要求、前期准备、危险因素辨识与分析、建设方案安全评价、事故危险性评价、安全对策措施和建议、评价结论等相关要求，以规范指导安全评价机构和有关单位开展安全预评价工作。

本指南适用于新建、改建和扩建危险货物港口建设项目安全预评价活动。

二、术语和定义

下列术语和定义适用于本指南。

（一）危险货物港口建设项目

新建、改建和扩建储存、装卸危险货物的港口建设项目。

（二）事故危险性评价

运用科学的安全评价方法，预测危险货物港口建设项目建成投产后事故状态下的人员伤亡、设备损坏、泄漏扩散、火灾爆炸等事故危险的程度。

（三）港口安全设施

在港口生产经营活动中用于预防、控制、减少与消除事故影响采用的设备、设施、装备及其他技术措施的总称。

三、基本要求

（一）评价程序

安全预评价的程序包括前期准备，辨识与分析危险因素，划分评价单元，选择评价方法，定性定量评价，提出安全对策措施和建议，作出安全预评价结论，编制安全预评价报告等。安全预评价程序框图见下图。

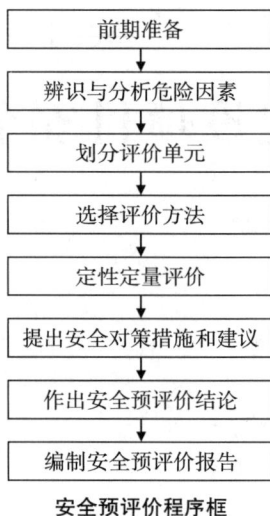

```
┌─────────────────────┐
│      前期准备        │
└─────────────────────┘
          ↓
┌─────────────────────┐
│   辨识与分析危险因素  │
└─────────────────────┘
          ↓
┌─────────────────────┐
│     划分评价单元      │
└─────────────────────┘
          ↓
┌─────────────────────┐
│     选择评价方法      │
└─────────────────────┘
          ↓
┌─────────────────────┐
│     定性定量评价      │
└─────────────────────┘
          ↓
┌─────────────────────┐
│  提出安全对策措施和建议 │
└─────────────────────┘
          ↓
┌─────────────────────┐
│   作出安全预评价结论   │
└─────────────────────┘
          ↓
┌─────────────────────┐
│   编制安全预评价报告   │
└─────────────────────┘
```

安全预评价程序框

（二）评价范围

1. 安全预评价范围应根据工程可行性研究内容、项目实施情况等确定。

2. 安全预评价范围应明确评价对象的具体作业范围、作业方式和作业货种范围（集装箱和包装危险货物载明到类别和项别、其他危险货物载明到品名）、联合国危规号（UN号）、包装方式等。

3. 安全预评价的地域范围包括危险货物港口建设项目所含陆域和水域。陆域范围包括码头、引桥及项目建成后的其他陆域部分。水域范围包括码头前沿停泊水域和回旋水域。

（三）评价内容和评价单元

1. 安全预评价内容包括危险因素辨识与分析，建设方案安全评价，事故危险性评价，安全对策措施和建议、评价结论等。

2. 安全预评价单元根据危险货物港口建设项目评价范围、危险因素类别及安全特点等划分。

3. 安全预评价单元包括建设方案安全评价和事故危险性评价，并根据需要划分评价子单元。评价单元及评价子单元可参照"评价单元划分表"进行划分，并根据项目实际确定评价子单元。

评价单元划分表

评价单元	评价子单元
建设方案安全评价	选址安全评价
	总平面布置安全评价
	装卸储运工艺及设备设施安全评价
	建（构）筑物及附属设施安全评价
	消防系统安全分析
	供配电系统安全评价
	其他主要配套及辅助生产设施安全评价

评价单元	评价子单元
事故危险性评价	火灾、爆炸危险性评价
	泄漏扩散危险性评价
	重大危险源定量风险评价
	装卸作业伤亡事故危险性评价
	机损货损事故危险性评价

（四）评价方法

1.安全预评价应根据评价的目的、要求和评价对象的特点选择适用的定性和定量评价方法。评价方法的选择应符合充分性、适用性、系统性、针对性、合理性原则。

2. 安全预评价的定性评价方法可根据项目实际选用预先危险性分析法（PHA）、作业条件危险性评价法（LEC）、风险矩阵法、故障类型和影响分析法（FMEA）、危险和可操作性分析法（HAZOP）、专家系统评分法或统计分析法等。

3.安全预评价的定量评价方法应根据项目实际选用概率风险评价法（PRA）、事故后果计算法、事故树分析法（FTA）、事件树分析法（ETA）、危险指数评价法和火灾爆炸泄漏模型方法等。

4.对构成港口危险货物重大危险源的储存设施或场所，安全预评价应按有关规定采用定量风险评价方法确定其个人和社会风险值。

（五）安全预评价报告

1.安全预评价报告包括前言、编制说明、建设项目概况、危险因素辨识与分析、评价单元划分和评价方法选择、建设方案安全评价、事故危险性评价、安全对策措施建议和评价结论等。安全预评价报告文本格式参见附录A。

2.安全预评价报告文字应简洁、准确，可同时采用图、表和照片，评价结论应清晰、明确。

四、前期准备

（一）资料搜集

1.安全预评价应根据评价工作需要和评价对象的特点，搜集下列资料：

（1）相关国际公约和规则、国内法律、法规、部门规章、文件以及标准、规范；

（2）评价对象所在地港口规划相关资料；

（3）评价对象的工程可行性研究资料、项目申请报告以及相关图纸资料；

（4）作业货种的理化特性、化学品安全技术说明书（MSDS）等有关资料；

（5）相关事故案例。

2.安全预评价对象为河港、河口港且在评价前已进行防洪评估的，应搜集评价对象的防洪评估资料和航道资料。

3.安全预评价的资料搜集清单参见附录B。

（二）周边环境及现场调查

1.安全预评价应对评价对象选址条件和周边环境进行现场调查，现场调查可采取现场检查、资料查验、测量检测、询问调查等形式。

2.危险货物港口建设项目周边环境及现场调查内容包括：

（1）建港条件调查内容包括评价对象港址位置的气象条件、水文条件、地质条件、地震情况、通航条件、防洪要求、港口现状、港口规划等；

（2）周边环境调查内容包括评价对象港址位置周边相邻区域、场所、建（构）筑物的功能性质、用途，与周边人口密集区域、重要交通设施（如公路、铁路线路、码头、车站、桥梁等）、公共设施（如水源地、渡槽、生活用水取水口等）、风景名胜及自然保护区、水上水下危险货物输送管道以及法律法规予以保护的其他区域的方位、距离。

3.安全预评价应调查评价对象所处区域供电、供水、供气、通信、交通和集疏运等外部依托条件，以及项目所处区域消防、医疗急救等条件进行调查。

五、危险因素辨识与分析

（一）一般规定

1.危险因素辨识与分析应符合科学性、系统性、整体性、相关性、预测性、可控性原则。

2.危险因素辨识与分析应根据危险货物港口建设项目类别和特点，对评价对象危险因素进行全面、准确地辨识，并对评价对象安全特点进行总结。

3.危险因素辨识与分析应根据危险货物港口建设项目类别和特点，按照《生产过程危险和有害因素分类与代码》（GB/T 13861）和《企业职工伤亡事故分类》（GB 6441）规定的分类方法对危险因素进行分类，对危险因素可能导致事故的演变规律、发生机理进行分析，并对重点作业岗位进行分析。

4.危险因素辨识与分析过程中应选用适当的事故案例进行分析，选用的事故案例应满足：

（1）与评价对象具有相似性和类比性；

（2）具有事故过程描述和事故原因分析，以及采取的安全防范对策措施；

（3）对评价对象安全生产有借鉴和警示作用。

5.以桶装、罐装、袋装、固体散装包装形式和集装箱形式装卸、储运的危险货物，可按危险货物货种和分类（项）对其危险性进行分析。

6.危险因素辨识与分析应列出装卸、储运的货种的名称、联合国危规号（UN号）、包装及运输形式，并根据化学品安全技术说明书（MSDS）列出其燃烧性、爆炸性、毒性、腐蚀性等特性参数，说明数据来源。明确是否属于规定的剧毒化学品、高毒化学品、易制毒化学品、易制爆化学品及其他国家重点监管的危险化学品等。

7.伤亡事故辨识与分析应按照《企业职工伤亡事故分类》（GB 6441）中的规定，对主要作业岗位可能存在的起重伤害、车辆伤害、物体打击、火灾、爆炸、中毒窒息、淹溺、高处坠落、触电、机械伤害、坍塌、灼烫和其他伤害事故类型进行辨识，并分析人员伤亡事故产生的原因。

8.其他事故类型应根据评价对象及其安全特点进行辨识。事故类型包括火灾爆炸事故、泄漏扩散事故、港口大型装卸机械台风和突发性强阵风事故、机械及电气设备事故等。

9.危险因素辨识与分析应从人的因素、物的因素、环境因素和安全管理因素四个方面，对各类事故中存在的危险因素进行辨识与分析。

10.从事油品、液体化工品和液化天然气等危险货物作业的港口建设项目，应重点对危险货物装卸储运过程中可能导致的泄漏和扩散、火灾、爆炸等事故以及人员急性中毒、化学灼伤、低温冻伤等事故危险因素进行辨识分析。

(二)重大危险源辨识分析

安全预评价应对港口危险货物重大危险源进行辨识与分级。重大危险源的辨识与分级应符合国家有关法规、规章及国家标准《危险化学品重大危险源辨识》（GB 18218）等的有关规定。

六、建设方案安全评价

(一)选址安全评价

1.选址安全评价应首先判断项目选址是否符合城乡总体规划、港口总体规划等相关规划。

2.选址安全评价包括下列内容：

(1)危险货物港口建设项目所在地的自然条件对危险货物港口建设项目投入生产或者使用后的安全影响；

(2)集疏运条件对危险货物港口建设项目投入生产或者使用后的安全影响；

(3)现有依托条件对危险货物港口建设项目投入生产或者使用后的安全影响。

3.选址安全评价应根据国家标准《石油库设计规范》（GB 50074）、行业标准《海港总体设计规范》（JTS 165）、《河港工程总体设计规范》（JTJ 212）、《装卸油品码头防火设计规范》（JTJ 237）等，评价危险货物港口建设项目与已建的码头、桥梁、渡槽、生活用水取水口、水上水下危险化学品输送管道、水下光缆及电缆、水下隧道等公共设施的安全距离是否满足相关要求。

4.选址安全评价应根据国家标准《石油库设计规范》（GB 50074）、《石油化工企业设计防火规范》（GB 50160）等，评价危险货物港口建设项目与周边人口密集区域、重要交通与公共设施、水源、风景名胜及自然保护区、军事禁区、军事管理区以及法律、行政法规予以保护的其他区域的距离是否满足相关要求。

(二)总平面布置安全评价

1.总平面布置安全评价包括功能分区评价、码头泊位布置评价、水域布置评价、陆域布置评价、场区道路和铁路布置评价、生活区与生产区等之间的安全间距评价等内容，并符合国家有关标准的规定。

2.功能分区评价包括下列内容：

(1)分析危险货物港口建设项目各功能区布置合理性，并提出相关意见；

(2)风对港口作业过程中产生易燃、易爆和有毒气体的危险货物港口建设项目各功能区布置的影响。

3.码头泊位布置评价包括下列内容：

(1)码头前沿高程、前沿线方位角度、斜坡码头坡度是否合理，相邻泊位的船舶间距是否符合安全要求；

(2)码头泊位长度和宽度是否满足装卸作业需要，是否满足水平运输机械运转、车辆通行、人员应急逃生和船舶安全靠泊等要求；

(3)系缆墩、系船桩、靠船墩、护舷、工作平台、引桥和连接桥等是否满足作业安全要求；

(4)码头消防通道宽度及净空高度等是否满足消防要求。

4.水域布置评价包括以下内容：

(1)船舶回旋水域位置是否合理，回旋圆直径、底高程等是否满足设计船型的调头作业要求；

(2)码头前沿停泊水域宽度及底高程，港池宽度是否能够满足船舶安全靠泊要求；

(3)水域是否占用航道或对通航条件造成不利影响。

5.陆域布置评价包括下列内容：

（1）生产区、生产辅助区和生活区等是否按使用功能合理分区布置，是否满足工艺流程、作业组织、货物集疏运和人员应急疏散的要求；

（2）陆域高程、布置是否合理，堆场、道路是否符合排水要求；

（3）作业通道宽度和净空高度等是否符合国家有关标准的规定。

6.道路和铁路布置评价包括下列内容：

（1）道路及铁路线的布置是否符合便于组织集疏运，避免或减少相互干扰、平面交叉、路线折返、道路拥堵等原则；

（2）场区道路宽度、进出大门或闸口的宽度、净空高度、车道数、转弯半径等是否符合安全作业要求；

（3）道路集疏运量大的集装箱码头、件杂货码头等，道路布置是否符合消防要求；

（4）人员行走路线和车辆通行路线的布置是否符合安全作业要求。

7.总平面布置安全评价应根据国家标准《建筑设计防火规范》（GB 50016）、《石油库设计规范》（GB 50074）、行业标准《装卸油品码头防火设计规范》（JTJ 237）等，对危险货物装卸储运设施与周边有关设施的距离是否符合安全要求进行评价，主要包括下列设施：

（1）港口码头（泊位）、堆场、储罐（区）、仓库；

（2）居住区、村镇及重要公共建筑物；

（3）其他工业企业，尤其是危险货物的生产厂房、仓库或储罐；

（4）铁路、城市道路、高速公路、地铁线路及其相关设施；

（5）明火或散发火花地点、爆破作业场所；

（6）室外变配电站、加油站、加气站、锅炉房；

（7）架空电力线路或通信线路；

（8）其他相关设施。

8.总平面布置安全评价应根据国家标准《建筑设计防火规范》（GB 50016）、《石油库设计规范》（GB 50074）、《石油化工企业设计防火规范》（GB 50160）、行业标准《装卸油品码头防火设计规范》（JTJ 237）等，对危险货物装卸储运设施与建设项目内部的其他相关设施的距离是否符合安全要求进行评价，主要包括下列内容：

（1）危险货物装卸储运设施彼此之间的间距；

（2）危险货物装卸储运设施与办公区、休息室、宿舍区等生活设施之间的间距；

（3）危险货物装卸储运设施与变电所、加油站、加气站、锅炉房、机修车间等其他生产及辅助生产设施之间的间距。

9.油品、液体化工品和液化天然气码头平面布置安全评价包括下列内容：

（1）码头泊位与其他码头泊位的船舶间距是否满足防火间距要求；

（2）码头相邻泊位的船舶间距是否满足防火间距要求；

（3）码头泊位与锚地间距、与航道边线净距是否满足防火间距要求；

（4）码头泊位与明火和散发火花场所、陆上储罐、其他无关设施等间距是否满足防火间距要求。

10.石油库、石油储备库、液化烃储存库、液化天然气储存库、液体化工品储存库及储罐（区）应根据《石油库设计规范》（GB 50074）、《石油化工企业设计防火规范》（GB 50160）、《石油储备库

设计规范》(GB 50737)等国家有关标准,重点评价下列内容:

(1)库内建(构)筑物、设施(包括储罐、泵房、铁路装卸线、消防泵房、变电所、汽车装车站、明火或散发火花场所等)彼此之间的防火间距;

(2)罐组内储罐数量及总容量、布置形式及防火间距;

(3)防火堤有效容量、堤身高度、堤顶宽度、人行踏步设置;

(4)输送管道、油泵站、油品装卸设施、热力管道等布置;

(5)泄漏收集系统及排放系统等设置。

11.危险货物集装箱专用堆场的平面布置应满足国家有关标准的规定,主要包括下列内容:

(1)堆场四周隔离设施及消防通道设置;

(2)出入口及保安值班设施设置;

(3)箱区堆放布置;

(4)安全设备设施和相关标识设置。

(三)装卸储运工艺及设备设施安全评价

1.装卸储运工艺及设备设施安全评价包括工艺选取、设备选型、工艺布置、辅助工艺、设备设施等内容。

2.工艺选取安全评价应对工艺的安全性、可靠性和先进性进行综合评价,主要包括下列内容:

(1)工艺流程是否具有防止人员直接接触可能产生危险因素的设备、设施、货物的措施;

(2)工艺流程是否采用必要的机械化、自动化设备和计算机控制技术,是否使用国家明令禁止使用的、淘汰的落后生产工艺;

(3)危险因素显著的作业过程,是否采取必要的监控、检测、联锁、报警、急停、防护和排除及处理危险因素的工艺等。

3.设备选型和工艺布置安全评价包括下列内容:

(1)设备选型和工艺布置是否匹配;

(2)各个工艺环节之间是否匹配;

(3)工艺布置是否满足港口装卸储运的要求。

4.油品、液体化工品和液化天然气等危险货物港口建设项目应评价其工艺管道及阀门等附件是否满足输送物料对温度、压力及耐腐蚀的要求,工艺管道敷设及管廊架布置是否符合《石油库设计规范》(GB 50074)、《石油化工企业设计防火规范》(GB 50160)、《石油储备库设计规范》(GB 50737)等国家有关标准的规定。

5.有扫线、清罐、清洗、搅拌、加热、添加助剂等辅助工艺的危险货物港口建设项目,应评价辅助工艺本身的安全性和对主体装卸储运工艺安全的影响。

6.危险货物装卸储运设备设施安全评价应重点评价工艺系统中的关键安全设备,具体包括下列内容:

(1)油品、液体化工品和液化天然气码头或引桥、引堤根部的紧急切断装置设置;

(2)油品、液体化工品和液化天然气码头装卸臂的紧急脱离系统(ERS)设置;

(3)储罐附件的配备是否满足储罐安全运行的要求;

(4)储罐的结构形式是否满足储存介质所需的安全条件;

(5)泵及其安全设施配备是否满足输送介质所需的安全条件;

(6)装卸车设施及其安全设施配备是否满足装卸介质所需的安全条件;

（7）灌桶设施及其安全设施配备是否满足灌桶介质所需的安全条件。

（四）建（构）筑物及附属设施安全评价

1.建（构）筑物设计安全评价主要包括下列内容：

（1）设计耐火等级划分是否正确；

（2）安全等级划分是否正确；

（3）抗震设防烈度选择是否正确；

（4）防雷设计的符合性；

（5）建（构）筑物防洪、抗风设计的符合性。

2.陆域形成、地基处理及堆场铺面安全评价包括下列内容：

（1）陆域形成、地基处理是否符合行业标准《港口工程地基规范》（JTS147-1）的有关规定；

（2）储存介质密度不大于1000 kg/m³的原油、石化产品及其他类似液体的常压（包括微内压）立式圆筒形钢制储罐地基基础是否符合国家标准《钢制储罐地基基础设计规范》（GB 50473）的有关规定；

（3）堆场铺面是否符合行业标准《港口道路、堆场铺面设计与施工规范》（JTJ 296）的有关规定。

3.靠离泊作业安全评价应对自然条件、码头前沿水域等靠离泊影响因素进行分析。

4.附属设施安全评价包括下列内容：

（1）港口安全设施是否符合相关标准的有关规定；

（2）系船柱、系船环、快速脱缆钩、绞缆机、护舷、钢轨、车挡、埋设件、防风抗台装置、爬梯、阶梯、护轮坎、系网环、护栏、靠泊仪等附属设施是否符合《码头附属设施技术规范》（JTJ 297）的有关规定；

（3）装卸储运设备设施、变配电设施、建构筑物的防雷与接地是否符合《港口防雷与接地技术要求》（JT 556）的有关规定；

（4）油品、液体化工品和液化天然气码头设施的防静电措施是否符合《石油储备库设计规范》（GB 50737）、《装卸油品码头防火设计规范》（JTJ 237）的有关规定；

（5）石油库、石油储备库和液体化工品储存库的防静电措施是否符合国家标准《石油库设计规范》（GB 50074）的有关规定；

（6）液化烃储存库和液化天然气储存库的防静电措施是否符合国家标准《石油化工企业设计防火规范》（GB 50160）的有关规定；

（7）码头、港区道路、铁路交叉道口、有火灾爆炸危险的场所、以及易导致起重伤害、物体打击、机械伤害、高处坠落、急性中毒、车辆伤害和淹溺等伤亡事故场所的安全标志标识设置是否符合相关标准的有关规定。

（五）消防系统安全分析

1.消防系统安全分析包括消防设计、消防设施布置、消防器材配备、应急设备配置、水域和陆域消防依托力量和有效响应时间等内容。

2.生产及辅助生产建（构）筑物项目消防设计安全分析应分析火灾危险性分类、耐火等级、防火分区、安全疏散、消防车道设计、消防给水、应急设备配置和灭火设施设计等内容与《建筑设计防火规范》（GB 50016）规定的符合性。

3.危险货物港口建设项目的堆场消防设计安全分析应分析陆域消防车道设计、消防给水和灭火设施设计等内容与《建筑设计防火规范》（GB 50016）的规定的符合性。

4.油品、液体化工品、液化天然气港口建设项目消防设计安全分析应分析消防水、水幕系统、泡沫灭火系统、干粉灭火系统、消防设施和灭火器配置等内容的符合性。

5.装卸甲类油品的一级码头和液化天然气码头,应按《装卸油品码头防火设计规范》(JTJ 237)和《液化天然气码头设计规范》(JTS 165–5)的有关规定对其水域消防监护力量进行分析。

(六)供配电系统安全评价

1.供配电系统安全评价包括负荷分级、电源、供电系统等内容。

2.危险货物港口建设项目的供配电系统安全评价包括下列内容:

(1)供电负荷等级的选择是否合理;

(2)消防应急系统是否设有专用供电回路,是否在最末一级配电箱处设置自动切换装置;

(3)应急电源与正常电源之间是否采取防止并列运行的措施。

3.供配电系统安全评价应从安全角度对变配电设备设施、电缆敷设的基本安全状况进行评价,主要包括下列内容:

(1)变配电所是否接近负荷中心,是否避免设在有剧烈振动、多尘或有腐蚀性气体的场所;

(2)配电线路是否合理选用铜铝等材质的导体,在盐雾或腐蚀性气体严重的场所以及易燃、易爆的场所是否采用铜导线或铜芯电缆;

(3)海港危险货物港口建设项目的电缆敷设是否符合《海港总体设计规范》(JTS 165)的有关规定,河港危险货物港口建设项目的电缆敷设是否符合《河港工程总体设计规范》(JTJ 212)的有关规定。

4.有火灾爆炸危险的场所应评价爆炸和火灾危险区域的划分是否符合现行国家标准《爆炸危险环境电力装置设计规范》(GB 50058)的有关规定。

(七)其他主要配套及辅助生产设施安全评价

1.其他主要配套及辅助生产设施安全评价应对与危险货物港口建设项目生产安全密切相关的照明、通信、控制、给排水等系统或设施进行评价。

2.照明系统安全评价应对照明设置、照度设计及应急照明的安全状况进行评价,主要包括下列内容:

(1)照明设置位置是否妨碍装卸储运工艺及车辆通行;

(2)照度设计是否符合《建筑照明设计标准》(GB 50034)和《港口装卸区域照明照度及测量方法》(JT/T 557)的有关规定;

(3)消防控制室、消防泵房、自备发电机房、配电室以及发生火灾时仍需正常工作的场所是否设置应急照明,应急照明照度是否达到正常照明的照度,应急照明延续时间是否满足《石油库设计规范》(GB 50074)的有关规定。

3.通信系统安全评价应对电话系统、无线通信系统、监控系统、广播系统等进行评价,主要包括下列内容:

(1)通信系统是否能够安全、可靠地传递语言、数据、图像、文字等信息;

(2)出现紧急情况时,通信系统是否能够迅速及时地为应急救援和事故处理的指挥提供通信联络。

4.控制系统安全评价应对自动化控制系统、仪表和联锁控制系统、有毒和易燃易爆气体泄漏检测报警系统及火灾报警系统的设置及功能的符合性进行评价。

5. 给排水系统安全评价主要包括下列内容:

（1）油品、液体化工品、液化天然气港口建设项目排水系统设置；

（2）危险货物集装箱堆场周围的独立排水管、渠及污水收集设施设置；

（3）紧邻山地丘陵的危险货物港口建设项目，其排水设施是否满足排洪要求。

6.其他系统的安全评价主要包括下列内容：

（1）油品、液体化工品、液化天然气港口建设项目漏油及事故污水收集系统的设置是否满足《石油库设计规范》（GB 50074）、《化工建设项目环境保护设计规范》（GB 50483）及《港口工程环境保护设计规范》（JTS 149-1）的有关规定；

（2）油品、液体化工品、液化天然气港口建设项目供气（氮气、蒸汽、仪表风等）系统、保温系统的安全性是否符合国家有关标准的规定。

七、事故危险性评价

（一）火灾、爆炸危险性评价

1.油品、液体化工品、液化天然气港口建设项目宜采用道化学火灾爆炸指数分析法进行评价。道化学火灾爆炸指数分析法工艺单元的选择应将码头工艺设施和库区储存工艺设施分开。

2.具有燃烧和粉尘爆炸危险性的危险货物港口建设项目宜采用蒙德火灾爆炸毒性指数评价法进行评价。评价工艺单元应按工艺过程进行划分。

（二）泄漏扩散危险性评价

1. 装卸储运易燃、易爆、有毒液体或液化天然气的危险货物港口建设项目应进行泄漏扩散危害评价。

2. 进行泄漏扩散危害评价时，源项与扩散的计算应考虑下列情况：

（1）泄漏、释放；

（2）闪蒸和液池蒸发；

（3）扩散；

（4）火灾；

（5）爆炸。

3.选择源项和扩散的模型及相关计算条件的科学性应已得到试验数据验证或模型比较研究论证。

4.泄漏扩散危害评价的货种宜按下列原则选取：

（1）火灾危险性程度由高到低；

（2）毒性程度由高到低；

（3）装卸储运量由多到少。

5.泄漏事故场景的选择应考虑工艺设备、工艺条件、应急措施、事故案例和实际的运行环境等因素。事故规模可根据泄漏孔径大小选择完全破裂、局部破裂或小孔泄漏等。

6.过热液体泄漏的计算应考虑闪蒸的影响。当闪蒸比例大于0.2时，可不考虑形成液池。液池扩展应考虑地面粗糙度、障碍物以及液体收集系统等因素影响，当存在围堰、防护堤等拦蓄区，且泄漏的物质未溢出拦蓄区时，液池最大半径可取拦蓄区的等效半径。

7.计算扩散时，选择敏感风向或者常风向，应至少选择平均风速、平均气温、D类帕斯卡大气稳定度等气象条件。气象资料应选自评价对象附近有代表性的气象站。

8.有毒气体、热辐射和超压的暴露影响范围对应的浓度或强度可采用政府相关部门或行业协会发布的标准。

9.泄漏危险评价应结合危险货物港口建设项目总平面布置图,在图上标示出不同伤害和破坏程度影响的区域范围。

（三）重大危险源定量风险评价

安全预评价应按有关规定采用定量风险评价方法对构成重大危险源的危险货物港口建设项目的装卸、储存装置进行安全评估,确定个人和社会风险值,并评价其是否符合可容许风险值的有关标准。

（四）装卸作业伤亡事故危险性评价

1.集装箱、件杂货和散装危险货物港口建设项目安全预评价应开展装卸作业伤亡事故危险性评价。

2.装卸作业伤亡事故危险性评价包括下列内容:

（1）分析装卸作业系统中的主要危险作业岗位分布,评价危险作业岗位的危险性大小;

（2）评价危险作业岗位的伤亡事故类型及其分布,确定各危险作业岗位可能发生的主要伤亡事故类型的排列顺序。

3.装卸作业系统中的各危险作业岗位的危险性大小可采用作业条件危险性评价法（LEC）等进行评价。

4. 在确定危险作业岗位的基础上,安全预评价可采用专家系统评分法确定各危险作业岗位伤亡事故类型分布。

5.最易发生的伤亡事故类型应采用事故树分析法（FTA）评价。

（五）机损货损事故危险性评价

1. 集装箱、固体包装、件杂货和散装危险货物港口建设项目应开展机损货损事故危险性评价。

2. 机损货损事故危险性评价包括下列内容:

（1）对发生在船舱、码头前沿、道路、堆场等区域的机损、货损事故分布进行预测分析;

（2）对各类机械发生机损事故的分布进行预测分析;

（3）对机损货损事故致因进行预测分析。

3. 机损货损事故预测分析可采用统计分析法。

八、安全对策措施和建议

1.安全对策措施和建议应符合危险货物港口建设项目的实际,遵循针对性、可操作性和经济合理性的原则。

2. 安全对策措施和建议包括下列内容:

（1）列出工程可行性研究资料中提出的预防、控制、降低危险因素的安全对策措施和建议;

（2）根据建设方案评价结果,提出改进和完善评价对象建设方案的安全对策措施和建议,并列出安全对策措施和建议的依据;

（3）根据事故危险性评价结果提出预防、控制、降低事故风险的安全对策措施和建议;

（4）提出危险货物港口建设项目建成投产后的综合安全管理对策措施和建议。

九、评价结论

1.安全预评价结论包括下列内容：

(1)评价对象的危险因素辨识与分析结果；

(2)评价对象应重点防范的重大危险因素；

(3)重大危险源评价结果；

(4)各评价单元的评价结果；

(5)安全预评价总体结论。

2.安全预评价总体评价结论应明确评价对象的危险因素在采取安全对策措施后是否安全可控。

3.安全预评价总体评价结论应明确项目是否符合相关规划，是否满足国家有关法律法规、标准、规范的安全要求。

附录 A

危险货物港口建设项目安全预评价报告
文本格式

A.0.1 评价报告的基本格式要求

（1）封面；

（2）安全评价资质证书；

（3）著录项；

（4）前言；

（5）目录；

（6）正文；

（7）附件；

（8）附录。

A.0.2 规格

安全评价报告应采用A4幅面，左侧装订。

A.0.3 封面格式

A.0.3.1 封面的内容包括：

（1）委托单位名称；

（2）评价项目名称；

（3）标题；

（4）安全评价机构名称；

（5）安全评价机构资质证书编号；

（6）评价报告完成时间。

A.0.3.2 标题

标题应统一写为"安全预评价报告"。

A.0.3.3 封面样张

封面式样如图A.1所示。

委托单位名称（二号宋体加粗）

评价项目名称（二号宋体加粗）

安全预评价报告 （一号黑体加粗）

安全评价机构名称（二号宋体加粗）

安全评价机构资质证书编号（三号宋体加粗）

评价报告完成日期（三号宋体加粗）

图 A.1　封面式样

A.0.4 著录项格式

A.0.4.1 布局

安全评价机构法定代表人、评价项目组成员等著录项一般分两页布置。第一页署名安全评价机构的法定代表人、技术负责人、评价项目负责人等主要责任者姓名,下方为报告编制完成的日期及安全评价机构公章用章区;第二页为评价人员、各类技术专家以及其他有关责任者名单,评价人员和技术专家均应亲笔签名。

A.0.4.2 样张

著录项样张如图A.2和图A.3所示。

委托单位名称 （三号宋体加粗）

评价项目名称 （三号宋体加粗）

安全预评价报告 （二号宋体加粗）

法 定 代 表 人：（四号宋体加粗）

技 术 负 责 人：（四号宋体加粗）

评价项目负责人：（四号宋体加粗）

评价报告完成日期 （小四号宋体加粗）

（安全评价机构公章）

图 A.2　著录项首页样张

评 价 人 员（三号宋体加粗）

	姓　名	资格证书号	从业登记编号	签　字
项目负责人				
项目组成员				
报告编制人				
报告审核人				
过程控制负责人				
技术负责人				

（此表应根据具体项目实际参与人数编制）

技术专家

姓　名　　　　　签　字

（列出各类技术专家名单）

（以上全部用小四号宋体）

图 A.3　著录项次页样张

A.0.5 正文格式

（1）编制说明；

（2）建设单位及建设项目概况；

（3）危险因素辨识与分析；

（4）评价单元划分和评价方法选择；

（5）建设方案安全评价；

（6）事故危险性评价；

（7）安全对策措施和建议；

（8）评价结论。

附录 B

资料搜集清单

B.0.1 　相关法律、法规、部门规章、文件以及标准、规范。

B.0.2 　建设依据

B.0.2.1 　港口规划相关资料；

B.0.2.2 　港口建设项目立项批准文件。

B.0.3 　危险货物港口建设项目工程资料

B.0.3.1 　工程可行性研究资料；

B.0.3.2 　经设计人员签字、盖章的图纸资料；

B.0.3.3 　防洪评估资料和航道资料；

B.0.4 　评价装卸、储运货种的理化性质等参数有关资料。

B.0.5 　其他可用于安全预评价的资料。

危险货物港口建设项目安全验收评价指南

（交办水〔2018〕25号）

一、范围

本指南规定了危险货物港口建设项目安全验收评价（以下简称安全验收评价）的基本要求、前期准备、危险因素辨识与分析、安全技术状况评价、安全生产管理状况评价、安全设施"三同时"落实情况评价、事故危险性评价、隐患整改意见及安全对策措施、评价结论等相关要求，以规范指导安全评价机构和有关单位开展安全验收评价工作。

本指南适用于新建、改建和扩建危险货物港口建设项目的安全验收评价工作。

二、术语和定义

下列术语和定义适用于本指南。

（一）危险货物港口建设项目

新建、改建和扩建储存、装卸危险货物的港口建设项目。

（二）事故危险性评价

运用科学的安全评价方法，预测危险货物港口建设项目建成投产后事故状态下的人员伤亡、设备损坏、泄漏扩散、火灾爆炸等事故危险的程度。

（三）港口安全设施

在港口生产经营活动中用于预防、控制、减少与消除事故影响采用的设备、设施、装备及其他技术措施的总称。

三、基本要求

（一）评价程序

安全验收评价的程序包括前期准备，辨识与分析危险因素，划分评价单元，选择评价方法，定性定量评价，提出安全对策措施和建议，作出安全验收评价结论，编制安全验收评价报告等。安全验收评价程序框图见下图。

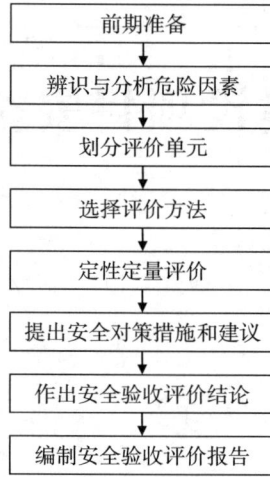

前期准备
↓
辨识与分析危险因素
↓
划分评价单元
↓
选择评价方法
↓
定性定量评价
↓
提出安全对策措施和建议
↓
作出安全验收评价结论
↓
编制安全验收评价报告

安全验收评价程序框图

（二）评价依据

安全验收评价应有明确、充分的评价依据，主要包括下列内容：

1.项目审批（核准、备案）文件；

2.有关法律法规、规章及规范性文件；

3.有关标准规范；

4.安全验收评价合同（或委托书）；

5.项目安全条件审查和安全设施设计审查决定，以及通过审查的项目安全预评价报告、安全设施设计专篇，交工验收资料；

6.工程质量鉴定报告、特种设备监督检验报告、强制检定设备检定合格证、防雷防静电检测报告等相关的鉴定、检验和检测报告；

7.项目其他相关文件。

（三）评价范围

1.安全验收评价应明确评价范围。评价范围根据评价依据确定，一般包括地域范围、作业方式和货种范围。

2.安全验收评价的地域范围包括项目所含陆域和水域范围，包括码头及引桥、前沿船舶停泊水域和回旋水域、陆上存储及装卸区域、生产与生活辅助区等。

3.对于从事集装箱和其他包装危险货物作业的项目，安全验收评价应明确作业危险货物的类别和项别；对于从事其他类型危险货物作业的项目，安全验收评价应明确作业危险货物的品名。

（四）评价内容

安全验收评价内容包括危险因素的辨识与分析、安全技术状况与安全生产管理状况评价、安全设施"三同时"落实情况评价、事故危险性评价、隐患整改意见及安全对策措施、评价结论等。

（五）评价单元

安全验收评价应根据评价依据和评价范围、项目安全特点及危险因素类别等划分评价单元，并根据需要划分评价子单元。评价单元包括安全技术状况评价、安全生产管理状况评价、安全设施"三同时"落实情况评价及事故危险性评价。评价单元和子单元的划分可参考下表。

评价单元划分表

评价单元	评价子单元
安全技术状况评价	总平面布置安全评价 装卸储运工艺及设备设施安全评价 建（构）筑物安全评价 消防安全分析 供配电系统安全评价 其他主要配套及辅助生产设施安全评价
安全生产管理状况评价	安全生产管理机构评价 安全生产管理制度评价 安全生产教育培训评价 应急救援体系评价
安全设施"三同时"落实情况评价	安全设施"三同时"落实情况评价
事故危险性评价	火灾、爆炸危险性评价 泄漏扩散危险性评价 重大危险源定量风险评价

（六）评价方法

1.安全验收评价应根据评价目的、要求和评价对象的特点选择适用的定性和定量评价方法。评价方法的选择应符合充分性、适用性、系统性、针对性和合理性原则。

2.可采用的评价方法包括安全检查表法（SCL）、故障类型和影响分析法（FMEA）、故障假设分析法、专家系统评分法或统计分析法、概率风险评价法（PRA）、事故后果计算法、事故树分析法（FTA）、事件树分析法（ETA）、危险指数评价法和事故模型模拟方法等。

3.对构成港口危险货物重大危险源的储存设施或场所，安全验收评价应按有关规定采用定量风险评价方法确定其个人和社会风险值。

（七）安全验收评价报告

1.安全验收评价报告包括前言、编制说明、建设项目概况、危险因素辨识与分析、评价单元划分和评价方法选择、安全技术状况评价、安全生产管理状况评价、安全设施"三同时"落实情况评价、事故危险性评价、隐患整改意见及安全对策措施、评价结论。安全验收评价报告文本格式参见附录A。

2.安全验收评价报告文字应简洁、准确，报告中应采用必要的图、表和工程现场照片等，评价结论应清晰、明确。

四、前期准备

（一）资料收集

开展安全验收评价前应搜集的资料包括有关国际公约、法律法规、规章、规范性文件和标准规范，以及项目相关技术资料等。安全验收评价资料搜集清单参见附录B。

（二）周边环境调查

1.安全验收评价应对项目周边环境开展调查，通过调查掌握在安全方面可能受到项目影响的场所、生产生活设施及建（构）筑物的性质、用途、距离等情况。重点调查的对象包括：

（1）各类人员密集场所（如客运站、居民区、学校等）；

（2）重要交通设施（如公路、铁路线路、码头、车站、桥梁等）；

（3）公共设施（如饮用水源、渡槽、生活用水取水口等）；

（4）风景名胜及自然保护区；

（5）水上水下危险货物输送管道；

（6）其他应予保护的场所、生产生活设施及建（构）筑物等。

2.安全验收评价应对周边可能影响危险货物港口建设项目安全运行的场所、生产生活设施及建（构）筑物的性质、用途、距离等情况进行调查。重点调查的对象包括：

（1）生产、存储、使用、经营、运输危险货物（危险化学品）的场所和设施；

（2）明火、散发火花的场所；

（3）爆破作业等危险性作业场所；

（4）变配电站及架空电力线路；

（5）各类重大危险源；

（6）其他可能构成安全威胁和影响的场所、设施、区域。

3.安全验收评价应对项目供电、供水、供气、通信、交通和集疏运等外部依托条件，以及项目所处区域消防、医疗急救等条件进行调查。

（三）建设项目现场调查

1.危险货物港口建设项目现场调查可采取现场检查、资料查验、测量检测、询问调查等形式。

2.现场检查的内容包括建设项目平面布置、装卸储运工艺和设备设施、建（构）筑物、消防设施、主要配套及辅助生产设施、安全设施，以及现场安全生产管理状况等。

五、危险因素辨识与分析

危险因素辨识与分析应根据项目作业货种、周边环境、平面布置、装卸储运工艺及设备设施，以及作业环境、场所特点或功能分布等，进行项目危险因素辨识与分析，列出存在的主要危险因素以及其分布情况，并对照安全预评价报告辨识分析并列出的危险因素，判断预评价给出的辨识分析结果是否科学、全面，有无变化和遗漏。

危险因素辨识与分析内容包括但不限于以下内容：

（一）全面辨识分析

结合国家标准《生产过程危险和有害因素分类与代码》（GB/T 13861）等，从人的因素、物的因素、环境因素和安全管理因素四个方面进行辨识分析。

（二）作业人员伤亡事故危险因素辨识分析

结合国家标准《企业职工伤亡事故分类标准》（GB 6441）对作业人员伤亡事故危险进行辨识分析。

（三）事故案例分析

可选用适当的事故案例并结合案例进行分析，选用的事故案例应与评价对象具有相似性和类比性，对评价对象有借鉴和警示作用。

（四）重点辨识分析

重点对危险货物装卸储运过程中可能出现的泄漏、火灾、爆炸等事故以及人员中毒窒息、化学灼伤、低温冻伤和高温灼烫等事故危险因素进行辨识分析。

（五）货种危险特性辨识分析

重点对作业货种的危险特性进行辨识分析，主要包括：

1.列表说明项目涉及的危险货物品名、编号及分类,及主要理化指标、燃烧爆炸特性指标、健康危害指标等特性参数,并说明数据来源。在此基础上对货种的危险特性进行辨识分析。明确危险货物类别或项别,并对该类别或项别货物危险特性进行辨识分析。

2.分析项目作业过程中涉及具有爆炸性、可燃性、毒性、腐蚀性的危险货物数量、所在的单元及其状态(温度、压力、相态等)。

3.说明项目涉及剧毒化学品、易制毒化学品、易制爆化学品、监控化学品、重点监管的危险化学品等情况。

4.对于内河港口码头类建设项目,辨识分析项目是否涉及内河禁运危险化学品。

5.对于危险货物集装箱和包装危险货物,按危险货物类别(或项别)进行分析;但对于具有高度易燃、易爆、剧毒危险特性的主要作业货种,应对其危险特性进行重点辨识分析。对于其他类型危险货物,按具体品种进行危险特性的辨识分析。

（六）重大危险源辨识分析

安全验收评价应对港口危险货物重大危险源进行辨识与分级。重大危险源的辨识与分级应符合国家有关法规、规章及国家标准《危险化学品重大危险源辨识》(GB 18218)等的有关规定。

六、安全技术状况评价

安全技术状况评价主要包括总平面布置安全评价、装卸储运工艺及设备设施安全评价、建(构)筑物安全评价、消防安全分析、供配电系统安全评价,以及其他主要配套及辅助生产设施安全评价等内容。

（一）总平面布置安全评价

总平面布置安全评价包括对码头泊位及水域、陆域平面布置、项目与周边设施的安全距离、项目内部设施间的安全距离、消防通道等的评价。

1.码头泊位布置安全评价。

码头泊位布置安全评价包括下列内容:

(1)码头前沿高程、前沿线方位角、相邻泊位的船舶间距等是否符合安全要求;

(2)码头泊位长度和宽度是否满足船舶安全靠泊及装卸作业需要,且是否满足水平运输机械运转、车辆通行、人员应急逃生等安全要求;

(3)系缆墩、靠船墩、工作平台、引桥、连接桥等的布置是否符合作业安全要求;

(4)消防通道是否畅通,其净宽、净空高度、转弯半径是否符合要求等。

2.水域布置安全评价。

水域布置安全评价包括下列内容:

(1)船舶回旋水域位置、回旋圆直径、底高程等是否满足设计船型的调头作业要求;

(2)码头前沿停泊水域宽度、底高程、港池宽度等是否满足船舶安全靠泊要求;

(3)水域是否占用航道或对通航条件造成不利影响等。

3.陆域平面布置安全评价。

陆域平面布置安全评价包括下列内容:

(1)储存区、装卸作业区、辅助作业区和生活区等功能分区设置是否安全合理,满足工艺流程、作业组织、货物集疏运和人员应急疏散要求;

(2)陆域高程布置是否合理,满足防止流淌火及排涝等要求;

（3）作业通道、消防车道的宽度和净空高度、转弯半径等是否符合安全要求；

（4）道路、铁路布置是否符合便于组织集疏运，避免或减少相互干扰、平面交叉、路线折返、道路拥堵；道路集疏运量大的集装箱码头的道路布置是否符合单向环形设置要求等。

（5）道路宽度及进出大门或闸口的宽度、净空高度、车道数等是否符合安全要求等。

4.项目与周边设施安全距离评价。

根据国家标准《建筑设计防火规范》（GB 50016）、《石油库设计规范》（GB 50074）及行业标准《装卸油品码头防火设计规范》（JTJ 237）等，对危险货物装卸储运设施与项目周边有关设施的距离是否符合安全要求进行评价，主要评价对象包括下列设施：

（1）居住区等人口密集区域、重要公共建筑物；

（2）港口码头（泊位）、堆场、储罐（区）、仓库；

（3）其他工业企业，尤其是危险物品的生产、储存、经营等作业场所；

（4）铁路、城市道路、高速公路、地铁线路及其相关设施；

（5）明火或散发火花地点、爆破作业场所；

（6）室外变配电站，加油站、加气站，锅炉房；

（7）架空电力线路或通信线路；

（8）其他相关设施。

5.项目内部设施间的安全距离评价。

根据国家标准《建筑设计防火规范》（GB 50016）、《石油库设计规范》（GB 50074）、《石油化工企业设计防火规范》（GB 50160）及行业标准《装卸油品码头防火设计规范》（JTJ 237）等，对危险货物装卸储运设施与项目内部相关设施的距离是否符合安全要求进行评价，主要评价内容包括：

（1）危险货物装卸储运设施彼此之间的间距；

（2）危险货物装卸储运设施与办公区、休息室、宿舍区等生活设施之间的间距；

（3）危险货物装卸储运设施与变电所、加油站、加气站、锅炉房、机修车间等其他生产及辅助生产设施之间的间距。

6.石油化工码头平面布置安全评价。

对于油品码头、液体化工品码头和液化天然气码头，应根据行业标准《海港总体设计规范》（JTS 165）、《河港工程总体设计规范》（JTJ 212）、《装卸油品码头防火设计规范》（JTJ 237）、《液化天然气码头设计规范》（JTS 165-5）等的有关规定，重点评价码头泊位与下列设施、场所的距离是否符合防火间距要求：

（1）周边其他码头、泊位；

（2）本码头相邻泊位；

（3）锚地、航道边线；

（4）明火和散发火花场所；

（5）陆上储罐；

（6）陆上与装卸作业无关的其他设施。

7. 石油化工库区平面布置安全评价。

对于石油库、石油储备库、液化烃储存库、液化天然气储存库、液体化工品储存库及储罐（区），应根据国家标准《石油库设计规范》（GB 50074）、《石油化工企业设计防火规范》（GB 50160）、《石油储备库设计规范》（GB 50737）等的有关规定，重点评价下列内容：

（1）库区与库外居住区、公共建筑物、工矿企业、公路铁路线、架空线路、爆破作业场地、相邻石油库及石化企业、重要物品仓库等的安全距离；

（2）库区与本企业建（构）筑物、本企业道路铁路线等的安全距离；

（3）库内建（构）筑物、设施（包括储罐与泵房、汽车槽车装卸设施、铁路罐车装卸设施、装卸码头、消防车库、消防泵房、变配电间、办公场所、明火或散发火花场所等）彼此之间的防火距离；

（4）罐组内储罐数量及总容量、布置形式及其防火距离；

（5）防火堤有效容量、堤身高度、堤顶宽度、人行踏步设置；

（6）输送管道、油泵站、油品装卸设施、热力管道等的布置；

（7）爆炸危险区域的等级与范围的划分、有毒和可燃气体检测报警器的布置等。

8.港口危险货物集装箱堆场平面布置安全评价。

对于港口危险货物集装箱堆场，应根据国家标准《建筑设计防火规范》及行业标准《海港总体设计规范》（JTS 165）、《河港工程总体设计规范》（JTJ 212）等，重点评价下列内容：

（1）堆场与周边居住区、公共建筑物、工矿企业、公路铁路线、架空线路、爆破作业场地、其他危险货物作业场所等的安全距离；

（2）各类危险货物集装箱的箱区布置、应急处置场所及事故污水收集设施的设置；

（3）堆场周界封闭措施、出入口及值班室的设置；

（4）消防车道的设置；

（5）堆场面层形式、完整性及其防渗措施等。

（二）装卸储运工艺及设备设施安全评价

装卸储运工艺及设备设施安全评价包括对装卸储运工艺、装卸储运设备设施、主要辅助工艺等的评价。

1.装卸储运工艺安全评价。

危险货物装卸储运工艺安全评价主要包括下列内容：

（1）工艺流程是否具有防止人员直接接触可能产生危险因素的设备、设施、货物的措施；

（2）工艺流程是否采用必要的机械化、自动化设备和计算机控制技术，是否使用国家明令淘汰、禁止使用的生产工艺；

（3）危险因素显著的作业过程，是否采取必要的监控、检测、联锁、报警、急停、防止和排除及处理危险因素的工艺等。

2.装卸储运设备设施安全评价。

危险货物装卸储运设备设施安全评价主要包括下列内容：

（1）特种设备与强制检定设备是否经过检验或检定合格，检验检定报告或检验检定合格证是否处于有效期；

（2）其他主要设备是否有出厂合格证，处于设计使用年限；是否使用国家明令淘汰和禁止使用的生产工艺装备；

（3）设备主要安全设施、安全装置是否完备有效，配置数量是否充分；

（4）主要装卸储运设备参数、选型是否相匹配及符合安全要求；

（5）机械设备、车辆的运行路线与港区建筑物、其他设备、管道、架空电线和电缆间安全距离是否符合要求等。

3.油品、液体化工品和液化气装卸储运工艺及设备安全评价。

油品、液体化工品和液化气装卸储运工艺及设备安全评价应根据国家标准《油码头安全技术基本要求》（GB 16994）、《油船油码头安全作业规程》（GB 18434）及行业标准《装卸油品码头防火设计规范》（JTJ 237）、《液化天然气码头设计规范》（JTS 165-5）等的有关规定，重点评价下列内容：

（1）装卸储运工艺的安全适用性，主要设备的选型、材料、尺寸、规格等设计参数指标等与防火防爆、防泄漏及与防腐蚀性等安全要求的符合情况；

（2）码头与库区、装卸站台等储运系统的功能匹配衔接的安全合理性；

（3）工艺切断阀的设置及其操控方式；

（4）扫线、放空、伴热、保温、计量、管线补偿、管线等辅助工艺及设备的安全性；

（5）控制系统的超限保护报警、紧急制动和防止误操作等功能；

（6）仪表和联锁控制系统、有毒和可燃气体检测报警系统；

（7）压力容器、管道等特种设备及其安全附件，强制检定设备的检验报告、检定记录有效性。

4.危险货物集装箱装卸堆存工艺及设备安全评价。

危险货物集装箱装卸堆存工艺及设备安全评价应根据国家标准《集装箱港口装卸作业安全规程》（GB 11602）及行业标准《危险货物集装箱港口作业安全规程》（JT 397）等的有关规定，重点评价下列内容：

（1）作业地带、车辆通道、堆场箱位箱区等工艺布置，堆存货物的分类分区、隔离，以及道路交通组织、进出港闸口设置与装卸堆存和集疏运安全要求的符合情况等；

（2）主要装卸机械设备的机型、安全性能和主要参数的匹配与安全合理性；

（3）大型装卸机械设备防风、锚定、报警等主要安全设施技术状况。

5.装卸机械设备安全评价。

起重机械设备安全评价除查验特种设备监督检验报告和检验合格证外，还需根据国家标准《起重机械安全规程》（GB 6067）等的有关规定，对司机室、通道平台、直梯、斜梯、栏杆、电气保护、机械安全防护、联锁防护、车档和防风安全设施等基本安全技术状况进行评价。

对其他装卸机械设备，通过查验设备的出厂合格证明或安装调试记录，对设备启动报警信号、紧急停车、行程限位、过载保护、运动部件隔离防护、电气防护与接地、防风安全设施等基本安全技术状况进行评价。

（三）建（构）筑物安全评价

1.建（构）筑物安全评价主要通过查验项目的有关工程技术文件进行评价，相关文件包括安全设施设计及各分项、分部和单位工程的交工验收和质量鉴定文件，必要时可查验工程施工和监理记录等。

浮码头工程的建（构）筑物有关技术文件包括趸船船舶检验合格证书、系留设施的出厂合格证等。

2.建（构）筑物安全评价应对建（构）筑物有无明显的损坏、变形、裂缝、沉降、位移等外观质量缺陷问题进行现场检查。

3.对于仓库等建筑物，应结合储存货种和火灾危险性分类，根据《建筑设计防火规范》（GB 50016）、《危险化学品经营企业开业条件和技术要求》（GB 18265）等国家相关标准对其内外部安全距离、结构型式、火灾危险性类别与耐火等级、库房布局、层数与防火分区设置、防火门、防爆泄压、安全疏散等设施进行评价。

（四）消防安全分析

1.消防安全分析包括查验项目消防验收意见或备案证明,并对项目消防设施的基本情况进行分析,主要分析内容包括:

(1)消防设施与安全设施设计的符合性;

(2)主要消防设施的完好可用性;

(3)水域和陆域消防依托力量情况等。

2.消防设施的符合性分析应根据国家标准《固定消防炮灭火系统设计规范》(GB 50338)、《消防给水及消火栓技术规范》(GB 50974)、《火灾自动报警系统设计规范》(GB 50116)、《石油库设计规范》(GB 50074)、《石油化工企业设计防火规范》(GB 50160)及行业标准《装卸油品码头防火设计规范》(JTJ 237)等,对下列主要内容的符合性进行分析:

(1)消防水源、灭火方式、灭火系统的选择;

(2)消防炮、室内外消火栓、自动灭火系统(如自动喷水灭火系统、水幕系统)等的布置,灭火剂的种类和储备数量;

(3)消防给水压力和消防用水量,消防管网的布置,消防泵的配备;

(4)消防泵房(包括泵站及泡沫站等)、消防控制室的布置及其耐火等级、疏散出口的设置,应急照明持续时间等;

(5)主要作业场所灭火器材的配置,消防车的配备与到达时间;

(6)火灾自动报警系统及报警装置、火灾联动控制系统的设置;

(7)防烟排烟设施设置等。

3.主要消防设施的完好可用性分析主要包括下列内容:

(1)灭火系统是否经过调试合格,能否正常运行;

(2)火灾自动报警及联动控制系统能否清楚、正常显示,能否准确动作并控制联动设备的启停运转;

(3)主要火灾危险场所的灭火器材是否处于使用有效期;

(4)消防电源、应急照明和疏散指示等是否正常可用;

(5)水泵接合器、室外消火栓等室外消防设施是否位置合理,并设有明显标志等。

4.水域和陆域消防依托力量情况分析,主要是根据国家标准《石油库设计规范》(GB 50074)、《石油化工企业防火设计规范》(GB 50160)及行业标准《装卸油品码头防火设计规范》(JTJ 237)、《液化天然气码头设计规范》(JTS 165-5)等分析下列内容:

(1)周边水域和陆域消防站及其主要配备情况;

(2)装卸油品码头、液化天然气码头作业期间的消防监护条件等。

(五)供配电系统安全评价

1.供配电系统安全评价包括查验电气设备交接试验报告,并根据国家标准《供配电系统设计规范》(GB 50052)等的有关规定,对生产作业及消防设备供电负荷、变配电间及变配电设备的设置、电气安全防护设施等进行评价。

2.供配电系统安全评价应对生产作业、消防设备用电是否符合供电负荷等级要求,以及自备电源或发电设备情况进行评价。

3.供配电系统安全评价应对变配电设备设施的基本安全状况进行评价,主要包括下列内容:

(1)变配电间的位置及设置,变配电间隔墙形式及材料,门窗设置形式、位置,门窗防护措施,地坪高度;

（2）变配电间变压器、开关柜等主要电气设备是否为专业厂家生产的产品并经出厂检验合格和电气试验合格；

（3）电力电缆是否经出厂检验合格，选型、敷设方式是否符合安全要求，电缆贯穿隔墙、楼板的孔洞处是否实施阻火封堵；

（4）配电装置的电气安全净距是否充分，火灾报警及消防器材、应急照明、安全操作警示标志、安全疏散指示标志、维修配件等是否齐全；

（5）低压配电接地系统形式；

（6）事故应急电源的设置。

4.供配电系统安全评价应对作业场所电气安全防护设施和措施进行评价，主要包括下列内容：

（1）爆炸危险环境电力装置是否符合国家标准《爆炸危险环境电力装置设计规范》（GB 50058）的有关规定；

（2）电缆的敷设方式、电缆与输送管道的间距、电缆沟的填充是否满足要求，电缆桥架或保护钢管的完好性；

（3）事故应急照明照度，应急照明延续时间、信息系统等所使用的应急电源是否满足要求等。

（六）其他主要配套及辅助生产设施安全评价

其他主要配套及辅助生产设施安全评价包括对与项目生产安全密切相关的给排水、照明、通信、控制、危险货物作业信息管理、供气、加油（气）站等系统或设施，以及其他相关设施与生产依托条件进行评价。

1.给排水系统安全评价。

给排水系统安全评价主要包括下列内容：

（1）石油库罐区含油污水的排放设施，水封井、隔油池等设施的设置；

（2）危险货物集装箱堆场喷淋降温用水水源、水泵及供水管道条件，排水管沟及事故污水收集设施的设置；

（3）易燃易爆危险货物泄漏物及应急处置废液收集所采用的潜污泵等的电气防爆等级等。

2.照明设施安全评价。

照明设施安全评价主要包括下列内容：

（1）作业场所照明照度；

（2）爆炸危险场所照明设施及线路的电气防爆等级等。

3.通信系统安全评价。

通信系统安全评价主要包括下列内容：

（1）火灾报警电话、专用受警录音电话、船岸通信设备、广播系统等通信设备设施配备情况；

（2）爆炸危险环境使用的通信设备的电气防爆等级等。

4.控制系统安全评价。

控制系统安全评价主要包括下列内容：

（1）控制系统主要软硬件设备配备的安全、稳定、可靠性；

（2）爆炸危险环境使用的控制系统设备的电气防爆等级等。

（3）安全仪表系统是否正常工作，实现显示、事件记录、报警及联锁动作。

5.安全验收评价应对危险货物港口经营人是否建立危险货物作业信息系统，实时记录危险货物作业基础数据，包括作业的危险货物种类及数量、储存地点、理化特性、货主信息、安全和应急措施等，及在作业场所外异地备份的情况进行评价。

6.对于油品、液体化工品港口建设项目，应按国家标准《石油库设计规范》（GB 50074）等的有关规定，对泄漏及事故污水收集系统的布置、事故收集池容量等是否满足安全要求进行评价。

7.安全验收评价应按国家标准《压力管道规范》（GB/T 20801）等的有关规定，对装卸工艺系统保温、加热等所用的蒸汽供气系统管道、扫线用压缩气体管道等设施进行评价。

8.港区加油站、加气站应按国家标准《汽车加油加气站设计与施工规范》（GB 50156）等的有关规定进行评价。

9.对液化天然气码头建设项目，应根据行业标准《液化天然气码头设计规范》（JTS 165-5）有关规定，对配备或可租用的拖轮的数量和单船功率是否符合要求进行评价。

10.危险货物港口建设项目依托原有装卸储运条件或原有生产辅助设施的，应对依托条件是否安全可靠进行评价。

七、安全生产管理状况评价

（一）经营单位安全生产管理机构评价

1.安全验收评价应对项目经营单位设置安全生产管理机构和配备专职安全生产管理人员的情况进行评价。

2.安全验收评价应对储存剧毒化学品、易制爆危险化学品的危险货物港口建设项目的经营单位设置治安保卫机构和配备专职治安保卫人员的情况进行评价。

（二）安全生产管理制度评价

1.安全验收评价应对项目经营单位建立健全安全生产责任制、安全生产规章制度及操作规程的情况进行评价，主要评价下列内容：

（1）安全生产责任制关于各岗位的责任人员、责任范围和考核标准等内容是否明确，以及是否建立了安全生产责任制落实情况的监督考核机制；

（2）安全生产规章制度是否齐全，符合项目安全生产工作实际；

（3）安全操作规程是否齐全，符合项目危险货物装卸储运工艺及有关岗位的安全特点。

2.安全生产管理制度评价应根据项目实际，重点对项目经营单位建立和执行下列安全生产规章制度的情况进行评价：

（1）安全教育培训制度；

（2）消防安全制度；

（3）生产安全事故隐患排查治理制度；

（4）安全生产费用提取管理使用制度；

（5）重大危险源安全管理规章制度；

（6）危险货物出入库核查、登记制度；

（7）剧毒化学品（及储存数量构成重大危险源的其他危险货物）的双人收发保管制度；

（8）特种设备（岗位责任、隐患治理、应急救援）安全管理制度等。

3.安全生产管理制度评价应根据项目实际，对项目经营单位建立和执行包含下列有关内容的安全生产规章制度的情况进行评价：

（1）安全生产例会；

（2）工艺及其变更管理；

（3）设备安全管理；

（4）劳动防护用品管理；

（5）开停车管理；

（6）电气安全管理；

（7）公用工程管理；

（8）检维修安全管理（特别是动火作业、临时用电作业、受限空间作业、高处作业、破土施工作业等）；

（9）安全检查与值班管理；

（10）防火防爆、防尘毒、防泄漏管理；

（11）港区交通安全管理；

（12）关键装置与重点部位管理；

（13）危险化学品使用管理；

（14）安全投入；

（15）承包商和劳务用工管理等。

（三）安全生产教育培训评价

1.安全验收评价应对项目经营单位开展安全生产教育培训工作情况进行评价，主要包括下列内容：

（1）安全生产教育和培训计划的制定和实施；

（2）安全生产教育和培训的组织和档案记录；

（3）从业人员取得相应资格和上岗作业的情况；

（4）从业人员掌握安全知识、专业技术、职业卫生防护和应急救援知识的情况。

2.安全生产教育培训评价应重点对下列人员参加安全生产培训，通过考核或取得从业资格，以及参加继续教育等情况进行评价：

（1）危险货物装卸储存单位的主要负责人和安全生产管理人员通过管理部门安全生产知识和管理能力考核的情况；

（2）危险化学品装卸管理人员参加安全培训和考核，取得危险化学品水路运输从业资格证书的情况；

（3）特种作业人员、特种设备作业人员及特种设备管理人员经专门的安全作业培训，取得相应资格上岗作业情况。

（四）应急救援体系评价

1.安全验收评价应对项目经营单位的应急救援体系进行评价，主要包括下列内容：

（1）事故应急预案的制定与备案；

（2）应急救援组织的建立、应急救援人员的配备；

（3）应急设备设施的配备；

（4）事故应急救援培训和演习演练等。

2. 针对危险货物港口建设项目的事故应急预案，重点评价下列内容：

（1）预案体系构成的完整性；

（2）预案的危险源辨识与分析是否准确充分、应急组织机构与职责是否明确、信息报告与处置流程是否得当，应急响应程序与处置技术是否科学合理等；

（3）应急预案按有关规定向有关主管部门备案情况。

八、安全设施"三同时"落实情况评价

1.安全验收评价应根据"三同时"的要求,对项目安全设施的落实情况进行评价,评价主要包括下列内容:

（1）项目安全预评价报告提出的主要安全设施及相应安全对策措施的落实情况;

（2）项目安全设施设计中提出的主要安全设施及相应安全对策措施的落实情况。

2.安全设施"三同时"落实情况评价方法应采用安全检查表法。

3.安全设施"三同时"落实情况评价涉及的港口安全设施主要包括下列内容:

（1）危险货物装卸储运工艺系统本身的安全设施;

（2）码头附属设施;

（3）导助航/辅助靠泊设施;

（4）库场安全设施;

（5）防风设施;

（6）防雷、接地和防静电设施;

（7）安全标志标识;

（8）个体防护设备设施;

（9）防爆泄压设施;

（10）应急器材设施等。

4.码头附属设施的安全评价主要根据行业标准《码头附属设施技术规范》（JTJ 297）等对下列内容进行评价:

（1）系船设施规格、布置间距,靠泊辅助装置、油品码头快速脱缆装置的设置等;

（2）护舷型式、规格、布置间距等;

（3）护轮坎的高度、底宽、布置的连续性、排水孔设置及封堵情况、表面标志涂色等;

（4）护栏设置是否充分,以及其形式、高度、立柱间距等。

5.防雷、接地与防静电设施评价除查验有关检测报告外,还应按照国家标准《建筑物防雷设计规范》（GB 50057）、行业标准《港口防雷与接地技术要求》（JT 556）等的有关规定,现场检查防雷接地、防静电设施布置的情况。

6.安全标志标识类设备设施评价应根据国家标准《安全色》（GB 2893）、《安全标志及其使用导则》（GB 2894）、《道路交通标志和标线》（GB 5768）及《起重机械安全标志和危险图形符号总则》（GB 15052）等的有关规定,对下列内容进行评价:

（1）各类危险因素存在的场所、设备与设施的安全标志设置的充分性、正确性与适用性;

（2）安全标志是否位置明显、完整、清晰、无损坏、便于辨识。

7.从业人员个体防护装备评价包括对防护器材和用品的配备、发放、使用管理以及其经法定检验、检测情况进行评价。

九、事故危险性评价

（一）火灾、爆炸危险性评价

1.装卸储运易燃、易爆液体或液化气体危险货物的港口建设项目应进行火灾、爆炸危险性评

价。

2.火灾、爆炸危险性评价可采用火灾爆炸指数法、伤害和破坏范围评价法、概率风险评价法、定量风险分析方法等。

3.采用火灾爆炸指数评价法进行评价、选择工艺单元时，应将码头工艺设施和库区储存工艺设施分开。

（二）泄漏扩散危险性评价

1.装卸储运易燃、易爆、有毒液体或液化气体危险货物的港口建设项目应进行泄漏扩散危险性评价。

2.进行泄漏扩散危险性评价时，源项与扩散的计算应结合实际考虑下列情况：

（1）泄漏、释放；

（2）闪蒸和液池蒸发；

（3）扩散；

（4）火灾；

（5）爆炸。

3.选择源项和扩散的模型及相关计算条件的科学性应已得到试验数据验证或模型比较研究论证。

4.泄漏扩散危险性评价的货种宜按下列原则选取：

（1）火灾危险性程度由高到低；

（2）毒性程度由高到低；

（3）装卸储运量由多到少。

5.泄漏事故场景的选择应考虑工艺设备、工艺条件、应急措施、事故案例和实际的运行环境等因素。事故规模可根据泄漏孔径大小选择完全破裂、局部破裂或小孔泄漏等。

6.过热液体泄漏计算应考虑闪蒸的影响。当闪蒸比例大于0.2时，可不考虑形成液池。液池扩展应考虑地面粗糙度、障碍物以及液体收集系统等因素影响，当存在围堰、防护堤等拦蓄区，且泄漏的物质未溢出拦蓄区时，液池最大半径可取拦蓄区的等效半径。

7.计算扩散时应选择敏感风向或常风向，应至少选择平均风速、平均气温、D类帕斯卡大气稳定度等气象条件，气象资料应选自评价对象所在地或附近有代表性的气象站。

8.有毒气体、热辐射和超压的暴露影响范围对应的浓度或强度可采用政府相关部门或行业协会发布的标准。

9.泄漏扩散危险性评价应结合项目平面布置图，在图上标示出不同伤害和破坏程度影响的区域范围。

（三）重大危险源定量风险评价

对于构成重大危险源的危险货物港口建设项目的储存设施或场所，安全验收评价应按有关规定采用定量风险评价方法进行安全评估，确定个人和社会风险值，并评价其是否符合可容许风险值的有关标准。

十、隐患整改意见及安全对策措施

（一）隐患整改意见

安全验收评价应根据安全生产有关法律、法规、规章、标准规范要求，明确指出项目存在的安全隐患，对隐患进行分类分级，并提出整改意见。隐患的判定、分级和整改意见应满足以下要求：

（1）判定及指出隐患，应列明所依据的法律、法规、规章或标准规范名称及其具体条款；

（2）隐患分级应符合有关的事故隐患判定指南或标准；

（3）隐患整改意见应对责任部门、责任人、时限、具体措施、资金保障等提出明确要求。

（二）安全对策措施

安全验收评价应根据安全生产有关法律、法规、规章及标准规范要求，结合国内外同类建设项目安全技术现状及发展趋势、安全生产管理经验等，对项目提出安全对策措施。安全对策措施应符合项目实际，遵循针对性、可操作性和经济合理性的原则。

十一、评价结论

1.安全验收评价结论包括下列内容：

（1）主要危险因素辨识与分析结果，其中包括重大危险源辨识与分级结果；

（2）项目安全技术状况、安全生产管理状况综合评述；

（3）安全设施"三同时"落实情况综合评述；

（4）事故危险性评价结果；

（5）重大事故隐患及其整改意见；

（6）安全验收评价总体结论。

2.安全验收评价结论应客观公正、观点明确、条理清晰、简明扼要，评价结论应与评价内容统一。

3.安全验收评价总体结论应明确项目是否符合国家有关安全生产法律、法规、规章及标准的规定，明确项目是否具备安全验收条件。

附录 A

危险货物港口建设项目安全验收评价报告
文本格式

A.0.1 评价报告的基本格式要求

（1）封面；

（2）安全评价资质证书影印件；

（3）著录项；

（4）前言；

（5）目录；

（6）正文；

（7）附件；

（8）附录。

A.0.2 规格

安全评价报告应采用A4幅面，左侧装订。

A.0.3 封面格式

A.0.3.1 封面的内容包括：

（1）委托单位名称；

（2）评价项目名称；

（3）标题；

（4）安全评价机构名称；

（5）安全评价机构资质证书编号；

（6）评价报告完成时间。

A.0.3.2 标题

标题应统一写为"安全验收评价报告"。

A.0.3.3 封面样张

封面式样如图A.0.3所示。

委托单位名称 （二号宋体加粗）

评价项目名称 （二号宋体加粗）

安全预评价报告 （一号黑体加粗）

安全评价机构名称 （二号宋体加粗）

安全评价机构资质证书编号 （三号宋体加粗）

评价报告完成日期 （三号宋体加粗）

图 A.0.3　封面式样

A.0.4 著录项格式

A.0.4.1 布局

"安全评价机构法定代表人、评价项目组成员"等著录项一般分两页布置。第一页署名安全评价机构的法定代表人、技术负责人、评价项目负责人等主要责任者姓名，下方为报告编制完成的日期及安全评价机构公章用章区；第二页为评价人员、各类技术专家以及其他有关责任者名单，评价人员和技术专家均应亲笔签名。

A.0.4.2 样张

著录项样张如图A.0.4-1和图A.0.4-2所示。

委托单位名称（三号宋体加粗）

评价项目名称（三号宋体加粗）

安全验收评价报告（二号宋体加粗）

法 定 代 表 人：（四号宋体加粗）

技 术 负 责 人：（四号宋体加粗）

评价项目负责人：（四号宋体加粗）

评价报告完成日期（小四号宋体加粗）

（安全评价机构公章）

图 A.0.4-1　著录项首页样张

评 价 人 员 _{（三号宋体加粗）}

	姓　名	资格证书号	从业登记编号	签　字
项目负责人				
项目组成员				
报告编制人				
报告审核人				
过程控制负责人				
技术负责人				

（此表应根据具体项目实际参与人数编制）

技术专家

姓　名　　　　　　签　字

（列出各类技术专家名单）

（以上全部用小四号宋体）

图 A.0.4-2　著录项次页样张

A.0.5 正文格式

（1）编制说明；

（2）建设项目概况；

（3）危险因素辨识与分析；

（4）评价单元划分和评价方法选择；

（5）安全技术状况评价；

（6）安全生产管理状况评价；

（7）安全设施"三同时"落实情况评价；

（8）事故危险性评价；

（9）隐患整改意见及安全对策措施；

（10）评价结论。

附录 B

资料搜集清单

B.0.1 相关法律、法规、部门规章、文件及国家有关标准

B.0.2 建设依据

（1）审批、核准或备案等立项批复文件。

B.0.3 危险货物港口建设项目工程资料及相关文件

（1）通过审查的项目安全预评价报告、初步设计与安全设施设计专篇；

（2）项目安全条件审查和安全设施设计审查决定；

（3）设计重大变更说明及相关的审查意见；

（4）工程位置及周边环境图、平面布置图、水工结构断面图和竣工图；

（5）码头前沿水域水深测量图、沉降观测记录、储罐基础沉降记录；

（6）装卸工艺流程图、交通组织流程图、爆炸危险区域划分图；

（7）设计、施工、监理等单位的资质证书；

（8）工程交工验收报告、建（构）筑物质量鉴定报告、工艺设备安装专项验收意见；

（9）码头及其附属设备设施主要技术参数；

（10）消防备案凭证或消防验收意见；

（11）特种设备和强制检定设备检验检定报告；

（12）防雷防静电检测报告；

（13）趸船船检报告；

（14）电气设备交接试验报告；

（15）项目设计、施工、监理单位工作总结报告，建设单位关于工程建设情况的总结报告；

（16）通航安全评估或通航环境安全影响论证资料及审查意见；

（17）河港、河口港建设项目的防洪评估资料及审查意见。

B.0.4 项目经营单位安全生产管理有关资料

（1）营业执照，港口经营许可证；

（2）安全生产管理机构设置、安全生产管理人员配备情况；

（3）日常安全生产管理相关记录（安全检查、安全例会、作业人员个体防护用品发放记录等）；

（4）主要负责人、安全生产管理人员安全生产知识和管理能力考核情况记录；从业人员参加安全教育培训记录；

（5）危险化学品装卸管理人员、特种作业人员、特种设备作业人员等从业人员资格证书；

（6）相关安全生产管理制度、安全技术操作规程；

（7）事故应急预案及演习演练记录、事故应急预案备案记录，应急设备配备情况；

（8）安全生产管理协议。

B.0.5 其他可用于安全验收评价的资料

港口危险货物安全监督检查工作指南

（交办水〔2016〕122号）

一、范围

本指南规定了对危险货物港口经营人实施安全生产监督检查的机构、人员、检查方式和频次、检查方法、检查程序、检查内容及相关要求，以规范安全监督检查的内容和行为，指导港口行政管理部门履职尽职。所在地港口行政管理部门可根据本地实际制定细则。

本指南适用于所在地港口行政管理部门对危险货物港口经营人实施危险货物港口作业安全监督检查的活动。其他港口行政管理部门开展港口危险货物安全监督检查活动可参照执行。

按本指南要求开展安全生产监督检查，还应严格遵守和执行国家有关法律法规和标准规范。

二、规范性引用文件

凡是注日期的引用文件，仅所注日期的版本适用于本指南。凡是不注日期的引用文件，其最新版本（包括所有的修改单）适用于本指南。

《港口法》

《安全生产法》

《危险化学品安全管理条例》

《生产安全事故报告和调查处理条例》

《港口危险货物安全管理规定》

《港口经营管理规定》

《危险货物水路运输从业人员考核和从业资格管理规定》

《港口大型机械防阵风防台风管理规定》

《港口设施保安规则》

《劳动防护用品监督管理规定》

《危险化学品重大危险源辨识》（GB 18218）

《危险货物集装箱港口作业安全规程》（JT 397）

《港口危险货物经营企业安全生产标准化规范》（JT/T 947）

《港口危险货物重大危险源监督管理办法（试行）》

《港口安全设施目录》等。

三、术语和定义

下列术语和定义适用于本指南。

（一）监督检查人员

港口行政管理部门取得交通运输行政执法证，依据相关法律法规和标准规范对危险货物港口经营人实施安全监督检查的人员。

（二）隐患

危险货物港口经营人违反安全生产法律法规、标准规范和安全生产管理制度的规定，或者因其他因素在生产经营活动中存在的可能导致事故发生的物的不安全状态、人的不安全行为、环境不利因素和管理上的缺陷。

（三）一般事故隐患

危害和整改难度较小，发现后能够立即整改排除的隐患。

（四）重大事故隐患

危害和整改难度较大，应当全部或者局部停产停业，并经过一定时间整改治理方能排除的隐患，或者因外部因素影响致使生产经营单位自身难以排除的隐患。

（五）综合检查

港口行政管理部门依法对辖区内危险货物港口经营人执行有关安全生产法律法规、标准规范和安全生产管理制度的情况及行为进行全面监督检查的活动。

（六）专项检查

港口行政管理部门依法对辖区内危险货物港口经营人安全生产的一类或几类特定事项进行监督检查的活动。

（七）重大危险源

按GB 18218和《港口危险货物重大危险源监督管理办法（试行）》辨识确定，港口区域内储存危险货物的数量等于或者超过临界量的单元（包括场所和设施）。

四、监督检查机构

港口行政管理部门应制定年度安全生产监督检查计划，按照年度安全生产监督检查计划，参照本指南提出的监督检查内容和方法（参见附录1），进行监督检查，建立监督检查档案。

港口行政管理部门应根据安全监督检查结果，依法查处安全生产违法行为，实施行政处罚（参见附录2），对检查中发现的事故隐患，应及时处理。

港口行政管理部门应定期向上级主管部门汇报监督检查情况，及时上报重大事故隐患及安全生产事故情况，对违法行为情节严重的，应通过违法违规行为曝光台及时曝光。

五、监督检查人员

监督检查人员应当忠于职守，坚持原则，秉公执法，认真履行安全监督检查职责，正确行使安全监督检查权限。

监督检查人员应取得交通运输行政执法证，掌握国家和行业相关法律法规、规章制度、标准规范，参加并通过安全监督检查岗前培训。

监督检查人员应保守被监督检查单位的工作秘密和商业秘密，遵守被监督检查单位的有关规章制度,不得影响被监督检查单位的正常生产经营活动,现场监督检查过程中发生突发事件时,应执行被监督检查单位的应急预案。

六、监督检查方式和频次

（一）监督检查方式

1.监督检查按检查内容可分为综合检查、专项检查等,检查方式可以采取定期或者不定期检查,明查或者暗访。

2. 监督检查方式主要采用现场检查,也可采用信息化手段进行非现场检查。

3.监督检查可会同其他负有安全生产监督管理职责的部门联合检查。必要时可以聘请第三方专业机构或者专家参与检查,专家宜从安全生产专家库中抽选。

（二）监督检查频次

1.港口行政管理部门应根据危险货物港口经营人的储存和装卸能力、危险货物的火灾危险性、毒性和重大危险源级别等因素,将危险货物港口经营人的安全风险进行分类,根据确定的安全风险类别确定危险货物港口经营人综合检查、专项检查和巡查的频次。按安全风险分类分级管理原则,将高风险类别的危险货物港口经营人作为安全监督检查的重点,并相应提高检查频次。

2.本年度存在重大事故隐患或发生较大事故（含）以上或发生人员死亡事故的危险货物港口经营人,所在地港口行政管理部门将其列入最高安全风险类别实施安全监督检查;本年度发生一般事故（不含人员死亡）的危险货物港口经营人,按安全风险类别调升一级实施安全监督检查。危险货物港口经营人消除事故隐患后,方可恢复至原定安全风险类别。

七、监督检查方法

根据安全监督检查的方式、内容等,可分别采用资料、档案、记录核对,人员询问,现场查看和查证等方法开展安全监督检查。

八、监督检查程序

（一）监督检查准备

1.港口行政管理部门应根据年度安全监督检查计划成立监督检查组,熟悉被检查单位的情况,编制现场检查表,准备检查装备。

2.监督检查组应配备不少于2名持有执法证件的安全监督检查人员。根据实际需要,可聘请第三方专业机构或专家参与检查。

（二）现场监督检查程序

1.监督检查人员执行监督检查工作时,应当出示执法证件;按照检查计划实施监督检查,填写现场检查表,如实记录检查的时间、地点、内容、发现的问题及其处理情况等,保存提取的证据。

2.监督检查人员应会同被检查单位对检查结果予以确认,现场检查表由监督检查人员和被检查单位的负责人共同签字;被检查单位的负责人拒绝签字的,监督检查人员应当将情况记录在案,并及时向所在地港口行政管理部门报告。

（三）监督检查结果处理

1.监督检查组根据现场检查和检查记录编写、提交监督检查报告,提出隐患整改和行政处罚意见建议。

2.港口行政管理部门对安全监督检查过程中发现的事故隐患,应当责令立即排除。

3.对安全监督检查中发现的安全生产违法行为,当场予以纠正或者要求限期改正;对依法应当给予行政处罚的行为,依法作出行政处罚决定(参见附录2)。

4.对安全监督检查中发现的重大事故隐患,必要时报告同级人民政府,实行挂牌督办;在重大事故隐患排除前或者排除过程中无法保证安全的,应当责令危险货物港口经营人从危险区域内撤出作业人员,责令暂时停产停业或者停止使用相关设施、设备;对有根据认为不符合国家或者行业标准的设施、设备、器材以及违法装卸、储存的危险货物予以查封或者扣押,对违法装卸、储存、经营的危险货物作业场所予以查封,并依法作出处理决定。

5.安全监督检查中,发现存在的安全问题应由其他有关部门进行处理的,应及时移送其他有关部门并形成记录备查。

(四)跟踪督查

1.港口行政管理部门对监督检查过程中发现的事故隐患的整改情况进行跟踪督查,督促危险货物港口经营人上报事故隐患整改情况报告。

2.对整改不到位的事故隐患再次督促危险货物港口经营人整改,对事故隐患整改不力的危险货物港口经营人要进行通报;对拒不执行整改措施的危险货物港口经营人,责令停产停业整顿,并依法进行处罚。经停产停业整顿仍不具备安全生产条件的,报请县级以上人民政府按照国务院规定的权限予以关闭。

3.重大事故隐患整改过程中,暂时停产停业或者相关设施、设备停止使用的,重大事故隐患排除后,经审查同意,危险货物港口经营人方可恢复生产经营和使用。

九、监督检查内容

所在地港口行政管理部门对危险货物港口经营人开展安全监督综合检查包括但不限于下列内容。

(一)经营资质与文件

1.经营资质:港口经营许可证、港口危险货物作业附证、港口设施保安符合证书(仅限对外开放港口设施)等相关资质证书应在有效期内,经营品种和数量应在许可范围之内。

2.安全评价:按规定开展危险货物港口作业、重大危险源等相关安全评价,并委托有资质的安全评价机构出具安全评价报告,报告书在有效期内,报告中提出的整改措施应落实到位,报告书及整改方案的落实情况应报港口行政管理部门备案。

3.剧毒化学品及重大危险源备案:对剧毒化学品以及储存数量构成重大危险源的其他危险货物,危险货物港口经营人按规定将其储存数量、储存地点以及管理措施、管理人员等情况,报所在地港口行政管理部门备案。

4.港口经营出租与承包:不得将生产经营项目、场所、设备发包或者出租给不具备安全生产条件或者相应资质的单位或者个人。港口经营项目、场所发包或者出租给其他单位的,港口经营单位应当与承包单位、承租单位签订专门的安全生产管理协议,或者在承包合同、租赁合同中约定各自的安全生产管理职责;港口经营单位对承包单位、承租单位的安全生产工作统一协调、管理,定期进行安全检查,发现安全问题的,应当及时督促整改。

(二)安全生产管理机构与人员资质

1.安全生产管理机构:按规定设置安全生产管理机构或配备专职安全生产管理人员。

2.人员资质：主要负责人、安全管理人员经安全生产知识和管理能力考核合格。危险化学品港口经营人的装卸管理人员等从业人员应依法取得相应的从业资格证书。

（三）安全管理制度和规程

1.安全生产责任制：建立完善的安全生产责任制，明确各部门、各岗位安全职责，危险货物港口经营人主要负责人为安全生产第一责任人。建立安全生产责任考核制度和考核记录、奖惩记录，对各部门、管理人员及从业人员安全生产职责的履行情况进行定期考核，并予以奖惩。

2.安全生产规章制度：按规定建立健全安全生产规章制度，并符合实际，按规定进行修订，发生重大变更及时修订。

3.安全生产操作规程：根据港口危险货物装卸储存工艺、设备设施的特点和装卸储存货物的种类及危险特性、危险有害因素辨识、风险评估的结果等，制定安全生产操作规程，按规定进行修订，发生重大变更及时修订。

4.制度和规程执行：严格执行各项安全管理制度和规程。

（四）教育培训

1.培训与管理：按规定制定年度安全生产教育培训计划，按照计划对从业人员开展安全教育培训并建立档案，如实记录教育培训的时间、内容、参加人员及考核结果等情况。

2.持证上岗人员培训：依法应持证上岗的人员，应按规定经过专门的安全作业培训，取得相应资格，并按规定进行继续教育培训。

3.相关方培训：相关方进港人员应接受相应的安全教育，了解进港有关安全规定及安全注意事项。

（五）设备设施

1.工艺与工艺设备设施：根据总平面布置、装卸储存货种、吞吐量、储存方式等情况选择符合规范要求的装卸储运工艺，配备符合安全要求的设备设施，建立设备设施台账、档案，制定检维修计划，定期维护保养，保证设备设施的正常使用。

2.工艺控制：按规范要求设置装卸储存工艺控制系统，具备超限报警、紧急制动、防止误操作等安全防护功能。

3.安全设备设施、强检设备、特种设备：按照国家标准、行业标准或者国家有关规定配备完善的安全设备设施，并进行经常性维护、保养，强检设备、特种设备按照国家有关规定经检验检定合格，取得安全使用证或者安全标志，并注册登记。

4.安全管理信息系统：建立安全管理信息系统，并有效运行。

5.危险货物作业场所与员工宿舍等安全间距：危险货物作业场所不得与员工宿舍在同一座建筑物内，并应当与员工宿舍保持安全距离。危险货物作业场所和员工宿舍应当设有符合紧急疏散要求、标志明显、保持畅通的出口。禁止锁闭、封堵危险货物作业场所或者员工宿舍的出口。危险货物作业场所与其他场所、设施的间距等应符合有关法律法规以及《建筑设计防火规范》《海港总体设计规范》《石油库设计规范》《石油化工企业设计防火规范》等标准规范关于安全间距、紧急疏散、安全标志出入口等方面要求。

（六）安全投入

按规定提取和使用安全生产费用，建立安全生产费用台帐，跟踪、监督安全生产费用使用情况，确保安全生产费用专项用于安全生产。

（七）个体防护

1.个体防护用品配备和使用：根据接触危害的种类、强度，为从业人员提供符合国家标准或行业标准的个体防护用品和器具，并教育、监督从业人员正确佩戴、使用。

2.个体防护用品管理：建立个体防护用品管理台帐，加强对个体防护用品使用、保管等情况的管理和检查监督。

（八）作业与现场管理

1.作业申报：按规定开展港口危险货物作业申报，不得瞒报、谎报、漏报。未经所在地港口行政管理部门批准的，不得进行港口危险货物作业。

2.作业合规要求：港口危险货物作业应当符合《危险货物集装箱港口作业安全规程》等有关安全作业标准、规程和制度，并在装卸管理人员的现场指挥或者监控下进行。不违章指挥、不违章作业、不违反劳动纪律。

3.安全检查：严格执行安全检查管理制度，定期或不定期进行安全检查。

4.危险作业管理：国家和有关部门规定的危险作业活动，港口经营人应当安排专门人员进行现场安全管理，确保操作规程的遵守和安全措施的落实，并实施内部许可管理。

5.危及管道的施工作业：在港区内进行可能危及危险货物输送管道安全的施工作业，施工单位应当在开工的7日前书面通知管道所属单位，并与管道所属单位共同制定应急预案，采取相应的安全防护措施。管道所属单位应当指派专门人员到现场进行管道安全保护指导。

（九）重大危险源管理

1.评估分级：按规定对重大危险源进行辨识评估并确定重大危险源等级，进行分级管理。其中，有以下情况的重新组织辨识评估：安全评价报告满三年；重大危险源的装置、设施或场所进行新改扩建；危险货物种类、数量、生产、使用工艺或储存方式及重要设备设施、外部环境发生变化，影响重大危险源级别和风险程度的。

2.登记建档备案：按规定对重大危险源登记建档，报所在地港口行政管理部门和相关部门备案。

3.监控与管理：制订实施重大危险源安全管理与监控方案，重大危险源与周边场所、设施、区域的安全间距，重大危险源安全防护设施与安全监控报警，重大危险源所在场所的安全警示标志等，满足法规标准规范的要求。

（十）隐患排查治理

1.隐患排查：定期组织事故隐患排查工作，建立隐患排查方案，对排查出的事故隐患，按事故隐患等级进行登记。

2.隐患治理：对隐患排查中发现的事故隐患，及时组织隐患治理，做到定治理措施、定负责人、定资金来源、定治理期限，及时消除事故隐患。重大事故隐患应制定并实施治理方案，治理方案应包括目标和任务、方法和措施、经费和物资、机构和人员、时限和要求、安全措施和应急预案等。

3.备案：按规定将重大事故隐患的排查和处理情况及时报所在地港口行政管理部门备案。

4.建档和通报：建立事故隐患排查治理档案，及时向从业人员通报。

（十一）应急管理

1.应急预案：按规定建立包括总体应急预案、专项应急预案、现场处置方案的应急预案体系，报所在地港口行政管理部门和相关部门备案，应急预案按规定修订，并根据应急演练结果及时进行补充完善。

2.应急组织与人员：按规定建立应急救援组织，配备应急人员，或指定兼职的应急救援人员，明确人员职责。

3.应急设备物资：配备必要的应急救援器材、设备和物资，并进行经常性维护、保养，保证正常运转。

4.应急演练：按规定组织应急演练，其中，对于一级、二级港口重大危险源危险货物港口经营人，每季度至少进行一次；其他类危险货物港口经营人，每半年至少进行一次。

（十二）事故/事件管理

1.事故上报：按规定及时上报发生的安全生产事故情况。

2.事故调查处理：配合事故调查或受委托组织事故调查组进行调查，按时提交事故调查报告，分析事故原因和处理意见以及事故防范和整改措施，并落实。

3.事故/事件管理：建立事故/事件档案和事故/事件管理台帐，对事故、事件进行统计分析，将事件、一般事故、需要上报的事故分类管理。

十、相关要求

（一）档案管理

1.港口行政管理部门应建立安全生产监督检查档案，并归档保存，做到"一企一档"。监督检查档案主要包括：

安全监督检查计划；

现场检查记录表；

安全监督检查相关证据（包括图片、视频、书证等）；

安全监督检查报告；

事故隐患整改相关材料；

行政处罚决定相关材料；

受理举报情况记录（包括举报内容、调查核实情况、整改落实情况等）。

2.安全监督检查档案应及时录入港口安全监管信息系统，实现纸质和电子档的双重存档。

（二）其他

1.港口行政管理部门负责安全监督检查工作的宣传、培训、考核、奖惩等管理工作。

2.港口行政管理部门应加强与所辖区域内海事、安监、环保、质检、公安与消防等有关部门的合作，发现存在的安全问题应由其他有关部门进行处理的，应及时移送其他有关部门并形成记录备查，接受其他部门移送的安全问题应及时进行处理。

附录 1

港口危险货物安全监督检查主要内容和方法

检查项目	检查事项	检查内容	主要检查依据	检查方法	可能涉及的违法行为编号
一、经营资质与文件	1.经营资质	港口经营许可证的有效性及其实际经营的符合性	《港口法》第二十二条《港口经营管理规定》第六条《港口危险货物安全管理规定》第十七条、二十条	核查《港口经营许可证》所载明的经营人名称、法定代表人、经营项目、经营地域、主要设设施设备、发证日期，许可证有效期和证书编号等。	0101 0103
		港口危险货物作业附证的有效性及与危险货物作业的符合性	《港口危险货物安全管理规定》第十九、二十条	核查《港口危险货物作业附证》载明的危险货物作业的具体区域范围、作业方式、允许作业的危险货物为"项别"、数量，发证日期和有效期，以及其他相关事项。	0102 0103
		港口设施保安证书的有效性	《港口设施保安规则》第四十、四十二条	核查保安符合证书所载明的港口设施名称、准予靠泊的船舶类型，证书有效期等。	0104
	2.安全评价评估	1.开展安全评价及相应的整改情况 2.开展重大危险源评估情况	《安全生产法》第二十二条《危险化学品安全管理条例》第二十二条《港口危险货物安全管理规定》第十三～二十七条《港口危险货物重大危险源监督管理办法（试行）》第五条	1.核查经营人委托的安全评价机构是否具有法律法规规定的资质、其业务范围、人员配备等是否符合相关规定；2.查看安全评价报告结论与专家评审意见、整改建议等；3.核查安全评价报告所提出的整改方案落实情况，以及整改报告备案等规定；4.对作业情况或周边发生重大变更、发生人员死亡等事故或较大以上事故情形，核查是否进行了安全评价；5.查看重大危险源安全评估报告的评估结论、重大危险源分级情况，以及评估报告有效期等；6.核查重大危险源安全评估报告备案证明材料（回执等）；7.对于发生了重大变更，进行了新改扩建、出现了新改扩建、外界生产安全环境因素发生变化等规定情形，核查是否进行了重新评估；8.对于一级重大危险源，核查评估机构的资质条件。	0105 0107 0901
	3.剧毒品及重大危险源备案情况	剧毒化学品以及储存数量构成重大危险源的危险货物备案情况	《港口危险货物安全管理规定》第三十六条	查看备案证明材料（回执等），核查货种类别、储存数量、储存地点以及管理人员等情况与备案文件是否相符。	0106

检查项目	检查事项	检查内容	主要检查依据	检查方法	可能涉及的违法行为编号
二、安全生产管理机构与人员资质	4.港口经营与出租与承包	港口危险货物经营涉及出租与承包的情形	《安全生产法》第四十六条	1.对于港口经营项目，场所发包或者出租给其他单位的，核查承租承包人的相关资质和条件，港口经营单位是否与承租承包单位、租赁合同中约定各自的安全生产管理职责； 2.核查港口经营单位是否对承包单位、承租单位的安全生产工作统一协调、管理，是否定期进行安全检查，发现安全问题的，是否及时督促整改（安全检查和整改记录）。	
	1.安全生产管理机构	设置安全生产管理机构、配备专职安全生产管理人员情况	《安全生产法》第二十一条 《港口危险货物安全管理规定》第十七条	1.查看经营人成立安全生产管理机构的内部文件； 2.查看任命专职安全生产管理人员的文件、聘用合同等。	0201
	2.人员资质	主要负责人、安全生产管理人员安全生产知识与管理能力考核合格情况	《安全生产法》第二十四条	查看考核成绩记录。	0202
		危险货物装卸管理人员等从业人员按规定取得从业资格证书的情况	《港口危险货物安全管理规定》第十条 《危险货物水路运输从业人员考核和从业资格管理规定》	1.查看从业资格证书持证人员清单； 2.现场检查相关作业人员资格证书是否处于有效期。	0203 0204
三、安全生产管理制度和规程	1.安全生产责任制	建立安全生产责任制、划分与落实安全职责，明确第一责任人安全生产职责，建立和落实安全责任监督考核机制的情况	《港口法》第三十二条 《安全生产法》第四、五、十八、十九条 《危险化学品安全管理条例》第四条	1.查看经营人建立的安全生产责任制，检查各部门、岗位安全职责是否落实到位； 2.查看责任制对主要负责人的安全责任是否有明确规定； 3.查看安全生产责任考核与奖惩制度，检查有关岗位安全职责责任人员、责任范围和考核标准等是否明确； 4.查阅考核记录、奖惩记录等。	0301 0302 0303 0304
	2.安全生产规章制度	建立安全生产规章制度的情况，以及制度的修订更新情况	《港口法》第三十六条 《安全生产法》第四条 《危险化学品安全管理条例》第四条、三十四条 《港口危险货物安全管理规定》第十七条	查看安全生产规章制度清单，查看规章制度是否充分、适用，查看规章制度是否及时修订完善。	

检查项目	检查事项	检查内容	主要检查依据	检查方法	可能涉及的违法行为编号
	3.安全生产操作规程	制定安全生产操作规程情况，以及安全操作规程修订更新情况	《危险化学品安全管理条例》第四十条 《港口危险货物安全管理规定》第十二条	1.查看安全生产操作规程清单，查阅规程是否充分、适用，符合作业实际；2.查看在作业条件发生较大变化时（如采用新装卸工艺、新设备，有特殊作业要求的新货种或编制新的规程），是否及时对安全操作规程进行修订完善。	0301 0304
	4.制度和规程执行	安全管理规章制度和操作规程的执行落实情况	《安全生产法》第四十一条 《危险化学品安全管理条例》第四十条 《港口危险货物安全管理规定》第三十条	1.检查现场作业安全及违反（违章指挥、违规作业人员对规章制度的掌握等）情况；2.现场考察作业安全检查、安全教育培训、安全例会、演习演练等方面的记录，查看制度的落实情况；3.查阅企业安全教育培训、动火作业审批、劳动防护用品发放使用、临时用电及新货种防护用品发放使用、查看制度规程的落实等情况。	0304 0801
四、教育培训	1.培训管理	制定安全教育培训计划及其实施情况	《安全生产法》第十八条	1.查看安全生产教育培训制度和培训计划；2.查看安全教育培训档案或培训记录，查看培训时间、内容、参加人员及考核结果等。	
	2.持证上岗人员培训	危险货物作业相关岗位人员接受安全培训和持证上岗情况	《安全生产法》第二十五条 《危险化学品安全管理条例》第四条 《危险货物水路运输从业人员考核和从业资格管理规定》	1.查看危险货物作业人员的安全教育培训记录；2.查看装卸管理人员等危险货物作业人员资格证书和安全培训记录。3.现场考察危险货物作业岗位人员对安全生产知识、安全生产规章制度和安全操作规程、本岗位的安全操作技能的掌握熟悉情况，以及是否了解事故应急处理措施，知悉自身在安全生产方面的权利和义务等。	0401 0402
	3.相关方安全教育培训	相关方进港人员安全教育情况	《安全生产法》第二十五条 《危险化学品安全管理条例》第四条	1.查看经营人与相关方单位就进港人员安全教育签订的合同/协议；2.查看经营人是否将被派遣劳动者纳入本单位统一管理，以对被派遣劳动者与安全教育记录；3.检查进行安全操作规程和安全操作技能的教育和培训记录，对于有从业资格要求的，现场查验其从业资格证书。4.现场考察被派遣劳动者安全知识和安全操作技能，对于有从业资格要求的，现场查验其从业资格证书。	0401 0402

检查项目	检查事项	检查内容	主要检查依据	检查方法	可能涉及的违法行为编号
五、设备设施	1.工艺与工艺设备设施	工艺及工艺设备设施的安全管理情况	《安全生产法》第三十三、三十五条；《港口危险货物安全管理规定》第十七条	1.现场检查主要工艺及设备设施是否符合现行法律法规、标准规范要求；2.现场检查对超过强制报废年限、检验日期到期或定期检验检验不合格、不满足安全生产要求的设施设备，是否予以停止使用并及时更新淘汰；3.检查设备设施台账、档案，查看检修计划及记录。	0501 0502 0503 0504 0505 0506 0507 0508 0509
	2.工艺控制	工艺控制系统的安全防护功能运行情况	《危险化学品安全管理条例》第十条；《危险化学品储存场所安全专项整治工作方案》	1.查看工艺资料，或现场检查装卸储运工艺控制系统是否具备超限报警、紧急制动、防止误操作等安全防护功能；2.查看安全仪表系统相关管理制度是否健全；液位、压力、温度等重要运行参数监控系统的运行管理是否到位等。	
	3.安全设备设施、强制检定设备、特种设备	安全设备设施、强制检定设备、特种设备的使用管理情况	《安全生产法》第三十三、三十四条；《危险化学品安全管理条例》第二十、二十六条；《港口危险货物安全管理规定》第二十二～二十五条	1.查看安全设备设施配置清单，对照相关标准规范核查其种类数量是否配备充分合理；2.查看相关技术资料，或现场检查设备设施设置是否明显的安全警示标志；3.现场检查安全设备设施的维护、保养记录；4.查看特种设备监督检验报告，使用登记证及其有效期；5.查看强制检定设备制检定合格标志，检定证书及有效期。	
	4.安全管理信息系统	安全管理信息系统及其运行情况	《港口危险货物经营企业安全生产标准化规范》5.8.2条	1.现场检查是否建立危险货物作业信息系统，并能实时记录危险货物作业基础数据（包括进出港危险货物种类数量及货主信息、货物的理化特性、储存地点、安全和应急措施等）；2.查看有关信息是否实现在作业场所之外异地存放，并与所在地港口行政管理部门信息共享；3.检查是否建立了危险货物码头、罐区（储罐）、库（堆）场等作业现场视频监控系统；4.检查是否建立了信息化硬件设备的安全管理制度，采取措施保证信息系统安全。	0510 0511
	5.危货作业场所与员工所宿舍等的安全间距	危险货物作业场所与员工所宿舍等的安全间距	《安全生产法》第三十九条	现场检查危险货物作业场所与员工宿舍工宿舍的间距是否符合有关法律法规以及《建筑设计防火规范》《海港总体设计规范》《石油库设计规范》等标准规范关于安全间距、紧急疏散、安全标志出入口等方面要求。	
六、安全投入	安全投入	按规定提取和使用安全生产费用，以及据实列支情况	《安全生产法》第二十条	查看经营人安全生产费用台账，财务记录，相关发票或单据复印件，查看是否足额提取安全生产费用并确保专项用于安全生产工作。	0601 0602

检查项目	检查事项	检查内容	主要检查依据	检查方法	可能涉及的违法行为编号
七、个体防护	1.个体防护用品配备和使用	1.为从业人员提供个体防护用品和器具情况 2.教育、监督从业人员正确佩戴、使用防护用品情况	《安全生产法》第四十二条 《危险化学品安全管理条例》第四十五条 《劳动防护用品监督管理规定》第十六条、第十九条	1.查看个体防护用品台账/清单、技术资料，对照国家和行业相关法规标准，核查配备情况是否符合国家或行业防护用品相关标准要求；2.现场检查个体防护用品配备、佩戴、使用情况；3.查阅防护用品发放领取记录，使用培训的记录情况。	0701
	2.个体防护用品管理	个体防护用品管理台账，以及个体防护用品使用、保管等情况	《安全生产法》第四十二条 《危险化学品安全管理条例》第四十五条	查看个体防护用品管理台账，查看其使用、保管、回收、报废等情况。	
八、作业与现场管理	1.作业申报	按规定开展港口危险货物作业报告情况	《港口法》第三十五条 《港口危险货物安全管理规定》第二十八条	查看报告记录和作业记录，核查是否按规定及时报告，以及所报告作业的危货作业的名称、特性、包装规范等情况。查看是否存在误报及瞒报、谎报、漏报等情况。	0802
	2.作业合规要求	按作业标准、规范开展作业的情况	《危险化学品安全管理条例》第四十四条	现场检查港口危险货物作业是否符合《危险货物港口作业安全规程》《散装液体化工产品港口装卸技术要求》《油船油码头安全作业规程》《液化气码头安全技术要求》等安全作业标准，重点检查以下内容：（1）是否有在港区内违反《危险货物分类和品名编号》（GB6944）中规定的1.1项、1.2项爆炸品和硝酸铵类货物的危险货物集装箱；（2）除1.1项、1.2项以外的爆炸品、2类气体和7类放射性物质的危险货物集装箱；（3）易燃易爆危险货物集装箱堆码层数、堆场堆存量是否超过设计标准；（4）作业是否处于装卸管理人员的现场指挥或者监控下进行。	0804 0805 0806 0807 0808 0809 0810 0812
	3.安全检查	开展安全生产检查活动情况	《安全生产法》第四十三条 《港口危险货物安全管理规定》第四十一条	1.查看现场安全检查记录，查看是否进行经常性检查。2.查看安全检查制度建立情况。	
	4.危险作业管理	对危险性作业活动的作业管理	《安全生产法》第四十三条	查看动火、临时用电、受限空间作业、高处作业等危险性作业是否安排专门人员进行现场安全管理，遵守操作规程和落实安全措施，并履行相关手续。	0811
	5.危及危险化学品管道的施工作业	对涉及危险化学品管道安全的施工作业的安全管理情况	《危险化学品安全管理条例》第二十三条 《港口危险货物安全管理规定》第二十五条	对于可能危及危险化学品管道安全的施工工作业，检查其施工通知，现场管道安全保护措施、应急预案、制定的防护措施、现场管道安全保护指导情况等进行。	0803

检查项目	检查事项	检查内容	主要检查依据	检查方法	可能涉及的违法行为编号
九、重大危险源管理	1.评估分级	按规定对重大危险源进行安全评估，及重大危险源分级情况	《安全生产法》第三十七条 《港口危险货物安全管理规定》三十九条	1.查看重大危险源安全评估报告的结论、重大危险源分级情况，以及评估报告有效期等； 2.核查重大危险源安全评估报告备案信息，核查是否进行了重新评估； 3.对于发生以下情形之一的，核查是否满三年的： （1）港口重大危险源的储存设施、场所进行新建、改建或扩建的； （2）构成港口重大危险源物质种类、数量或者储存方式及其相关设备、设施等发生重大变更，可能影响港口重大危险源级别和风险程度的； （3）港口危险货物重大危险源级别和风险程度变化的； （4）发生港口危险货物事故造成人员死亡，或者10人以上受伤，或者影响到公共安全的； （5）外界生产安全环境因素发生变化，影响港口重大危险源级别和风险程度的。 4.对于一级重大危险源，核查评价机构是否为具有规定条件的安全评价机构。	0901
	2.登记建档备案	重大危险源登记建档、报港口行政管理部门相关备案情况	《安全生产法》第三十七条 《港口危险货物安全管理规定》三十八条	1.查看重大危险源档案； 2.查看备案证明材料（回执等）。	0903
	3.监控与管理	重大危险源安全管理和监控、设与周边场所、设施的安全间距、区域安全监控设施、安全防护设施、安全监控与安全报警、安全警示标志等	《安全生产法》第三十七条 《港口危险货物安全管理规定》第三十九条 《港口危险货物重大危险源监督管理办法》	1.查看重大危险源安全管理规章制度； 2.查看重大危险源安全管理与监控方案； 3.核查重大危险源安全间距，检查安全防护设施、监控报警和安全警示标志是否符合要求。	
十、隐患排查治理	1.隐患排查	制定隐患排查制度和开展隐患排查、隐患登记情况	《安全生产法》第三十八条 《港口危险货物安全管理规定》第四十一条	1.查看是否制定隐患排查制度； 2.查看隐患排查工作记录、隐患信息档案，查看是否定期组织隐患排查。	1002 1003 1004 1005
	2.隐患治理	针对排查发现的隐患的治理情况	《安全生产法》第三十八条 《港口危险货物安全管理规定》第四十一条	1.查看是否制定隐患治理方案，并及时开展隐患治理 2.向从业人员询问隐患排查治理的情况，并查看相应记录档案。	

检查项目	检查内容	主要检查依据	检查方法	可能涉及的违法行为编号
	3.备案 重大事故隐患的排查和处理情况报所在地港口行政管理部门备案情况	《港口危险货物安全管理规定》第四十一条	查看重大事故隐患排查处理情况的备案证明材料（回执等）。	1001
	4.建档与通报 建立事故隐患治理档案，及时向从业人员通报。	《安全生产法》第三十八条	查看隐患排查治理档案，向从业人员询问是否得到隐患排查治理的及时通报，并查看相应记录（如通知、通告、会议记录等）。	1002
十一、应急管理	1.应急预案 1.应急预案体系建立及向港口行政管理部门和相关部门备案情况 2.应急预案修订补充完善情况	《港口法》第三十二条 《危险化学品安全管理条例》第七十条 《港口危险货物安全管理规定》第四十三条	1.检查包括危险货物事故应急预案在内的总预案、专项预案、现场处置方案体系的建立情况，查看备案证明材料（回执等）。 2.检查应急预案是否及时修订补充完善（至少三年一次），并根据应急演练结果进行必要的修订。	1101 1103
	2.应急组织与人员 1.建立应急救援组织、配备应急救援人员或指定兼职应急救援人员情况 2.应急救援人员职责分工情况	《安全生产法》第七十九条 《危险化学品安全管理条例》第七十条 《港口危险货物安全管理规定》第四十三条	检查经营人组建应急救援组织，配备或指定应急救援人员及明确应急相关职责的内部文件。	
	3.应急设备物资 1.配备应急器材、设备和物资情况 2.应急器材设备物资的经常性维护、保养情况	《安全生产法》第七十九条 《危险化学品安全管理条例》第七十条 《港口危险货物安全管理规定》第四十三条	1.现场检查应急器材、设备和物资； 2.查看应急器材、设备和物资的台账（清单），以及配备、维护、使用和保养相关记录。	1103

检查项目	检查事项	检查内容	主要检查依据	检查方法	可能涉及的违法行为编号
	4.应急演练	组织开展定期应急演练情况	《安全生产法》第七十八条 《危险化学品安全管理条例》第七十条 《港口危险货物安全管理规定》第四十三条 《港口危险货物重大危险源监督管理办法》（试行）第三十二条	查看应急预案演练记录，核查演练内容，时间间隔（一级、二级港口重大危险源企业，每季度至少进行一次；其他类企业每半年至少进行一次）等。	
十二、事故/事件管理	1.事故上报	企业按规定及时上报发生的安全生产事故情况	《安全生产法》第八十条 《危险化学品安全管理条例》第七十一条 《港口危险货物安全管理规定》第四十四条	查看向所在地港口行政管理部门和有关部门上报危险货物事故的记录。	1201 1202 1203 1204 1205
	2.事故调查处理	配合事故调查或开展事故调查情况	《安全生产法》第八十三条 《生产安全事故报告和调查处理条例》第四条	查看事故调查报告、事故原因及责任认定情况，以及整改措施落实情况记录等。	
	3.事故建档	事故建档管理情况	《生产安全事故报告和调查处理条例》第三十一条	查看事故档案记录。	

附录 2

危险货物港口经营人行政处罚内容

违法行为编号	具体违法行为	处罚种类	执法依据	备注
		一、经营资质与文件		
0101	未依法取得港口经营许可证，从事港口经营的	责令停止违法经营，没收违法所得；违法所得十万元以上的，并处违法所得二倍以上五倍以下罚款；违法所得不足十万元的，处五万元以上二十万元以下罚款。	《港口法》第四十八条 《港口经营管理规定》第三十七条	
0102	未依法取得相应的港口经营许可证，从事港口危险货物经营的	同上	《港口法》第四十八条 《港口危险货物安全管理规定》第五十四条	
0103	在取得港口经营许可后又不符合经营许可条件的	责令其停止经营，限期改正，逾期不改正的，由作出行政许可决定的行政机关吊销《港口经营许可证》，并以适当方式向社会公布。	《港口经营管理规定》第三十八条	
0104	未依法取得《港口设施保安符合证书》，擅自为航行国际航线船舶提供服务的	予以警告并责令停止违法行为，并可处以三万元以下罚款。	《港口设施保安规则》第八十二条	对外开放港口设施
0105	未按安全评价报告以及整改方案改正情况的落实情况备案的	责令改正，可以处一万元以上五万元以下罚款；拒不改正的，处一万元以上五万元以下罚款。	《危险化学品安全管理条例》第八十一条 《港口危险货物安全管理规定》第五十七条	
0106	未将剧毒化学品或储存数量构成重大危险源的其他危险货物的储存数量、储存地点，管理措施以及管理人员等情况备案的	责令改正，处一万元以上五万元以下的罚款。	《危险化学品安全管理条例》第八十一条 《港口危险货物安全管理规定》第五十七条	
0107	未依照规定对安全生产条件定期进行安全评价的	责令改正，处五万元以上十万元以下的罚款；拒不改正的，责令停业整顿直至吊销其港口经营许可证件。	《港口危险货物安全管理规定》第八十条	
0108	将生产经营项目、场所、设备发包或者出租给不具备安全生产条件或者相应资质的单位或者个人的	责令限期改正，没收违法所得；违法所得十万元以上的，并处违法所得二倍以上五倍以下的罚款；没有违法所得或者违法所得不足十万元的，单处或者并处十万元以上二十万元以下的罚款；对其直接负责的主管人员和其他直接责任人员处一万元以上二万元以下的罚款。	《安全生产法》第一百条	
0109	未在承包合同、租赁合同中明确各自的安全生产管理职责的，或者未对承包单位、承租单位的安全生产统一协调、管理的	责令限期改正，可以处五万元以下的罚款，对其直接负责的主管人员和其他直接责任人员处一万元以下的罚款；逾期未改正的，责令停产停业整顿。	《安全生产法》第一百条	将生产经营项目、场所、设备发包或出租的

违法行为编号	具体违法行为	处罚种类	执法依据	备注
0110	未签订安全生产管理协议的	责令限期改正，可以处五万元以下的罚款，对其直接负责的主管人员和其他直接责任人员可以处一万元以下的罚款；逾期未改正的，责令停产停业。	《安全生产法》第一百、一百零一条	包括同一作业区域内进行可能危及对方安全生产的生产经营活动的
		二、安全管理机构与人员资质		
0201	未按照规定设置安全生产管理机构或者配备安全生产管理人员的	责令限期改正，可以处五万元以下的罚款；逾期未改正的，责令停产停业整顿，并处五万元以上十万元以下的罚款，对其直接负责的主管人员和其他直接责任人员处一万元以上二万元以下的罚款。	《安全生产法》第九十四条	
0202	港口危货储存单位主要安全管理人员未经考核合格的	同上	《安全生产法》第九十四条 《危险货物水路运输从业人员考核和从业资格管理规定》第二十六条	
0203	装卸管理人员未取得从业资格上岗作业的	责令改正，处五万元以上10万元以下的罚款；拒不改正的，责令停产停业整顿。	《危险化学品安全管理条例》第八十六条 《危险货物水路运输从业人员考核和从业资格管理规定》第二十七条	构成犯罪的，依法追究刑事责任。
0204	装卸管理人员有下列行为之一的： （一）将《资格证书》转借他人使用的； （二）涂改《资格证书》的。	责令改正，并以五千元以下的罚款。	《危险货物水路运输从业人员考核和从业资格管理规定》第二十九条	
		三、安全管理制度和规程		
0301	未建立专门安全管理制度的	责令限期改正，可以处十万元以下的罚款；逾期未改正的，责令停产停业整顿，并处十万元以上二十万元以下的罚款，对其直接负责的主管人员和其他直接责任人员处二万元以上五万元以下的罚款。	《安全生产法》第九十八条	构成犯罪的，依照刑法有关规定追究刑事责任。
0302	未建立事故隐患排查治理制度的	同上	《安全生产法》第九十八条	
0303	未建立危险化学品出入库核查、登记制度的	责令改正，可以处五万元以下的罚款；拒不改正的，处五万元以上十万元以下的罚款，情节严重的，责令停产停业整顿。	《危险化学品安全管理条例》第七十八条 《港口危险货物安全管理规定》第五十五条	
0304	违反安全生产规定的	依法给予处罚；情节严重的，由港口经营许可证，并对其主要负责人依法给予处分。	《港口法》第五十一条 《港口经营管理规定》第四十条	构成犯罪的，依法追究刑事责任。

违法行为编号	具体违法行为	处罚种类	执法依据	备注
		四、教育培训		
0401	未按照规定对从业人员、被派遣劳动者、实习学生进行安全生产教育和培训，或者未按照规定如实告知有关的安全生产事项的	责令限期改正，可以处五万元以下的罚款；逾期未改正的，责令停产停业整顿，并处五万元以上十万元以下的罚款，对其直接负责的主管人员和其他直接责任人员处一万元以上二万元以下的罚款。	《安全生产法》第九十四条	
0402	未如实记录安全生产教育和培训情况的			
		五、设备设施		
0501	未在有较大危险因素的生产经营场所有关设施、设备上设置安全警示标志的	责令限期改正，可以处五万元以下的罚款；逾期未改正的，处五万元以上二十万元以下的罚款，对其直接负责的主管人员和其他直接责任人员处一万元以上二万元以下的罚款；情节严重的，责令停产停业整顿。	《安全生产法》第九十六条	构成犯罪的，依照刑法有关规定追究刑事责任。
0502	安全设备的安装、使用、检测、改造和报废不符合国家标准或者行业标准的			
0503	未对安全设备进行经常性维护、保养和定期检测的			
0504	使用应当淘汰的危及生产安全的工艺、设备的			
0505	未对其铺设的危险货物管道设置明显标志，或者未对危险货物管道定期检查、检测的	责令改正，可以处五万元以上十万元以下的罚款；拒不改正的，处五万元以上十万元以下的罚款，对其直接负责的主管人员和其他直接责任人员处一万元以上二万元以下的罚款；情节严重的，责令停产停业整顿。	《危险化学品安全管理条例》第七十八条《港口危险货物安全管理规定》第五十五条	
0506	未在作业场所和安全设施、设备上设置明显的安全警示标志，或者未在作业场所设置报警装置			
0507	危险货物专用库场、储罐未设置明显标志的			
0508	未根据危险货物的种类和类所设置相关安全设施、设备，或者未按照国家标准、行业标准或者未按有关规定对安全设施、设备进行经常性维护、保养的	责令改正，处五万元以上十万元以下的罚款；拒不改正的，责令停产停业整顿直至吊销其港口经营许可证件。	《危险化学品安全管理条例》第八十条《港口危险货物安全管理规定》第五十六条	
0509	未对危险货物专用库场、设备定期进行检测、检验的			
0510	生产、经营、储存、使用的危险物品的车间、商店、仓库与员工宿舍在同一座建筑内，或者与员工宿舍的距离不符合安全要求的	责令限期改正，可以处五万元以下的罚款，对其直接负责的主管人员和其他直接责任人员处一万元以下的罚款；逾期未改正的，责令停产停业整顿。	《安全生产法》第一百零二条	构成犯罪的，依照刑法有关规定追究刑事责任。
0511	生产经营场所和员工宿舍未设有符合紧急疏散需要、标志明显、保持畅通的出口，或者锁闭、封堵生产经营场所或者员工宿舍出口的			

违法行为编号	具体违法行为	处罚种类	执法依据	备注
		六、安全投入		
0601	未依法保证安全生产所需的资金投入，致使生产经营单位不具备安全生产条件的	责令限期改正，提供必需的资金；逾期未改正的，责令生产经营单位停产停业整顿。	《安全生产法》第九十条	
0602	有前款违法行为，导致发生生产安全事故的	对生产经营单位的主要负责人给予撤职处分，对个人经营的投资人处二万元以上二十万元以下的罚款。		构成犯罪的，依照刑法有关规定追究刑事责任。
		七、个体防护		
0701	未为从业人员提供符合国家标准或者行业标准的劳动防护用品的	责令限期改正，可以处五万元以下的罚款；逾期未改正的，处五万元以上二十万元以下的罚款，其直接负责的主管人员和其他直接责任人员处一万元以上二万元以下罚款；情节严重的，责令停产停业整顿。	《安全生产法》第九十六条	构成犯罪的，依照刑法有关规定追究刑事责任。
		八、作业与现场管理		
0801	从业人员不服从管理，违反安全生产规章制度或者操作规程的	由生产经营单位给予批评教育，依照有关规章制度给予处分。	《安全生产法》第一百零四条	构成犯罪的，依照刑法有关规定追究刑事责任。
0802	未按照规定向港口行政管理部门报告并经其同意，在港口内进行危险货物的装卸、过驳作业的	责令停止作业，处五万元以上五万元以下罚款。	《港口法》第五十三条、《危险化学品安全管理条例》第九十二条	
0803	进行可能危及危险货物管道安全的施工作业，未按照规定书面通知管道所属单位，或者未与管道所属单位共同制定应急预案，或者未指派专门人员到现场进行管道安全保护指导的	责令改正，可以处五万元以下的罚款；拒不改正的，处五万元以上十万元以下的罚款，责令停产停业整顿。		
0804	危险货物专用库场、储罐未设专人负责管理，或者对储存的剧毒化学品以及储存数量构成重大危险源的其他危险货物未实行双人收发、双人保管制度的	责令改正，处五万元以上十万元以下罚款；情节严重的，责令停产停业整顿。	《危险化学品安全管理条例》第七十八条、《港口危险货物安全管理规定》第五十五条	
0805	储存没有安全技术说明书或者安全标签的危险货物			

违法行为编号	具体违法行为	处罚种类	执法依据	备注
0806	未将危险货物储存在专用库场、储罐内，或者未将剧毒化学品以及储存数量构成重大危险源的其他危险货物在专用库场、储罐内单独存放的	责令改正，处五万元以上十万元以下的罚款；拒不改正的，责令停产停业整顿直至吊销其港口经营许可证件。	《危险化学品安全管理条例》第八十五条 《港口危险货物安全管理规定》第五十六条	
0807	危险货物的储存方式、方法或者储存数量不符合国家标准或者国家有关规定的			
0808	装卸国家禁止通过港口水域水路运输的危险货物的	责令改正，并处三万元以下的罚款。	《港口危险货物安全管理规定》第五十八条	
0809	在港口从事危险货物添加抑制剂或者稳定剂作业前，未将有关情况告知相关危险货物港口经营人的			
0810	未按规定对危险货物的包装进行检查的			
0811	进行爆破、吊装以及国务院安全生产监督管理部门会同国务院有关部门规定的其他危险作业，未安排专门人员进行现场安全管理的	责令限期改正，可以处十万元以下的罚款；逾期未改正的，责令停产停业整顿，并处十万元以上二十万元以下的罚款，对其直接负责的主管人员和其他直接责任人员处二万元以上五万元以下的罚款。	《安全生产法》第九十八条	构成犯罪的，依照有关规定追究刑事责任。
0812	未指定专职安全生产管理人员进行安全检查与协调的	责令限期改正，可以处五万元以下的罚款，对其直接负责的主管人员和其他直接责任人员处一万元以下的罚款；逾期未改正的，责令停产停业整顿。	《安全生产法》第一百零一条	两个以上生产经营单位在同一作业区域内进行可能危及对方安全生产的生产经营活动。

九、重大危险源管理

违法行为编号	具体违法行为	处罚种类	执法依据	备注
0901	对重大危险源未登记建档，或者未进行评估、监控的	责令限期改正，可以处十万元以下的罚款；逾期未改正的，责令停产停业整顿，并处十万元以上二十万元以下的罚款，对其直接负责的主管人员和其他直接责任人员处二万元以上五万元以下的罚款。	《安全生产法》第九十八条	
0902	对重大危险源未制定应急预案的	责令限期改正，可以处十万元以下的罚款；逾期未改正的，责令停产停业整顿，并处十万元以上二十万元以下的罚款，对其直接负责的主管人员和其他直接责任人员处二万元以上五万元以下的罚款。	《安全生产法》第九十八条	构成犯罪的，依照有关规定追究刑事责任。
0903	未将储存数量构成重大危险源的危险货物储存地点、储存设施以及管理人员等情况备案的	责令改正，可以处一万元以下的罚款；拒不改正的，处一万元以上五万元以下的罚款。	《危险化学品安全管理条例》第八十一条 《港口危险货物安全管理规定》第五十七条	

违法行为编号	具体违法行为	处罚种类	执法依据	备注
		十、隐患排查治理		
1001	未将重大事故隐患的排查和处理情况及时向港口行政管理部门备案的	责令改正，并处三万元以下的罚款。	《港口危险货物安全管理规定》第五十八条	
1002	未将事故隐患排查治理情况如实记录或者未向从业人员通报的	责令限期改正，可以处五万元以下的罚款；逾期未改正的，责令停产停业整顿，并处五万元以上十万元以下的罚款，对其直接负责的主管人员和其他直接责任人员处一万元以上二万元以下的罚款。	《安全生产法》第九十四条	
1003	未建立事故隐患排查治理制度的	责令限期改正，可以处十万元以下的罚款；逾期未改正的，责令停产停业整顿，并处十万元以上二十万元以下的罚款，对其直接负责的主管人员和其他直接责任人员处二万元以上五万元以下的罚款	《安全生产法》第九十八条	构成犯罪的，依照刑法有关规定追究刑事责任。
1004	未采取措施消除事故隐患的	责令立即消除或者限期消除；生产经营单位拒不执行的，责令停产停业整顿，并处十万元以上五十万元以下的罚款，对其直接负责的主管人员和其他直接责任人员处二万元以上五万元以下的罚款	《安全生产法》第九十九条	
1005	不具备有关法律、行政法规和国家标准或者行业标准规定的安全生产条件，经停产停业整顿仍不具备安全生产条件的	予以关闭；依法吊销其有关证照。	《安全生产法》第一百零八、一百一十条	予以关闭的行政处罚应报请县级以上人民政府按照国务院规定的权限决定
		十一、应急管理		
1101	未按照规定制定生产安全事故应急救援预案的	责令限期改正，可以处五万元以下的罚款；逾期未改正的，责令停产停业整顿，并处五万元以上十万元以下的罚款，对其直接负责的主管人员和其他直接责任人员处一万元以上二万元以下的罚款。	《安全生产法》第九十四条	
1102	未定期组织演练的			
1103	未制定码头、泊位危险化学品事故应急救援预案，或未为码头、泊位配备充足、有效的应急救援器材和设备的	责令改正，可以处一万元以下的罚款；拒不改正的，处一万元以上五万元以下的罚款。	《危险化学品安全管理条例》第九十一条	

违法行为编号	具体违法行为	处罚种类	执法依据	备注
		十二、事故事件管理		
1201	事故发生单位主要负责人有下列行为之一的： （一）不立即组织事故抢救的； （二）迟报或者漏报事故的； （三）在事故调查处理期间擅离职守的。	对事故发生单位主要负责人处上一年收入40%至80%的罚款。	《生产安全事故报告和调查处理条例》第三十五条	构成犯罪的，依法追究刑事责任。
1202	事故发生单位及其有关人员有下列行为之一的： （一）谎报或者瞒报事故的； （二）伪造或者故意破坏事故现场的； （三）转移、隐匿资金、财产，或者销毁有关证据、资料的； （四）拒绝接受调查或者拒绝提供有关情况和资料的； （五）在事故调查中作伪证或者指使他人作伪证的； （六）事故发生后逃匿的。	对事故发生单位处一百万元以上五百万元以下的罚款；对主要负责人、直接负责的主管人员和其他直接责任人员处上一年收入60%至100%的罚款。	《生产安全事故报告和调查处理条例》第三十六条	构成违反治安管理行为的，由公安机关依法给予治安管理处罚；构成犯罪的，依法追究刑事责任。
1203	事故发生单位对事故发生负有责任的	一、依照下列规定处以罚款： （一）发生一般事故的，处十万元以上二十万元以下的罚款； （二）发生较大事故的，处二十万元以上五十万元以下的罚款； （三）发生重大事故的，处五十万元以上二百万元以下的罚款； （四）发生特别重大事故的，处二百万元以上五百万元以下的罚款。 二、依法暂扣或者吊销其有关证照。	《生产安全事故报告和调查处理条例》第三十七、四十条	
1204	事故发生单位主要负责人未依法履行安全生产管理职责，导致事故发生的	依照下列规定处以罚款： （一）发生一般事故的，处上一年收入30%的罚款； （二）发生较大事故的，处上一年收入40%的罚款； （三）发生重大事故的，处上一年收入60%的罚款； （四）发生特别重大事故的，处上一年收入80%的罚款。	《生产安全事故报告和调查处理条例》第三十八条	构成犯罪的，依法追究刑事责任。

违法行为编号	具体违法行为	处罚种类	执法依据	备注
1205	对事故发生单位负有事故责任的有关人员	依法暂停或者撤销其与安全生产有关的执业资格、岗位证书。	《生产安全事故报告和调查处理条例》第四十条	
		十三、其他		
1301	在托运的普通货物中夹带危险货物，或者将危险货物谎报或者匿报为普通货物托运的	责令改正，处十万元以上二十万元以下的罚款；有违法所得的，没收违法所得；拒不改正的，责令停产停业整顿。	《危险化学品安全管理条例》第八十七条《港口危险货物安全管理规定》第五十九条	
1302	未按规定组织、实施防御风暴风防台风工作的	视情况给予警告，并责令整改。	《港口大型机械防阵风防台风管理规定》第二十二条	
1303	生产经营单位拒绝、阻碍负有安全生产监督管理职责的部门依法实施监督检查的	责令改正，拒不改正的，处二万元以上二十万元以下的罚款；对其直接负责的主管人员和其他直接责任人员处一万元以上二万元以下的罚款。	《安全生产法》第一百零五条	构成犯罪的，依照刑法有关规定追究刑事责任。

注：对于港口行政管理部门在安全生产监督检查中发现的，根据有关法律法规应由其他负有安全生产监督管理职责的部门实施处罚的违法行为事项，港口行政部门应将违法行为通报相关部门并进行记录。

港口危险货物安全监管信息化建设指南

（交办水〔2016〕182号）

第一章　总则

一、编制目的

《港口危险货物安全监管信息化建设指南》（以下简称《指南》）的编制目的是，指导港口行政管理部门加强港口危险货物安全监管信息化建设，提出统一、规范的建设内容、功能和要求，促进监管信息化、数据交换共享和系统联网，为港口危险货物经营人信息系统建设提供参考。

二、编制依据

《中华人民共和国安全生产法》

《中华人民共和国港口法》

《危险化学品安全管理条例》

《港口危险货物安全管理规定》

《港口经营管理规定》

《危险货物水路运输从业人员考核和从业资格管理规定》

《交通运输企业安全生产标准化建设评价管理办法》

《港口危险货物重大危险源监督管理办法（试行）》

《交通运输部关于严格落实法律法规要求加强危险化学品港口作业安全监管的若干意见》

《危险货物港口作业安全治理专理行动方案（2016—2018年）》

《交通运输部突发事件应急管理规定》

《交通运输"十三五"信息化发展规划》

《水路交通突发事件应急预案》

《交通运输部办公厅关于推进交通运输行业数据资源开放共享的实施意见》

三、总体目标

（一）港口行政管理部门全面、及时、准确地掌握港口经营人的基本信息和危险货物港口作业信息，做到摸清底数、心中有数，实现动态监管。

（二）港口行政管理部门开展危险货物港口作业在线审批、安全监管和执法活动，提高工作效能，实现监管过程和履职情况的"痕迹化"。

（三）建成省级港口危险货物安全监管信息平台，建立信息交换共享机制，促进部门间、部门和企业间信息交换与共享。部省和所在地均建或港口危险货物安全监管基础数据库。

（四）实现港口危险货物经营人一次性提交满足港口安全监管需要的数据，港口行政管理部门实施职能管理，处理状态（结果）统一反馈给经营人。

（五）督促港口经营人、管理部门切实履行安全生产责任。

（六）提升危险货物港口作业的安全监测、预警及事故应急反成处置能力，有效防控风险，

（七）实现港口危险货物信息的大数据分析管理，提供相关数据支持和决策依据。

第二章　系统功能

港口危险货物安全监管系统功能主要包括危险货物港口经营人基础信息管理、安全设施与主体工程"三同时"管理、经营许可管理、从业人员培训和资格管理、危险货物作业监督管理、重大危险源管理、安全监督检查、应急管理、公共知识库、监管能力建设、部门协同机制与安全监管职责边界等11个功能模块。

信息系统一般应具有信息管理、业务处理等基本功能，实现基础信息数据的采集，有条件的地区可增加空间数据相关功能和相关信息的采集。

一、基础信息管理

（一）港口经营人基本信息管理

港口经营人名称、办公地址、主要负责人姓名、联系方式等基本信息实行动态更新管理，可列出需重点监管的港口经营人名单，根据相关规定对港口经营人信用进行管理，具有基本信息多条件查询、统计汇总功能。

（二）管理制度信息管理

港口经营人可填报、更新、管理其相关安全管理制度；港口行政管理部门可对港口经营人填报的管理制度文件进行监管、多条件查询、统计汇总。

（三）设备设施信息管理

港口经营人可填报、更新、管理其设备设施的相关偿息；港口行政管理部门可对港口经营人填报的相关信息进行监管，多条件查询，统计汇总。设备设施信息应包括码头、过驳区、储罐、仓库、堆场、管线及其相关附属设施的信息。

二、安全设施与主体工程"三间时"管理

（一）安全条件审查

流程化管理，建设单位对建设项口的安全条件进行申报；港口行政管理部门对申报信息进行审查、批复、存档、多条件查询、统计汇总。

（二）安全设施设计审查

流程化管理，建设单位对建设项目的安全设施设计进行申报；港口行政管理部门对申报信息进行审核、批复、存档、多条件查询、统计汇总。

（三）安全设施验收备案

流程化管理，港口经营人对建设项目的安全设施验收证明资料等进行上报；港口行政管理部门对港口经营人上报的信息进行备案、存档、多条件查询、统计汇总。

三、经营许可管理

流程化管理，港口经营人对《港口经营许可证》《港口危险货物作业附证》（以下简称《附证》）进行申报、变更、换证和年度核查申请；对安全生产条件现状评价报告、整改落实情况和安全评价机构相关信息进行申报、备案等。港口行政管理部门对港口经营人上报的信息进行审核、反馈、存档、多条件查询、统计汇总。

应具备证书到期提醒，证书打印功能。

四、从业人员培训和资格管理

（一）安全生产教育培训

港口经营人对员工安全生产教育培训计划等情况建立档案；港口行政管理部门对港口经营人相关档案进行监管、多条件查询、统计汇总，

（二）从业人员考核和从业资格管理

港口经营人对危险货物水路运输从业人员考核和从业资格证书信息建立档案、填报等管理；港口行政管理部门对从业人员考核和从业资格证书以及港口经营人填报的信息进行监管、存档、多条件查询、统计汇总。

应具备从业人员考核和从业资格有关的题库、组织考核考试、报名申请等管理功能，具备从业资格证书到期提醒、考核考试成绩查询功能；也可将现有相关从业人员考务系统中相关考核信息和从业资格信息关联到该系统模块。

五、危险货物作业监督管理

港口经营人对危险货物作业进行申报、管理；港口行政管理部门对港口经营人申报的作业信息进行审批、监管、存档、多条件查询、统计汇总，建立危险货物作业基础数据库。

提供方便快捷的危险货物作业申报方式，有条件的地区，支持微信公众号、移动终端APP应用程序的申报方式。不得填报涉密信息，敏感信息申报应采取和应的管理措施，符合相关规定。

申报作业信息包括危险货物种类、品名、数量、UN编号、CAS编号、安全技术说明书（MSDS）、存放地点、作业地点和时间、货主、船舶等信息。

申报作业信息与《附证》等信息相关联，具备作业信息中的危险货物种类与《附证》有效期、作业场所和允许作业种类以及海事危险货物船载申报信息等其他信息系统接入数据自动对比功能，给出对比结果，对超范围作业种类、超量作业、超期作业、违规作业等异常作业进行预警或限制申报。

具备支持接入作业场所、区域的视频监控和其他信息系统的能力，根据需要，港口行政管理部门可通过实时视频查看作业场所、区域的情况。

六、重大危险源管理

流程化管理，港口经营人对重大危险源解析、评估分级，登记建构、申报；港口行政管理部门对重大危险源信息进行备案、动态管理，与重大风险管理相衔接，对重大危险源进行备案存档、多条件查询、统计汇总等管理，实现评估期限自动报警功能，并具备接入上级部门安全生产风险管理信息系统和同级安全监管部门重大危险源管理信息系统的接口。

七、安全监督检查

（一）现场检查

流程化管理，形成"检查—整改—反馈—确认"的闭环流程，对检查发现的重大隐患进行备案。港口行政管理部门年度检查计划和现场检查、执法情况的登记和管理，包括检查结果、整改通知书、整改结果验收和相关行政处罚、行政强制信息，以及有条件的地区通过购买服务方式聘用第三方中介机构进行安全核查技术服务的相关资料。港口经营人可接收整改通知书、行政执法等信息，上报整改结果，申请整改结果验收等。

对于整改不到位、未按期整改的港口经营人，系统应具备提醒功能，并与港口经营人的危险货物作业申报相关联，限制申报。

港口行政管理部门可对现场检查信息进行多条件查询、统计汇总，具备接入上级高门安全监督检查信息系统的接口。

（二）隐患排查

流程化管理，港口经营人隐患排查治理制度、隐患排查信息、隐患整改和内部验收、隐患治理情况的上报管理，形成隐患排查治理档案；港口行政管理部门对隐患排查信息进行监管、存档，对重大隐患依法进行备案、挂牌督办和行政处罚。

对于不符合要求、重大隐患未及时消除的港口经营人，应具备提醒功能。

港口行政管理部门可对隐患排查信息进行多条件查询、统计汇总，具备接入上级部门隐患排查治理信息系统的接口。

八、应急管理

（一）应急信息管理

港口经营人对应急资源、培训、演练等信息进行登记、管理；港口行政管理部门对港口经营人相关信息进行监管与存档，汇总分析应急信息，形成应急资源数据库。

1. 应急值守

港口经营人对应急值守机构和人员、应急通信方式等信息进行填报，可接收相关应急指令并予反馈；港口行政管理部门对应急值守机构和人员，应急通信方式等信息进行管理，对港口经营人相关信息进行查询，可发布应急指令，接收反馈信息。

对于未进行填报等不符合要求的港口经营人，应具备提醒功能。

2. 应急预案

流程化管理，港口经营人对危险货物事故应急预案（含专家评审情况等）进行中报备案；港口行政管理部门对危险货物事故应急预案进行备案、存档和动态管理，支持多条件查询，统计汇总。

3. 应急资源管理

港口经营人对应急管理机构、物资、装备、队伍等资源的数量、分布等情况进行填报、管理；港口行政管理部门对相关信息进行管理与存档，汇总分析区域内应急资源信息，形成应急资源数据库，支持多条件查询，统计汇总。

4.应急培训及演练管理

港口经营人对日常开展的应急培训、演练等情况进行填报、管理；港口行政管理部门对应急培训、演练等情况进行管理、多条件查询、统计汇总，对港口经营人填报的信息进行监管与存档。

对于不符合要求的港口经营人，应具备提醒功能。

（二）应急物资储备库

港口行政管理部门对港口经营人和有关部门的应急物资、应急物资储备库等信息进行管理、多条件查询、统计汇总。

九、公共知识库

逐步建立部省两级公共知识库，为所在地港口行政管理部门提供支持，也可供港口经营人登录查询。

（一）事故案例库

对港口安全生产事故案例进行收集更新维护、多条件查询、统计汇总等管理，对港口经营人提供查询服务。事故案例库应支持依据事故信息属性进行筛选，提供多条件的检索查询。

（二）法规标准库

对港口安全生产法律法规、标准进行收集、更新维护、多条件查询、统计汇总等管理，对港口经营人提供查询服务。

（三）专家库

对专家信息进行收集、更新维护、多条件查询、统计汇总等管理，对港口经营人提供查询服务。

专家由熟悉港口安全法律法规和标准、危险货物作业管理、港口安全技术、港口工程和应急救援、消防等专业管理和技术人员组成。

（四）危险货物数据库

有条件的地区可对危险货物信息对公众提供查询。

危险货物信息应包括种类、品名、理化特性、包装要求、安全防范措施、应急施等信息。

十、监管能力建设

主要用于港口行政管理部门相关工作、监管能力等信息的管理。

（一）安企监管制度

对安全监管制度进行登记、管理，支持多条件查询、统计汇总。

（二）教育培训

对有关安全监管人员的教育培训情况进行管理，支持多条件查询、统计汇总。

（三）安全监管机构、职责和监管队伍

对安全监管机构和监管队伍的信息进行管理，支持多条件查询、统计汇总。对安全监管机构及其内设职能部门和有关岗位，明确安全监管权责清单。

（四）监管装备

对配备的监管检测设备、现场取证设备、监管交通工具等必要的监管装备进行管理，支持多条件查询、统计汇总。

（五）应急管理与处置

1. 应急信息发布。

发布交通疏导、紧急疏散、事件动态、处置情况等信息。

2. 应急预案。

对港口危险货物事故应急预案、预防自然灾害预案等应急预案和应急救援体系进行管理，支持多条件查询、统计汇总。

3. 应急辅助决策。

应具备迅速掌握情况、研判突发事件发展态势、形成合理处置方案和形成决策信息等功能。

4. 应急指挥调度。

应具有应急资源等信息查询、分析、应急指令发布、物资及人员调度、路线规划等功能。

十一、部门协同机制与安全监管职责边界

（一）部门协调机制

港口经营人、隐患排查治理、危险货物、重大危险源、监督检查和行政处罚、行政强制等安全监管信息的互联互通，主要用于港口行政管理部门与海事、公安（消防）、安监、海关、质检、环保等相关部门的沟通协作、联合执法、安全应急联动等。

（二）安全监管职责边界

安全监管对象的变更等管理，主要用于港区内危险货物经营人、仓库、储罐等监管对象的变更。应具有监管对象添加、更新、删除、查询汇总等功能。

第三章　信息资源要求

《指南》提出了信息资源内容、采集、整合、共享等相关规范要求。

一、信息内容

主要业务内容相关信息参见附件。在有关信息系统开发建设阶段，港口行政管理部门要按照政务信息资源目录编制有关要求，组织编制信息资源目录并纳入交通运输政务信息资源目录统一管理。

二、信息采集

（一）信息来源

信息主要来自危险货物港口经营人和港口行政管理部门及相关部门。基础数据应充分利用现有资源。

根据数据架构，做好数据资源规划，明确各项数据的具体来源，保证数据来源的唯一性，避免重复采集。

构建稳定的数据源，完善数据采集、更新、交换共享等机制，保证数据质量。

（二）采集方式

根据各类数据的形态、格式、采集条件,明确各项数据的具体采集方式。加强数据采集系统建设,尽量采用物联网等技术实现数据的自动化采集。统筹省和所在地港口行政管理部门以及港口经营人的应用需求,完成数据的采集、更新工作。有条件的地区推进与港口经营人信息系统的有效衔接,方便行政相对人,合理减少港口经营人信息填报数据量。

三、信息整合

（一）地理信息

有条件的地区可在系统功能中引入相关地理信息,并通过地理信息系统标注危险货物作业设备设施的空间位置。地理信息应按统一标准、统一接口、图属一体、集中管理、集成共享的原则建设,使用国家、行业标准规范。基础图层可来源于测绘部门或电子地图服务商。地理信息应符合保密规定的比例尺要求,避免泄漏相关特定图形及对象位置信息。地理信息系统建议在本地服务器及终端上使用。

（二）动态位置信息

对各种可移动安全应急设备设施（车船、智能感知设备等）的动态位置信息进行融合、集成,提供动态位置信息服务。

（三）视频监控

有条件的地区可按照视频监控相关的国家、行业标准规范建设,辖区内视频监控信息应进行整合,并叠加规定字符（如视频监控点位置坐标等）、同步时间戳等信息。视频监控可与地理信息图层相结合。

（四）重大危险源三维模型信息

有条件的地区可对重大危险源进行三维模型建设,在收集整理重大危险源和附属设施信息基础上,通过三维建模与GIS技术相结合,构建立体三维空间,详细描述重大危险源空间位置分布,对储罐、物料管线及附属设施进行三维可视化展示,全方位掌握重大危险源相关信息,辅助日常监管和应急救援决策。

四、信息共享

应预留和提供数据接口,按照有关标准规范进行数据共享、传递,结合工作需要,逐级建设港口危险货物安全监管数据库。系统数据的内容、格式和数据元标准应遵循附件的要求,支持上下级部门之间、同级部门之间的数据交换和共享。系统应保证充足的数据存储空间,在满足自身数据存储处理能力、容量、可靠性的要求下,预留外部传输数据的存储空间,并制定相应的数据备份机制。

第四章　系统建设要求

一、系统建设定位

满足港口危险货物安全管理需要,通过数据动态采集、信息共享,逐步实现动态监管。

二、系统建设思路

基于信息化建设现有的基础，采用"全面整合、重点补充、突出共享、逐渐扩展"策略，加强港口危险货物相关信息资源的完善和整合，并根据条件对港口有关危险货物作业重点场所、重点设施设备开展监测、监控，完善应急处置技术和手段，促进跨区域、跨部门信息共享和监管协同。鼓励省级交通运输（港口）管理部门统一开发、建设、运行和维护港口危险货物安全监管信息系统，供省、市、县三级港口行政管理部门使用，并可供港口经营人使用。推进实现省内港口危险货物安全监管的统一门户，并做好与部级系统的衔接。

按照《危险货物港口作业安全治理专项行动方案（2016—2018年）》规定的有关时间要求推进建设。系统可分期建设、逐步完善。根据系统建设条件，按照《交通运输信息化"十三五"发展规划》要求，预留数据接口，制定系统建设的近期目标、中期目标与远期目标；以业务效能为导向，在基础数据补充校核、重点监测对象动态信息采集、信息共享、数据质量管控、业务运行机制优化重构等方面加强建设，务求实效。

近期目标以配置系统环境、设定安全防火墙，实现基本信息管理及业务处理流程的功能，实现异地容灾备份为主，满足信息安全等级保护要求；中期目标可依据当地建设条件，基于GIS平台进行相关地理信息功能的补充扩展，对系统相关功能进行完善并引入专家辅助服务，协助解决相关问题；远期目标可依据当地建设条件，实现交通地理信息、动态位置信息与视频监控信息的功能扩展集成，并督促有关重点港口经营人应用物联网技术，通过温感、烟感、有毒有害气体探测、机器视觉等传感设备（技防手段）的集成应用，实现重点堆场、重点箱区、重点罐区、重点库区的实时在线监测和自动预警、报警，为预先干预、处置提供技术保证。

三、系统建设原则

（一）职责导向

根据管理体制和职责，合理确定业务需求，明确业务目标和运行模式，促进业务与信息技术的融合，确保系统有效运行并发挥实效。

（二）业务协同

安全监管信息应互联互通和共建共享，促进上下级之间、同级之间业务的协调联动，系统应与当地人民政府的安全应急管理体系相衔接。

（三）标准统一

严格遵守相关国家标准、行业标准和部组织制定的相关信息资源、信息交换、地理空间信息、信息服务等规范（详见附件），统一数据接口。

（四）架构开放

以系统可靠运行和持续发展为前提，采用开放式架构设计，满足业务功能扩展需要。

（五）资源共享

以需求为导向，整合相关信息资源、应急处置资源，共享动态监测资源数据，提高信息化的规模效益。统筹协调港口经营管理信息系统、港口危险货物安全监管信息系统等相关系统的开发建设，避免重复建设。

（六）网络安全

依法加强网络安全保护。各地应根据国家有关信息系统安全等级保护标准要求，向规定的有关部门办理港口危险货物安全监管信息系统安全等级保护手续。信息系统应纳入关键信息基础设施防护范围,建立网络安全工作责任制。有关工业控制系统还应满足《工业控制系统信息安全防护指南》有关要求。危险货物作业数据、地理位置、重大危险源等敏感信息要加强管理,不宜公开的一律不得公开。涉及国防交通基础设施建设项目的、交通战备、国家战略储备的,应仅在系统中录入港口经营许可证、港口危险货物作业附证等内容,不得录入涉密信息。

(七)资金保障

加强信息化建设资金的保障,港口行政管理部门应积极争取当地人民政府的支持,落实港口危险货物安全监管信息系统建设、通信链路维护、运营维护、安全等级保护评测等相关工作的经费。

附件 港口危险货物安全管理信息化建设有关规定

一、《中华人民共和国安全生产法》

第二十五条 第四款 生产经营单位应当建立安全生产教育和培训档案,如实记录安全生产教育和培训的时间、内容、参加人员以及考核结果等情况。

第三十七条 生产经营单位对重大危险源应当登记建档,进行定期检测、评估、监控,并制定应急预案,告知从业人员和相关人员在紧急情况下应当采取的应急措施。

生产经营单位应当按照国家有关规定将本单位重大危险源及有关安全措施、应急措施报有关地方人民政府安全生产监督管理部门和有关部门备案。

第三十八条 生产经营单位应当建立健全生产安全事故隐患排查治理制度,采取技术、管理措施,及时发现并消除事故隐患。事故隐患排查治理情况应当如实记录,并向从业人员通报。

县级以上地方各级人民政府负有安全生产监督管理职责的部门应当建立健全重大事故隐患治理督办制度,督促生产经营单位消除重大事故隐患。

第六十五条 安全生产监督检查人员应当将检查的时间、地点、内容、发现的问题及其处理情况,作出书面记录,并由检查人员和被检查单位的负责人签字;被检查单位的负责人拒绝签字的,检查人员应当将情况记录在案,并向负有安全生产监督管理职责的部门报告。

第七十五条 负有安全生产监督管理职责的部门应当建立安全生产违法行为信息库,如实记录生产经营单位的安全生产违法行为信息;对违法行为情节严重的生产经营单位,应当向社会公告,并通报行业主管部门、投资主管部门、国土资源主管部门、证券监督管理机构以及有关金融机构。

二、《中华人民共和国港口法》

第三十五条 在港口内进行危险货物的装卸、过驳作业,应当按照国务院交通主管部门的规定将危险货物的名称、特性、包装和作业的时间、地点报告港口行政管理部门。港口行政管理部门接到报告后,应当在国务院交通主管部门规定的时间内作出是否同意的决定,通知报告人,并通报海事管理机构。

第四十三条 监督检查人员应当将监督检查的时间、地点、内容、发现的问题及处理情况作出书面记录,并由监督检查人员和被检查单位的负责人签字;被检查单位的负责人拒绝签字的,监督检查人员应当将情况记录在案,并向港口行政管理部门报告。

三、《危险化学品安全管理条例》

第二十二条 生产、储存危险化学品的企业，应当委托具备国家规定的资质条件的机构，对本企业的安全生产条件每3年进行一次安全评价，提出安全评价报告。安全评价报告的内容应当包括对安全生产条件存在的问题进行整改的方案。

生产、储存危险化学品的企业，应当将安全评价报告以及整改方案的落实情况报所在地县级人民政府安全生产监督管理部门备案。在港区内储存危险化学品的企业，应当将安全评价报告以及整改方案的落实情况报港口行政管理部门备案。

第二十五条 储存危险化学品的单位应当建立危险化学品出入库核查、登记制度。

对剧毒化学品以及储存数量构成重大危险源的其他危险化学品，储存单位应当将其储存数量、储存地点以及管理人员的情况，报所在地县级人民政府安全生产监督管理部门（在港区内储存的，报港口行政管理部门）和公安机关备案。

第六十条 船舶载运危险化学品进出内河港口，应当将危险化学品的名称、危险特性、包装以及进出港时间等事项，事先报告海事管理机构。海事管理机构接到报告后，应当在国务院交通运输主管部门规定的时间内作出是否同意的决定，通知报告人，同时通报港口行政管理部门。定船舶、定航线、定货种的船舶可以定期报告。

在内河港口内进行危险化学品的装卸、过驳作业，应当将危险化学品的名称、危险特性、包装和作业的时间、地点等事项报告港口行政管理部门。港口行政管理部门接到报告后，应当在国务院交通运输主管部门规定的时间内作出是否同意的决定，通知报告人，同时通报海事管理机构。

载运危险化学品的船舶在内河航行，通过过船建筑物的，应当提前向交通运输主管部门申报，并接受交通运输主管部门的管理。

四、《港口危险货物安全管理规定》

第二十六条 船舶载运危险货物进出港口，应当按照有关规定向海事管理机构办理申报手续。海事管理机构应当及时将有关申报信息通报所在地港口行政管理部门。

第二十八条 危险货物港口经营人在危险货物港口装卸、过驳作业开始24小时前，应当将作业委托人，以及危险货物品名、数量、理化性质、作业地点和时间、安全防范措施等事项向所在地港口行政管理部门报告。所在地港口行政管理部门应当在接到报告后24小时内作出是否同意作业的决定，通知报告人，并及时将有关信息通报海事管理机构。报告人在取得作业批准后72小时内未开始作业的，应当重新报告。未经所在地港口行政管理部门批准的，不得进行港口危险货物作业。

时间、内容和方式固定的港内危险货物装卸、过驳作业，可以按照港口行政管理部门的要求实行定期申报。

第三十三条 所在地港口行政管理部门应当根据国家有关规定对危险货物包装进行抽查。不符合规定的，可以责令作业委托人处理。

发生下列情况之一的，危险货物港口经营人应当及时处理并报告所在地港口行政管理部门：

（一）发现未申报或者申报不实、申报有误的危险货物；

（二）在普通货物或者集装箱中发现夹带危险货物；

（三）在危险货物中发现性质相抵触的危险货物。

对涉及船舶航行、作业安全的相关信息，港口行政管理部门应当及时通报所在地海事管理机构。

第三十六条 危险货物港口经营人应当建立危险货物出入库核查、登记制度。对剧毒化学品以及储存数量构成重大危险源的其他危险货物,危险货物港口经营人应当将其储存数量、储存地点以及管理措施、管理人员等情况,报所在地港口行政管理部门备案。

第三十八条 危险货物港口经营人应当根据有关规定,进行重大危险源辨识,确定重大危险源级别,进行分级管理,对本单位的重大危险源登记建档,并报送所在地港口行政管理部门备案。对涉及船舶航行、作业安全的重大危险源信息,港口行政管理部门应当及时通报海事管理机构。

第四十一条 危险货物港口经营人应当制定安全隐患排查制度,定期开展安全事故隐患排查,及时消除隐患,并将检查及处理情况形成书面记录。

危险货物港口经营人应当将重大事故隐患的排查和处理情况及时向所在地港口行政管理部门备案。

第四十六条 所在地港口行政管理部门应当组织开展港口重大危险源风险分析,建立健全本辖区内重大危险源的档案,建立重大危险源安全监管系统,加强对重大危险源的监管和应急准备。

第四十九条 第二款 所在地港口行政管理部门应当配备必要的危险货物港口安全检查装备,建立危险货物港口安全监管信息系统,具备危险货物港口安全监督管理能力。

五、《港口经营管理规定》

第三十一条 港口经营人应当按照国家有关规定,及时向港口行政管理部门如实提供港口统计资料及有关信息。

各级交通运输(港口)主管部门和港口行政管理部门应当按照有关规定向交通运输部和上级交通运输(港口)主管部门报送港口统计资料和相关信息,并结合本地区的实际建设港口管理信息系统。

第三十四条 监督检查人员应当将监督检查的时间、地点、内容、发现的问题及处理情况作出书面记录,并由监督检查人员和被检查单位的负责人签字;被检查单位的负责人拒绝签字的,监督检查人员应当将情况记录在案,并向港口行政管理部门报告。

六、《港口危险货物重大危险源监督管理办法(试行)》

第十条 港口经营人应当对辨识确认的港口重大危险源及时进行登记建档。

第十一条 港口经营人在对港口重大危险源进行辨识、分级,并完成港口重大危险源安全评估报告后,应将港口重大危险源备案申请表和第十条规定的档案材料(其中第五项规定的文件资料只需提供清单),向所在地港口行政管理部门备案。对涉及船舶航行、作业安全的港口重大危险源信息,港口行政管理部门应当及时通报海事管理机构。

港口重大危险源出现第九条所述情形的,港口经营人应当修改档案,并及时向所在地港口行政管理部门重新备案。

第二十二条 第四款 港口经营人应当记录和评估港口重大危险源事故应急演练情况,并根据记录和评估结果,及时修订完善港口重大危险源事故应急预案。

第二十三条 所在地港口行政管理部门应建立健全港口重大危险源安全监管制度,完善本辖区港口重大危险源档案,建立港口重大危险源安全监管系统,掌握辖区内港口重大危险源和应急队伍、应急资源等基本信息。

第二十六条 所在地港口行政管理部门应当加强港口重大危险源监督检查,督促港口经营人做好本单位港口重大危险源的辨识评估、登记建档、备案核销和安全管理、应急准备等工作。

第二十八条 所在地港口行政管理部门应建立港口重大危险源监督检查台帐,内容包括港口重大危险源监督检查记录表、现场检查记录、整改意见、整改情况等资料。

七、《交通运输部关于进一步加强港口危险货物安全监管工作的通知》

部将研究制定监管系统信息化建设指南，指导各地建设危险货物港口安全监管信息系统。各港口行政管理部门要向地方政府积极争取信息系统建设配套资金，以信息化建设为抓手，在电子分布图的基础上建立动态的电子监管档案，实现对监管底数的动态实时更新；建设危险货物应急决策支持系统，提升应急管理水平和紧急状况下的指挥决策能力；要根据港口安全监管的实际情况，配置相适应的监管检测设备、现场取证设备、监管交通工具等必要的监管装备，形成现代化的监管力量。

八、《交通运输部关于严格落实法律法规要求加强危险化学品港口作业安全监管的若干意见》

第十九条　通过信息化手段提升安全管理水平。港口行政管理部门要督促企业建立信息化管理系统，完善危险化学品作业基础数据库，内容包括危险化学品种类及数量、存放地点、理化特性、货主信息、安全技术措施、消防应急措施等，上述信息应及时与相关管理部门共享。港口行政管理部门要向地方政府积极争取信息系统建设配套资金，建立完善监管对象的基本信息档案系统，建设安全监管信息系统，实现动态监管，提升日常安全管理水平和紧急状况下的决策指挥能力。

第二十三条　加强协同监管能力建设。港口行政管理部门要在当地政府统一领导下，加强与公安、安监、环保、海关、质检等相关部门和周边地区的沟通协作、密切配合，进一步建立健全协调联动工作机制和应急反应机制，实现危险化学品港口企业基本信息、隐患排查治理信息等安全监管信息的互联互通，加强对危险化学品港口罐区、库（堆）场等领域的联合执法，形成监管合力。

九、《危险货物港口作业安全治理专项行动方案（2016—2018年）》

危险货物港口经营人要建立危险货物作业信息系统，实时记录危险货物作业基础数据，内容包括进出港危险货物种类及数量、储存地点、理化特性、货主信息、安全和应急措施等，有关信息要在作业场所之外异地存放，并与所在地港口行政管理部门信息共享。（沿海港口2016年完成，内河港口2017年完成）

建立危险货物码头、罐区（储罐）、库（堆）场等作业现场视频监控系统。（2017年完成）

推进社会治理，加强社会监督和舆论监督。各级港口行政管理部门要落实安全生产举报制度，公布举报电话，完善安全生产投诉举报渠道，对所接到的举报安全生产违法线索全部进行查处，并跟踪督查落实。设立违法违规行为曝光台，及时曝光违法企业、安全生产事故多发频发单位、瞒报谎报危险货物行为、造成恶劣社会影响的港口安全生产事件等。（2016—2018年持续实施）

所在地港口行政管理部门要积极争取专项资金，建设完善危险货物安全监管信息系统，2017年底前，实现监管底数的动态更新，具有危险货物港口装卸及过驳作业在线申报许可管理、隐患排查治理和重大危险源、重大风险源监管等功能。加强科技攻关，运用大数据、互联网等技术，提升安全管理基础数据统计分析、科学决策水平。（2018年完成）

所在地港口行政管理部门要积极推进部门间危险货物监管信息（包括进出港口危险货物信息、重大危险源和重大隐患信息、应急信息、企业违法信息、行政处罚信息等）的互通和共享。（2017年取得阶段性成果）

各级港口行政管理部门要建立完善企业安全生产诚信体系和"黑名单"制度，并与相关信用信息共享平台衔接，强化失信联合惩戒。（2017年取得阶段性成果）

港口安全生产风险辨识管控指南

（交办水〔2019〕48号）

一、适用范围

本指南提出了港口安全生产风险等级评估方法，适用于指导港口经营人辨识、评估、管控港口安全生产风险。

二、规范性引用文件

《中华人民共和国安全生产法》

《中华人民共和国港口法》

《中华人民共和国突发事件应对法》

《生产安全事故报告和调查处理条例》

《生产安全事故应急条例》

《国家突发环境事件应急预案》（国办函〔2014〕119号）

《国务院安委会办公室关于实施遏制重特大事故工作指南构建双重预防机制的意见》（安委办〔2016〕11号）

《港口经营管理规定》（交通运输部令2019年第8号）

《水路交通突发事件应急预案》（交应急发〔2017〕135号）

《公路水路行业安全生产风险管理暂行办法》（交安监发〔2017〕60号）

《公路水路行业安全生产风险辨识评估管控基本规范（试行）》（交安监发〔2018〕135号）

《交通运输企业安全生产标准化建设评价管理办法》（交安监发〔2016〕133号）

GB 6441《企业职工伤亡事故分类标准》

GB/T 13861《生产过程危险和有害因素分类与代码》

三、风险管理基本要求

（一）加强安全生产风险管理

港口经营人应依据《公路水路行业安全生产风险管理暂行办法》（交安监发〔2017〕60号）和《公路水路行业安全生产风险辨识评估管控基本规范（试行）》（交安监发〔2018〕135号）相关要求进行港口安全生产风险管理。

（二）科学规范有序开展风险辨识管控工作

港口经营人应按照业务融合、系统化和动态管理的原则，开展港口安全生产风险辨识、评估、管控工作，分步填写港口安全生产风险辨识管控信息表，汇总形成港口安全生产风险辨识管控手册，绘制"红橙黄蓝"四色港口安全生产风险分布图。

（三）建立风险管理机制

港口经营人应通过风险辨识、评估和管控工作的自我检查、自我纠正和自我完善，形成本单位安全生产风险管理长效机制。

四、风险辨识

（一）风险辨识程序

安全生产风险具有客观（不可消除）、可识别、可控和不确定性。港口安全生产风险体现为港口营运过程中生产安全事故发生可能性和事故后果严重程度的组合。

风险辨识是发现、确认和描述风险的过程。港口安全生产风险辨识应确定风险辨识范围，划分作业单元，结合本单位安全生产管理实际确定风险事件，从人、设施设备（含货物或物料）、环境、管理等方面分析致险因素，将风险辨识结果填入港口安全生产风险辨识管控信息表（见附件）。港口安全生产风险辨识程序如下图所示。

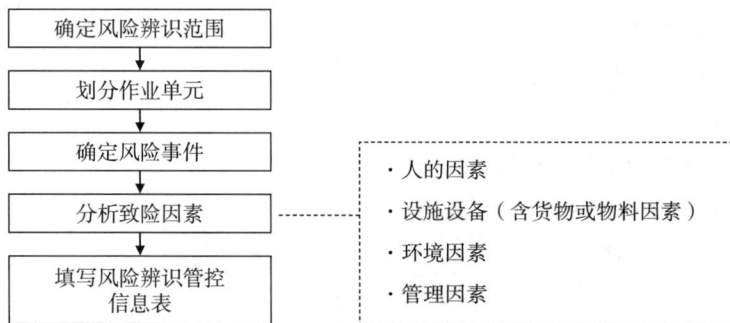

港口安全生产风险辨识程序

（二）确定风险辨识范围

港口经营人根据本单位安全生产风险管理实际，确定风险辨识范围。风险辨识范围参照"风险辨识范围"，结合实际情况确定。

风险辨识范围

	风险辨识范围
港口客运	旅客候船、旅客上下船等。
港口普通货物营运	集装箱装卸、储存，干散货装卸、过驳、储存，件杂货装卸、过驳、储存，车辆滚装、停放等。
港口危险货物营运	集装箱装卸、储存，干散货装卸、过驳、储存，液体散货装卸、过驳、储存等。

（三）划分作业单元

港口经营人应按照"独立性"原则，在风险辨识范围内划分作业单元，并建立作业单元清单。作业单元参照"作业单元"，结合实际情况划分。

作业单元

风险辨识范围	作业单元
旅客候船	旅客安检、候船室等候上船等。
旅客上下船舶	靠离泊作业、上下船活动等。
集装箱装卸	靠离泊作业、船舶装卸箱作业、岸桥维修作业、动火作业等。
集装箱储存	拆装箱作业、堆高作业、集装箱堆放、场桥维修作业、动火作业等。
液体散货装卸（含过驳）	靠离泊作业、装卸船作业、装卸车作业、吹扫作业、动火作业等。
液体散货储存	储存作业、倒罐作业、清罐作业、动火作业、受限空间作业等。
干散货装卸（含过驳）	靠离泊作业、装卸船作业、装船机维修作业等。
干散货储存	堆存作业活动、苫盖作业、皮带机维修作业等。
件杂货装卸（含过驳）	靠离泊作业、件杂货装卸船作业、门座式起重机维修作业等。
件杂货储存	件杂货装卸车作业、件杂货储存、装载机维修作业等。
车辆滚装	靠离泊作业、车辆上下船等。
车辆停放	车辆水平行驶、车辆停放等。

（四）确定风险事件

风险事件是由于人、设施设备（含货物或物料）、环境和管理等因素存在缺陷导致的事故或危险场景。港口经营人根据本单位各作业单元安全生产风险管理实际，结合本行业典型事故案例，确定风险事件，如：火灾、爆炸、中毒、泄漏、船舶碰撞码头、旅客落水、货物坠落、缆绳断裂、管道泄漏、储罐泄漏、货物坍塌、静电积聚等。风险事件参照GB 6441，并结合本单位安全生产实际确定。

（五）分析致险因素

港口经营人针对确定的风险事件，结合本单位安全生产实际，参照GB/T 13861进行致险因素分析。致险因素一般包含以下方面：

1.人的因素：从业人员安全意识、安全与应急技能、安全行为或状态；

2.设施设备（含货物或物料）因素：港口作业机械、存储设施设备、装卸工艺、安全设施等的安全可靠性和货物、物料的危险特性；

3.环境因素：港口作业条件的安全性，以及自然环境对港口作业的影响；

4.管理因素：安全生产的管理机构、管理制度及操作规程的合规和完备性。

（六）填写风险辨识管控信息表

港口经营人根据风险辨识范围、作业单元、风险事件、致险因素等内容，填写港口安全生产风险辨识管控信息表（见附件）。

五、风险评估

（一）风险评估指标

风险等级大小由风险事件发生的可能性（L）和后果严重程度（C）的组合决定。

1.评估指标分级标准。

（1）风险事件发生的可能性分级。

可能性统一划分为五个级别：极高、高、中等、低、极低。可能性判断标准及取值（L）见"可能性判断标准表"。

可能性判断标准表

可能性级别	发生的可能性	取值（L）区间
极高	极易	9＜取值≤10
高	易	6＜取值≤9
中等	可能	3＜取值≤6
低	不大可能	1＜取值≤3
极低	极不可能	0＜取值≤1

备注：可能性指标取值为区间内的整数或最多一位小数。

（2）风险事件发生的后果严重程度分级。

后果严重程度统一划分为四个级别：特别严重、严重、较严重、不严重。后果严重程度判断标准及取值（C）见"后果严重程度判断标准表"。

后果严重程度判断标准表

后果严重程度 （取值C）	后果严重程度总体判断标准
特别严重 （10）	（1）人员伤亡：可能发生人员伤亡数量达到《生产安全事故报告和调查处理条例》中特别重大事故伤亡标准，或达到《水路交通突发事件应急预案》中突发事件I级伤亡标准的； （2）经济损失：可能发生经济损失达到《生产安全事故报告和调查处理条例》中特别重大事故经济损失标准，或达到《水路交通突发事件应急预案》中突发事件I级损失标准的； （3）环境污染：可能造成特别重大生态环境灾害或公共卫生事件，或达到《国家突发环境事件应急预案》中特别重大突发环境事件标准的； （4）社会影响：可能对国家或区域的社会、经济、外交、军事、政治等产生特别重大影响。
严重 （5）	（1）人员伤亡：可能发生人员伤亡数量达到《生产安全事故报告和调查处理条例》中重大事故伤亡标准，或达到《水路交通突发事件应急预案》中突发事件II级伤亡标准的； （2）经济损失：可能发生经济损失达到《生产安全事故报告和调查处理条例》中重大事故经济损失标准，或达到《水路交通突发事件应急预案》中突发事件II级损失标准的； （3）环境污染：可能造成重大生态环境灾害或公共卫生事件，或达到《国家突发环境事件应急预案》中重大突发环境事件标准的； （4）社会影响：可能对国家或区域的社会、经济、外交、军事、政治等产生重大影响。
较严重 （2）	（1）人员伤亡：可能发生人员伤亡数量达到《生产安全事故报告和调查处理条例》中较大事故伤亡标准，或达到《水路交通突发事件应急预案》中突发事件III级伤亡标准的； （2）经济损失：可能发生经济损失达到《生产安全事故报告和调查处理条例》中较大事故经济损失标准，或达到《水路交通突发事件应急预案》中突发事件III级损失标准的； （3）环境污染：可能造成较大生态环境灾害或公共卫生事件，或达到《国家突发环境事件应急预案》中较大突发环境事件标准的； （4）社会影响：可能对国家或区域的社会、经济、外交、军事、政治等产生较大影响。
不严重 （1）	（1）人员伤亡：可能发生人员伤亡数量达到《生产安全事故报告和调查处理条例》中一般事故伤亡标准，或达到《水路交通突发事件应急预案》中突发事件IV级伤亡标准的； （2）经济损失：可能发生经济损失达到《生产安全事故报告和调查处理条例》中一般事故经济损失标准，或达到《水路交通突发事件应急预案》中突发事件IV级损失标准的； （3）环境污染：可能造成一般生态环境灾害或公共卫生事件，或达到《国家突发环境事件应急预案》中一般突发环境事件标准的； （4）社会影响：可能对国家或区域的社会、经济、外交、军事、政治等产生较小影响。

注：表中同一等级的不同后果之间为"或"关系，即满足条件之一即可。括号中为取值分数。

2.风险事件的可能性评分。

针对每个风险事件，根据港口行业发生安全生产事故的情况，分析最新辨识的主要致险因素，结合本单位实际，对照可能性判断标准表，进行可能性评分。

3.风险事件的后果严重程度评分。

针对每个风险事件，综合考虑可能造成的最大人员伤亡、经济损失、环境污染、社会影响，对照后果严重程度判断标准表，进行后果严重程度评分。

（二）风险等级评估

港口安全生产风险等级由高到低统一划分为四级：重大风险、较大风险、一般风险、较小风险。风险等级分值大小（D）由风险事件发生的可能性（L）和后果严重程度（C）的组合决定。

风险等级分值（D）=可能性（L）×后果严重程度（C）

风险等级分值（D）及对应的风险等级见"风险等级分值及对应的风险等级表"。

风险等级分值及对应的风险等级表

风险等级	风险等级分值（D）
重大风险	55＜分值≤100
较大风险	20＜分值≤55
一般风险	5＜分值≤20
较小风险	0＜分值≤5

（三）作业单元整体风险评估

计算作业单元中各风险事件的风险等级，以风险事件的最高风险等级作为该作业单元的整体风险等级。

将每个风险事件发生可能性、风险事件后果严重程度、风险事件风险等级和作业单元整体风险等级填入港口安全生产风险辨识管控信息表（见附件）。

（四）风险等级的调整与变更

作业单元和风险事件初评为"重大风险"后，针对不可接受风险，港口经营人应针对主要致险因素（人、设施设备、环境、管理），及时通过人、财、物、技术等方面的投入，以降低风险等级，经重新评估后可变更风险等级。针对因主、客观因素，无法降低的"重大风险"，应积极加强风险管控。

港口经营人每年应开展不少于1次的全面辨识。港口经营人发现新的致险因素出现，或已有主要致险因素发生变化，导致发生风险事件可能性或后果严重程度显著变化时，应及时开展风险再评估，并变更风险等级。

六、风险管控

港口经营人应根据风险管控相关要求制定风险管控措施，并将风险管控措施填入港口安全生产风险辨识管控信息表（见附件）。汇总本单位所有港口安全生产风险辨识管控信息表，形成港口安全生产风险辨识管控手册，并绘制"红橙黄蓝"四色港口安全生产风险分布图。

（一）一般要求

港口经营人应根据作业单元和风险事件的风险等级，制定相应的风险管控措施，管控措施应考虑其可行性、可靠性、针对性和安全性。明确风险管控责任、制定相关制度、实施风险管控，把安全生产风险控制在可接受范围之内，防范安全生产事故发生。

重大风险确定后，港口经营人应按年度组织专业技术人员对重大风险管控措施进行评估改进。重大风险的致险因素超出管控范围，或出现新的致险因素的，应及时调整管控措施。重大风险管控失效发生安全生产事故的，应急处置和调查处理后，应及时对相关工作进行评估总结，明确改进措施。重大风险相关信息和变化情况应按《公路水路行业安全生产风险管理暂行办法》报送。

（二）管控责任

港口经营人应严格落实风险管控主体责任，结合本单位安全生产风险管控实际需求，以及机构设置情况，按照"分级管理"原则，明确不同等级风险管控责任分工，并细化落实各岗位风险管控责任。

港口经营人委托第三方机构开展风险管控技术服务的，风险管控责任仍由港口经营人承担。

1.港口经营人的主要负责人风险管控主要职责。

港口经营人的主要负责人对本单位的风险管控工作全面负责，主要职责包括：组织开展风险辨识评估管控工作，组织建立健全风险辨识管控规章制度，组织制定风险管控教育和培训计划，监督落实风险管控措施，保证风险管控相关经费投入，督促开展风险管控检查工作，并定期开展重大风险管控措施落实情况监督检查，组织制定风险可能造成的事故应急预案或措施，及时、如实上报安全生产风险事件。

2.负责安全管理的部门风险管控主要职责。

港口经营人的负责安全管理的部门对本单位的风险管控工作具体负责，主要职责包括：建立健全风险管控规章制度，制定安全生产风险管控教育和培训计划并组织实施，制定风险管控经费使用计划并监督实施，执行风险管控监督检查，监督落实重大风险管控措施，针对风险可能造成的事故制定应急预案或措施并监督实施，及时、如实上报风险事件，通报风险管控工作并提出改进建议。

3.负责业务管理的部门风险管控主要职责。

港口经营人的负责业务管理的部门对本单位的风险管控具体负责，职责包括：落实风险管控要求，主动辨识、上报风险，制定并改进风险管控措施，及时、如实上报风险事件，参加风险管控教育培训，定期或不定期通报风险管控工作并提出改进建议。

4.基层班组（单位）风险管控主要职责。

基层班组（单位）实施具体风险管控，职责包括：落实风险管控规章制度，开展风险监测预警、警示告知、风险降低等风险管控工作，开展风险事件发生后的应急处置工作，参加风险管控教育和培训，定期或不定期通报风险管控工作并提出改进建议。

（三）管控制度

港口经营人的风险管控制度应包括风险监控预警、风险警示告知、风险降低、教育培训、档案管理、风险控制等内容。

1.风险监控预警。

风险监控预警应明确以下内容：风险监控部门或人员、风险监控对象、监控重点、监控内容、监控要求、监控手段、预警内容、预警级别、预警阈值、预警方式、防御性响应等。

2.风险警示告知。

风险警示告知应明确以下内容：警示对象、警示方式、警示内容等。警示对象包括：单位工作人员，以及社会公众。警示方式包括：物理隔离、标志标牌、语音提醒、人工干预等。警示内容包括：风险类型、位置、风险危害、影响范围、致险因素、可能发生的风险事件及后果、安全防范与应急措施等。

3.风险降低。

风险降低应明确以下内容：风险类型、级别、主要致险因素、风险降低措施、资金来源、风险降低要求、风险降低目标等。

4.教育培训。

教育培训应明确以下内容：教育培训内容、对象、形式、要求、考核等。

5.档案管理。

档案管理应明确以下内容：档案管理对象、管理内容、管理形式、管理有效期、使用方式、使用权限、更新要求、保密要求等。

6.风险控制。

风险控制应明确以下内容：分类别、分级别的风险控制工作机制、工作流程、技术要求等。

（四）管控措施

1.监测预警。

港口经营人应落实风险监测预警工作要求，根据不同的监控对象、监控重点、监控内容、监控要求，采取科学高效的方式，加强对作业条件、作业环境、自然条件等监测预警工作。风险监测预警人员，应根据风险监测预警工作要求，由监测系统或人工实现对作业单元的实时状态和变化趋势的掌握，根据主要致险因素的管控临界值，实现异常预警，相关预警信息应及时报告相关管理部门和人员。

港口经营人相关部门和人员收到预警信息后，应及时做好应急人员、物资、装备等防御性响应工作，防范安全生产事故发生。

港口经营人存在重大风险的，应制定专项动态监测计划，定期更新监测数据或状态，每月不少于1次，并单独建档。

重大风险进入预警状态的，应依据有关要求采取措施全面立即响应，并将预警信息同步报送属地负有安全生产监督管理职责的管理部门。其他等级风险监测、预警等应严格进行分级管理。

2.警示告知。

港口经营人应落实风险警示告知工作要求，将风险基本情况、应急措施等信息可通过安全手册、公告提醒、标识牌、讲解宣传、网络信息等方式告知本范围从业人员和进入风险工作区域的外来人员，指导、督促做好安全防范。

在主要风险场所设置安全警示标识，标明警示内容，并将主要风险、位置、风险危害、影响范围、致险因素、可能发生的风险事件及后果、安全防范与应急措施告知直接影响范围内的相关部门和人员。

存在重大风险的，应当将重大风险的名称、位置、危险特性、影响范围、可能发生的安全生产事故及后果、管控措施和安全防范与应急措施告知直接影响范围内的相关单位或人员。应在风险影响的场所（区域、设备）入口处，给出明显的警示标识，并以文字或图像等方式，给出进入重大风险区域注意事项提示。

其他等级风险警示告知工作应严格进行分级管理。

3.风险降低。

港口经营人应落实风险降低工作要求，根据本单位的风险辨识、评估结果，针对人、设施设备（含货物或物料）、环境、管理等致险因素，采取有效的风险降低措施，降低风险等级。

港口经营人存在重大风险的，应根据主要致险因素的可控性，积极制定风险降低工作要求，并建立重大风险降低专项资金，满足重大风险的管控需求。其他等级风险降低工作应严格进行分级管理。

4.应急处置。

港口经营人应加强风险事件应急处置体系建设，包括：完善应急预案和应急管理机制，组建专（兼）职应急队伍，储备应急物资和装备，加强应急演练等。

发生安全生产事故后，应依据《中华人民共和国突发事件应对法》《国家突发环境事件应急预案》《水路交通突发事件应急预案》等，按照"分级负责、属地管理"的原则，严格执行行业、港口经营人制定的相关应急预案、应急协调联动机制，接受地方政府、行业管理部门的统一应急指挥决策、应急协调联动、应急信息发布，并积极开展突发事件现场的应急处置工作。应急预案应针对重大风险可能造成的事故制定应急措施，并对此定期开展应急演练。

重大风险应单独编制专项应急措施，定期开展重大风险应急处置演练。

（五）登记备案

港口经营人应落实重大风险信息登记备案规定，如实记录风险辨识、评估、监测、管控等工作，并规范管理档案。重大风险应单独建立清单和专项档案。应明确信息登记责任人，严格遵守报备内容、方式、时限、质量等要求，接受相关管理部门监督。

重大风险信息报备主要内容包括：基本信息、管控信息、预警信息和事故信息等。重大风险信息报备方式包括：初次、定期和动态三种方式。具体的信息报备内容、方式、时限、质量等要求见《公路水路行业安全生产风险管理暂行办法》。

（六）教育培训

港口经营人应结合本单位风险管理实际，针对全体员工特别是关键岗位人员，加强风险管理教育培训，明确教育培训内容、对象、时间安排等。

（七）档案管理

港口经营人应落实档案管理工作要求，规范档案管理，如实记录风险辨识、评估、管控，以及教育培训、登记备案等工作信息，遵守行业管理部门相关信息报备要求，重大风险应单独建档。

附件

风险辨识范围（如液体散货装卸）

港口安全生产风险辨识管控信息表

作业单元	风险事件	致险因素				风险事件发生可能性	风险事件后果严重程度	风险事件风险等级	作业单元整体风险等级	风险管控措施
		人的因素	设备设施因素[1]	环境因素	管理因素					
装船作业	输送化学品的软管破裂									
	输油臂故障导致泄漏									
	……									
……	……									

说明：设施设备和其装卸存储的货物或物料一并考虑。

客运码头安全管理指南

（交办水〔2018〕173号）

一、适用范围

本指南规定了客运码头安全运营、安全检查、疏散与应急等方面的安全管理基本要求。

本指南适用于依法取得港口经营资质的港口客运码头的安全管理工作。

二、规范性引用文件

下列文件对于本文件的应用是必不可少的。凡是注日期的引用文件，仅所注日期的版本适用于本文件。凡是不注日期的引用文件，其最新版本（包括所有的修改版）适用于本文件。

GB 2894《安全标志及其使用导则》

GB 50016《建筑设计防火规范》

GB/T 18225《水路客运术语》

GB/T 16890《水路客运服务质量要求》

GB/T 34316《港口安全防范系统技术要求》

GB/T 29639《生产经营单位安全生产事故应急预案编制导则》

JT 366《客滚船码头安全技术及管理要求》

JT/T 844《港口设施保安设备设施配置及技术要求》

JT/T 961《交通运输行业反恐怖防范基本要求》

JGJ/T 60《交通客运站建筑设计规范》

JTS 165《海港总体设计规范》

JTJ 212《河港工程总体设计规范》

GA 654《人员密集场所消防安全管理》

三、术语和定义

下列术语和定义适用于本指南。

（一）客运码头

为旅客提供水路运输服务的码头作业平台以及陆域客运站等配套建筑、设施。

（二）码头控制区

客运码头内根据实际运营安全和安全检查需要划定的,限制无关车辆、人员进出的区域。码头控制区应包含码头作业区,并可包含旅客候船区、售票区等客运站功能区域。

（三）安全检查

对进入客运码头控制区的旅客及其行李、物品等进行安全检查的活动。

（四）危险物品

易燃易爆物品、危险化学品、有毒物品、腐蚀性物品、放射性物品和传染病病原体及枪支弹药、管制器具等可能危及生命财产安全的器械、危险品。

四、安全运营要求

（一）一般规定

1.客运码头应当制定登船梯（桥）使用操作规程,建立旅客上、下船安全检查制度。安全检查宜采取船岸联合检查方式。安全检查的内容包括但不限于:

（1）上、下船通道、设施的稳固性和安全性;

（2）船岸通信系统的有效性;

（3）登船旅客人数;

（4）是否在码头作业允许风力范围内;

（5）码头应急设备和措施是否有效、到位。

2.客运码头应当制定安全巡检制度,设置安全巡检岗,将码头作业区、旅客候船区、售票区、安全检查区等人员密集场所作为重点巡检区域。

3.客船在港靠泊期间,客运码头应当设工作岗值守船港界面。旅客上、下船期间,客运码头应当设工作岗在登船梯（口）,现场引导、监护,组织旅客有序上下船,防止踩踏、落水事故的发生。

4.视频监控室应实施封闭管理,设定进出人员权限。客运码头运营期间,视频监控室应安排人员值守。

5.售票区、旅客候船区应采用广播、电子显示屏、宣传栏等方式向旅客提供航班动态信息、旅客指南、旅客须知、紧急信息、应急值班电话、安全防范和应急措施等信息。

6.码头工作人员应当经过安全、消防、应急救援等相关培训。

（二）设备设施配备要求

1.码头控制区应当实行封闭管理,周界应设置不间断全封闭式物理隔离设施,宜选择实体围墙、金属栅栏、金属围网等隔离设施。

2.码头作业区应实施行人、机动车辆分离管理,设置旅客通道。旅客通道应安全、畅通,采取必要的防冻、防滑措施。旅客通道的设置应符合JTS 165、JTJ 212的有关规定。

3.登船梯、人行浮桥、跳板等登船设施应设置安全护栏。邻水侧设置的安全护栏应连续、完整。

4.码头作业区应设有防止人员落水的安全设施和救生器材,宜设置当心滑倒、当心落水、注意安全等警告标志。警告标志的设置应符合GB 2894的要求。

5.客运码头应合理设置到港和出港旅客通道,采取设置行走路线指示标志、物理隔离等措施,避免到港和出港客流交叉。出港旅客通道出口处应设置工作岗引导旅客出港,防止无关人员通过出港旅客通道进入码头控制区。为国际航线、港澳台地区航线客船提供服务的客运码头,到港和出港旅客通道应分开布置。

6.客运码头应设置视频监控系统和视频监控室,视频监控范围应覆盖码头作业区、旅客候船区、售票区、安全检查区以及主要通道出入口。视频监控系统采集的视频图像信息应至少保留30日，依法列为重点目标的客运码头保存期限不得少于90日。

7.客运码头应配备通讯设备，建立与船方、海事、公安、交通、消防、医疗等部门的通讯联络渠道，保证通信畅通。

8.保安值勤人员、现场巡检人员、码头作业区作业人员和视频监控室值班人员应配备无线对讲机。

9.码头作业区、旅客候船区、售票区、安全检查区等人员密集场所应设置公共广播系统。负有引导、疏导岗位职责的工作人员应配备便携式扬声器。

10.客运码头作业区以及旅客候船区、售票区等陆域配套建筑内安全、消防设备设施的配置应符合GB 50016、JGJ/T 60、JTS 165、JTJ 212等有关标准规范的要求。

11.夜间作业的客运码头，照明设施的照度应满足船舶靠离泊、人员上下船作业的安全要求。

12.码头控制区内工作人员在岗期间应穿着工作制服或佩戴工作证件。

13.依法列为重点目标的客运站应配备防冲撞设施，防冲撞设施的设置应符合JT/T 961的要求。

五、安全检查要求

（一）一般规定

1.客运码头应当对出港登船的旅客及其行李、物品进行危险物品安全检查，制定安全检查管理制度和安全检查设备操作规程。

2.安全检查方式包括设备检查、手工检查等方式。

3.安全检查中发生以下情形的，安全检查工作人员应采用手工检查方式：

（1）采用安全检查设备检查过程中发现危险物品或疑似危险物品的；

（2）无法采用安全检查设备检查的；

（3）安全检查设备识别不清晰、图像无法判读的；

（4）安全检查设备显示的图像或数据可疑、无法判断安全性的。

4.安全检查工作人员采用手工检查方式的，旅客应按照安检人员要求自行开包、开箱接受检查，并配合安检人员对可疑部位、物品进行手工查验。

5.实行实名制管理的客运码头应当对旅客的身份证件进行查验、核对。旅客有效乘船身份证件与旅客本人及乘船凭证信息核对不一致的，不得登船。

6.客运码头应当列出法规、部门和政府规章等规定的登船旅客禁止、限制携带物品目录。登船旅客禁止、限制携带物品目录应列明禁止或限制携带物品的种类和数量，并以图文、实物展示、多媒体等方式在售票区、安全检查区公告。

7.客运码头应当配备专职安全检查人员，按照安检设备和人员岗位配置要求第6条的要求，制定安全检查人员岗位职责。

8.客运码头应当对安全检查人员进行安检业务培训和考核评估，建立培训、考核档案。安全检查人员应具有识别常见危险物品的基本知识和能力。

9.安检人员在安全检查中发现有疑似危险物品时，应立即报告公安部门处置，及时采取防止危险发生的安全措施，危险物品交接情况应记录、存档。

（二）安检设备和人员岗位配置要求

1.客运码头应当在码头控制区入口处设置安全检查工作场地。安检工作现场应当设置禁止拍照、摄像警示标识。

2.已检区域与未检区域之间应设置有效的物理隔离,确保已经安全检查的人员、车辆、行李、物品与未经安全检查的人员、车辆、行李、物品不相混或接触。

3.客运码头应当根据设计或实际年平均日旅客发送量和航线情况,配备、使用符合国家标准、行业标准要求的安全检查设备。安全检查设备的数量应满足客运码头的实际安全检查需求。

4.客运码头每条安检通道安全检查设备的基本配置应符合"安全检查设备的基本配置"表的规定。

安全检查设备的基本配置

安检设备类型	安检设备名称	客运码头类型			
		A类	B类	C类	D类
人员检测设备	手持式金属探测器	★	★	★	★
	金属探测门	★	★	★	☆
	人体安检设备	☆	☆	√	√
行李物品检测设备	X射线安全检查设备	★	★	★	☆
	液体安检仪	★	★	☆	√
	爆炸物探测仪	★	☆	☆	√
其他安全设备	放射性检测设备	☆	☆	√	√

表注:

(1)A类客运码头——为国际航线、港澳台地区航线客船提供服务的客运码头;

(2)B类客运码头——设计或实际年平均日旅客发送量2000人次以上的客运码头,为国际航线、港澳台地区航线客船提供服务的客运码头除外;

(3)C类客运码头——设计或实际年平均日旅客发送量1000人次以上,不足2000人次的客运码头或为省际航线客船提供服务的客运码头,为国际航线、港澳台地区航线客船提供服务的客运码头除外;

(4)D类客运码头——设计或实际年平均日旅客发送量不足1000人次的客运码头,为国际航线、港澳台地区航线和省际航线客船提供服务的客运码头除外。

(5)★,表示应配备;

(6)☆,表示宜配备;

(7)√,表示可以选择配备。

5.为国际航线、港澳台地区航线客船提供服务的客运码头,或者设计或实际年平均日旅客发送量3000人次以上的其他客运码头,安检通道的设置应不少于2条。

6.客运码头每条安检通道安全岗位的设置应符合"安检通道安全岗位的设置"表的规定。

安检通道安全岗位的设置

安检岗位名称	基本岗位职责	客运码头类型			
		A类	B类	C类	D类
指挥岗	负责安检设备及安检人员的管理。	★	★	★	★
证件查验岗	对旅客的有效身份证件、旅客本人及乘船凭证进行核查。	★	★	★	★
执机岗	负责X射线安全检查设备的使用。	★	★	★	☆
手检岗	负责旅客及其行李物品的手检工作,负责手持式金属探测器等手检设备的使用。	★	★	★	★
安检引导岗	引导、提示、协助旅客配合安检工作。	★	★	☆	√

表注:

(1)客运码头类型具体标准见"安全检查设备的基本配置"表的表注;

(2)★,表示应设置;

(3)☆,表示宜设置;

(4)√,表示可以选择设置;

(5)执机岗工作人员不应兼任其他安检岗位;

(6)A类、B类客运码头每条安检通道的安全检查人员数量应不少于3人。

7.实行实名制管理客运码头应当配备开展实名制管理所需的必要设备,可选择配置身份证识读设备、计算机信息存储与打印设备、船票扫描设备等设备。

8.对人身安全、财产安全和环境安全具有或者可能具有危害的安检设备,应当设有安全提示,并在设备显著位置张贴安全标识。

9.客运码头应当对安检设备进行使用验收、维护保养和定期检测,未经使用验收检测合格或定期检测合格的安检设备,不应用于客运安检工作。

10.安保风险增加或安保等级提高时,客运码头应根据客流特点增加安全检查岗位种类及安全检查工作人员数量,并可协调采取公安、武警值守方式,确保客运码头运营安全。

六、疏散与应急

1.运码头应依法制定旅客紧急疏散应急预案,并应针对人员落水、船舶碰撞、火灾、踩踏、自然灾害等事故类型和对客流高峰或激增、安检设备故障、人员冲突等突发事件,制定现场处置方案。

2.旅客紧急疏散应急预案主要内容包括,但不限于:

(1)总则,具体包括编制目的、编制依据、适用范围和工作原则;

(2)基本情况,具体包括客运码头基本概况、周边环境和集疏运情况、可利用的安全、消防、救援等设备设施、应急力量的分布情况;

(3)风险描述,具体包括风险因素分析、风险评估;

(4)应急组织,具体包括组成形式、组成部门和人员、应急职责;

(5)处置程序和措施,具体包括应急疏散方案。

旅客紧急疏散应急预案应与客运码头其他应急预案及所在地港口行政管理部门编制的应急预案相衔接。

3.根据客运码头的布局和旅客发送量,合理制定应急疏散方案,设置疏散通道、疏散指示标志和灯具。应急疏散方案应考虑疏散路线的连续性、畅通性、安全性,不宜交叉。

4.码头作业区、旅客候船区、售票区等人员密集场所应设置应急疏散指示图和疏散指示标志。旅客通道、疏散人群易发生方向冲突的地点应设置疏散指示标志。

5.应急疏散指示图和疏散指示标志应设置在显著位置,保持完好、清晰,不被遮挡。应急疏散指示图上应标明疏散路线、安全出口、人员所在位置和必要的文字说明。

6.客运码头运营期间,码头作业区、旅客候船区、售票区等人员密集场所内疏散通道和楼梯间应保持畅通,不被占用,安全出口不应锁闭。

7.客运码头应按照规定配备通讯、消防、医疗等应急器材、设备设施。

8.设计或实际年平均日旅客发送量2000人次以上的客运码头或为国际航线、港澳台地区航线客船提供服务的客运码头应配备防爆球、防爆毯、防爆桶等防爆应急设备。其他客运码头可根据实际需要选择配备。

9.检票口、登船梯(口)等易造成人员拥堵的区域应设置引导岗或引导标识,疏导人流,降低发生拥挤、踩踏事件的风险。

10.客运码头应对在港旅客流量进行实时监测、评估,制定限流方案。因旅客量激增或严重滞留可能危及运营安全的,客运码头应增加人员密集区内引导岗工作人员数量,采取停止部分船票出售、关闭部分进站口、设置栏杆迂回绕行、设置单向通道等疏导、限流措施。

11.客运码头应定期开展应急演练,根据演练情况及时调整完善应急预案。应急演练可以邀请旅客参加,并可以采取宣传海报、多媒体展示等多种形式对旅客开展应急风险防范和自救互救知识宣传。

七、其他

1.客运码头采取的反恐怖防范措施和反恐防暴应急设备配备应符合JT/T 961等相关标准要求。

2.客滚码头除应符合本指南规定外,有关车辆的安全管理和安全检查还应当符合JT 366的要求。

浙江省港口岸线管理办法

（2010年10月12日浙江省人民政府令第280号公布；根据2021年2月10日浙江省人民政府令第388号公布的《浙江省人民政府关于修改〈浙江省价格监测预警办法〉等9件规章的决定》修正）

第一条 为了加强港口岸线管理，保护和合理开发利用港口岸线资源，根据《中华人民共和国港口法》《浙江省港口管理条例》等有关法律、法规，结合本省实际，制定本办法。

第二条 本省行政区域内港口岸线的规划、利用和管理，适用本办法。

第三条 港口岸线的开发利用应当坚持统一规划、有序开发、合理利用的原则。

第四条 省交通运输主管部门和设区的市、县（市、区）人民政府交通运输主管部门或者其他负责港口管理的部门（以下统称港口主管部门），主管本行政区域内的港口岸线管理工作。

县级以上人民政府发展改革、经济和信息化、自然资源、农业农村、住房和城乡建设、水利、生态环境等有关部门和国家直属海事管理机构，按照各自职责做好港口岸线管理的相关工作。

第五条 港口主管部门应当加强对港口岸线资源的调查。对利用率低的港口岸线，通过整合等方式，提高其利用率。

第六条 在港区控制性详细规划编制中，应当优化港区水域陆域总体布局，明确港口岸线以及相应的水域陆域具体范围，统筹港区内集疏运、给排水、供电、通信、安全、口岸管理、环境保护等配套设施的布置，并与国土空间规划中的基础设施布局相衔接。

港区控制性详细规划编制和批准程序按照《浙江省港口管理条例》的有关规定执行。

第七条 港口岸线的开发利用应当符合全省港口布局规划、港口总体规划和港区控制性详细规划。任何单位和个人不得违反港口规划使用港口岸线。

第八条 政府投资的港口设施项目使用港口岸线的，依照国家和省有关政府投资项目管理规定执行。

第九条 在港区内建设码头、船坞、船台等港口设施使用港口岸线的，申请人应当向所在地港口主管部门提出书面申请。港口主管部门按照《浙江省港口管理条例》有关规定办理批准手续。

第十条 依照本办法第九条规定申请使用港口岸线的，建设单位或者个人应当提交下列材料：

（一）使用港口岸线申请表；

（二）使用港口岸线项目工程的可行性研究报告或者项目申请报告，内容包括必要性、可行性和经济合理性；

（三）法律、法规和国家规定的其他材料。

第十一条 港口主管部门受理使用港口岸线申请后，应当按照下列规定进行合理性评估：

（一）使用港口深水岸线的，由省交通运输主管部门组织专家进行合理性评估；

（二）建设客运设施、危险货物作业场所项目使用港口非深水岸线的，由所在地港口主管部门组织专家进行合理性评估。

第十二条　依照国家规定需要核准的港口设施项目，建设单位或者个人依法完成港口岸线使用、规划选址、用地预审、海域使用、环境影响评价等审批手续后，向企业投资主管部门申请办理核准手续。

港口设施项目的核准权限按照国家和省有关规定执行。

第十三条　以招标、拍卖或者挂牌等公开竞争方式提供国有建设用地使用权、海域使用权的港口设施项目需要使用港口岸线的，自然资源主管部门应当会同港口主管部门，将使用港口岸线的有关要求纳入国有建设用地使用权以及海域使用权出让方案。国有建设用地使用权、海域使用权的出让底价应当体现港口岸线的使用价值。

使用港口岸线的港口设施项目，同时占用土地、海域的，应当由同一主体使用，港口岸线、土地、海域的使用期限应当一致。

第十四条　港口设施项目开工建设时，所在地港口主管部门应当进行现场监督，根据港口岸线使用批准文件核定港口岸线的具体坐标位置。

第十五条　取得港口岸线使用许可的单位和个人，应当自取得港口岸线使用许可之日起2年内进行开发建设。逾期未开工建设，且未向原审批机关申请延期的，应当按照国家有关规定重新办理港口岸线审批手续。

第十六条　取得港口岸线使用许可的单位和个人应当按照批准的范围、功能使用港口岸线，不得擅自改变港口岸线的使用范围、功能。确需改变港口岸线使用范围、功能的，应当向所在地港口主管部门提出书面申请，并由原审批机关批准。

取得港口岸线使用许可的单位和个人依法转让港口岸线使用权或者终止使用港口岸线的，应当书面报告所在地港口主管部门，并由原审批机关办理变更或者注销手续。

第十七条　因工程建设等需要临时使用港口岸线建设港口设施的，建设单位或者个人应当按照《浙江省港口管理条例》的规定，办理临时使用港口岸线审批手续。

建设单位或者个人应当按照临时使用港口岸线批准文件规定的使用期限、范围、功能等要求使用港口岸线。临时使用期限届满或者因公共利益需要拆除临时设施的，建设单位或者个人应当及时予以拆除。

第十八条　港口主管部门应当建立健全监督检查制度，定期对港口岸线的使用、管理活动进行监督检查，及时依法查处港口岸线使用、管理活动中的违法行为。

任何单位和个人有权举报违法使用、管理港口岸线的行为。港口主管部门应当及时受理举报事项，经调查核实后，依法予以处理。

第十九条　违反本办法规定的行为，法律、法规已有法律责任规定的，从其规定。

第二十条　港口主管部门及其工作人员有下列行为之一的，由有权机关对直接负责的主管人员和其他直接责任人员依法给予处分：

（一）超越权限批准使用港口岸线的；

（二）违反港口规划批准使用港口岸线的；

（三）未依法查处违法使用港口岸线行为，情节严重的；

（四）有其他滥用职权、玩忽职守、徇私舞弊行为的。

第二十一条　本办法自2010年12月1日起施行。

浙江省重点建设项目管理办法

（浙政令〔2010〕270号）

第一章　总则

第一条　为了优化投资结构，保证重点建设项目工程的质量和安全，提高投资效益，根据有关法律、法规的规定，结合本省实际，制定本办法。

第二条　本省行政区域内重点建设项目的建设、协调、服务和管理，适用本办法。

第三条　本办法所称重点建设项目，是指省、设区的市（以下简称市）确定的对国民经济和社会发展有重大影响的基础设施、社会事业、产业发展、生态保护等建设项目。具体认定标准由省、市发展和改革行政主管部门会同有关部门制订，报本级人民政府批准后公布。

本办法所称政府投资的重点建设项目，是指在《浙江省政府投资项目管理办法》第二条、第三条规定的政府投资项目中确定的重点建设项目。

第四条　县级以上人民政府应当加强对重点建设项目建设和管理工作的领导，组织、协调重点建设项目建设和管理中的重大事项，落实相关工作责任制，督促有关行政机关和单位按照重点建设项目的建设要求依法履行工作职责。

乡（镇）人民政府、街道办事处应当对重点建设项目的建设予以支持和配合，创造良好环境，保障其顺利实施。

第五条　县级以上发展和改革行政主管部门负责重点建设项目的协调、服务和综合管理。

县级以上财政、经济和信息化、住房和城乡建设（规划）、水利、国土资源、交通运输、农业、林业、海洋与渔业、环境保护、安全生产监督管理、审计、监察等有关部门应当按照各自职责，做好重点建设项目的相关协调、服务和管理工作。

第二章　前期准备

第六条　重点建设项目的确定，应当符合国民经济和社会发展规划以及国家产业政策，符合环境保护、安全、节能、技术、资源综合利用等标准和要求。

第七条　申请列为省重点建设项目的，建设单位应当按照下列程序向省有关行政主管部门或者市、县（市）人民政府提出书面申请：

（一）政府投资项目应当在项目建议书或者项目可行性研究报告批准后提出申请；

（二）企业投资项目应当在项目核准或者备案后提出申请。

省有关行政主管部门和市、县（市）人民政府应当在每年十一月底前将申请项目汇总报省发展和改革行政主管部门。

省发展和改革行政主管部门应当在征求同级有关行政主管部门意见后，提出初选名单，报省人民政府审定后公布。

第八条　市重点建设项目参照本办法第七条规定的程序申报和确定。

第九条　对经济社会和人民群众切身利益可能产生重大影响的重点建设项目，有关人民政府及其部门和业主单位应当按照有关法律、法规和规章的规定，采取听证会、征询会等方式广泛征求公众意见，充分论证其必要性和可行性。

第十条　重点建设项目应当按照有关法律、法规、规章的规定，办理项目审批、核准或者备案等手续。

第十一条　重点建设项目需要使用土地或者海域（水域）的，其项目选址和设计应当符合土地利用总体规划、城乡规划、生态环境功能区规划、海洋功能区划和水域保护规划，合理配置和集约利用土地、海域（水域）资源，并严格执行规划、土地、海洋（水域）、环境保护等有关法律、法规、规章的规定。

第十二条　除国家另有规定外，重点建设项目应当实行项目法人责任制。项目法人对项目的筹划、资金筹措与管理、建设实施、安全生产、环境保护等负责。

第十三条　重点建设项目应当依法实行招标投标制度。项目法人应当按照有关法律、法规、规章的规定，对重点建设项目的勘察、设计、施工、监理、材料设备采购以及工程总承包等进行招标。政府投资的重点建设项目的招标投标活动应当在省、市人民政府确定的场所进行。

第三章　服务保障

第十四条　重点建设项目所在地的人民政府应当对重点建设项目的土地征收、使用海域（水域）、房屋拆迁等工作给予支持和协助，积极做好相关协调和服务工作，为重点建设项目的建设创造良好环境。

第十五条　县级以上发展和改革行政主管部门应当依法做好重点建设项目的协调和服务工作；对难以协调的重大事项，应当及时报请本级人民政府协调解决。

第十六条　县级以上国土资源行政主管部门应当优先安排并保障重点建设项目所需的新增建设用地计划指标、耕地占补平衡指标等，并依法做好土地报批等相关管理服务工作。

第十七条　县级以上规划、环境保护等行政主管部门应当积极做好对重点建设项目规划选址、环境保护等方面的审批和许可工作。

第十八条　县级以上财政行政主管部门应当按照预算和国库管理制度的有关规定安排政府投资的重点建设项目资金，并及时拨付。

第十九条　县级以上人民政府及其有关部门可以通过联席会议、融资洽谈等形式，为重点建设项目的建设单位和金融机构搭建合作平台。

第二十条　重点建设项目依法应当进行环境保护、安全、节能、地震、地质灾害、文物勘探、防洪、水土保持、消防、人防等方面评价（评估）的，应当尽可能利用现有的资料和评价（评估）结论，避免或者减少重复，并逐步建立重点建设项目的联动审批机制和综合评价（评估）机制。

第二十一条　重点建设项目所在地的公安机关对重点建设项目施工现场、仓库等部位，应当加强治安和消防监督管理。

第二十二条　电力、交通运输、通信、供水、供热、供气以及提供重点建设项目所需材料设备的有关单位，应当按照合同约定履行相应的义务，保证重点建设项目建设的需要。

第二十三条　任何单位不得在国家、省规定之外自行出台向重点建设项目收费的各种政策。

重点建设项目的项目法人有权拒绝未经国家或者省依法批准的各种名目的收费。

第四章　组织实施

第二十四条　重点建设项目在实施过程中，项目法人应当组织勘察、设计、施工、监理等参与单位建立严格的质量保证体系，并督促落实各环节质量控制要求。项目法人应当严格按照项目设计文件组织实施，不得以任何理由要求设计、施工单位在项目设计或者施工作业中违反法律、法规、规章的规定和国家与省强制性标准。

勘察、设计、施工、监理单位应当按照国务院《建设工程质量管理条例》以及其他有关法律、法规、规章的规定，严格执行各环节质量控制要求，并分别对其勘察、设计、施工、监理质量负责。

相关工程质量监督管理部门应当依法对工程质量进行严格的监督检查，并及时查处工程质量问题；对存在严重工程质量问题的，可以依法责令项目暂停施工。

第二十五条　重点建设项目实行工程合同管理制度。项目法人应当与负责建设工程勘察、设计、施工、监理、材料设备采购、中介代理、供电、供水、供热、供气等事项的单位依法订立书面合同，约定双方的权利、义务以及履约保证的要求，并严格按照合同约定进行工程管理和工程款结算。

第二十六条　参与重点建设项目实施的有关单位，应当依照有关法律、法规、规章以及相关制度的规定，做好安全生产、文明施工、环境保护等专项工作。

第二十七条　政府投资的重点建设项目应当严格按照经批准的建设规模、标准、概算组织实施。因特殊情况确需扩大或者缩小建设规模、提高或者降低建设标准以及调整项目概算的，应当经原审批部门批准后方可实施。

第二十八条　政府投资的重点建设项目的项目法人应当定期向所在地发展和改革行政主管部门与行业主管部门报送重点建设项目实施进度报表，反映资金到位、工程进度等情况；对项目实施中出现的重大问题，应当专题报告。实施进度报表应当同时抄送同级财政行政主管部门和审计、监察机关。

第二十九条　县级以上发展和改革行政主管部门应当会同同级有关部门定期对政府投资的重点建设项目的年度投资计划、工程进度执行情况等进行监督检查；对年度投资计划、工程进度未按期完成，情节严重的，应当给予通报批评。

对政府投资的重点建设项目,省、市政府投资项目稽察机构应当按照国家和省有关规定实行稽察,并将稽察结果报告本级人民政府。

第三十条　县级以上住房和城乡建设(规划)、交通运输、水利等行政主管部门应当按照各自职责,依法对本行业的重点建设项目进行监督检查。

县级以上财政行政主管部门应当依法对政府投资的重点建设项目的资金使用和财务状况进行监督检查。

县级以上审计机关应当依法对政府投资的重点建设项目的预算执行情况和决算进行审计监督。

县级以上监察机关应当依法对有关行政机关及其工作人员在重点建设项目监督管理过程中执行法律、法规、规章的情况进行监督检查。

第三十一条　政府投资的重点建设项目的竣工验收,按照国务院《建设工程质量管理条例》和《浙江省政府投资项目管理办法》的有关规定执行。

企业投资的重点建设项目的竣工验收,由项目业主负责组织进行,并于验收通过之日起15日内将竣工验收报告报相应的行业主管部门与发展和改革行政主管部门备案。法律、法规对竣工验收主体另有规定的,从其规定。

重点建设项目涉及规划、环境保护、水土保持、地质灾害防治、安全生产、消防、人防、档案等专项验收的,应当由有关行政主管部门在竣工验收之前依法组织验收;对有条件进行联合验收的,其专项验收应当联合进行。

第三十二条　政府投资的重点建设项目交付试用期满后,省、市发展和改革行政主管部门应当会同同级有关部门有选择地进行项目后评价。项目后评价包括项目前期工作、实施情况、工程质量、投资效益、环境效益、社会效益等内容,后评价结论应当报告本级人民政府。

项目后评价的具体办法,由省发展和改革行政主管部门会同有关部门制定。

第五章　法律责任

第三十三条　违反本办法规定的行为,相关法律、法规、规章已有法律责任规定的,从其规定。

第三十四条　县级以上发展和改革行政主管部门及其他有关行政主管部门有下列行为之一的,由本级人民政府或者有关行政主管部门责令改正;对直接负责的主管人员和其他直接责任人员,由有权机关按照管理权限给予处分:

(一)侵占、截留、挪用重点建设项目建设资金的;

(二)未依法履行职责或者履行职责不力,造成较大损失或者影响重点建设项目进度的;

(三)违反规定收取费用的;

(四)泄露工作中知悉的商业秘密的;

(五)违法实施稽察(检查)或者行政处罚的;

(六)其他玩忽职守、滥用职权、徇私舞弊的行为。

第三十五条　电力、交通运输、通信、供水、供热、供气、金融保险等单位,未按照合同约定履行相应义务,影响重点建设项目建设的,除依法承担相应的违约责任外,对直接负责的主管人员和其他直接责任人员,重点建设项目所在地人民政府可以责成或者建议有权机关按照管理权限给予处分。

第三十六条 重点建设项目法人有下列行为之一的，由县级以上发展和改革行政主管部门或者有关行政主管部门按照各自职责责令其改正，可以处2000元以上2万元以下的罚款；情节严重的，处2万元以上5万元以下的罚款；对政府投资的重点建设项目中直接负责的主管人员和其他直接责任人员，由有权机关按照管理权限给予处分：

（一）侵占、截留、挪用政府投资建设资金和征地拆迁补偿款的；

（二）弄虚作假骗取政府投资建设资金，或者自筹资金未按时到位而影响项目建设进度的；

（三）政府投资的重点建设项目，未经批准擅自扩大或者缩小建设规模、提高或者降低建设标准以及调整项目概算的。

第三十七条 因项目法人或者勘察、设计、施工、监理等单位的过失，造成重点建设项目工程质量事故以及人身、财产损害事故的，应当按照有关法律、法规的规定以及合同约定，承担相应的民事责任。

第三十八条 违反本办法规定，构成犯罪的，依法追究刑事责任。

第六章　　附则

第三十九条 本省行政区域内国家重点建设项目的建设和管理，依照本办法执行。国家另有规定的，从其规定。

第四十条 本办法自2010年6月1日起施行。2001年12月7日省人民政府发布的《浙江省重点建设项目管理办法》同时废止。

第二部分　水路运输类

国内水路运输管理规定

（2014年1月3日交通运输部发布；根据2015年5月12日交通运输部《关于修改〈国内水路运输管理规定〉的决定》第一次修正；根据2016年12月10日交通运输部《关于修改〈国内水路运输管理规定〉的决定》第二次修正；根据2020年2月24日交通运输部《关于修改〈国内水路运输管理规定〉的决定》第三次修正）

第一章　总　则

第一条　为规范国内水路运输市场管理，维护水路运输经营活动各方当事人的合法权益，促进水路运输事业健康发展，依据《国内水路运输管理条例》制定本规定。

第二条　国内水路运输管理适用本规定。

本规定所称水路运输，是指始发港、挂靠港和目的港均在中华人民共和国管辖的通航水域内使用船舶从事的经营性旅客运输和货物运输。

第三条　水路运输按照经营区域分为沿海运输和内河运输，按照业务种类分为货物运输和旅客运输。

货物运输分为普通货物运输和危险货物运输。危险货物运输分为包装、散装固体和散装液体危险货物运输。散装液体危险货物运输包括液化气体船运输、化学品船运输、成品油船运输和原油船运输。普通货物运输包含拖航。

旅客运输包括普通客船运输、客货船运输和滚装客船运输。

第四条　交通运输部主管全国水路运输管理工作，并按照本规定具体实施有关水路运输管理工作。

县级以上地方人民政府交通运输主管部门主管本行政区域的水路运输管理工作。县级以上地方人民政府负责水路运输管理的部门或者机构（以下统称水路运输管理部门）具体实施水路运输管理工作。

第二章 水路运输经营者

第五条 申请经营水路运输业务，除个人申请经营内河普通货物运输业务外，申请人应当符合下列条件：

（一）具备企业法人资格。

（二）有明确的经营范围，包括经营区域和业务种类。经营水路旅客班轮运输业务的，还应当有班期、班次以及拟停靠的码头安排等可行的航线营运计划。

（三）有符合本规定要求的船舶，且自有船舶运力应当符合附件1的要求。

（四）有符合本规定要求的海务、机务管理人员。

（五）有符合本规定要求的与其直接订立劳动合同的高级船员。

（六）有健全的安全管理机构及安全管理人员设置制度、安全管理责任制度、安全监督检查制度、事故应急处置制度、岗位安全操作规程等安全管理制度。

第六条 个人只能申请经营内河普通货物运输业务，并应当符合下列条件：

（一）经市场监督管理部门登记的个体工商户；

（二）有符合本规定要求的船舶，且自有船舶运力不超过600总吨；

（三）有安全管理责任制度、安全监督检查制度、事故应急处置制度、岗位安全操作规程等安全管理制度。

第七条 水路运输经营者投入运营的船舶应当符合下列条件：

（一）与水路运输经营者的经营范围相适应。从事旅客运输的，应当使用普通客船、客货船和滚装客船（统称为客船）运输；从事散装液体危险货物运输的，应当使用液化气体船、化学品船、成品油船和原油船（统称为危险品船）运输；从事普通货物运输、包装危险货物运输和散装固体危险货物运输的，可以使用普通货船运输。

（二）持有有效的船舶所有权登记证书、船舶国籍证书、船舶检验证书以及按照相关法律、行政法规规定证明船舶符合安全与防污染和入级检验要求的其他证书。

（三）符合交通运输部关于船型技术标准、船龄以及节能减排的要求。

第八条 除个体工商户外，水路运输经营者应当配备满足下列要求的专职海务、机务管理人员：

（一）海务、机务管理人员数量满足附件2的要求；

（二）海务、机务管理人员的从业资历与其经营范围相适应：

1.经营普通货船运输的，应当具有不低于大副、大管轮的从业资历；

2.经营客船、危险品船运输的，应当具有船长、轮机长的从业资历。

根据船舶最低安全配员标准，水路运输经营者经营的均为不需要配备船长、轮机长或者大副、大管轮的船舶，其配备的海务、机务管理人员应当具有不低于其所管理船舶船员的从业资历。

水路运输经营者委托船舶管理企业为其提供船舶海务、机务管理等服务的，按照《国内水路运输辅助业管理规定》的有关规定执行。

第九条 除个体工商户外，水路运输经营者按照有关规定应当配备的高级船员中，与其直接订立一年以上劳动合同的高级船员的比例应当满足下列要求：

（一）经营普通货船运输的，高级船员的比例不低于25%；

（二）经营客船、危险品船运输的，高级船员的比例不低于50%。

第十条 交通运输部实施省际危险品船运输、沿海省际客船运输、长江干线和西江航运干线水上运输距离60公里以上省际客船运输的经营许可。

其他内河省际客船运输的经营许可，由水路旅客运输业务经营者所在地省级水路运输管理部门实施，作出许可决定前应当与航线始发港、挂靠港、目的港所在地省级水路运输管理部门协商，协商不成的，应当报交通运输部决定。

省际普通货船运输、省内水路运输经营许可应当由设区的市级以上地方人民政府水路运输管理部门具体实施，具体权限由省级人民政府交通运输主管部门决定，向社会公布。

第十一条 申请经营水路运输业务或者变更水路运输经营范围，应当向其所在地设区的市级人民政府水路运输管理部门提交申请书和证明申请人符合本规定要求的相关材料。

第十二条 受理申请的水路运输管理部门不具有许可权限的，当场核实申请材料中的原件与复印件的内容一致后，在5个工作日内提出初步审查意见并将全部申请材料转报至具有许可权限的部门。

第十三条 具有许可权限的部门，对符合条件的，应当在20个工作日内作出许可决定，向申请人颁发《国内水路运输经营许可证》，并向其投入运营的船舶配发《船舶营业运输证》。申请经营水路旅客班轮运输业务的，应当在其《国内水路运输经营许可证》经营范围中载明。不符合条件的，不予许可，并书面通知申请人不予许可的理由。

推进国内水路运输领域政务服务事项网上办理以及《国内水路运输经营许可证》《船舶营业运输证》等证书电子化，加强水路运输经营者和船舶相关证照信息共享。

第十四条 除购置或者光租已取得相应水路运输经营资格的船舶外，水路运输经营者新增客船、危险品船运力，应当经其所在地设区的市级人民政府水路运输管理部门向具有许可权限的部门提出申请。

具有许可权限的部门根据运力运量供求情况对新增运力申请予以审查。根据运力供求情况需要对新增运力予以数量限制时，依据经营者的经营规模、管理水平、安全记录、诚信经营记录等情况，公开竞争择优作出许可决定。

水路运输经营者新增普通货船运力，应当在船舶开工建造后15个工作日内向所在地设区的市级人民政府水路运输管理部门备案。

第十五条 交通运输部在特定的旅客班轮运输和散装液体危险货物运输航线、水域出现运力供大于求状况，可能影响公平竞争和水路运输安全的情形下，可以决定暂停对特定航线、水域的旅客班轮运输和散装液体危险货物运输新增运力许可。

暂停新增运力许可期间，对暂停范围内的新增运力申请不予许可，对申请投入运营的船舶，不予配发《船舶营业运输证》，但暂停决定生效前已取得新增运力批准且已开工建造、购置或者光租的船舶除外。

第十六条 交通运输部对水路运输市场进行监测，分析水路运输市场运力状况，定期公布监测结果。

对特定的旅客班轮运输和散装液体危险货物运输航线、水域暂停新增运力许可的决定，应当依据水路运输市场监测分析结果作出。

采取暂停新增运力许可的运力调控措施，应当符合公开、公平、公正的原则，在开始实施的60日前向社会公告，说明采取措施的理由以及采取措施的范围、期限等事项。

第十七条 《国内水路运输经营许可证》的有效期为5年。《船舶营业运输证》的有效期按照交通运输部的有关规定确定。水路运输经营者应当在证件有效期届满前的30日内向原许可机关提出换证申请。原许可机关应当依照本规定进行审查，符合条件的，予以换发。

第十八条 发生下列情况后，水路运输经营者应当在15个工作日内以书面形式向原许可机关备案，并提供相关证明材料：

（一）法定代表人或者主要股东发生变化；

（二）固定的办公场所发生变化；

（三）海务、机务管理人员发生变化；

（四）与其直接订立一年以上劳动合同的高级船员的比例发生变化；

（五）经营的船舶发生较大以上水上交通事故；

（六）委托的船舶管理企业发生变更或者委托管理协议发生变化。

第十九条 水路运输经营者终止经营的，应当自终止经营之日起15个工作日内向原许可机关办理注销手续，交回许可证件。

已取得《船舶营业运输证》的船舶报废、转让或者变更经营者，应当自发生上述情况之日起15个工作日内向原许可机关办理《船舶营业运输证》注销、变更手续。

第三章 水路运输经营行为

第二十条 水路运输经营者应当保持相应的经营资质条件，按照《国内水路运输经营许可证》核定的经营范围从事水路运输经营活动。

已取得省际水路运输经营资格的水路运输经营者和船舶，可凭省际水路运输经营资格从事相应种类的省内水路运输，但旅客班轮运输除外。

已取得沿海水路运输经营资格的水路运输经营者和船舶，可在满足航行条件的情况下，凭沿海水路运输经营资格从事相应种类的内河运输。

第二十一条 水路运输经营者不得出租、出借水路运输经营许可证件，或者以其他形式非法转让水路运输经营资格。

第二十二条 从事水路运输的船舶应当随船携带《船舶营业运输证》或者具有同等效力的可查验信息，不得转让、出租、出借或者涂改。《船舶营业运输证》遗失或者损毁的，应当及时向原配发机关申请补发。

第二十三条 水路运输经营者应该按照《船舶营业运输证》标定的载客定额、载货定额和经营范围从事旅客和货物运输，不得超载。

水路运输经营者使用客货船或者滚装客船载运危险货物时，不得载运旅客，但按照相关规定随船押运货物的人员和滚装车辆的司机除外。

第二十四条 水路运输经营者应当与托运人订立货物运输合同，对托运人身份信息进行查验。托运人托运货物时应当向水路运输经营者如实提供货物信息，托运危险货物的，还应当符合《船舶载运危险货物安全监督管理规定》的有关规定。

水路运输经营者收到实名举报或者相关证据证明托运人涉嫌在普通货物中夹带危险货物、谎报瞒报托运危险货物的，应当对相关货物进行检查。水路运输经营者发现存在上述情形或者托运人拒绝接受检查的，应当拒绝运输，并及时向水路运输管理部门和海事管理机构报告，未装船的还应当及时向拟装船的港口经营人、港口行政管理部门报告。

水路运输经营者应当对托运人身份信息、托运货物信息进行登记并保存至运输合同履行完毕后6个月。

第二十五条 水路运输经营者不得擅自改装客船、危险品船增加载客定额、载货定额或者变更从事散装液体危险货物运输的种类。

第二十六条 水路旅客运输业务经营者应当拒绝携带或者托运国家规定的危险物品及其他禁止携带或者托运的物品的旅客乘船。船舶开航后发现旅客随船携带或者托运国家规定的危险物品及其他禁止携带或者托运的物品的，应当妥善处理，旅客应当予以配合。

水路旅客运输业务经营者应当向社会公布国家规定的不得随船携带或者托运的物品清单。

旅客应当持有效凭证乘船，遵守乘船相关规定，自觉接受安全检查。

第二十七条 水路旅客班轮运输业务经营者应当自取得班轮航线经营许可之日起60日内开航，并在开航的15日前通过媒体并在该航线停靠的各客运站点的明显位置向社会公布所使用的船舶、班期、班次、票价等信息。

旅客班轮应当按照公布的班期、班次运行。变更班期、班次、票价的（因不可抗力变更班期、班次的除外），水路旅客班轮运输业务经营者应当在变更的15日前向社会公布。停止经营部分或者全部班轮航线的，经营者应当在停止经营的30日前向社会公布，并报原许可机关备案。

第二十八条 水路货物班轮运输业务经营者应当在班轮航线开航的7日前，向社会公布所使用的船舶以及班期、班次和运价。

货物班轮运输应当按照公布的班期、班次运行；变更班期、班次、运价（因不可抗力变更班期、班次的除外）或者停止经营部分或者全部班轮航线的，水路货物班轮运输业务经营者应当在变更或者停止经营的7日前向社会公布。

第二十九条 水路旅客运输业务经营者应当向旅客提供客票。客票包括纸质客票、电子客票等乘船凭证，一般应当载明经营者名称、船舶名称、始发港、目的港、乘船时间、票价等基本信息。鼓励水路旅客运输业务经营者开展互联网售票。

水路旅客运输业务经营者应当以公布的票价销售客票，不得对相同条件的旅客实施不同的票价，不得以搭售、现金返还、加价等不正当方式变相变更公布的票价并获取不正当利益，不得低于客票载明的舱室或者席位等级安排旅客。

水路旅客运输业务经营者应当向旅客明示退票、改签等规定。

第三十条 水路旅客运输业务经营者应当按有关规定为军人、人民警察、国家综合性消防救援队伍人员、学生、老幼病残孕等旅客提供优先、优惠、免票等优待服务。具体办法由交通运输部另行制定。

第三十一条 水路运输经营者从事水路运输经营活动，应当依法经营，诚实守信，禁止以不合理的运价或者其他不正当方式、不规范行为争抢客源、货源及提供运输服务。

水路旅客运输业务经营者为招揽旅客发布信息，必须真实、准确，不得进行虚假宣传，误导旅客，对其在经营活动中知悉的旅客个人信息，应当予以保密。

第三十二条 水路旅客运输业务经营者应当配备具有相应业务知识和技能的乘务人员，保持船上服务设施和警告标识完好，为老幼病残孕等需要帮助的旅客提供无障碍服务，在船舶开航前播报旅客乘船安全须知，并及时向旅客播报特殊情况下的禁航等信息。

第三十三条 水路旅客运输业务经营者应当就运输服务中的下列事项，以明示的方式向旅客作出说明或者警示：

（一）不适宜乘坐客船的群体；

（二）正确使用相关设施、设备的方法；

（三）必要的安全防范和应急措施；

（四）未向旅客开放的经营、服务场所和设施、设备；

（五）可能危及旅客人身、财产安全的其他情形。

第三十四条 水路运输经营者应当依照法律、行政法规和国家有关规定，优先运送处置突发事件所需物资、设备、工具、应急救援人员和受到突发事件危害的人员，重点保障紧急、重要的军事运输。

水路运输经营者应当服从交通运输主管部门对关系国计民生物资紧急运输的统一组织协调，按照要求优先、及时运输。

水路运输经营者应当按照交通运输主管部门的要求建立运输保障预案，并建立应急运输、军事运输和紧急运输的运力储备。

第三十五条 水路运输经营者应当按照国家统计规定报送运输经营统计信息。

第四章 外商投资企业和外国籍船舶的特别规定

第三十六条 外商投资企业申请从事水路运输，除满足本规定第五条规定的经营资质条件外，还应当符合下列条件：

（一）拟经营的范围内，国内水路运输经营者无法满足需求；

（二）应当具有经营水路运输业务的良好业绩和运营记录。

第三十七条 具有许可权限的部门可以根据国内水路运输实际情况，决定是否准许外商投资企业经营国内水路运输。

经批准取得水路运输经营许可的外商投资企业外方投资者或者外方投资股比等事项发生变化的，应当报原许可机关批准。原许可机关发现外商投资企业不再符合本规定要求的，应当撤销其水路运输经营资质。

第三十八条 符合下列情形并经交通运输部批准，水路运输经营者可以租用外国籍船舶在中华人民共和国港口之间从事不超过两个连续航次或者期限为30日的临时运输：

（一）没有满足所申请的运输要求的中国籍船舶；

（二）停靠的港口或者水域为对外开放的港口或者水域。

第三十九条 租用外国籍船舶从事临时运输的水路运输经营者，应当向交通运输部提交申请书、运输合同、拟使用的外籍船舶及船舶登记证书、船舶检验证书等相关证书和能够证明符合本规定规定情形的相关材料。申请书应当说明申请事由、承运的货物、运输航次或者期限、停靠港口。

交通运输部应当自受理申请之日起15个工作日内，对申请事项进行审核。对符合规定条件的，作出许可决定并且颁发许可文件；对不符合条件的，不予许可，并书面通知申请人不予许可的理由。

第四十条 临时从事水路运输的外国籍船舶，应当遵守水路运输管理的有关规定，按照批准的范围和期限进行运输。

第五章　监督检查

第四十一条　交通运输部和水路运输管理部门依照有关法律、法规和本规定对水路运输市场实施监督检查。

第四十二条　对水路运输市场实施监督检查，可以采取下列措施：

（一）向水路运输经营者了解情况，要求其提供有关凭证、文件及其他相关材料。

（二）对涉嫌违法的合同、票据、账簿以及其他资料进行查阅、复制。

（三）进入水路运输经营者从事经营活动的场所、船舶实地了解情况。

水路运输经营者应当配合监督检查，如实提供有关凭证、文件及其他相关资料。

第四十三条　水路运输管理部门对水路运输市场依法实施监督检查中知悉的被检查单位的商业秘密和个人信息应当依法保密。

第四十四条　实施现场监督检查的，应当当场记录监督检查的时间、内容、结果，并与被检查单位或者个人共同签署名章。被检查单位或者个人不签署名章的，监督检查人员对不签署的情形及理由应当予以注明。

第四十五条　水路运输管理部门在监督检查中发现水路运输经营者不符合本规定要求的经营资质条件的，应当责令其限期整改，并在整改期限结束后对该经营者整改情况进行复查，并作出整改是否合格的结论。

对运力规模达不到经营资质条件的整改期限最长不超过6个月，其他情形的整改期限最长不超过3个月。水路运输经营者在整改期间已开工建造但尚未竣工的船舶可以计入自有船舶运力。

第四十六条　水路运输管理部门应当建立健全水路运输市场诚信监督管理机制和服务质量评价体系，建立水路运输经营者诚信档案，记录水路运输经营者及从业人员的诚信信息，定期向社会公布监督检查结果和经营者的诚信档案。

水路运输管理部门应当建立水路运输违法经营行为社会监督机制，公布投诉举报电话、邮箱等，及时处理投诉举报信息。

水路运输管理部门应当将监督检查中发现或者受理投诉举报的经营者违法违规行为及处理情况、水上交通事故情况等记入诚信档案。违法违规情节严重可能影响经营资质条件的，对经营者给予提示性警告。不符合经营资质条件的，按照本规定第四十五条的规定处理。

第四十七条　水路运输管理部门应当与当地海事管理机构建立联系机制，按照《国内水路运输管理条例》的要求，做好《船舶营业运输证》查验处理衔接工作，及时将本行政区域内水路运输经营者的经营资质保持情况通报当地海事管理机构。

海事管理机构应当将有关水路运输船舶较大以上水上交通事故情况及结论意见及时书面通知该船舶经营者所在地设区的市级人民政府水路运输管理部门。水路运输管理部门应当将其纳入水路运输经营者诚信档案。

第六章　法律责任

第四十八条　水路运输经营者未按照本规定要求配备海务、机务管理人员的，由其所在地县级以上人民政府水路运输管理部门责令改正。

第四十九条　水路运输经营者或其船舶在规定期限内，经整改仍不符合本规定要求的经营资质条件的，由其所在地县级以上人民政府水路运输管理部门报原许可机关撤销其经营许可或者船舶营运证件。

第五十条　从事水路运输经营的船舶超出《船舶营业运输证》核定的经营范围，或者擅自改装客船、危险品船增加《船舶营业运输证》核定的载客定额、载货定额或者变更从事散装液体危险货物运输种类的，按照《国内水路运输管理条例》第三十四条第一款的规定予以处罚。

第五十一条　水路运输经营者违反本规定，有下列行为之一的，由其所在地县级以上人民政府水路运输管理部门责令改正：

（一）未履行备案义务；

（二）未以公布的票价或者变相变更公布的票价销售客票；

（三）进行虚假宣传，误导旅客或者托运人；

（四）以不正当方式或者不规范行为争抢客源、货源及提供运输服务扰乱市场秩序。

第五十二条　水路运输经营者拒绝管理部门根据本规定进行的监督检查或者隐匿有关资料或瞒报、谎报有关情况的，由其所在地县级以上人民政府水路运输管理部门责令改正。

第五十三条　违反本规定的其他规定应当进行处罚的，按照《国内水路运输管理条例》等有关法律法规执行。

第七章　附则

第五十四条　本规定下列用语的定义：

（一）自有船舶，是指水路运输经营者将船舶所有权登记为该经营者且归属该经营者的所有权份额不低于51%的船舶。

（二）班轮运输，是指在固定港口之间按照预定的船期向公众提供旅客、货物运输服务的经营活动。

第五十五条　依法设立的水路运输行业组织可以依照法律、行政法规和章程的规定，制定行业经营规范和服务标准，组织开展职业道德教育和业务培训，对其会员的经营行为和服务质量进行自律性管理。

水路运输行业组织可以建立行业诚信监督、约束机制，提高行业诚信水平。对守法经营、诚实信用的会员以及从业人员，可以给予表彰、奖励。

第五十六条　经营内地与香港特别行政区、澳门特别行政区，以及大陆地区与台湾地区之间的水路运输，不适用于本规定。

在香港特别行政区、澳门特别行政区进行船籍登记的船舶临时从事内地港口之间的运输，在台湾地区进行船籍登记的船舶临时从事大陆港口之间的运输，参照适用本规定关于外国籍船舶的有关规定。

第五十七条 载客12人以下的客船运输、乡镇客运渡船运输以及与外界不通航的公园、封闭性风景区内的水上旅客运输不适用本规定。

第五十八条 本规定自2014年3月1日起施行。2008年5月26日交通运输部以交通运输部令2008年第2号公布的《国内水路运输经营资质管理规定》,1987年9月22日交通部以(87)交河字680号文公布、1998年3月6日以交水发〔1998〕107号文修改、2009年6月4日交通运输部以交通运输部令2009年第6号修改的《水路运输管理条例实施细则》,1990年9月28日交通部以交通部令1990年第22号公布、2009年交通运输部令2009年第7号修改的《水路运输违章处罚规定》,1995年12月12日交通部以交水发〔1995〕1178号文发布、1997年8月26日以交水发〔1997〕522号文修改、2014年1月2日交通运输部以交通运输部令2014年第1号修改的《水路旅客运输规则》同时废止。

附件1

水路运输经营者自有船舶运力最低限额表

	沿海		内容			
			省际			省内
	省际	省内	长江	西江	其他	
普通货船(总吨)	5000	1000	5000	3000	1000	600
成品油船(总吨)						
化学品船(总吨)						
液化气船(立方米)			2000			
原油船(总吨)	35000	5000	15000			2000
拖航(千瓦)	5000	2000				
普通客船(客位)	400	200	400			100
客货船	3000总吨及400客位	1000总吨及100客位	1000总吨及100客位			300总吨及50客位
滚装客船						

附件2

海务、机务管理人员最低配额表

		1-5艘	6-10艘	11-20艘	21-30艘	31-40艘	41-50艘	>50艘
沿海	普通货船	1		2	3	4		每增加20艘增加1人,不足20艘按20艘计
	危险品船	1	2	3	4	5	6	每增加10艘增加1人,不足10艘按10艘计
	客船							
内海	普通货船	1		2				每增加50艘增加1人,不足50艘按50艘计
	危险品船	1		2	3	4		每增加20艘增加1人,不足20艘按20艘计
	客船							

国内水路运输辅助业管理规定

（2013年12月30日经第14次部务会议通过，自2014年3月1日起施行）

第一章　总则

第一条　为规范国内水路运输辅助业务经营行为，维护水路运输市场秩序，促进水路运输事业健康发展，依据《国内水路运输管理条例》制定本规定。

第二条　国内水路运输辅助业务管理适用本规定。

本规定所称水路运输辅助业务，包括船舶管理、船舶代理、水路旅客运输代理、水路货物运输代理等水路运输辅助性业务经营活动。

第三条　交通运输部主管全国水路运输辅助业务管理工作。

县级以上人民政府交通运输主管部门主管本行政区域内的水路运输辅助业务管理工作。县级以上人民政府负责水路运输管理的部门或者机构（以下统称水路运输管理部门）具体实施水路运输辅助业务管理工作。

第四条　经营水路运输辅助业务，应当守法经营、公平竞争、诚实守信。

第二章　水路运输辅助业务经营者

第五条　申请经营船舶管理业务，申请人应当符合下列条件：

（一）具备企业法人资格；

（二）有符合本规定要求的海务、机务管理人员；

（三）有健全的安全管理机构和安全管理人员设置制度、安全管理责任制度、安全监督检查制度、事故应急处置制度、岗位安全操作规程等安全管理制度，以及与其申请管理的船舶种类相适应的船舶安全与防污染管理体系；

（四）法律、行政法规规定的其他条件。

第六条　船舶管理业务经营者应当配备满足下列要求的专职海务、机务管理人员：

（一）船舶管理业务经营者应当至少配备海务、机务管理人员各1人，配备的具体数量应当符合

附件 规定的要求;

（二）海务、机务管理人员的从业资历与其经营范围相适应,具有与管理的船舶种类和航区相对应的船长、轮机长的从业资历;

（三）海务、机务管理人员所具备的船舶安全管理、船舶设备管理、航海保障、应急处置等业务知识和管理能力与其经营范围相适应,身体条件与其职责要求相适应。

第七条 申请经营船舶管理业务或者变更船舶管理业务经营范围,应当向其所在地设区的市级人民政府水路运输管理部门提交申请书和证明申请人符合本规定要求的相关材料。

第八条 设区的市级人民政府水路运输管理部门收到申请后,应当依法核实或者要求申请人补正材料。并在受理申请之日起5个工作日内提出初步审查意见并将全部申请材料转报至省级人民政府水路运输管理部门。

省级人民政府水路运输管理部门应当依法对申请者的经营资质条件进行审查。符合条件的,应当在20个工作日内作出许可决定,向申请人颁发《国内船舶管理业务经营许可证》;不符合条件的,不予许可,并书面通知申请人不予许可的理由。

《国内船舶管理业务经营许可证》应当通过全国水路运政管理信息系统核发,并逐步实现行政许可网上办理。

第九条 《国内船舶管理业务经营许可证》的有效期为5年。船舶管理业务经营者应当在证件有效期届满前的30日内向原许可机关提出换证申请。原许可机关应当依照本规定进行审查,符合条件的,予以换发。

第十条 发生下列情况后,船舶管理业务经营者应当在15个工作日内以书面形式向原许可机关备案,并提供相关证明材料:

（一）法定代表人或者主要股东发生变化;

（二）固定的办公场所发生变化;

（三）海务、机务管理人员发生变化;

（四）管理的船舶发生重大以上安全责任事故;

（五）接受管理的船舶或者委托管理协议发生变化。

第十一条 船舶管理业务经营者终止经营的,应当自终止经营之日起15个工作日内向原许可机关办理注销手续,交回许可证件。

第十二条 从事船舶代理、水路旅客运输代理、水路货物运输代理业务,应当自工商行政管理部门准予设立登记之日起15个工作日内,向其所在地设区的市级人民政府水路运输管理部门办理备案手续,并递交下列材料:

（一）备案申请表;

（二）《企业法人营业执照》复印件;

（三）法定代表人身份证明材料。

设区的市级人民政府水路运输管理部门应当建立档案,及时向社会公布备案情况。

第十三条 从事船舶代理、水路旅客运输代理、水路货物运输代理业务经营者的名称、固定办公场所及联系方式、法定代表人、经营范围等事项发生变更或者终止经营的,应当在变更或者终止经营之日起15个工作日内办理变更备案。

第三章　水路运输辅助业务经营活动

第十四条　船舶管理业务经营者应当保持相应的经营资质条件，按照《国内船舶管理业务经营许可证》核定的经营范围从事船舶管理业务。

第十五条　船舶管理业务经营者不得出租、出借船舶管理业务经营许可证件，或者以其他形式非法转让船舶管理业务经营资格。

第十六条　船舶管理业务经营者接受委托提供船舶管理服务，应当与委托人订立书面协议，载明委托双方当事人的权利义务。

船舶管理业务经营者应当将船舶管理协议报其所在地和船籍港所在地县级以上人民政府水路运输管理部门备案。

第十七条　船舶管理业务经营者应当按照国家有关规定和船舶管理协议约定，负责船舶的海务、机务和安全与防污染管理。

船舶管理业务经营者应当保持安全和防污染管理体系的有效性，履行有关船舶安全与防污染管理义务。

船舶管理经营业务经营者，应当委派其海务、机务管理人员定期登船检查船舶的安全技术性能、船员操作技能等情况，并在航海日志上作相应记录。普通货船的检查间隔不长于6个月，客船和危险品船的检查间隔不长于3个月。

第十八条　船舶管理业务经营者应当在船舶发生安全和污染责任事故的3个工作日内，将事故情况向其所在地县级以上人民政府水路运输管理部门报告。在事故调查部门查明事故原因后的5个工作日内，将事故调查的结论性意见向其所在地县级以上人民政府水路运输管理部门书面报告。

第十九条　船舶代理、水路旅客运输代理、水路货物运输代理业务经营者接受委托提供代理服务，应当与委托人订立书面合同，按照国家有关规定和合同约定办理代理业务。

第二十条　港口经营人不得为船舶所有人、经营人以及货物托运人、收货人指定水路运输辅助业务经营者，提供船舶、水路货物运输代理等服务。

第二十一条　港口经营人应当接受船舶所有人、经营人以及货物托运人、收货人自行办理船舶或者货物进出港口手续，并给予便利。

第二十二条　水路运输辅助业务经营者不得有以下行为：

（一）以承运人的身份从事水路运输经营活动；

（二）为未依法取得水路运输业务经营许可或者超越许可范围的经营者提供水路运输辅助服务；

（三）未订立书面合同、强行代理或者代办业务；

（四）滥用优势地位，限制委托人选择其他代理或者船舶管理服务提供者；

（五）发布虚假信息招揽业务；

（六）以不正当方式或者不规范行为提供其他水路运输辅助服务，扰乱市场秩序；

（七）法律、行政法规禁止的其他行为。

第二十三条　水路旅客运输代理业务经营者应当在售票场所和售票网站的明显位置公布船舶、班期、班次、票价等信息。

水路旅客运输代理业务经营者应当以水路旅客运输业务经营者公布的票价销售客票，不得对相同条件的旅客实施不同的票价，不得以搭售、现金返还、加价等不正当方式变相变更公布的票价并获取不正当利益。

第二十四条 水路运输辅助业务经营者应当使用规范的、符合有关法律法规和交通运输部规定的客票和运输单证。

第二十五条 水路运输辅助业务经营者开展业务活动应当建立业务记录和管理台账,按照规定报送统计信息。

第二十六条 水路运输辅助业务经营者对其在经营活动中知悉的商业秘密和个人信息,应当予以保密。

第四章 监督管理

第二十七条 交通运输部和水路运输管理部门应当依照有关法律、法规和本规定对水路运输辅助业务经营活动和经营资质实施监督管理。

第二十八条 对水路运输辅助业实施监督检查,可以采取下列措施:

(一)向水路运输辅助业务经营者了解情况,要求提供有关凭证、文件及其他相关材料;

(二)对涉嫌违法的合同、票据、账簿以及其他资料进行查阅、复制;

(三)进入水路运输辅助业务经营者从事经营活动的场所实地了解情况。

水路运输辅助业务经营者应当配合监督检查,如实提供有关凭证、文件及其他相关资料。

第二十九条 水路运输管理部门在监督检查中,对知悉的被检查单位的商业秘密和个人信息应当依法保密。

第三十条 实施现场监督检查的,应当当场记录监督检查的时间、内容、结果,并与被检查单位或者个人共同签署名章。被检查单位或者个人不签署名章的,监督检查人员对不签署的情形及理由应当予以注明。

第三十一条 水路运输管理部门在监督检查中发现船舶管理业务经营者不符合本规定要求的经营资质条件的,应当责令其限期整改,整改期限最长不超过3个月,并在整改期限结束后对该经营者整改情况进行复查,并作出整改是否合格的结论。

第三十二条 水路运输管理部门应当建立健全水路运输辅助业务经营者诚信监督管理机制和服务质量评价体系,建立水路运输辅助业务经营者诚信档案,记录水路运输辅助业务经营者及从业人员的诚信信息,定期向社会公布监督检查结果和经营者的诚信档案。

水路运输管理部门应当建立水路运输辅助业违法经营行为社会监督机制,公布投诉举报电话、邮箱等,及时处理投诉举报信息。

水路运输管理部门应当将监督检查中发现或者受理投诉举报的经营者违法违规行为及处理情况、安全责任事故情况等记入诚信档案。违法违规情节严重的,对经营者给予提示性警告。船舶管理业务经营者不符合经营资质条件的,按照本规定第三十一条的规定处理。

第三十三条 水路运输管理部门应当与当地海事管理机构建立联系机制,及时将本行政区域内船舶管理业务经营者的经营资质保持情况通报当地海事管理机构。

海事管理机构应当将有关船舶管理业务经营者管理的船舶发生重大以上安全事故情况及结论意见、重大违法违规、未履行或者未完全履行安全管理责任等安全管理相关情况及时书面通知该船舶管理经营者所在地设区的市级人民政府水路运输管理部门。所在地水路运输管理部门应当将其纳入船舶管理业务经营者诚信档案。

第五章　法律责任

　　第三十四条　船舶管理业务经营者未按照本规定要求配备相应海务、机务管理人员的，由其所在地县级以上人民政府水路运输管理部门责令改正，处1万元以上3万元以下的罚款。

　　第三十五条　船舶管理业务经营者与委托人订立虚假协议或者名义上接受委托实际不承担船舶海务、机务管理责任的，由经营者所在地县级以上人民政府水路运输管理部门责令改正，并按《国内水路运输管理条例》第三十七条关于非法转让船舶管理业务经营资格的有关规定进行处罚。

　　第三十六条　水路运输辅助业务经营者违反本规定，有下列行为之一的，由其所在地县级以上人民政府水路运输管理部门责令改正，处2000元以上1万元以下的罚款；一年内累计3次以上违反本规定的，处1万元以上3万元以下的罚款：

　　（一）未履行备案或者报告义务；

　　（二）为未依法取得水路运输业务经营许可或者超越许可范围的经营者提供水路运输辅助服务；

　　（三）与船舶所有人、经营人、承租人未订立船舶管理协议或者协议未对船舶海务、机务管理责任作出明确规定；

　　（四）未订立书面合同、强行代理或者代办业务；

　　（五）滥用优势地位，限制委托人选择其他代理或者船舶管理服务提供者；

　　（六）进行虚假宣传，误导旅客或者委托人；

　　（七）以不正当方式或者不规范行为争抢客源、货源及提供其他水路运输辅助服务，扰乱市场秩序；

　　（八）未在售票场所和售票网站的明显位置公布船舶、班期、班次、票价等信息；

　　（九）未以公布的票价或者变相变更公布的票价销售客票；

　　（十）使用的运输单证不符合有关规定；

　　（十一）未建立业务记录和管理台账。

　　第三十七条　水路运输辅助业务经营者拒绝管理部门根据本规定进行的监督检查、隐匿有关资料或者瞒报、谎报有关情况的，由其所在地县级以上人民政府水路运输管理部门责令改正，拒不改正的处2000元以上1万元以下的罚款。

　　第三十八条　港口经营人为船舶所有人、经营人以及货物托运人、收货人指定水路运输辅助业务经营者，提供船舶、水路货物运输代理等服务的，由其所在地县级以上人民政府水路运输管理部门责令改正，拒不改正的处1万元以上3万元以下的罚款。

　　第三十九条　违反本规定的其他规定应当进行处罚的，按照《国内水路运输管理条例》执行。

第六章　附则

第四十条　依法设立的水路运输辅助业务行业组织可以依照法律、行政法规和章程的规定，制定水路运输辅助业经营规范和服务标准，组织开展职业道德教育和业务培训，对其会员的经营行为和服务质量进行自律性管理。

水路运输辅助业务行业组织可以建立行业诚信监督、约束机制，提高行业诚信水平。对守法经营、诚实信用的会员以及从业人员，可以给予表彰、奖励。

第四十一条　本规定自2014年3月1日起施行。2009年4月20日交通运输部以交通运输部令2009年第5号发布的《中华人民共和国水路运输服务业管理规定》和2009年1月5日交通运输部以交通运输部令2009年第1号发布的《国内船舶管理业规定》同时废止。

水路旅客运输实名制管理规定

（2016年9月23日经第21次部务会议通过，自2017年1月10日起施行）

第一条 为保障水路运输旅客生命和财产安全，维护旅客及各方当事人合法权益和运输秩序，根据《中华人民共和国反恐怖主义法》等法律、行政法规，制定本规定。

第二条 在中华人民共和国境内实施水路旅客运输船票实名售票、实名查验行为应当遵守本规定。

本规定所称船票，是指水路旅客运输中旅客乘船的凭证，包括纸质船票、水路电子船票以及其他符合规定的乘船凭证。

本规定所称实名售票，是指水路旅客运输经营者或者其委托的船票销售单位凭乘船人的有效身份证件销售船票，并在票面记载乘船人身份信息的行为。

本规定所称实名查验，是指港口经营人、水路旅客运输经营者对实施实名售票的船票记载的身份信息与乘船人及其有效身份证件原件（以下简称"票、人、证"）进行核查，并记录乘客乘船信息和身份信息的行为。

船票实名售票和实名查验统称为实名制管理。

第三条 以下范围的水路旅客运输实施实名制管理：

（一）水上运输距离60公里以上的省际水路旅客运输（含载货汽车滚装船运输）船舶和相关客运码头；

（二）水上运输距离不足60公里但是客流量较大、交通安全风险高的琼州海峡省际水路旅客运输和相关客运码头；

（三）省级交通运输主管部门根据实际需要确定的除本条第（一）、（二）项规定以外的范围。

第四条 交通运输部指导全国水路旅客运输实名制管理工作。长江航务管理局、珠江航务管理局受部委托分别负责指导和督促长江干线、琼州海峡水路旅客运输实名制管理工作。

县级以上地方人民政府交通运输主管部门主管本行政区域的水路旅客运输实名制管理工作。县级以上地方人民政府负责水路运输管理的部门或者机构、港口行政管理部门依据职责和本规定承担水路旅客运输实名制管理工作。

第五条 实施实名售票的，购票人购票时应当提供乘船人的有效身份证件原件。通过互联网、电话等方式购票的，购票人应当提供真实准确的乘船人有效身份证件信息。

取票时，取票人应当提供乘船人的有效身份证件原件。

乘船人遗失船票的，经核实其身份信息后，水路旅客运输经营者或者其委托的船票销售单位应当免费为其补办船票。

按规定可以免费乘船的儿童及其他人员,应当凭有效身份证件原件,向水路旅客运输经营者或者其委托的船票销售单位申领免费实名制船票。水路旅客运输经营者或者其委托的船票销售单位应当为其开具免费实名制船票,并如实记载乘船人身份信息。

第六条 在实施实名制管理的船舶及客运码头,乘船人应当出示船票和本人有效身份证件原件,配合工作人员查验。

港口经营人应当在乘船人登船前,对乘船人进行实名查验并记录有关信息。对拒不提供本人有效身份证件原件或者票、人、证不一致的,不得允许其登船。水路旅客运输经营者或者其委托的船票销售单位应当提前为港口经营人提供包括售票信息在内的必要协助。

水路旅客运输经营者应当在船舶开航后及时分类统计船载旅客(含持免费实名制船票的人员)数量,并与港口经营人交换相关信息。

乘坐跨海铁路轮渡的旅客已经在铁路客运站查验身份信息的,港口经营人可以不再对其身份进行查验。

第七条 水路旅客运输经营者或者其委托的船票销售单位应当配备开展实名制管理所需的设施设备。港口经营人应当配备船票、身份证件扫描设备和信息存储设备等必要设施。

水路旅客运输经营者或者其委托的船票销售单位和港口经营人应当加强实名制管理相关人员的培训和相关系统及设施的管理,确保人员培训合格,系统安全运行,设备正常使用。

水路旅客运输经营者应当对其委托的船票销售单位开展实名售票工作给予必要的指导。

第八条 水路旅客运输经营者、港口经营人对登记采集的旅客身份信息及乘船信息,应当依公安机关的要求向其如实提供。对旅客身份信息及乘船信息自采集之日起保存期限不得少于1年,涉及视频图像信息的,自采集之日起保存期限不得少于90日。

第九条 水路旅客运输经营者或者其委托的船票销售单位、港口经营人及其工作人员对实施实名制管理所获得的旅客身份信息及乘船信息,应当予以保密。

第十条 水路旅客运输经营者、港口经营人应当针对客流高峰,恶劣气象及设备系统故障,重大安保活动等特殊情况下实名制管理的特点,制定有效的应急预案。

第十一条 水路旅客运输经营者或者其委托的船票销售单位和港口经营人在实施实名制管理过程中,发现扰乱水路旅客运输治安秩序或者危及公共安全行为的,应当及时报告公安机关,并采取有关配合措施。

第十二条 县级以上地方人民政府交通运输主管部门、负责水路运输管理的部门或者机构、港口行政管理部门应当依据职责,加强对水路旅客运输经营者、港口经营人落实实名制管理情况的监督检查。

第十三条 水路旅客运输经营者或者其委托的船票销售单位、港口经营人未按本规定第五条、第六条规定对客户身份进行查验,或者对身份不明、拒绝身份查验的客户提供服务的,由所在地县级以上地方人民政府负责水路运输管理的部门或者机构、港口行政管理部门按照职责分工责令限期改正,处10万元以上50万元以下罚款,并对其直接负责的主管人员和其他直接责任人员处10万元以下罚款。

第十四条 水路旅客运输经营者或者其委托的船票销售单位、港口经营人经限期改正后仍不按本规定第五条、第六条规定对客户身份进行查验,或者对身份不明、拒绝身份查验的客户提供服务,情节严重的,由所在地县级以上地方人民政府负责水路运输管理的部门或者机构、港口行政管理部门按照职责分工责令其停止从事相关水路旅客运输、港口经营或者船票销售业务；造成严重后果的，由原许可机关吊销有关水路旅客运输经营许可证件或者港口经营许可证件。

第十五条 水路旅客运输经营者或者其委托的船票销售单位、港口经营人的工作人员窃取、泄露旅客身份信息的，交由公安机关依法查处；构成犯罪的，依法追究刑事责任。

第十六条 县级以上地方人民政府交通运输主管部门、负责水路运输管理的部门或者机构、港口行政管理部门的工作人员对实名制管理情况实施监督检查、处理投诉举报时滥用职权、玩忽职守的，依法给予行政处分；构成犯罪的，依法追究刑事责任。

第十七条 本规定所称有效身份证件，是指旅客购票和乘船时必须出示的符合法律、行政法规和国家有关规定，用来证明其身份的证件，包括：居民身份证、临时身份证、军官证、士兵证、武警警官证、人民警察证、护照、不满2周岁婴儿的出生医学证明，外国人居留证、外交官证、港澳居民来往内地通行证、台湾居民来往大陆通行证、外国海员证等。

第十八条 载客12人以下的客运船舶、乡镇客运渡船运输以及与外界不通航的公园、封闭性风景区内的水上旅客运输不适用本规定。

第十九条 本规定自2017年1月10日起施行。

水路货物运输合同实施细则

（1986年11月8日国务院批准，1986年12月1日交通部公布；根据2011年1月8日国务院令第588号《国务院关于废止和修改部分行政法规的决定》修正）

第一章　　总则

第一条　为了规范水路货物运输合同，根据有关法律，制定本细则。

第二条　本细则所称水路运输是指中华人民共和国沿海、江河、湖泊以及其他通航水域中一切营业性的货物运输。

本细则适用于水路运输企业与其他企业、农村经济组织、国家机关、事业单位、社会团体等法人之间签订的水路货物运输合同。

持有营业执照的个体（联户）船民与企业、农村经济组织、国家机关、事业单位、社会团体等法人之间，以及水路运输企业与个体经营户、个人之间签订的水路货物运输合同，应参照本细则执行。

军事运输，水路与铁路、公路、航空、管道之间的货物联运，另行规定。

第二章　　货物运输合同的签订

第三条　水路货物运输合同，除短途驳运、摆渡零星货物，双方当事人可以即时清结者外，应当采用书面的形式。大宗物资运输，可按月签订货物运输合同。对其他按规定必须提送月度托运计划的货物，经托运人和承运人协商同意，可以按月签订货物运输合同或以货物运单作为运输合同。零星货物运输和计划外的整批货物运输，以货物运单作为运输合同。

第四条　按月度签订的货物运输合同，经双方在合同上签认后，合同即告成立。如承、托运双方当事人无需商定特约事项的，可以用月度托运计划表代替运输合同，经双方在计划表上签认后，合同即告成立。在实际办理货物承托运手续时，托运人还应向承运人按批提出货物运单，作为运输合同的组成部分。

以货物运单作为运输合同的，经承、托运双方商定货物的集中时间、地点，由双方认真验收、交接，并经承运人在托运人提出的货物运单上加盖承运日期戳后，合同即告成立。货物运单的格式，江海干线和跨省运输的由交通部统一规定；省（自治区、直辖市）内运输的由省（自治区、直辖市）交通主管部门统一规定。

第五条 按月度签订的货物运输合同，应具备下列基本内容：

（一）货物名称；

（二）托运人和收货人名称；

（三）起运港和到达港，海江河联运货物应载明换装港；

（四）货物重量，按体积计费的货物应载明体积；

（五）违约责任；

（六）特约条款。

第六条 货物运单应具备下列内容：

（一）货物名称；

（二）重量、件数，按体积计费的货物应载明体积；

（三）包装；

（四）运输标志；

（五）起运港和到达港，海江河联运货物应载明换装港；

（六）托运人、收货人名称及其详细地址；

（七）运费、港口费和有关的其他费用及其结算方式；

（八）承运日期；

（九）运到期限（规定期限或商定期限）；

（十）货物价值；

（十一）双方商定的其他事项。

第三章　货物运输合同的履行

第七条 托运人应当承担下列义务：

（一）托运的货物必须与货物运单记载的品名相符；

（二）在货物运单上准确地填写货物的重量或体积。对起运港具备符合国家规定计量手段的，托运人应按照起运港核定的数据确定货物重量；对整船散装货物，托运人确定重量有困难时，可以要求承运人提供船舶水尺计量数，作为托运人确定的重量。对按照规定实行重量和体积择大计费的货物，应填写货物的重量和体积。对笨重长大货物，还应列出单件货物的重量和体积（长、宽、高）；

（三）需要包装的货物，必须按照国家或国家主管部门规定的标准包装；没有统一规定包装标准的，应在保证运输安全和货物质量的原则下进行包装；需要随附备用包装的，应提供备用包装；

（四）正确制作货物的运输标志和必要的指示标志；

（五）在托运货物的当时，按照合同规定的结算方式付清运输费用；

（六）实行保价运输的个人生活用品，应提出货物清单，逐项声明价格，并按声明价格支付规定的保价费；

（七）国家规定必须保险的货物，托运人应在托运时投保货物运输险。对于每件价值在700元以上的货物或每吨价值在500元以上的非成件货物,实行保险与负责运输相结合的补偿制度,托运人可在托运时投保货物运输险,具体办法另行规定;

(八)按规定必须凭证运输的货物,应当提供有关证件;

(九)按照货物属性或双方商定需要押运的货物,应派人随船押运;

(十)托运危险货物必须按危险货物运输的规定办理,不得匿报品名、隐瞒性质或在普通货物中夹带危险货物。

第八条　承运人应当承担下列义务:

(一)应按商定的时间和地点调派适航、适载条件的船舶装运,并备妥相应的护货垫隔物料;但按规定应由托运人自行解决的特殊加固、苫垫材料及所需人工除外;

(二)对承运货物的配积载、运输、装卸、驳运、保管及交接工作,应谨慎处理,按章作业,保证货运质量;

(三)对经由其他运输工具集中到港的散装运输、不计件数的货物,如具备计量手段的,应对托运人确定的重量进行抽查或复查;如不具备计量手段的,应在保证质量的前提下,负责原来、原转、原交。对按体积计收运输费用的货物,应对托运人确定的体积进行抽查或复查,准确计费;

(四)对扫集的地脚货物,应做到物归原主;对不能分清货主的地脚货物,应按无法交付货物的规定处理;

(五)组织好安全及时运输,保证运到期限;

(六)按照船舶甲板货物运输的规定,谨慎配装甲板货物;

(七)按照规定的航线运输货物,到达后,应由到达港发出到货通知,并负责将货物交付给指定的收货人。

第九条　收货人应当承担下列义务:

(一)接到达港到货通知后,应在规定时间内同到达港办妥货物交接验收手续,将货物提离港区;

(二)按规定应由收货人支付的运输费用、托运人少缴的费用以及运输途中发生的垫款,应在提取货物时一次付清;

(三)由收货人自理卸船的货物,应在商定的时间内完成卸船作业,将船舱、甲板清扫干净;对装运污秽货物、有毒害性货物的,应负责洗刷、消毒,使船舱恢复正常清洁状态。

第十条　散装液体货物,只限于整船、整舱运输。装船前应由托运人验舱,合格后才能装运。托运人要求在两个以上地点装船或卸船,或在同一卸船地点由几个收货人接收货物时,其计量分劈工作及发生重量差数,由托运人和收货人自行处理。

第十一条　拖带运输的货物,托运人应按规定提供被拖物的技术资料。承运人应当根据被拖物的技术资料和航道、气象等条件,调配适当的拖轮。在航行中,被拖物上的人员应听从拖轮船长的指挥,配合拖轮保证航行安全。

对于有特殊技术要求的拖带运输,承、托运双方必须签订特约条款。

第十二条　易腐货物和有生动植物,承、托运双方应预先商定容许的运到期限;采用冷藏设备船舶装运的,应商定冷藏温度。有生动植物在运输途中需要照料、饲养的,由托运人自行负责;随带的饲料免收运费,需用的淡水由承运人按规定提供。

第十三条　遇有下列情况之一,应采取包船、包舱或租船运输:

(一)由于货物本身性质,需用专船、专舱运输,造成船舶亏吨的;

（二）货物的起运点或到达点超出正常的营业航线，承运人必须指派专船运输，造成船舶亏吨或排空的；

（三）由于其他原因，经承、托运双方协议采用包船运输的。

第十四条 在已经开办集装箱运输的水运航线和海江河联运线路上，凡精密、易碎、价高及其他适于集装箱运输的物品，承、托运双方应采用集装箱运输。

第十五条 承运人向收货人交付货物时应认真进行验收交接。按件承运的货物如发现货物有异物或与货物运单记载不符，按舱、按箱施封的货物如发现舱封、箱封有异状，收货人应即向承运人提出异议。收货人在验收交接时没有提出异议，并在提货单上签章后，运输合同即终止。

运输合同的终止，不影响履行合同中发生违约责任事项的处理。

第四章　货物运输合同的变更和解除

第十六条 凡发生下列情况之一者，允许变更或解除月度货物运输合同：

（一）订立运输合同所依据的国家计划被变更或取消；

（二）由于不可抗力使运输合同无法履行；

（三）合同当事人一方由于关闭、停产、转产而确实无法履行合同；

（四）由于合同当事人一方违约，使合同履行成为不必要或不可能；

（五）在不损害国家利益和不影响国家计划的前提下，经当事人双方协商同意。

变更或解除月度货物运输合同应当采用书面形式（包括文书、电报或变更计划表等），并应在货物发送前，由要求变更或解除的一方向对方提出。月度货物运输合同只能变更一次。

第十七条 以货物运单作为运输合同的，允许按下列规定变更或解除运输合同：

（一）货物发运前，承运人或托运人征得对方同意，可以解除运输合同。承运人提出解除合同的，应退还已收的运输费用，并付给托运人已发生的货物进港短途搬运费；托运人提出解除合同的，应付给承运人已发生的港口费用和船舶待时费用；

（二）货物发运后，承运人或托运人征得对方同意，可以变更货物的到达港和收货人。同一运单的货物不得变更其中的一部分，并只能变更一次。对指令性运输计划内的货物要求变更时，除必须征得对方同意外，还必须报下达该计划的主管部门核准。

由于航道、船闸障碍、海损事故、自然灾害、执行政府命令或军事行动，货物不能运抵到达港时，承运人可以到就近港口卸货，并及时通知托运人或收货人提出处理意见。

合同中订有特约变更条款的，应按双方商定的变更条款办理。

第五章　违反货物运输合同的责任

第十八条 按月度签订的货物运输合同，承运人在履行时未配备足够的运力，应按落空的运量每吨偿付违约金1元；托运人在履行时未提供足够的货源，应按落空的货源每吨偿付违约金1元；运量与货源均有落空时,应按对等数量相互抵销违约金,偿付差额。

由于第十七条第(一)、(二)、(五)项所规定的情况变更或解除月度货物运输合同时,免除托运人或承运人的违约金。

第十九条 从承运货物时起,至货物交付收货人或依照规定处理完毕时止,货物发生灭失、短少、变质、污染、损坏,按下列规定赔偿:

(一)已投保货物运输险的货物,由承运人和保险公司按规定赔偿。

(二)实行保价运输的个人生活用品,由承运人按声明价格赔偿,但货物实际损失低于声明价格的按实际损失赔偿。

(三)除上述(一)、(二)两项外,均由承运人按货物的实际损失赔偿。赔偿的价格如何计算,由交通部商国家物价局、国家工商行政管理局另行规定。

第二十条 由于下列原因造成货物灭失、短少、变质、污染、损坏的,承运人不承担赔偿责任:

(一)不可抗力;

(二)货物的自然属性和潜在缺陷;

(三)货物的自然减量和合理损耗,以及托运人自行确定的重量不正确;

(四)包装内在缺陷或包装完整、内容不符;

(五)标记错制、漏制、不清;

(六)有生动植物的疾病、死亡、枯萎、减重;

(七)非责任性海损事故的货物损失;

(八)免责范围内的甲板货物损失;

(九)其他经承运人举证或经合同管理机关或审判机关查证非承运人责任造成的损失。

第二十一条 如果托运人或收货人证明损失的发生确属承运人的故意行为,则承运人除按规定赔偿实际损失外,由合同管理机关处其造成损失部分10%到50%的罚款。

第二十二条 由于承运人责任发生货物错运、错交,应无偿运回合同规定的到达港,交给指定的收货人。如由此发生逾期运到,应按本细则第二十四条规定偿付逾期违约金。

第二十三条 承运人未按规定或约定的时间将货物运抵到达港,应按规定向收货人偿付违约金,但由于下列原因之一引起的滞延时间应从实际运到期限中扣除:

(一)自然灾害或气象、水文原因;

(二)参加水上救助或发生海损事故;

(三)政府命令或军事行动;

(四)等候通过船闸;

(五)应托运人要求在起运港预收保管的时间;

(六)其他非承运人责任造成的延误。 逾期运到违约金额,视逾期天数的长短,按照每票货物的装卸或运费的5%到20%偿付。

对于海江河联运货物的运到期限责任,另行规定。

对于代办中转货物的运到期限责任,按承、托运双方的协议执行。

第二十四条 由于托运人责任发生下列事故,以致船舶、港口设备或波及其他货物的损坏、污染、腐蚀,或造成人身伤亡的,应由托运人负责赔偿:

(一)在普通货物中夹带危险货物,匿报危险货物品名,隐瞒危险货物性质,或其他违反危险货物运输规定的行为,引起燃烧、爆炸、中毒、污染、腐蚀等事故;

（二）在普通货物中夹带流质、易腐货物、引起污染事故；

（三）错报笨重货物重量，引起船体损伤、吊机倾翻、货件摔损、人员伤亡等事故；

（四）货物包装材质不良、强度不足或内部支衬不当等缺陷，以及外包装上必须制作的指式标志错制、漏制，引起损摔事故。

第二十五条 由于托运人责任发生下列情况之一，应由托运人负责处理：

（一）自理装船的货物，卸船时船体完好，舱封完整或装载状态无异状，而发生货物灭失、短少、损坏的；

（二）自行装箱、施封的集装箱运输货物，箱体完整，铅封完好，拆箱时发现货物灭失、短少、损坏或内容不符；

（三）除证明属于承运人责任外，自行押运的货物所发生的灭失、短少、变质、污染、损坏或其他损失。

第二十六条 由于托运人或收货人责任发生下列情况之一，应由托运人或收货人承担有关的费用或违约金：

（一）货物运抵到达港，承运人发出到货通知后，收货人拒绝收货或找不到收货人，承运人应通知托运人在限期内自行处理该项货物，并应承担由此而发生的一切费用；如托运人在限期内不予处理的，承运人可以按照无法交付货物的规定对该项货物就地处理；

（二）以货物运单作为运输合同的，未按运单规定的时间和要求提供托运的货物，应向承运人支付落空货源每吨1元违约金，但由于自然灾害影响货物按期托运的以及已按本细则第十八条规定承担违约责任的货物除外；

（三）托运人或收货人未及时付清运输费用及其他应付的费用，应按规定按日向承运人支付迟交金额的滞纳金。

第二十七条 由于货物本身原因或应托运人要求，需要对货物、船舱、库场进行检疫、薰蒸、消毒的，应由托运人或收货人负责办理检疫、薰蒸、消毒并承担有关费用。

第二十八条 承、托运双方对拖带运输的责任划分如下：

（一）木（竹）排在拖运途中，属于木（竹）排本身原因造成的散失，由托运人负责；属于拖轮责任造成的散失，承运人应支付清漂费和必须的重新扎排费，未能全部清回的，应按照本细则第十九条规定承担实际短少部分的赔偿；

（二）拖带船舶或其他水上浮物，属于拖轮责任造成被拖物或第三者损失的，由承运人负责；属于被托物本身原因造成自身、拖轮或第三者损失的，由托运人负责；属于拖轮和被拖物双方责任造成彼此的损失以及第三者的损失，按双方应负的责任比例，分别承担。

对钻井平台、浮船坞、工程船舶及其他大型水上装置的特殊拖带，承运人和托运人的权利、义务关系和责任划分，可以由双方签订特约条款另行规定。

第二十九条 由托运人自理装船或收货人自理卸船的货物，可以由承运人与托运人或收货人签订装卸合同，商定装卸时间和条件，实行船舶速遣和滞期奖罚办法。

对工矿企业自备船舶运输经由交通部门管辖港口装卸的货物，可以按照上款规定由当事双方签订船舶速遣和滞期的奖罚办法。

第三十条 承运人与托运人或收货人彼此之间要求赔偿的时效，从货运记录交给托运人或收货人的次日起算不超过180日。赔偿要求应以书面形式提出，对方应在收到书面赔偿要求的次日起60日内处理。

承、托运双方相互索取各项违约金、滞纳金、速遣奖金或滞期费的时效, 按有关规定办理。

第六章 争议处理

第三十一条 承运人和托运人或收货人在履行货物运输合同中发生纠纷, 应协商解决。协商不成时, 可向合同管理机关申请调解、仲裁, 也可以直接向人民法院起诉。

第七章 附则

第三十二条 对行驶国际航线, 香港、澳门航线的船舶及所载货物, 在我国港口作业中发生的船体、船具或货物的灭失、损坏事故, 不适用于本细则。

第三十三条 本细则由交通部负责解释。

第三十四条 本细则自1987年7月1日起施行。

老旧运输船舶管理规定

（2006年7月5日交通部发布；根据2009年11月30日《交通运输部关于修改〈老旧运输船舶管理规定〉的决定》第一次修正；根据2014年9月5日《交通运输部关于修改〈老旧运输船舶管理规定〉的决定》第二次修正；根据2017年5月23日《交通运输部关于修改〈老旧运输船舶管理规定〉的决定》第三次修正；根据2021年8月11日《交通运输部关于修改〈老旧运输船舶管理规定〉的决定》第四次修正）

第一章 总则

第一条 为加强老旧运输船舶管理，优化水路运力结构，提高船舶技术水平，保障水路运输安全，促进水路运输事业健康发展，根据《国内水路运输管理条例》，制定本规定。

第二条 本规定适用于拥有中华人民共和国国籍，从事水路运输的海船和河船。

第三条 本规定中下列用语的含义是：

（一）船龄，是指船舶自建造完工之日起至现今的年限；

（二）购置、光租外国籍船船龄，是指船舶自建造完工之日起至国务院商务主管部门或其授权的部门和机构签发的《机电产品进口许可证》或《自动进口许可证》签发之日的年限；

（三）老旧运输船舶，是指船龄在本规定第四条、第五条规定的最低船龄以上的运输船舶；

（四）报废船舶，是指永久不能从事水路运输的船舶；

（五）废钢船，是指永久不能从事水路运输的钢质船舶；

（六）单壳油船，是指未设有符合国内船舶检验规范规定的双层底舱和双层边舱的油船（含油驳）。

第四条 老旧海船分为以下类型：

（一）船龄在10年以上的高速客船，为一类老旧海船；

（二）船龄在10年以上的客滚船、客货船、客渡船、客货渡船（包括旅客列车轮渡）、旅游船、客船，为二类老旧海船；

（三）船龄在12年以上的油船（包括沥青船）、散装化学品船、液化气船，为三类老旧海船；

（四）船龄在18年以上的散货船、矿砂船，为四类老旧海船；

（五）船龄在20年以上的货滚船、散装水泥船、冷藏船、杂货船、多用途船、集装箱船、木材船、拖轮、推轮、驳船等，为五类老旧海船。

第五条　老旧河船分为以下类型：

（一）船龄在10年以上的高速客船，为一类老旧河船；

（二）船龄在10年以上的客滚船、客货船、客渡船、客货渡船（包括旅客列车轮渡）、旅游船、客船，为二类老旧河船；

（三）船龄在16年以上的油船（包括沥青船）、散装化学品船、液化气船，为三类老旧河船；

（四）船龄在18年以上的散货船、矿砂船，为四类老旧河船；

（五）船龄在20年以上的货滚船、散装水泥船、冷藏船、杂货船、多用途船、集装箱船、木材船、拖轮、推轮、驳船（包括油驳）等，为五类老旧河船。

第六条　国家对老旧运输船舶实行分类技术监督管理制度，对已达到强制报废船龄的运输船舶实施强制报废制度。

第七条　根据本规定和其他有关规定，交通运输部对全国老旧运输船舶的市场准入和营运进行管理，县级以上地方人民政府交通运输主管部门或者负责水路运输管理的机构（以下统称水路运输管理部门）实施本行政区域的老旧运输船舶的市场准入和营运管理工作。

海事管理机构根据有关法律、行政法规和本规定对老旧运输船舶实施安全监督管理。

第二章　船舶购置、光租、改建管理

第八条　购置外国籍船舶或者以光船租赁条件租赁外国籍船舶从事水路运输，船舶必须符合本规定附录规定的购置、光租外国籍船舶的船龄要求，其船体、主要机电设备和安全、防污染设备等应当符合船舶法定检验技术规则。

购置、光租外国籍油船，其船体应当符合《经1978年议定书修订的1973年国际防止船舶造成污染公约》附则I《防止油类污染规则》规定的要求。

第九条　本规定所称购置外国籍船舶、以光船租赁条件租赁外国籍船舶，包括已经从国外购置或者以光船租赁条件租赁，但尚未在中国取得合法船舶检验证书、船舶国籍证书的外国籍船舶，以及通过拍卖方式购置的外国籍船舶。

第十条　任何组织和个人不得购置外国籍废钢船从事水路运输，也不得以光船租赁条件租赁外国籍废钢船从事水路运输。

第十一条　超过本规定报废船龄的外国籍船舶不得从事国内水路运输。

第十二条　根据运力供求情况和保障运输安全的需要，交通运输部可以决定在特定的旅客运输航线和散装液体危险货物运输航线、水域暂停购置或者光租外国籍一、二、三类船舶从事水路运输。

第十三条　购置外国籍船舶或者以光船租赁条件租赁外国籍船舶改为中国籍船舶经营水路运输，购置人、承租人应当了解船舶的船龄和技术状况，并按下列程序办理有关手续：

（一）购置或者光租外国籍一、二、三类船舶前，应当按照国家有关规定向设区的市级人民政府水路运输管理部门提出增加运力的申请，并报经具有许可权限的部门批准；购置或者光租外国籍四、五类船舶，应当按有关规定在签订购置或者光租意向后15个工作日内向所在地设区的市级人民政府水路运输管理部门备案；

（二）购置外国籍船舶或者以光船租赁条件租赁外国籍船舶后，应依法向海事管理机构认可的船舶检验机构申请初次检验，取得其签发的船舶检验证书；

（三）购置外国籍船舶或者以光船租赁条件租赁外国籍船舶取得船舶检验证书后，应依法向海事管理机构申请船舶登记、光船租赁登记，取得其签发的船舶所有权登记证书、船舶国籍证书或者光船租赁登记证明书及临时船舶国籍证书；

（四）购置外国籍船舶或者以光船租赁条件租赁外国籍船舶取得船舶国籍证书或者光船租赁登记证明书及临时船舶国籍证书后，经营国内水路运输的，应当按有关规定申领并取得船舶营运证；经营国际运输的，于投入运营前15日向交通运输部备案。交通运输部应当自收到备案材料之日起3日内出具备案证明书。

第十四条　船舶检验机构应当严格按照有关船舶法定检验技术规则和本规定对购置的外国籍船舶或以光船租赁条件租赁的外国籍船舶进行检验。

第十五条　船舶登记机关应当严格按照有关船舶登记规定和本规定对购置的外国籍船舶或者以光船租赁条件租赁的外国籍船舶进行登记。

第十六条　交通运输部和水路运输管理部门应当按国家有关水路运输经营管理规定和本规定对经营水路运输的申请进行审核，符合条件的，发给船舶营运证或者国际船舶备案证明书。

第十七条　四类、五类船舶不得改为一类、二类、三类船舶从事水路运输，三类船舶之间不得相互改建从事水路运输。

第十八条　改建一、二、三类老旧运输船舶，应当按运力变更的规定报原许可机关批准。

改建老旧运输船舶，必须向海事管理机构认可的船舶检验机构申请建造检验。

船舶检验机构对改建的老旧运输船舶签发船舶检验证书，应当注明改建日期，但不得改变船舶建造日期。

第十九条　老旧运输船舶经过改建，与改建前不属本规定的同一船舶类型的，其特别定期检验船龄、强制报废船龄适用于改建后老旧运输船舶类型的规定。

第三章　船舶营运管理

第二十条　船舶所有人或者经营人应采取有效措施，加强老旧运输船舶的跟踪管理，适当缩短船舶设备检修、养护检查周期和各种电气装置的绝缘电阻测量周期，严禁失修失养。

第二十一条　船舶所有人或者经营人改变老旧运输船舶的用途或航区，必须向海事管理机构认可的船舶检验机构申请临时检验，核定载重线和乘客定额、船舶构造及设备的安全性能，必要时重新丈量总吨位和净吨位。

第二十二条　海事管理机构在现场监督检查时，发现从事国内运输的老旧运输船舶不能提供有效的船舶营运证件的，应当通知船舶经营人所在地设区的市级人民政府水路运输管理部门依法处理。

第二十三条　海事管理机构应当对从事国际运输的中国籍老旧运输船舶和进出我国港口的达到本规定老旧船舶年限的外国籍运输船舶加强监督检查。

第二十四条　对处于不适航状态或者有其他妨碍、可能妨碍水上交通安全的老旧运输船舶，海事管理机构依照有关法律、行政法规的规定禁止其进港、离港，或责令其停航、改航、驶向指定地点。

第二十五条 船舶所有人或者经营人应当按照国家有关规定，向海事管理机构认可的船舶检验机构申请对营运中的老旧运输船舶定期检验。经检验不合格的，不得经营水路运输。

第二十六条 老旧运输船舶达到本规定附录规定的特别定期检验的船龄，继续经营水路运输的，船舶所有人或经营人应当在达到特别定期检验船龄的前后半年内向海事管理机构认可的船舶检验机构申请特别定期检验，取得相应的船舶检验证书，并报船舶营运证或者国际船舶备案证明书的发证机关备案。

第二十七条 经特别定期检验合格、继续经营水路运输的老旧运输船舶，船舶所有人或者经营人应当自首次特别定期检验届满一年后每年申请一次特别定期检验，取得相应的船舶检验证书，并报船舶营运证或者国际船舶备案证明书的发证机关备案。

交通运输部和水路运输管理部门发现老旧运输船舶的技术状况可能影响航行安全的，应当通知海事管理机构。

老旧运输船舶的技术状况可能影响航行安全的，海事管理机构应当责成船舶所有人或经营人向船舶检验机构申请临时检验。

第二十八条 未按本规定第二十六条、第二十七条的规定申请特别定期检验或者经特别定期检验不合格的老旧运输船舶，应予以报废。

第二十九条 达到本规定附录规定的强制报废船龄的船舶，应予以报废。

船舶检验证书、船舶营运证的有效期最长不得超过本规定附录规定的船舶强制报废船龄的日期。

第三十条 船舶报废后，其船舶营运证或者国际船舶备案证明书自报废之日起失效，船舶所有人或者经营人应在船舶报废之日起十五日内将船舶营运证或者国际船舶备案证明书交回原发证机关予以注销。其船舶检验证书由原发证机关加注"不得从事水路运输"字样。

第三十一条 禁止使用已经报废的船舶从事水路运输。

禁止使用报废船舶的设备及其他零部件拼装运输船舶从事水路运输。

第三十二条 报废船舶改作趸船、水上娱乐设施以及其他非运输设施，应符合国家有关规定。

第四章　监督和处罚

第三十三条 交通运输部和水路运输管理部门、海事管理机构应当按照有关法律、行政法规、规章的规定，对老旧运输船舶进行监督检查。

老旧运输船舶所有人或者经营人应当接受交通运输部和水路运输管理部门、海事管理机构依法进行的监督检查，如实提交有关证书、资料或者情况，不得拒绝、隐匿或者弄虚作假。

第三十四条 老旧运输船舶所有人或者经营人违反本规定第十三条第（四）项的规定，使用未取得船舶营运证的船舶从事水路运输的，按《国内水路运输管理条例》第三十四条第一款的规定给予行政处罚。

第三十五条 船舶所有人或者经营人违反本规定有关船舶登记、检验规定的，由海事管理机构按有关法律、行政法规、规章规定给予行政处罚。

　　第三十六条　交通运输部和水路运输管理部门、海事管理机构的工作人员玩忽职守、徇私舞弊、滥用职权的,依法给予行政处分。

第五章　附则

　　第三十七条　为满足保护国家利益和加强安全管理的需要,交通运输部可以对本规定的有关船龄进行临时调整。

　　第三十八条　为保护水域环境,对已投入营运但未达到强制报废船龄的单壳油船实行限期淘汰。具体时间和实施范围由交通运输部另行公布。

　　第三十九条　仅从事水上工程作业的船舶,以及仅从事港区内作业的拖船、工作船等船舶,不适用本规定。

　　以上船舶和其他非营运船舶从事水路运输时,适用本规定。

　　第四十条　对从事中国港口至外国港口间运输的一、二类船舶,需要对船龄作出限制规定的,由双边商定。

　　第四十一条　本规定自2006年8月1日起施行。2001年4月9日交通部公布的《老旧运输船舶管理规定》（交通部令2001年第2号）同时废止。

附录1

海船船龄标准

船舶类别	购置、光租外国籍船船龄	特别定期检验船龄	强制报废船龄
一类船舶	10年以下	18年以上	25年以上
二类船舶	10年以下	24年以上	30年以上
三类船舶	12年以下	26年以上	31年以上
四类船舶	18年以下	28年以上	33年以上
五类船舶	20年以下	29年以上	34年以上

附录2

河船船龄标准

船舶类别	购置、光租外国籍船船龄	特别定期检验船龄	强制报废船龄
一类船舶	10年以下	18年以上	25年以上
二类船舶	10年以下	24年以上	30年以上
三类船舶	16年以下	26年以上	31年以上
四类船舶 其中黑龙江水系船舶	18年以下 18年以下	28年以上 33年以上	33年以上 39年以上
五类船舶 其中黑龙江水系船舶	20年以下 20年以下	29年以上 35年以上	35年以上 41年以上

船舶载运危险货物安全监督管理规定

（2018年7月20日经交通运输部第12次部务会议通过，自2018年9月15日起施行）

第一章 总则

第一条 为加强船舶载运危险货物监督管理，保障水上人命、财产安全，防治船舶污染环境，依据《中华人民共和国海上交通安全法》《中华人民共和国港口法》《中华人民共和国内河交通安全管理条例》《中华人民共和国危险化学品安全管理条例》等法律、行政法规，制定本规定。

第二条 船舶在中华人民共和国管辖水域载运危险货物的活动，适用本规定。

第三条 交通运输部主管全国船舶载运危险货物的安全管理工作。

国家海事管理机构负责全国船舶载运危险货物的安全监督管理工作。

各级海事管理机构按照职责权限具体负责船舶载运危险货物的安全监督管理工作。

第二章 船舶和人员管理

第四条 从事危险货物运输的船舶所有人、经营人或者管理人，应当按照交通运输部有关船舶安全营运和防污染管理体系的要求建立和实施相应的体系或者制度。

从事危险货物运输的船舶经营人或者管理人，应当配备专职安全管理人员。

第五条 载运危险货物的船舶应当编制安全和防污染应急预案，配备相应的应急救护、消防和人员防护等设备及器材。

第六条 载运危险货物的船舶应当经国家海事管理机构认可的船舶检验机构检验合格，取得相应的检验证书和文书，并保持良好状态。

载运危险货物的船舶，其船体、构造、设备、性能和布置等方面应当符合国家船舶检验的法规、技术规范的规定；载运危险货物的国际航行船舶还应当符合有关国际公约的规定，具备相应的适航、适装条件。

第七条 载运危险货物的船舶应当按照规定安装和使用船舶自动识别系统等船载设备。船舶经营人、管理人应当加强对船舶的动态管理。

第八条　禁止通过内河封闭水域运输剧毒化学品以及国家规定禁止通过内河运输的其他危险化学品。其他内河水域禁止运输国家规定禁止通过内河运输的剧毒化学品以及其他危险化学品。

禁止托运人在普通货物中夹带危险货物，或者将危险货物谎报、匿报为普通货物托运。

取得相应资质的客货船或者滚装客船载运危险货物时，不得载运旅客，但按照相关规定随车押运人员和滚装车辆的司机除外。其他客船禁止载运危险货物。

第九条　船舶载运危险货物应当符合有关危险货物积载、隔离和运输的安全技术规范，并符合相应的适装证书或者证明文件的要求。船舶不得受载、承运不符合包装、积载和隔离安全技术规范的危险货物。

船舶载运包装危险货物，还应当符合《国际海运危险货物规则》的要求；船舶载运B组固体散装货物，还应当符合《国际海运固体散装货物规则》的要求。

第十条　从事危险货物运输船舶的船员，应当按照规定持有特殊培训合格证，熟悉所在船舶载运危险货物安全知识和操作规程，了解所运危险货物的性质和安全预防及应急处置措施。

第十一条　按照本规定办理危险货物申报或者报告手续的人员和集装箱装箱现场检查的人员，应当熟悉相关法规、技术规范和申报程序。

海事管理机构对危险货物申报或者报告人员以及集装箱装箱现场检查员日常从业情况实施监督抽查，并实行诚信管理制度。

第三章　包装和集装箱管理

第十二条　拟交付船舶载运的危险货物包装，其性能应当符合相关法规、技术规范以及国际公约规定，并依法取得相应的检验合格证明。

第十三条　拟交付船舶载运的危险货物使用新型或者改进的包装类型，应当符合《国际海运危险货物规则》有关等效包装的规定，并向海事管理机构提交该包装的性能检验报告、检验证书或者文书等资料。

第十四条　载运危险货物的船用集装箱、船用可移动罐柜等货物运输组件和船用刚性中型散装容器，应当经国家海事管理机构认可的船舶检验机构检验合格，方可用于船舶运输。

第十五条　拟交付船舶载运的危险货物包件、中型散装容器、大宗包装、货物运输组件，应当按照规定显示所装危险货物特性的标志、标记和标牌。

第十六条　拟载运危险货物的船用集装箱应当无损坏，箱内应当清洁、干燥、无污损，满足所载货物要求。处于熏蒸状态下的船用集装箱等货物运输组件，应当符合相关积载要求，并显示熏蒸警告标牌。

第十七条　装入船用集装箱的危险货物及其包装应当保持完好，无破损、撒漏或者渗漏，并按照规定进行衬垫和加固，其积载、隔离应当符合相关安全要求。性质不相容的危险货物不得同箱装运。

第十八条　集装箱装箱现场检查员应当对船舶载运危险货物集装箱的装箱活动进行现场检查，在装箱完毕后，对符合《海运危险货物集装箱装箱安全技术要求》（JT 672—2006）的签署《集装箱装箱证明书》。

第十九条　曾载运过危险货物的空包装或者空容器，未经清洁或者采取其他措施消除危险性的,应当视作盛装危险货物的包装或者容器。

第四章 申报和报告管理

第二十条 船舶载运危险货物进出港口,应当在进出港口24小时前(航程不足24小时的,在驶离上一港口前),向海事管理机构办理船舶载运危险货物申报手续,提交申请书和交通运输部有关规章要求的证明材料,经海事管理机构批准后,方可进出港口。

船舶在运输途中发生危险货物泄漏、燃烧或者爆炸等情况的,应当在办理船舶载运危险货物申报手续时说明原因、已采取的控制措施和目前状况等有关情况,并于抵港后送交详细报告。

定船舶、定航线、定货种的船舶可以办理定期申报手续。定期申报期限不超过30天。

第二十一条 海事管理机构应当在受理船舶载运危险货物进出港口申报后24小时内作出批准或者不批准的决定;属于定期申报的,应当在7日内作出批准或者不批准的决定。不予批准的,应当告知申请人不予批准的原因。海事管理机构应当将有关申报信息通报所在地港口行政管理部门。

第二十二条 拟交付船舶载运的危险货物托运人应当在交付载运前向承运人说明所托运的危险货物种类、数量、危险特性以及发生危险情况的应急处置措施,提交以下货物信息,并报告海事管理机构:

(一)危险货物安全适运声明书。

(二)危险货物安全技术说明书。

(三)按照规定需要进出口国家有关部门同意后方可载运的,应当提交有效的批准文件。

(四)危险货物中添加抑制剂或者稳定剂的,应当提交抑制剂或者稳定剂添加证明书。

(五)载运危险性质不明的货物,应当提交具有相应资质的评估机构出具的危险货物运输条件鉴定材料。

(六)交付载运包装危险货物的,还应当提交下列材料:

1.包装、货物运输组件、船用刚性中型散装容器的检验合格证明;

2.使用船用集装箱载运危险货物的,应当提交《集装箱装箱证明书》;

3.载运放射性危险货物的,应当提交放射性剂量证明;

4.载运限量或者可免除量危险货物的,应当提交限量或者可免除量危险货物证明。

(七)交付载运具有易流态化特性的B组固体散装货物通过海上运输的,还应当提交具有相应资质的检验机构出具的货物适运水分极限和货物水分含量证明。

承运人应当对上述货物信息进行审核,对不符合船舶适装要求的,不得受载、承运。

第二十三条 船舶载运包装危险货物或者B组固体散装货物离港前,应当将列有所载危险货物的装载位置清单、舱单或者详细配载图向海事管理机构报告。

第二十四条 船用集装箱拟拼装运输有隔离要求的两种或者两种以上危险货物,应当符合《国际海运危险货物规则》的规定。危险货物托运人应当事先向海事管理机构报告。

第五章　作业安全管理

第二十五条　载运危险货物的船舶在装货前，应当检查货物的运输资料和适运状况。发现有违反本规定情形的不得装运。

第二十六条　从事散装危险货物装卸作业的船舶和码头，应当遵守安全和防污染操作规程，建立并落实船岸安全检查表制度，并严格按照船岸安全检查表的内容要求进行检查和填写。

载运散装液体危险货物的船舶装卸作业期间，禁止其他无关船舶并靠。使用的货物软管应当符合相关法规、技术规范的要求，并定期进行检验。

第二十七条　从事散装液化气体装卸作业的船舶和码头、装卸站应当建立作业前会商制度，并就货物操作、压载操作、应急等事项达成书面协议。

从事散装液化天然气装卸作业的船舶和码头、装卸站还应当采取装货作业期间在船上设置岸方应急切断装置控制点和卸货作业期间在岸上设置船方应急切断装置控制点等措施，确保在发生紧急情况时及时停止货物输送作业。

协助散装液化气船舶靠泊的船舶应当设置烟火熄灭装置及实施烟火管制。

禁止其他无关船舶在作业期间靠泊液化气码头、装卸站。

第二十八条　船舶进行危险货物水上过驳作业或者载运危险货物的船舶进行洗（清）舱、驱气、置换，应当符合国家水上交通安全和防治船舶污染环境的管理规定及技术规范，尽量远离船舶定线制区、饮用水地表水源取水口、渡口、客轮码头、通航建筑物、大型桥梁、水下通道以及内河等级航道和沿海设标航道，制定安全和防污染的措施和应急计划并保证有效实施。

第二十九条　载运危险货物的船舶进行洗（清）舱、驱气或者置换活动期间，不得检修和使用雷达、无线电发报机、卫星船站；不得进行明火、拷铲及其他易产生火花的作业；不得使用供应船、车进行加油、加水作业。

第三十条　载运危险货物的船舶在港口水域内从事危险货物过驳作业，应当由负责过驳作业的港口经营人依法向港口行政管理部门提出申请。港口行政管理部门在审批时，应当就船舶过驳作业的水域征得海事管理机构的同意，并将审批情况通报海事管理机构。

船舶在港口水域外从事内河危险货物过驳作业或者海上散装液体污染危害性货物过驳作业，应当依法向海事管理机构申请批准。

船舶进行水上危险货物和散装液体污染危害性货物过驳作业的水域，由海事管理机构发布航行警告或者航行通告。

第三十一条　船舶在港口水域外申请从事内河危险货物过驳作业或者海上散装液体污染危害性货物过驳作业的，申请人应当在作业前向海事管理机构提出申请，告知作业地点，并提交作业方案、作业程序、防治污染措施等材料。

海事管理机构自受理申请之日起，对单航次作业的船舶，应当在24小时内作出批准或者不批准的决定；对在特定水域多航次作业的船舶，应当在7日内作出批准或者不批准的决定。

第三十二条　船舶从事加注液化天然气及其他具有低闪点特性的气态燃料作业活动，应当遵守有关法规、标准和相关操作规程，落实安全措施，并在作业前将作业的种类、时间、地点、单位和船舶名称等信息向海事管理机构报告；作业信息变更的，应当及时补报。

通过船舶为液化天然气及其他具有低闪点特性的气态燃料水上加注船、趸船补给货物燃料的，应当执行本规定水上过驳的要求。

第三十三条 载运危险货物的船舶应当遵守海事管理机构关于航路、航道等区域性的特殊规定。

载运爆炸品、放射性物品、有机过氧化物、闪点28℃以下易燃液体和散装液化气的船舶，不得与其他驳船混合编队拖带。

第三十四条 散装液化天然气船舶应当在抵港72小时前（航程不足72小时的，在驶离上一港口时）向抵达港海事管理机构报告预计抵港时间。预计抵港时间有变化的，还应当在抵港24小时前（航程不足24小时的，在驶离上一港口时）报告抵港时间。

第三十五条 散装液化气船舶进出港口和在港停泊、作业，应当按照相关标准和规范的要求落实安全保障措施。在通航水域进行试气试验的，试气作业单位应当制定试验方案并组织开展安全风险论证，落实安全管理措施。

载运散装液化天然气船舶及载运其他具有低闪点特性的气态燃料的船舶，进出沿海港口和在港停泊、作业，应当通过开展专题论证，确定护航、安全距离、应急锚地、安全警示标志等安全保障措施。

载运散装液化天然气船舶及载运其他具有低闪点特性的气态燃料的船舶，在内河航行、停泊、作业时，应当落实海事管理机构公布的安全保障措施。海事管理机构根据当地实际情况评估论证，确定护航、合理安全距离、声光警示标志等安全保障措施，征求相关港航管理部门意见后向社会公布。在船舶吨位、载运货物种类、航行区域、航线相同，且周边通航安全条件没有发生重大变化的情况下，不再重新进行评估论证。

第三十六条 载运危险货物的船舶发生水上险情、交通事故、非法排放、危险货物落水等事件，应当按照规定向海事管理机构报告，并及时启动应急预案，防止损害、危害的扩大。

海事管理机构接到报告后，应当立即核实有关情况，按照相关应急预案要求向上级海事管理机构和县级以上地方人民政府报告，并采取相应的应急措施。

第三十七条 载运散装液体危险货物的内河船舶卸货完毕后，应当在具备洗舱条件的码头、专用锚地、洗舱站点等对货物处所进行清洗，洗舱水应当交付港口接收设施、船舶污染物接收单位或者专业接收单位接收处理。

载运散装液体危险货物的内河船舶，有以下情形之一的，可以免于前款规定的清洗：

（一）船舶拟装载的货物与卸载的货物一致；

（二）船舶拟装载的货物与卸载的货物相容，经拟装载货物的所有人同意；

（三）已经实施海事管理机构确认的可替代清洗的通风程序。

卸货港口没有接收能力，船舶取得下一港口的接收洗舱水书面同意，可以在下一港口清洗，并及时报告海事管理机构。

第三十八条 载运危险货物的船舶航行、装卸或者停泊，应当悬挂专用的警示标志，按照规定显示专用信号。

载运散装液化天然气的船舶在内河航行，应当事先确定航行计划和航线。

载运散装液化天然气的船舶由沿海进入内河水域的，应当向途经的第一个内河港口的海事管理机构报告航行计划和航线；始发地为内河港口的，船舶应当将航行计划和航线向始发地海事管理机构报告。

第六章　监督管理

第三十九条　海事管理机构依法对船舶载运危险货物实施监督检查。

海事管理机构发现船舶载运危险货物存在安全隐患的，应当责令立即消除或者限期消除隐患；有关单位和个人不立即消除或者逾期不消除的，海事管理机构可以依据法律、行政法规的规定，采取禁止其进港、离港，或者责令其停航、改航、停止作业等措施。

第四十条　船舶载运危险货物有下列情形之一的，海事管理机构应当责令当事船舶立即纠正或者限期改正：

（一）经核实申报或者报告内容与实际情况不符的；

（二）擅自在不具备作业条件的码头、泊位或者非指定水域装卸危险货物的；

（三）船舶或者其设备不符合安全、防污染要求的；

（四）危险货物的积载和隔离不符合规定的；

（五）船舶的安全、防污染措施和应急计划不符合规定的。

第七章　法律责任

第四十一条　载运危险货物的船舶和相关单位违反本规定以及国家水上交通安全的规定，应当予以行政处罚的，由海事管理机构按照有关法规执行。

涉嫌构成犯罪的，由海事管理机构依法移送国家司法机关。

第四十二条　违反本规定，危险货物水路运输企业的船员未取得特殊培训合格证的，由海事管理机构责令改正，属于危险化学品的处5万元以上10万元以下的罚款，属于危险化学品以外的危险货物的处2000元以上2万元以下的罚款；拒不改正的，责令整顿。

第四十三条　违反本规定，载运危险货物的船舶及船用集装箱、船用刚性中型散装容器和船用可移动罐柜等配载的容器未经检验合格而投入使用的，由海事管理机构责令改正，属于危险化学品的处10万元以上20万元以下的罚款，有违法所得的，没收违法所得，属于危险化学品以外的危险货物的处1000元以上3万元以下的罚款；拒不改正的，责令整顿。

第四十四条　违反本规定，有下列情形之一的，由海事管理机构责令改正，属于危险化学品的处5万元以上10万元以下的罚款，属于危险化学品以外的危险货物的处500元以上3万元以下的罚款；拒不改正的，责令整顿：

（一）船舶载运的危险货物，未按照规定进行积载和隔离的；

（二）托运人不向承运人说明所托运的危险货物种类、数量、危险特性以及发生危险情况的应急处置措施的；

（三）未按照国家有关规定对所托运的危险货物妥善包装并在外包装上设置相应标志的。

第四十五条　违反本规定，载运危险货物的船舶进出港口，未依法向海事管理机构办理申报手续的，在内河通航水域运输危险货物的，对负有责任的主管人员或者其他直接责任人员处2万元以上10万元以下的罚款；在我国管辖海域运输危险货物的，对船舶所有人或者经营人处1万元以上3万元以下的罚款。

第四十六条 违反本规定,在托运的普通货物中夹带危险货物,或者将危险货物谎报或者匿报为普通货物托运的,由海事管理机构责令改正,属于危险化学品的处10万元以上20万元以下的罚款,有违法所得的,没收违法所得,属于危险化学品以外的危险货物的处1000元以上3万元以下的罚款;拒不改正的,责令整顿。

第四十七条 违反本规定,对不符合《海运危险货物集装箱装箱安全技术要求》的危险货物集装箱签署《集装箱装箱证明书》的,由海事管理机构责令改正,对聘用该集装箱装箱现场检查员的单位处1000元以上3万元以下的罚款。

第四十八条 违反本规定,有下列情形之一的,由海事管理机构责令改正,处500元以上3万元以下的罚款:

(一)交付船舶载运的危险货物托运人未向海事管理机构报告的;

(二)船舶载运包装危险货物或者B组固体散装货物离港前,未按照规定将清单、舱单或者详细配载图报海事管理机构的;

(三)散装液化天然气船舶未按照规定向海事管理机构报告预计抵港时间的;

(四)散装液化天然气船舶在内河航行,未按照规定向海事管理机构报告航行计划和航线的。

第四十九条 海事管理机构的工作人员有滥用职权、徇私舞弊、玩忽职守等严重失职行为的,由其所在单位或者上级机关依法处理;情节严重构成犯罪的,由司法机关依法追究刑事责任。

第八章 附则

第五十条 本规定所称船舶载运的危险货物,包括:

(一)《国际海运危险货物规则》(IMDG code)第3部分危险货物一览表中列明的包装危险货物,以及未列明但经评估具有安全危险的其他包装货物;

(二)《国际海运固体散装货物规则》(IMSBC code)附录1中B组固体散装货物,以及经评估具有化学危险的其他固体散装货物;

(三)《国际防止船舶造成污染公约》(MARPOL公约)附则I附录1中列明的散装油类;

(四)《国际散装危险化学品船舶构造和设备规则》(IBC code)第17章中列明的散装液体化学品,以及未列明但经评估具有安全危险的其他散装液体化学品;

(五)《国际散装液化气体船舶构造和设备规则》(IGC code)第19章列明的散装液化气体,以及未列明但经评估具有安全危险的其他散装液化气体;

(六)我国加入或者缔结的国际条约、国家标准规定的其他危险货物。

《危险化学品目录》中所列物质,不属于前款规定的危险货物的,应当按照《危险化学品安全管理条例》的有关规定执行。

第五十一条 本规定所称B组固体散装货物,是指在《国际海运固体散装货物规则》附录1"组别"栏中列为B组货物或者同时列入A和B组货物。

第五十二条 本规定自2018年9月15日起施行。2003年11月30日以交通部令2003年第10号发布的《船舶载运危险货物安全监督管理规定》、2012年3月14日以交通运输部令2012年第4号发布的《关于修改〈船舶载运危险货物安全监督管理规定〉的决定》、1996年11月4日以交通部令1996年第10号发布的《水路危险货物运输规则（第一部分 水路包装危险货物运输规则）》同时废止。

中华人民共和国海事行政许可条件规定

（2015年5月29日交通运输部发布；根据2016年9月2日交通运输部《关于修改〈中华人民共和国海事行政许可条件规定〉的决定》第一次修正；根据2017年5月23日交通运输部《关于修改〈中华人民共和国海事行政许可条件规定〉的决定》第二次修正；根据2018年10月20日交通运输部《关于修改〈中华人民共和国海事行政许可条件规定〉的决定》第三次修正）

第一章　总则

第一条　为依法实施海事行政许可，维护海事行政许可各方当事人的合法权益，根据《中华人民共和国行政许可法》和有关海事管理的法律、行政法规以及中华人民共和国缔结或者加入的有关国际海事公约，制定本规定。

第二条　申请及受理、审查、决定海事行政许可所依照的海事行政许可条件，应当遵守本规定。

本规定所称海事行政许可，是指依据有关水上交通安全、防治船舶污染水域等海事管理的法律、行政法规、国务院决定设定的，由海事管理机构实施，或者由交通运输部实施、海事管理机构具体办理的行政许可。

第三条　海事管理机构在审查、决定海事行政许可时，不得擅自增加、减少或者变更海事行政许可条件。不符合本规定相应条件的，不得作出准予的海事行政许可决定。

第四条　海事行政许可条件应当按照《交通行政许可实施程序规定》予以公示。申请人要求对海事行政许可条件予以说明的，海事管理机构应当予以说明。

第五条　国家海事管理机构应当根据海事行政许可条件，统一明确申请人应当提交的材料。有关海事管理机构应当将材料目录予以公示。

申请人申请海事行政许可时，应当按照规定提交申请书和相关的材料，并对所提交材料的真实性和有效性负责。

申请变更海事行政许可、延续海事行政许可期限的，申请人可以仅就发生变更的事项或者情况提交相关的材料；已提交过的材料情况未发生变化的可以不再提交。

第二章 海事行政许可条件

第六条 通航水域岸线安全使用许可和水上水下活动许可的条件：

通航水域岸线安全使用许可的条件：

（一）已经岸线安全使用的技术评估，符合水上交通安全的技术规范和要求；

（二）对影响水上交通安全的因素，已制定足以消除影响的措施。

通航水域水上水下活动许可的条件：

（一）水上水下活动已依法办理了其他相关手续；

（二）水上水下活动的单位、人员、船舶、设施符合安全航行、停泊和作业的要求；

（三）已制定水上水下活动的方案，包括起止时间、地点和范围、进度安排等；

（四）对安全和防污染有重大影响的，已通过通航安全评估；

（五）已建立安全、防污染的责任制，并已制定符合水上交通安全和防污染要求的保障措施和应急预案。

第七条 打捞或者拆除沿海水域内沉船沉物审批的条件：

（一）参与打捞或者拆除的单位、人员具备相应能力；

（二）已依法签订沉船沉物打捞或者拆除协议；

（三）从事打捞或者拆除作业的船舶、设施符合安全航行、停泊和作业的要求；

（四）已制定打捞或者拆除作业计划和方案，包括起止时间、地点和范围、进度安排等；

（五）对安全和防污染有重大影响的，已通过通航安全评估；

（六）已建立安全和防污染责任制，并已制定符合水上交通安全和防污染要求的措施和应急预案。

第八条 沿海水域划定禁航区和安全作业区审批的条件：

（一）就划定水域的需求，有明确的事实和必要的理由；

（二）符合附近军用或者重要民用目标的保护要求；

（三）对水上交通安全和防污染有重大影响的，已通过通航安全评估；

（四）用于设置航路和锚地的水域已进行勘测或者测量，水域的底质、水文、气象等要素满足通航安全的要求；

（五）符合水上交通安全与防污染要求，并已制定安全、防污染措施。

第九条 船舶进入或者穿越禁航区许可的条件：

（一）有因人命安全、防污染、保安等特殊需要进入和穿越禁航区的明确事实和必要理由；

（二）禁航区的安全和防污染条件适合船舶进入或者穿越；

（三）船舶满足禁航区水上交通安全和防污染的特殊要求，并已制定保障安全、防治污染和保护禁航区的措施和应急预案；

（四）进入或者穿越军事禁航区的，已经军事主管部门同意。

第十条 大型设施、移动式平台、超限物体水上拖带审批的条件：

（一）确有拖带的需求和必要的理由；

（二）拖轮适航、适拖，船员适任；

（三）海上拖带已经拖航检验，在内河拖带超限物体的，已通过安全技术评估；

（四）已制定拖带计划和方案，有明确的拖带预计起止时间和地点及航经的水域；

（五）满足水上交通安全和防污染要求，并已制定保障水上交通安全、防污染的措施以及应急预案。

第十一条　外国籍船舶或飞机入境从事海上搜救审批的条件：

（一）入境是出于海上人命搜寻救助的目的；

（二）有明确的搜救计划、方案，包括时间、地点、范围以及投入搜救的船舶与飞机的基本情况；

（三）派遣的搜救飞机和船舶如为军用的，已经军事主管部门批准。

第十二条　专用航标的设置、撤除、位移和其他状况改变审批的条件：

（一）拟设置、撤除、位移和其他状况改变的航标属于依法由公民、法人或者其他组织自行设置且属于海事管理机构管理职责范围内的专用航标；

（二）航标的设置、撤除、位移和其他状况改变符合航行安全、经济、便利等要求及航标正常使用的要求；

（三）航标及其配布符合国家有关技术规范和标准；

（四）航标设计、施工方案，已经专门的技术评估或者专家论证；

（五）申请设置航标的，已制定航标维护方案，方案中确定的维护单位已建立航标维护质量保证体系。

第十三条　外国籍船舶进入或者临时进入非对外开放水域许可的条件：

（一）外国籍船舶临时进入非对外开放水域已经当地口岸检查机关、军事主管部门、地方人民政府同意；

（二）拟临时对外开放水域适合外国籍船舶进入，具备船舶航行、停泊、作业的安全、防污染和保安条件；

（三）船舶状况满足拟进入水域的水上交通安全、防污染和保安要求；

（四）船舶已制定保障水上交通安全、防污染和保安的措施以及应急预案。

第十四条　国际航行船舶进出口岸审批的条件：

国际航行船舶进口岸审批的条件：

（一）船舶具有齐备、有效的证书、文书与资料；

（二）船舶配员符合最低安全配员的要求，船员具备适任资格；

（三）船舶状况符合航行、停泊、作业的安全、防污染和保安等要求，并已制定各项安全、防污染和保安措施与应急预案；

（四）船舶拟进入、通过的水域为对国际航行船舶开放水域，停靠的码头、泊位、港外装卸点满足安全、防污染和保安要求；

（五）载运货物的船舶，符合安全积载和系固的要求，并且没有国家禁止入境的货物或者物品；载运危险货物和污染危害性货物的船舶，按规定已办理船舶载运危险货物和污染危害性货物进港审批；

（六）核动力船舶或者其他特定的船舶，符合我国法律、行政法规、规章的相关规定。

国际航行船舶出口岸审批的条件：

（一）船舶具有齐备、有效的证书、文书与资料；

（二）船舶配员符合最低安全配员的要求，船员具备适任资格；

（三）船舶状况符合航行、停泊、作业的安全、防污染和保安等要求，并已制定各项安全、防污染和保安措施与应急预案；

（四）载运危险货物和污染危害性货物的船舶，按规定已办理船舶载运危险货物和污染危害性货物出港审批，载运情况符合船舶载运危险货物的安全、防污染和保安管理要求；

（五）船舶船旗国或者港口国对船舶的安全检查情况和缺陷纠正情况符合规定的要求，对海事管理机构的警示，已经采取有效的措施；

（六）已依法缴纳税、费和其他应当在开航前交付的费用，或者已提供适当的担保；

（七）违反海事行政管理的行为已经依法予以处理；

（八）禁止船舶航行的司法或者行政强制措施已经依法解除；

（九）核动力船舶或者其他特定的船舶，符合我国法律、行政法规、规章的相关规定；

（十）已经其他口岸检查机关同意。

第十五条 船舶国籍证书核发的条件：

船舶国籍证书签发的条件：

（一）船舶已依法办理船舶所有权登记；

（二）船舶具备适航技术条件，并经船舶检验机构检验合格；

（三）船舶不具有造成双重国籍或者两个及以上船籍港的情形；

（四）船舶国籍登记申请人为船舶所有人。

船舶临时国籍证书签发的条件：

（一）申请签发临时国籍证书的船舶属于下列情形之一：

1.向境外出售新造的船舶，属于境外到岸交船的；

2.从境外购买或建造的新造船舶，属于境外离岸交船的；

3.境内异地建造船舶，需要航行至拟登记港的；

4.以光船条件从境外租进船舶的；

5.从境外购买二手船舶，需要办理临时船舶国籍证书的；

6.因船舶买卖发生船籍港变化，需要办理临时船舶国籍证书的；

7.因船舶所有人住所或者船舶航线变更导致变更船舶登记机关，需要办理临时船舶国籍证书的。

（二）已取得船舶所有权或者签订了生效的光船租赁合同；

（三）船舶临时国籍登记申请人为船舶所有人或者以光船条件从境外租进船舶的光船承租人；

（四）船舶具备相应的适航技术条件，并经船舶检验机构检验合格；

（五）船舶不具有造成双重国籍或者两个及以上船籍港的情形；

（六）船舶已取得经海事管理机构核定的船名和船舶识别号。

第十六条 国际船舶保安证书核发的条件：

船舶保安计划批准的条件：

（一）船舶已通过船舶保安评估；

（二）船舶保安计划由船公司或者规定的保安组织编制；

（三）船舶保安计划符合相应的编制规范和船舶的保安要求；

（四）已对船舶保安评估发现的缺陷予以纠正或者作出妥善的安排。

国际船舶保安证书的条件：

（一）船舶具备有效的船舶国籍证书和《连续概要记录》；

（二）船舶按照规定标注了永久识别号，并按规定配备了满足《1974年国际海上人命安全公约》要求的船舶保安报警系统；

（三）船舶按照规定配备了合格的船舶保安员；

（四）船舶具有经批准的《船舶保安计划》；

（五）船舶已通过保安核验。

临时国际船舶保安证书的条件：

（一）符合下列情形之一：

1.船舶在交船时或者在投入营运、重新投入营运之前，尚未取得《国际船舶保安证书》；

2.船舶的国籍从非中国籍变更为中国籍；

3.船舶由以前未经营过这类船舶的公民、法人或者其他组织承担了经营责任。

（二）船舶已通过船舶保安评估；

（三）船上配有符合要求且已提交审核、报批并已付诸实施的《船舶保安计划》副本；

（四）船舶按照规定标注了永久识别号，并按规定配备了满足《1974年国际海上人命安全公约》要求的船舶保安报警系统；

（五）公司保安员对船舶保安核验工作已作计划与安排，并承诺船舶将在6个月内通过保安核验；

（六）船舶已配备符合保安要求的船舶保安员；

（七）船长、船舶保安员和承担具体保安职责的其他船舶人员熟悉保安职责和责任，熟悉《船舶保安计划》的有关规定。

第十七条　船舶油污损害民事责任保险或其他财务保证证书核发的条件：

（一）船舶为海事管理机构登记的本船籍港船舶；

（二）其所持的油污保险或其他财务保证证书，为具有相应赔偿能力的金融机构或者互助性保险机构办理；

（三）其保险金额不得低于《中华人民共和国船舶油污损害民事责任保险实施办法》的规定。

第十八条　载运危险货物和污染危害性货物进出港口审批的条件：

（一）船舶具有齐备、有效的证书、文书与资料；

（二）申报的危险货物、污染危害性货物符合船舶的适装要求，且不属于国家规定禁止通过水路运输的货物；

（三）船舶的设施、装备满足载运危险货物、污染危害性货物的要求，船舶的装载符合载运危险货物和污染危害性货物安全、防污染和保安的管理规定和技术规范；

（四）拟进行危险货物和污染危害性货物装卸作业的港口经营人，具备危险货物作业的经营资质；

（五）需要办理货物进出口手续的已按有关规定办理；船舶载运的污染危害性货物同时属于危险货物的，其货物所有人、承运人或者代理人可将污染危害性货物申报和危险货物申报合并办理。

对于过境停留的污染危害性货物，免予办理货物适运申报。

第十九条　船舶在港口水域外申请从事内河危险货物过驳作业或者海上散装液体污染危害性货物过驳作业审批的条件：

（一）拟进行过驳作业的船舶或者浮动设施满足水上交通安全与防污染的要求；

（二）拟作业的货物适合过驳；

（三）参加过驳的人员具备从事过驳作业的能力；

（四）作业水域及其底质和周边环境适宜过驳作业的正常进行；

（五）过驳作业对水域环境、资源以及附近的军事目标、重要民用目标不构成威胁；

（六）已制定过驳作业方案、保障措施和应急预案，并符合水上交通安全与防污染的要求。

第二十条 危险化学品水路运输人员（申报人员、集装箱现场检查员）资格认可的条件：

（一）具有中华人民共和国国籍；

（二）年满18周岁，具有完全民事行为能力；

（三）近2年内经海事管理机构考核合格；

（四）首次申请的，应当具有在同1个从业单位连续3个月的相应业务实习经历；

（五）检查员具有正常辨色力；

（六）无因谎报、瞒报危险化学品违规行为曾被吊销从业资格的情形。

第二十一条 船员服务簿签发的条件：

（一）年满18周岁（在船实习、见习人员年满16周岁）但不超过60周岁；

（二）符合船员健康要求；

（三）经过海船船员、内河船舶船员基本安全培训，并经海事管理机构考试合格。

申请注册国际航行船舶船员的，还应当通过海事管理机构组织的船员专业外语考试。

第二十二条 船员适任证书核发的条件：

（一）已取得船员服务簿；

（二）符合国家海事管理机构规定的船员任职岗位健康标准；

（三）完成规定的适任培训并通过适任考试和评估以及已完成规定的船上培训或见（实）习，持有相应的培训合格证、特殊培训合格证；

（四）满足规定的服务资历，适任状况和安全记录良好。

第二十三条 海员证核发的条件：

（一）年满18周岁并具有中华人民共和国国籍的公民；

（二）已依法取得相应的适任证书或者有确定的船员出境任务；

（三）无法律、行政法规规定的禁止出境的情形。

第二十四条 培训机构从事船员（引航员）培训业务审批的条件：

（一）有符合交通运输部规定的与培训类别和项目相匹配的具体技术要求的场地、设施和设备；

（二）有符合交通运输部规定的与培训类别和项目相匹配的具体技术要求的教学人员，教学人员的80%应当通过中华人民共和国海事局组织的考试，并取得相应证明；

（三）有与船员培训项目相适应的管理人员：

1.配备专职教学管理人员、教学设施设备管理人员、培训发证管理人员和档案管理人员；

2.教学管理人员至少2人，具有航海类中专以上学历或者其他专业大专以上学历，熟悉相关法规，熟悉所管理的培训项目；

3.教学设施设备管理人员至少1人，具有中专以上学历，能够熟练操作所管理的设施、设备。

（四）有健全的船员培训管理制度，具体包括学员管理制度、教学人员管理制度、培训课程设置制度、培训证明发放制度、教学设施设备管理制度和档案管理制度；

（五）有健全的安全防护制度，具体包括人身安全防护制度和突发事件应急制度等；

（六）有符合交通运输部规定的船员培训质量控制体系。

第二十五条　从事海员外派业务审批的条件：

（一）在中华人民共和国境内依法设立的法人；

（二）有与外派规模相适应的固定办公场所；

（三）有至少2名具有国际航行海船管理级船员任职资历的专职管理人员和至少3名具有两年以上海员外派相关从业经历的管理人员；

（四）具有进行外派海员任职前培训和岗位技能训练及处理海员外派相关法律事务的能力；

（五）按照国家海事管理机构的规定，建立船员服务质量管理制度、人员和资源保障制度、教育培训制度、应急处理制度和服务业务报告制度等海员外派管理制度；

（六）具有自有外派海员100人以上；

（七）注册资本不低于600万元人民币；

（八）具有足额交纳100万元人民币海员外派备用金的能力；

（九）机构及其法定代表人具有良好的商业信誉，最近3年内没有重大违约行为和重大违法记录。

第二十六条　航运公司安全营运与防污染能力符合证明核发的条件：

公司《临时符合证明》签发的条件：

（一）具有法人资格；

（二）新建立或者重新运行安全管理体系，或者在公司《临时符合证明》或者《符合证明》上增加新的船舶种类；

（三）已作出在取得《临时符合证明》后6个月内运行安全管理体系的计划安排；

（四）已通过海事管理机构对公司的安全管理体系审核；

（五）申请人如是《符合证明》或者《临时符合证明》失效的公司，还应当满足距前一《符合证明》或者《临时符合证明》失效日已超过6个月。

公司《符合证明》签发的条件：

（一）具有法人资格；

（二）安全管理体系已在岸基和每一船种至少1艘船上运行3个月；

（三）持有有效的《临时符合证明》；

（四）已通过海事管理机构对公司的安全管理体系审核。

船舶《临时安全管理证书》签发的条件：

（一）新纳入或者重新纳入公司安全管理体系进行管理；

（二）已配备公司制定的适用于本船的安全管理体系文件；

（三）公司已取得适用于该船舶种类的《临时符合证明》或《符合证明》；

（四）在船舶所有人未变更的情况下，前两次未连续持有《临时安全管理证书》；

（五）船舶委托管理的，负责管理船舶的公司与船舶所有人或者经营人签订了船舶管理书面协议；

（六）已通过海事管理机构对船舶的安全管理体系审核

船舶《安全管理证书》签发的条件：

（一）已配备公司制定的适用于本船的安全管理体系文件；

（二）安全管理体系已在本船运行至少3个月；

（三）公司已取得适用于该船种的《符合证明》；

（四）持有有效的《临时安全管理证书》；

（五）已通过海事管理机构对船舶的安全管理体系审核。

第二十七条 设立验船机构审批的条件：

（一）具有与拟从事的船舶检验业务相适应的检验场所、设备、仪器、资料；

（二）具有拟从事的船舶检验业务的验船能力和责任能力；

（三）具有与拟从事的船舶检验业务相适应的执业验船人员；

（四）具有相应的检验工作制度和保证船舶检验质量的管理体系；

（五）拟从事的船舶检验业务范围符合交通运输部的规定；

（六）需要设立分支机构的，设置方案和管理制度符合船舶检验管理的要求；

（七）外国船舶检验机构在我国设立验船公司的，除满足上述条件外，验船公司雇佣的外国公民应当符合相应国家机关规定的资格和符合我国关于外国人从业的规定，并持有船旗国政府允许在华从事法定船舶检验业务的授权文件。

第三章　附则

第二十八条 本规定自2015年7月1日起施行。2006年1月9日以交通部令2006年第1号公布的《中华人民共和国海事行政许可条件规定》同时废止。

中华人民共和国海上海事行政处罚规定

（2015年5月29日交通运输部发布；根据2017年5月23日交通运输部《关于修改〈中华人民共和国海上海事行政处罚规定〉的决定》第一次修正；根据2019年4月12日交通运输部《关于修改〈中华人民共和国海上海事行政处罚规定〉的决定》第二次修正）

第一章　总则

第一条　为规范海上海事行政处罚行为，保护当事人的合法权益，保障和监督海上海事行政管理，维护海上交通秩序，防止船舶污染水域，根据《海上交通安全法》《海洋环境保护法》《行政处罚法》及其他有关法律、行政法规，制定本规定。

第二条　对在中华人民共和国（简称中国）管辖沿海水域及相关陆域发生的，或者在中国管辖沿海水域及相关陆域外但属于中国籍的海船发生的违反海事行政管理秩序的行为实施海事行政处罚，适用本规定。

中国籍船员在中国管辖沿海水域及相关陆域外违反海事行政管理秩序，并且按照中国有关法律、行政法规应当处以行政处罚的行为实施海事行政处罚，适用本规定。

第三条　实施海事行政处罚，应当遵循合法、公开、公正，处罚与教育相结合的原则。

第四条　海事行政处罚，由海事管理机构依法实施。

第二章　海事行政处罚的适用

第五条　海事管理机构实施海事行政处罚时，应当责令当事人改正或者限期改正海事行政违法行为。

第六条　对有两个或者两个以上海事行政违法行为的同一当事人，应当分别处以海事行政处罚，合并执行。

对有共同海事行政违法行为的当事人，应当分别处以海事行政处罚。

第七条　实施海事行政处罚，应当与海事行政违法行为的事实、性质、情节以及社会危害程度相适应。

第八条　海事行政违法行为的当事人有下列情形之一的，应当依照《行政处罚法》第二十七条的规定，从轻或者减轻给予海事行政处罚：

（一）主动消除或者减轻海事行政违法行为危害后果的；

（二）受他人胁迫实施海事行政违法行为的；

（三）配合海事管理机构查处海事行政违法行为有立功表现的；

（四）法律、行政法规规定应当依法从轻或者减轻行政处罚的情形。

海事行政违法行为轻微并及时得到纠正，没有造成危害后果的，不予海事行政处罚。

本条第一款所称依法从轻给予海事行政处罚，是指在法定的海事行政处罚种类、幅度范围内给予较轻的海事行政处罚。

本条第一款所称依法减轻给予海事行政处罚，是指在法定的海事行政处罚种类、幅度最低限以下给予海事行政处罚。

有海事行政违法行为的中国籍船舶和船员在境外已经受到处罚的，不得重复给予海事行政处罚。

第九条　海事行政违法行为的当事人有下列情形之一的，应当从重处以海事行政处罚：

（一）造成较为严重后果或者情节恶劣；

（二）一年内因同一海事行政违法行为受过海事行政处罚；

（三）胁迫、诱骗他人实施海事行政违法行为；

（四）伪造、隐匿、销毁海事行政违法行为证据；

（五）拒绝接受或者阻挠海事管理机构实施监督管理；

（六）法律、行政法规规定应当从重处以海事行政处罚的其他情形。

本条第一款所称从重给予海事行政处罚，是指在法定的海事行政处罚种类、幅度范围内给予较重的海事行政处罚。

本条第一款第（二）项所称的一年内是指自该违法行为发生日之前12个月内。

第十条　对当事人的同一个海事行政违法行为，不得给予两次以上海事行政处罚。

当事人未按照海事管理机构规定的期限和要求改正海事行政违法行为的，属于新的海事行政违法行为。

第三章　海事行政违法行为和行政处罚

第一节　违反安全营运管理秩序

第十一条　违反船舶安全营运管理秩序，有下列行为之一的，对船舶所有人或者船舶经营人处以5000元以上3万元以下罚款：

（一）未按规定取得安全营运与防污染管理体系符合证明或者临时符合证明从事航行或者其他有关活动；

（二）隐瞒事实真相或者提供虚假材料或者以其他不正当手段骗取安全营运与防污染管理体系符合证明或者临时符合证明；

（三）伪造、变造安全营运与防污染管理体系审核的符合证明或者临时符合证明；

（四）转让、买卖、租借、冒用安全营运与防污染管理体系审核的符合证明或者临时符合证明。

第十二条 违反船舶安全营运管理秩序，有下列行为之一的，对船舶所有人或者船舶经营人处以5000元以上3万元以下罚款；对船长处以2000元以上2万元以下的罚款，情节严重的，并给予扣留船员适任证书6个月至24个月直至吊销船员适任证书的处罚：

（一）未按规定取得船舶安全管理证书或者临时船舶安全管理证书从事航行或者其他有关活动；

（二）隐瞒事实真相或者提供虚假材料或者以其他不正当手段骗取船舶安全管理证书或者临时船舶安全管理证书；

（三）伪造、变造船舶安全管理证书或者临时船舶安全管理证书；

（四）转让、买卖、租借、冒用船舶安全管理证书或者临时船舶安全管理证书。

第十三条 违反安全营运管理秩序，有下列情形之一，造成严重后果的，对船舶所有人或者船舶经营人吊销安全营运与防污染管理体系（临时）符合证明：

（一）不掌控船舶安全配员；

（二）不掌握船舶动态；

（三）不掌握船舶装载情况；

（四）船舶管理人不实际履行安全管理义务；

（五）安全管理体系运行存在重大问题。

第二节　违反船舶、海上设施检验和登记管理秩序

第十四条 违反《海上交通安全法》第四条的规定，船舶和船舶上有关航行安全、防治污染等重要设备无相应的有效的检验证书的，依照《海上交通安全法》第四十四条的规定，对船舶所有人或者船舶经营人处以2000元以上3万元以下罚款。

本条前款所称船舶和船舶上有关重要设备无相应的有效的检验证书，包括下列情形：

（一）没有取得相应的检验证书；

（二）持有的检验证书属于伪造、变造、转让、买卖或者租借的；

（三）持有的检验证书失效；

（四）检验证书损毁、遗失但不按照规定补办。

第十五条 违反《海上交通安全法》第十六条规定，大型设施和移动式平台的海上拖带，未经船舶检验机构进行拖航检验，并报海事管理机构核准，依照《海上交通安全法》第四十四条的规定，对船舶、设施所有人或者经营人处以2000元以上2万元以下罚款，对船长处以1000元以上1万元以下罚款，并扣留船员适任证书6个月至12个月，对设施主要负责人处以1000元以上1万元以下罚款。

第十六条 违反《海上交通安全法》第十七条规定，船舶的实际状况同船舶检验证书所载不相符合，船舶未按照海事管理机构的要求申请重新检验或者采取有效的安全措施，依照《海上交通安全法》第四十四条的规定，对船舶所有人或者船舶经营人处以2000元以上3万元以下罚款；对船长处以1000元以上1万元以下罚款，并扣留船员适任证书6个月至12个月。

第十七条 船舶检验机构的检验人员违反《船舶和海上设施检验条例》的规定，有下列行为之一的，依照《船舶和海上设施检验条例》第二十八条的规定，按其情节给予警告、吊销验船人员注册

证书的处罚：

（一）超越职权范围进行船舶、设施检验；

（二）未按照规定的检验规范进行船舶、设施检验；

（三）未按照规定的检验项目进行船舶、设施检验；

（四）未按照规定的检验程序进行船舶、设施检验；

（五）所签发的船舶检验证书或者检验报告与船舶、设施的实际情况不符。

第十八条 违反《海上交通安全法》第五条的规定，船舶未持有有效的船舶国籍证书航行的，依照《海上交通安全法》第四十四条的规定，对船舶所有人或者船舶经营人处以3000元以上2万元以下罚款；对船长处以2000元以上2万元以下的罚款，情节严重的，并给予扣留船员适任证书6个月至24个月直至吊销船员适任证书的处罚。

第三节　违反船员管理秩序

第十九条 违反《海上交通安全法》第七条的规定，未取得合格的船员职务证书或者未通过船员培训，擅自上船服务的，依照《海上交通安全法》第四十四条和《船员条例》第五十九条的规定，责令其立即离岗，处以2000元以上2万元以下罚款，并对聘用单位处以3万元以上15万元以下罚款。

前款所称未取得合格的船员职务证书，包括下列情形：

（一）未经水上交通安全培训并取得相应合格证明；

（二）未持有船员适任证书或者其他适任证件；

（三）持采取弄虚作假的方式取得的船员职务证书；

（四）持伪造、变造的船员职务证书；

（五）持转让、买卖或者租借的船员职务证书；

（六）所服务的船舶的航区、种类和等级或者所任职务超越所持船员职务证书限定的范围；

（七）持已经超过有效期限的船员职务证书；

（八）未按照规定持有船员服务簿。

对本条第二款第（三）项、第（五）项规定的违法行为，除处以罚款外，并处吊销船员职务证书。对本条第二款第（五）项规定的持租借船员职务证书的情形，还应对船员职务证书出借人处以2000元以上2万元以下罚款。

对本条第二款第（四）项规定的违法行为，除处以罚款外，并收缴相关证书。

对本条第二款第（六）项规定的违法行为，除处以罚款外，并处扣留船员职务证书3个月至12个月。

第二十条 船员用人单位、船舶所有人有下列未按照规定招用外国籍船员在中国籍船舶上任职情形的，依照《船员条例》第五十九条的规定，责令改正，并处以3万元以上15万元以下罚款：

（一）未依照法律、行政法规和国家其他有关规定取得就业许可；

（二）未持有合格的且签发国与我国签订了船员证书认可协议的船员证书；

（三）雇佣外国籍船员的航运公司未承诺承担船员权益维护的责任。

第二十一条 船员服务机构和船员用人单位未将其招用或者管理的船员的有关情况定期向海事管理机构备案的，按照《船员条例》第六十二条的规定，对责任单位处以5000元以上2万元以下罚款。

前款所称船员服务机构包括海员外派机构。

本条第一款所称船员服务机构和船员用人单位未定期向海事管理机构备案，包括下列情形：

（一）未按规定进行备案，或者备案内容不全面、不真实；

（二）未按照规定时间备案；

（三）未按照规定的形式备案。

第二十二条　违反《海上交通安全法》第八条的规定，设施未按照国家规定配备掌握避碰、信号、通信、消防、救生等专业技能的人员，依照《海上交通安全法》第四十四条的规定，对设施所有人或者设施经营人处以1000元以上1万元以下罚款；对设施主要负责人和直接责任人员处以1000元以上8000元以下罚款。

第四节　违反航行、停泊和作业管理秩序

第二十三条　违反《海上交通安全法》第六条的规定，船舶未按照标准定额配备足以保证船舶安全的合格船员，依照《海上交通安全法》第四十四条的规定，对船舶所有人或者船舶经营人处以3000元以上2万元以下罚款；对船长处以2000元以上2万元以下罚款；情节严重的，并给予扣留船员适任证书3个月至12个月的处罚。

本条第一款所称未按照标准定额配备足以保证船舶安全的合格船员，包括下列情形：

（一）船舶所配船员的数量低于船舶最低安全配员证书规定的定额要求；

（二）船舶未持有有效的船舶最低安全配员证书。

第二十四条　违反《海上交通安全法》第九条的规定，船舶、设施上的人员不遵守有关海上交通安全的规章制度和操作规程，依照《海上交通安全法》第四十四条和《船员条例》第五十六条的规定，处以1000元以上1万元以下罚款；情节严重的，并给予扣留船员适任证书6个月至24个月直至吊销船员适任证书的处罚。发生事故的，按照第二十五条的规定给予扣留或者吊销船员适任证书的处罚。

本条前款所称不遵守有关海上交通安全的规章制度，包括下列情形：

（一）在船上履行船员职务，未按照船员值班规则实施值班；

（二）未获得必要的休息上岗操作；

（三）在船上值班期间，体内酒精含量超过规定标准；

（四）在船上履行船员职务，服食影响安全值班的违禁药物；

（五）不采用安全速度航行；

（六）不按照规定的航路航行；

（七）未按照要求保持正规瞭望；

（八）不遵守避碰规则；

（九）不按照规定停泊、倒车、调头、追越；

（十）不按照规定显示信号；

（十一）不按照规定守听航行通信；

（十二）不按照规定保持船舶自动识别系统处于正常工作状态，或者不按照规定在船舶自动识别设备中输入准确信息，或者船舶自动识别系统发生故障未及时向海事管理机构报告；

（十三）不按照规定进行试车、试航、测速、辨校方向；

（十四）不按照规定测试、检修船舶设备；

（十五）不按照规定保持船舱良好通风或者清洁；

（十六）不按照规定使用明火；

（十七）不按照规定填写航海日志；

（十八）不按照规定采取保障人员上、下船舶、设施安全的措施；

（十九）不按照规定载运易流态化货物，或者不按照规定向海事管理机构备案。

第二十五条 违反《海上交通安全法》第九条的规定，船舶、设施上的人员不遵守有关海上交通安全的规章制度和操作规程，造成海上交通事故的，还应当按照下列规定给予处罚：

（一）造成特别重大事故的，对负有全部责任、主要责任的船员吊销适任证书或者其他适任证件，对负有次要责任的船员扣留适任证书或者其他适任证件12个月直至吊销适任证书或者其他适任证件；责任相当的，对责任船员扣留适任证书或者其他适任证件24个月或者吊销适任证书或者其他适任证件。

（二）造成重大事故的，对负有全部责任、主要责任的船员吊销适任证书或者其他适任证件；对负有次要责任的船员扣留适任证书或者其他适任证件12个月至24个月；责任相当的，对责任船员扣留适任证书或者其他适任证件18个月或者吊销适任证书或者其他适任证件。

（三）造成较大事故的，对负有全部责任、主要责任的船员扣留船员适任证书12个月至24个月或者吊销船员适任证书，对负有次要责任的船员扣留船员适任证书6个月；责任相当的，对责任船员扣留船员适任证书12个月。

（四）造成一般事故的，对负有全部责任、主要责任的船员扣留船员适任证书9个月至12个月，对负有次要责任的船员扣留船员适任证书6个月至9个月；责任相当的，对责任船员扣留船员适任证书9个月。

第二十六条 违反《海上交通安全法》第十条的规定，船舶、设施不遵守有关法律、行政法规和规章，依照《海上交通安全法》第四十四条的规定，对船舶、设施所有人或经营人处以3000元以上1万元以下罚款；对船长或设施主要负责人处以2000元以上1万元以下罚款并对其他直接责任人员处以1000元以上1万元以下罚款；情节严重的，并给予扣留船员适任证书6个月至24个月直至吊销船员适任证书的处罚：

本条前款所称船舶、设施不遵守有关法律、行政法规和规章，包括下列情形：

（一）不按照规定检修、检测影响船舶适航性能的设备；

（二）不按照规定检修、检测通信设备和消防设备；

（三）不按照规定载运旅客、车辆；

（四）超过核定载重线载运货物；

（五）不符合安全航行条件而开航；

（六）不符合安全作业条件而作业；

（七）未按照规定进行夜航；

（八）强令船员违规操作；

（九）强令船员疲劳上岗操作；

（十）未按照船员值班规则安排船员值班；

（十一）超过核定航区航行；

（十二）未按照规定的航路行驶；

（十三）不遵守避碰规则；

（十四）不采用安全速度航行；

（十五）不按照规定停泊、倒车、调头、追越；

（十六）不按照规定进行试车、试航、测速、辨校方向；

（十七）不遵守航行、停泊和作业信号规定；

（十八）不遵守强制引航规定；

（十九）不遵守航行通信和无线电通信管理规定；

（二十）不按照规定保持船舱良好通风或者清洁；

（二十一）不按照规定采取保障人员上、下船舶、设施安全的措施；

（二十二）不遵守有关明火作业安全操作规程；

（二十三）未按照规定拖带或者非拖带船从事拖带作业；

（二十四）违反船舶并靠或者过驳有关规定；

（二十五）不按照规定填写航海日志；

（二十六）未按照规定报告船位、船舶动态；

（二十七）未按照规定标记船名、船舶识别号；

（二十八）未按照规定配备航海图书资料。

第二十七条 违反《海上交通安全法》第十一条规定，外国籍非军用船舶未经中国海事管理机构批准进入中国的内水和港口或者未按规定办理进出口岸手续，依照《海上交通安全法》第四十四条的规定，对船舶所有人或者船舶经营人处以3万元罚款，对船长处以1万元罚款。

第二十八条 违反《海上交通安全法》第十一条规定，外国籍非军用船舶进入中国的内水和港口不听从海事管理机构指挥，依照《海上交通安全法》第四十四条的规定，对船舶所有人或者船舶经营人处以警告或者2000元以上2万元以下罚款，对船长处以警告或者1000元以上1万元以下罚款。

第二十九条 违反《海上交通安全法》第十三条规定，外国籍船舶进出中国港口或者在港内航行、移泊以及靠离港外系泊点、装卸站等，不按照规定申请指派引航员引航，或者不使用按照规定指派的引航员引航的，依照《海上交通安全法》第四十四条的规定，对船舶所有人或者船舶经营人处以警告或者2000元以上1万元以下罚款，对船长处以警告或者1000元以上1万元以下罚款。

第三十条 违反《海上交通安全法》第十四条规定，船舶进出港口或者通过交通管制区、通航密集区和航行条件受到限制的区域时，不遵守中国政府或者海事管理机构公布的特别规定的，依照《海上交通安全法》第四十四条的规定，对船舶所有人或者船舶经营人处以警告或者1000元以上1万元以下罚款，对船长处以警告或者500元以上1万元以下罚款，并可扣留船员适任证书3个月至12个月。

第三十一条 违反《海上交通安全法》第十五条规定，船舶无正当理由进入或者穿越禁航区，依照《海上交通安全法》第四十四条的规定，对船舶所有人或者船舶经营人处以警告或者2000元以上1万元以下罚款，对船长处以警告或者1000元以上1万元以下罚款，并扣留船员适任证书3个月至12个月。

第三十二条 违反《海上交通安全法》第十二条规定，国际航行船舶进出中国港口，拒不接受海事管理机构的检查，依照《海上交通安全法》第四十四条的规定，对船舶所有人或者船舶经营人处以1000元以上1万元以下的罚款；情节严重的，处以1万元以上3万元以下的罚款。对船长或者其他责任人员处以100元以上1000元以下的罚款；情节严重的，处以1000元以上3000元以下的罚款，并可扣留船员适任证书6个月至12个月：

本条前款所称拒不接受海事管理机构的检查，包括下列情形：

（一）拒绝或者阻挠海事管理机构实施安全检查；

（二）中国籍船舶接受海事管理机构实施安全检查时不提交《船旗国安全检查记录簿》；

（三）在接受海事管理机构实施安全检查时弄虚作假；

（四）未按照海事管理机构的安全检查处理意见进行整改。

第三十三条 违反《海上交通安全法》第十二条的规定，中国籍国内航行船舶进出港口不按照规定向海事管理机构报告船舶的航次计划、适航状态、船员配备和载货载客等情况的，依照《海上交通安全法》第四十四条的规定，对船舶所有人或者船舶经营人处以2000元以上1万元以下罚款；对船长处以1000元以上1万元以下罚款，并可扣留船员适任证书6个月至24个月。

第三十四条 违反《港口建设费征收使用管理办法》，不按规定缴纳或少缴纳港口建设费的，依照《财政违法行为处罚处分条例》第十三条规定，责令改正，并处未缴纳或者少缴纳的港口建设费的10%以上30%以下的罚款；对直接负责的主管人员和其他责任人处以3000元以上5万元以下罚款。

对于未缴清港口建设费的国内外进出口货物，港口经营人、船舶代理公司或者货物承运人违规办理了装船或者提离港口手续的，禁止船舶离港、责令停航、改航、责令停止作业，并可对直接负责的主管人员和其他责任人处以3000元以上3万元以下罚款。

第三十五条 违反《海上航行警告和航行通告管理规定》第八条规定，海上航行警告、航行通告发布后，申请人未在国家主管机关或者区域主管机关核准的时间和区域内进行活动，或者需要变更活动时间或者改换活动区域的，未按规定重新申请发布海上航行警告、航行通告，依照《海上航行警告和航行通告管理规定》第十七条的规定，责令其停止活动，并可以处2000元以下罚款。

第三十六条 违反《海上航行警告和航行通告管理规定》，造成海上交通事故的，依照《海上航行警告和航行通告管理规定》第二十条，对船舶、设施所有人或者经营人处以3000元以上1万元以下罚款；对船长或者设施主要负责人处以2000元以上1万元以下罚款并对其他直接责任人员处以1000元以上1万元以下罚款；情节严重的，并给予扣留船员适任证书6个月至24个月直至吊销船员适任证书的处罚。

第五节　违反危险货物载运安全监督管理秩序

第三十七条 违反《危险化学品安全管理条例》第四十四条的规定，有下列情形之一的，依照《危险化学品安全管理条例》第八十六条的规定，由海事管理机构责令改正，处5万元以上10万元以下的罚款；拒不改正的，责令停航、停业整顿。

（一）从事危险化学品运输的船员未取得相应的船员适任证书和培训合格证明；

（二）危险化学品运输申报人员、集装箱装箱现场检查员未取得从业资格。

第三十八条 违反《危险化学品安全管理条例》第十八条的规定，运输危险化学品的船舶及其配载的容器未经检验合格而投入使用的，依照《危险化学品安全管理条例》第七十九条的规定，由海事管理机构责令改正，对船舶所有人或者经营人处以10万元以上20万元以下的罚款；有违法所得的，没收违法所得；拒不改正的，责令停航整顿。

第三十九条 违反《危险化学品安全管理条例》第四十五条的规定，船舶运输危险化学品，未根据危险化学品的危险特性采取相应的安全防护措施，或者未配备必要的防护用品和应急救援器材的，依照《危险化学品安全管理条例》第八十六条的规定，由海事管理机构责令改正，对船舶所有人或者经营人处以5万元以上10万元以下的罚款;拒不改正的,责令停航整顿。

本条前款所称未根据危险化学品的危险特性采取相应的安全防护措施,或者未配备必要的防护用品和应急救援器材,包括下列情形:

(一)拟交付船舶运输的化学品的相关安全运输条件不明确,货物所有人或者代理人不委托相关技术机构进行评估,或者未经海事管理机构确认,交付船舶运输的;

(二)装运危险化学品的船舶未按照有关规定编制应急预案和配备相应防护用品、应急救援器材;

(三)船舶装运危险化学品,不按照规定进行积载或者隔离;

(四)装运危险化学品的船舶擅自在非停泊危险化学品船舶的锚地、码头或者其他水域停泊;

(五)船舶所装运的危险化学品的包装标志不符合有关规定;

(六)船舶装运危险化学品发生泄漏或者意外事故,不及时采取措施或者不向海事管理机构报告。

第四十条　装运危险化学品的船舶进出港口,不依法向海事管理机构办理申报手续的,对船舶所有人或者经营人处1万元以上3万元以下的罚款。

第四十一条　违反《危险化学品安全管理条例》第五十三条、第六十三条的规定,通过船舶载运危险化学品,托运人不向承运人说明所托运的危险化学品的种类、数量、危险特性以及发生危险情况的应急处置措施,或者未按照国家有关规定对所托运的危险化学品妥善包装并在外包装上设置相应标志的,依照《危险化学品安全管理条例》第八十六条的规定,由海事管理机构责令改正,对托运人处5万元以上10万元以下的罚款;拒不改正的,责令停航整顿。

第四十二条　违反《危险化学品安全管理条例》第六十四条的规定,通过船舶载运危险化学品,在托运的普通货物中夹带危险化学品,或者将危险化学品谎报或者匿报为普通货物托运的,依照《危险化学品安全管理条例》第八十七条的规定,由海事管理机构责令改正,对托运人处以10万元以上20万元以下的罚款,有违法所得的,没收违法所得;拒不改正的,责令停航整顿。

第四十三条　违反《海上交通安全法》第三十二条规定,船舶、浮动设施储存、装卸、运输危险化学品以外的危险货物,不具备安全可靠的设备和条件,或者不遵守国家关于危险化学品以外的危险货物管理和运输的规定的,依照《海上交通安全法》第四十四条的规定,对船舶、设施所有人或者经营人处以1万元以上2万元以下罚款;对船长或者设施主要负责人和其他直接责任人员处以2000元以上1万元以下罚款,并扣留船员适任证书6个月至24个月。

本条款所称不具备安全可靠的设备和条件,包括下列情形:

(一)装运危险化学品以外的危险货物的船舶未按有关规定编制应急预案和配备相应防护用品、应急救援器材的;

(二)装运危险化学品以外的危险货物的船舶及其配载的容器,未按照国家有关规范进行检验合格;

(三)船舶装运危险化学品以外的危险货物,所使用包装的材质、型式、规格、方法和单件质量(重量)与所包装的危险货物的性质和用途不相适应;

(四)船舶装运危险化学品以外的危险货物的包装标志不符合有关规定;

(五)装运危险化学品以外的危险货物的船舶,未按规定配备足够的取得相应的特殊培训合格证书的船员。

本条款所称不遵守国家关于危险化学品以外的危险货物管理和运输的规定,包括下列行为:

（一）使用未经检验合格的包装物、容器包装、盛装、运输；

（二）重复使用的包装物、容器在使用前，不进行检查；

（三）未按照规定显示装载危险货物的信号；

（四）未按照危险货物的特性采取必要安全防护措施；

（五）未按照有关规定对载运中的危险货物进行检查；

（六）装运危险货物的船舶擅自在非停泊危险货物船舶的锚地、码头或者其他水域停泊；

（七）船舶装运危险货物发生泄漏或者意外事故，不及时采取措施或者不向海事管理机构报告。

第四十四条 违反《海上交通安全法》第三十三条规定，船舶装运危险化学品以外的危险货物进出港口，不向海事管理机构办理申报手续，依照《海上交通安全法》第四十四条的规定，对船舶、设施所有人或者经营人处以300元以上1万元以下罚款；对船长或者设施主要负责人和其他直接责任人员处以200元以上1万元以下罚款，并扣留船员适任证书6个月至24个月。

第六节　违反海难救助管理秩序

第四十五条 违反《海上交通安全法》第三十四条规定，船舶、设施或者飞机遇难时，不及时向海事管理机构报告出事时间、地点、受损情况、救助要求以及发生事故的原因的，依照《海上交通安全法》第四十四条规定，对船舶、设施所有人或者经营人处以2000元以上1万元以下罚款；对船长、设施主要负责人处以1000元以上8000元以下罚款，并可扣留船员适任证书6个月至12个月。

第四十六条 违反《海上交通安全法》第三十六条规定，事故现场附近的船舶、设施，收到求救信号或者发现有人遭遇生命危险时，在不严重危及自身安全的情况下，不救助遇难人员，或者不迅速向海事管理机构报告现场情况和本船舶、设施的名称、呼号和位置，依照《海上交通安全法》第四十四条规定，对船舶、设施所有人或者经营人处以200元以上1万元以下罚款；对船长、设施主要负责人处以1000元以上1万元以下罚款，情节严重的，并扣留船员适任证书6个月至24个月直至吊销船员适任证书。

第四十七条 违反《海上交通安全法》第三十七条规定，发生海上交通事故的船舶、设施有下列行为之一，依照《海上交通安全法》第四十四条规定，对船舶、设施所有人或者经营人处以200元以上1万元以下罚款；对船长、设施主要负责人处以1000元以上1万元以下罚款，情节严重的，并扣留船员适任证书6个月至24个月直至吊销船员适任证书：

（一）不互通名称、国籍和登记港；

（二）不救助遇难人员；

（三）在不严重危及自身安全的情况下，擅自离开事故现场或者逃逸。

第四十八条 违反《海上交通安全法》第三十八条规定，有关单位和在事故现场附近的船舶、设施，不听从海事管理机构统一指挥实施救助，依照《海上交通安全法》第四十四条规定，对船舶、设施所有人或者经营人处以200元以上1万元以下罚款；对船长、设施主要负责人处以100元以上8000元以下罚款，并可扣留船员适任证书6个月至12个月。

第七节　违反海上打捞管理秩序

第四十九条 违反《海上交通安全法》第四十条规定，对影响安全航行、航道整治以及有潜在爆炸危险的沉没物、漂浮物，其所有人、经营人不按照海事管理机构限定期限打捞清除，依照《海上交通安全法》第四十四条规定，对法人或者其他组织处以1万元罚款；对自然人处以5000元罚款。

第五十条 违反《海上交通安全法》第四十一条规定，未经海事管理机构批准，擅自打捞或者拆除沿海水域内的沉船沉物，依照《海上交通安全法》第四十四条规定，处以5000元以上3万元以下罚款。

第八节 违反海上船舶污染沿海水域环境管理秩序

第五十一条 本节所称水上拆船、海港、船舶，其含义分别与《防止拆船污染环境管理条例》使用的同一用语的含义相同。

本节所称内水、海洋环境污染损害、排放、倾倒，其含义分别与《海洋环境保护法》使用的同一用语的含义相同。

第五十二条 违反《防止拆船污染环境管理条例》规定，有下列情形之一的，依照《防止拆船污染环境管理条例》第十七条的规定，除责令其限期纠正外，还可以根据不同情节，处以1万元以上10万元以下的罚款：

（一）未持有经批准的环境影响报告书（表），擅自设置拆船厂进行拆船的；

（二）发生污染损害事故，不向监督拆船污染的海事管理机构报告也不采取消除或控制污染措施的；

（三）废油船未经洗舱、排污、清舱和测爆即行拆解的；

（四）任意排放或者丢弃污染物造成严重污染的。

第五十三条 违反《防止拆船污染环境管理条例》规定，有下列情形之一的，依照《防止拆船污染环境管理条例》第十八条的规定，除责令其限期纠正外，还可以根据不同情节，处以警告或者处以1万元以下的罚款：

（一）拒绝或阻挠海事管理机构进行现场检查或在被检查时弄虚作假的；

（二）未按规定要求配备和使用防污设施、设备和器材，造成环境污染的；

（三）发生污染损害事故，虽采取消除或控制污染措施，但不向监督拆船污染的海事管理机构报告的；

（四）拆船单位关闭、搬迁后，原厂址的现场清理不合格的。

第五十四条 违反《海洋环境保护法》有关规定，船舶有下列行为之一的，依照《海洋环境保护法》第七十三条的规定，责令限期改正，并对船舶所有人或者经营人处以罚款：

（一）向沿海水域排放《海洋环境保护法》禁止排放的污染物或其他物质的；

（二）不按照《海洋环境保护法》规定向海洋排放污染物，或超过标准排放污染物的；

（三）未取得海洋倾倒许可证，向海洋倾倒废弃物的；

（四）因发生事故或其他突发性事件，造成海洋环境污染事故，不立即采取处理措施的。

有前款第（一）项、第（三）项行为之一的，处以3万元以上20万元以下的罚款；有前款第（二）项、第（四）项行为之一的，处以2万元以上10万元以下的罚款。

第五十五条 违反《海洋环境保护法》规定，船舶在港口区域内造成珊瑚礁、红树林等海洋生态系统及海洋水产资源、海洋保护区破坏的，依照《海洋环境保护法》第七十六条的规定，责令限期改正和采取补救措施，并对船舶所有人或者经营人处以1万元以上10万元以下的罚款；有违法所得的，没收其违法所得。

第五十六条 违反《海洋环境保护法》规定，有下列行为之一的，依照《海洋环境保护法》第八十七条的规定，予以警告，或者处以罚款：

（一）船舶、港口、码头、装卸站未按规定配备防污设施、器材的；

（二）船舶未取得并随船携带防污证书、防污文书的；

（三）船舶未如实记录污染物处置情况；

（四）从事水上和港区水域拆船、旧船改装、打捞和其他水上、水下施工作业，造成海洋环境污染损害的；

（五）船舶载运的货物不具备防污适运条件的。

有前款第（一）项、第（五）项行为之一的，处以2万元以上10万元以下的罚款；有前款第（二）项、第（三）项行为的，处以2万元以下的罚款；有前款第（四）项行为的，处以5万元以上20万元以下的罚款。

第五十七条 违反《海洋环境保护法》规定，船舶不编制溢油应急计划的，依照《海洋环境保护法》第八十八条的规定，对船舶所有人或者经营人予以警告，并责令限期改正。

第九节　违反交通事故调查处理秩序

第五十八条 本规定所称海上交通事故，其含义与《海上交通事故调查处理条例》使用的同一用语的含义相同。

第五十九条 违反《海上交通事故调查处理条例》规定，有下列行为之一的，依照《海上交通事故调查处理条例》第二十九条和《船员条例》第五十六条的规定予以处罚：

（一）发生海上交通事故，未按规定的时间向海事管理机构报告或提交《海上交通事故报告书》；

（二）中国籍船舶在中华人民共和国管辖水域以外发生海上交通事故，船舶所有人或经营人未按《海上交通事故调查处理条例》第三十二条规定向船籍港海事管理机构报告，或者将判决书、裁决书或调解书的副本或影印件报船籍港的海事管理机构备案；

（三）发生海上交通事故，未按海事管理机构的要求驶往指定地点，或者在未发现危及船舶安全的情况下未经海事管理机构同意擅自驶离指定地点；

（四）发生海上交通事故，报告的内容或《海上交通事故报告书》的内容不符合《海上交通事故调查处理条例》第五条、第七条规定的要求，或者不真实，影响事故调查或者给有关部门造成损失；

（五）发生海上交通事故，不按《海上交通事故调查处理条例》第九条的规定，向当地或者船舶第一到达港的船舶检验机构、公安消防监督机关申请检验、鉴定，并将检验报告副本送交海事管理机构备案，影响事故调查；

（六）拒绝接受事故调查或无理阻挠、干扰海事管理机构进行事故调查的；

（七）在接受事故调查时故意隐瞒事实或者提供虚假证明。

存在前款第（一）项行为的，对船员处以警告或者1000元以上1万元以下罚款，情节严重的，并给予扣留船员服务簿、船员适任证书6个月至24个月直至吊销船员服务簿、船员适任证书的处罚；对船舶所有人或者经营人处以警告或者5000元以下罚款。存在前款第（二）项至第（七）项情形的，对船员处以警告或者200元以下罚款；对船舶所有人或者经营人处以警告或者5000元以下罚款。

第六十条 违反《海上交通事故调查处理条例》第三十三条，派往外国籍船舶任职的持有中华人民共和国船员适任证书的中国籍船员对海上交通事故的发生负有责任,其外派服务机构未按照规定报告事故的,依照《海上交通安全法》第四十四条规定,对船员外派服务机构处以1000元以上1万元以下罚款。

第四章 附则

第六十一条 本规定所称沿海水域、船舶、设施、作业,其含义与《海上交通安全法》使用的同一用语的含义相同,但有关法律、行政法规和本规定另有规定的除外。

本规定所称船舶经营人,包括船舶管理人。

本规定所称设施经营人,包括设施管理人。

本规定所称当事人,包括自然人和法人以及其他组织,可以与有海事行政违法行为的船舶所有人、经营人互相替换。

本规定所称船员职务证书,包括船员培训合格证、船员服务簿、船员适任证书及其他适任证件。

本规定所称的船舶登记证书,包括船舶国籍证书、船舶所有权登记证书、船舶抵押权登记证书、光船租赁登记证书。

本规定所称船员,包括船长、轮机长、驾驶员、轮机员、无线电人员、引航员和水上飞机、潜水器的相应人员以及其他船员。

本规定所称"危险货物",系指具有爆炸、易燃、毒害、腐蚀、放射性、污染危害性等特性,在船舶载运过程中,容易造成人身伤害、财产损失或者环境污染而需要特别防护的物品,包括危险化学品。

第六十二条 本规定所称的以上、以内包括本数,所称的以下不包括本数,本规定另有规定的除外。

第六十三条 本规定所称日,是指工作日。

本规定所称月,按自然月计算。

本规定所称其他送达方式,是指委托送达、邮寄送达、留置送达、公告送达等《民事诉讼法》规定的方式。

第六十四条 海上海事行政处罚程序适用《交通运输行政执法程序规定》。

第六十五条 海事管理机构办理海事行政处罚案件,应当使用交通运输部制订的统一格式的海事行政处罚文书。

第六十六条 本规定自2015年7月1日起施行。2003年7月10日以交通部令2003年第8号公布的《中华人民共和国海上海事行政处罚规定》同时废止。

中华人民共和国内河海事行政处罚规定

（2015年5月29日交通运输部发布；根据2017年5月23日交通运输部《关于修改〈中华人民共和国内河海事行政处罚规定〉的决定》第一次修正；根据2019年4月12日交通运输部《关于修改〈中华人民共和国内河海事行政处罚规定〉的决定》第二次修正；根据2021年8月11日交通运输部《关于修改〈中华人民共和国内河海事行政处罚规定〉的决定》第三次修正）

第一章　总则

第一条　为规范海事行政处罚行为，保护当事人的合法权益，保障和监督水上海事行政管理，维护水上交通秩序，防止船舶污染水域，根据《内河交通安全管理条例》《行政处罚法》及其他有关法律、行政法规，制定本规定。

第二条　对在中华人民共和国（简称中国）内河水域及相关陆域发生的违反海事行政管理秩序的行为实施海事行政处罚，适用本规定。

第三条　实施海事行政处罚，应当遵循合法、公开、公正，处罚与教育相结合的原则。

第四条　海事行政处罚，由海事管理机构依法实施。

第二章　内河海事违法行为和行政处罚

第一节　违反船舶、浮动设施所有人、经营人安全管理秩序

第五条　违反船舶所有人、经营人安全营运管理秩序，有下列行为之一的，对船舶所有人或者船舶经营人处以5000元以上3万元以下罚款：

（一）未按规定取得安全营运与防污染管理体系符合证明或者临时符合证明从事航行或者其他有关活动；

（二）隐瞒事实真相或者提供虚假材料或者以其他不正当手段骗取安全营运与防污染管理体系符合证明或者临时符合证明；

（三）伪造、变造安全营运与防污染管理体系审核的符合证明或者临时符合证明；

（四）转让、买卖、租借、冒用安全营运与防污染管理体系审核的符合证明或者临时符合证明。

第六条　违反船舶安全营运管理秩序,有下列行为之一的,对船舶所有人或者船舶经营人处以5000元以上3万元以下罚款;对船长处以2000元以上2万元以下的罚款;情节严重的,并给予扣留船员适任证书6个月至24个月直至吊销船员适任证书的处罚。

（一）未按规定取得船舶安全管理证书或者临时船舶安全管理证书从事航行或者其他有关活动;

（二）隐瞒事实真相或者提供虚假材料或以其他不正当手段骗取船舶安全管理证书或者临时船舶安全管理证书;

（三）伪造、变造船舶安全管理证书或者临时船舶安全管理证书;

（四）转让、买卖、租借、冒用船舶安全管理证书或者临时船舶安全管理证书。

第七条　违反安全营运管理秩序,有下列情形之一,造成严重后果的,按以欺骗手段取得安全营运与防污染管理体系符合证明或者临时符合证明,对船舶所有人或者船舶经营人取得的安全营运与防污染管理体系符合证明或者临时符合证明予以撤销:

（一）不掌控船舶安全配员;

（二）不掌握船舶动态;

（三）不掌握船舶装载情况;

（四）船舶管理人不实际履行安全管理义务;

（五）安全管理体系运行存在其他重大问题。

第二节　违反船舶、浮动设施检验和登记管理秩序

第八条　违反《内河交通安全管理条例》第六条第（一）项、第七条第（一）项的规定,船舶、浮动设施未持有合格的检验证书擅自航行或者作业的,依照《内河交通安全管理条例》第六十四条的规定,责令停止航行或者作业;拒不停止航行或者作业的,暂扣船舶、浮动设施;情节严重的,予以没收。

本条前款所称未持有合格的检验证书,包括下列情形:

（一）没有取得相应的检验证书;

（二）持有的检验证书属于伪造、变造、转让、买卖或者租借的;

（三）持失效的检验证书;

（四）检验证书损毁、遗失但不按照规定补办;

（五）其他不符合法律、行政法规和规章规定情形的检验证书。

第九条　船舶检验机构的检验人员违反《船舶和海上设施检验条例》的规定,滥用职权、徇私舞弊、玩忽职守、严重失职,有下列行为之一的,依照《船舶和海上设施检验条例》第二十八条的规定,按其情节给予警告、暂停检验资格或者注销验船人员注册证书的处罚:

（一）超越职权范围进行船舶、设施检验;

（二）擅自降低规范要求进行船舶、设施检验;

（三）未按照规定的检验项目进行船舶、设施检验;

（四）未按照规定的检验程序进行船舶、设施检验;

（五）所签发的船舶检验证书或者检验报告与船舶、设施的实际情况不符。

第三节　违反内河船员管理秩序

第十条　违反《内河交通安全管理条例》第九条的规定，未经考试合格并取得适任证书或者其他适任证件的人员擅自从事船舶航行或者操作的，依照《内河交通安全管理条例》第六十六条和《船员条例》第五十五条的规定，责令其立即离岗，对直接责任人员处以2000元以上2万元以下罚款，并对聘用单位处以3万元以上15万元以下罚款。

本条前款所称未经考试合格并取得适任证书或者其他适任证件，包括下列情形：

（一）未经水上交通安全培训并取得相应合格证明；

（二）未持有船员适任证书或者其他适任证件；

（三）持采取弄虚作假的方式取得的船员职务证书；

（四）持伪造、变造的船员职务证书；

（五）持转让、买卖或租借的船员职务证书；

（六）所服务的船舶的航区、种类和等级或者所任职务超越所持船员职务证书限定的范围；

（七）持已经超过有效期限的船员职务证书。

第十一条　违反《船员条例》第十六条的规定，船员有下列情形之一的，依照《船员条例》第五十二条的规定，处以1000元以上1万元以下罚款；情节严重的，并给予扣留船员适任证书6个月至24个月直至吊销船员适任证书的处罚：

（一）在船在岗期间饮酒，体内酒精含量超过规定标准；

（二）在船在岗期间，服用国家管制的麻醉药品或者精神药品。

第十二条　违反《船员条例》第十五条的规定，船员用人单位、船舶所有人有下列未按照规定招用外国籍船员在中国籍船舶上任职情形的，依照《船员条例》第五十五条的规定，责令改正，处以3万元以上15万元以下罚款：

（一）未依照法律、行政法规和国家其他规定取得就业许可；

（二）未持有合格的且签发国与我国签订了船员证书认可协议的船员证书。

第十三条　船员服务机构和船员用人单位未将其招用或者管理的船员的有关情况定期向海事管理机构备案的，按照《船员条例》第五十八条的规定，对责任单位处以5000元以上2万元以下罚款。

本条第一款所称船员服务机构和船员用人单位未定期向海事管理机构备案，包括下列情形：

（一）未按规定进行备案，或者备案内容不全面、不真实；

（二）未按照规定时间备案；

（三）未按照规定的形式备案。

第四节　违反航行、停泊和作业管理秩序

第十四条　船舶、浮动设施的所有人或者经营人违反《内河交通安全管理条例》第六条第（三）项、第七条第（三）项的规定，船舶未按照国务院交通运输主管部门的规定配备船员擅自航行的，或者浮动设施未按照国务院交通运输主管部门的规定配备掌握水上交通安全技能的船员擅自作业的，依照《内河交通安全管理条例》第六十五条的规定，责令限期改正，并处以1万元以上10万元以下罚款；逾期不改正的，责令停航或者停止作业。

本条前款所称船舶未按照国务院交通运输主管部门的规定配备船员擅自航行，包括下列情形：

（一）船舶所配船员的数量低于船舶最低安全配员证书规定的定额要求；

（二）船舶未持有有效的船舶最低安全配员证书。

第十五条　违反《内河交通安全管理条例》第十四条的规定，应当报废的船舶、浮动设施在内河航行或者作业的，依照《内河交通安全管理条例》第六十三条的规定，责令停航或者停止作业，并予以没收。

本条前款所称应当报废的船舶，是指达到国家强制报废年限或者以废钢船名义购买的船舶。

第十六条　违反《内河交通安全管理条例》第十四条、第十八条、第十九条、第二十条、第二十二条的规定，船舶在内河航行有下列行为之一的，依照《内河交通安全管理条例》第六十八条的规定，责令改正，处以5000元以上5万元以下罚款；情节严重的，禁止船舶进出港口或者责令停航，并可以对责任船员给予扣留船员适任证书或者其他适任证件3个月至6个月的处罚：

（一）未按照规定悬挂国旗；

（二）未按照规定标明船名、船籍港、载重线，或者遮挡船名、船籍港、载重线；

（三）国内航行船舶进出港口未按照规定向海事管理机构报告船舶的航次计划、适航状态、船员配备和载货载客等情况，国际航行船舶未按照规定办理进出口岸手续；

（四）未按照规定申请引航；

（五）船舶进出港口和通过交通管制区、通航密集区、航行条件受到限制区域，未遵守海事管理机构发布的特别规定；

（六）船舶无正当理由进入或者穿越禁航区；

（七）载运或者拖带超重、超长、超高、超宽、半潜的物体，未申请核定航路、航行时间或者未按照核定的航路、时间航行。

第十七条　违反《内河交通安全管理条例》的有关规定，船舶在内河航行、停泊或者作业，不遵守航行、避让和信号显示规则，依照《内河交通安全管理条例》第八十一条的规定，处以1000元以上1万元以下罚款；情节严重的，还应当对责任船员给予扣留船员适任证书或者其他适任证件3个月至6个月直至吊销船员适任证书或者其他适任证件的处罚。

本条前款所称不遵守航行、避让和信号显示规则，包括以下情形：

（一）未采用安全航速航行；

（二）未按照要求保持正规瞭望；

（三）未按照规定的航路或者航行规则航行；

（四）未按照规定倒车、调头、追越；

（五）未按照规定显示号灯、号型或者鸣放声号；

（六）未按照规定擅自夜航；

（七）在规定必须报告船位的地点，未报告船位；

（八）在禁止横穿航道的航段，穿越航道；

（九）在限制航速的区域和汛期高水位期间未按照海事管理机构规定的航速航行；

（十）不遵守海事管理机构发布的在能见度不良时的航行规定；

（十一）不遵守海事管理机构发布的有关航行、避让和信号规则规定；

（十二）不遵守海事管理机构发布的航行通告、航行警告规定；

（十三）船舶装卸、载运危险货物或者空舱内有可燃气体时，未按照规定悬挂或者显示信号；

（十四）不按照规定保持船舶自动识别系统处于正常工作状态，或者不按照规定在船舶自动识别设备中输入准确信息，或者船舶自动识别系统发生故障未及时向海事机构报告；

（十五）未在规定的甚高频通信频道上守听；

（十六）未按照规定进行无线电遇险设备测试；

（十七）船舶停泊未按照规定留足值班人员；

（十八）未按照规定采取保障人员上、下船舶、设施安全的措施；

（十九）不遵守航行、避让和信号显示规则的其他情形。

第十八条 违反《内河交通安全管理条例》第八条、第二十一条的规定，船舶不具备安全技术条件从事货物、旅客运输，或者超载运输货物、超定额运输旅客，依照《内河交通安全管理条例》第八十二条的规定，责令改正，处以2万元以上10万元以下罚款，并可以对责任船员给予扣留船员适任证书或者其他适任证件6个月以上直至吊销船员适任证书或者其他适任证件的处罚，并对超载运输的船舶强制卸载，因卸载而发生的卸货费、存货费、旅客安置费和船舶监管费由船舶所有人或者经营人承担。

本条前款所称船舶不具备安全技术条件从事货物、旅客运输，包括以下情形：

（一）不遵守船舶、设施的配载和系固安全技术规范；

（二）不按照规定载运易流态化货物，或者不按照规定向海事管理机构备案；

（三）遇有不符合安全开航条件的情况而冒险开航；

（四）超过核定航区航行；

（五）船舶违规使用低闪点燃油；

（六）未按照规定拖带或者非拖船从事拖带作业；

（七）未经核准从事大型设施或者移动式平台的水上拖带；

（八）未持有《乘客定额证书》；

（九）未按照规定配备救生设施；

（十）船舶不具备安全技术条件从事货物、旅客运输的其他情形。

本条第一款所称超载运输货物、超定额运输旅客，包括以下情形：

（一）超核定载重线载运货物；

（二）集装箱船装载超过核定箱数；

（三）集装箱载运货物超过集装箱装载限额；

（四）滚装船装载超出检验证书核定的车辆数量；

（五）未经核准乘客定额载客航行；

（六）超乘客定额载运旅客。

第十九条 违反《内河交通安全管理条例》第二十八条的规定，在内河通航水域进行有关作业，不按照规定备案的，依照《内河交通安全管理条例》第七十条的规定，责令改正，处以5000元以上5万元以下罚款。

本条前款所称有关作业，包括以下作业：

（一）气象观测、测量、地质调查；

（二）大面积清除水面垃圾；

（三）可能影响内河通航水域交通安全的其他行为。

本条第二款第（三）项所称可能影响内河通航水域交通安全的其他行为，包括下列行为：

（一）检修影响船舶适航性能设备；

（二）检修通信设备和消防、救生设备；

（三）船舶烧焊或者明火作业；

（四）在非锚地、非停泊区进行编、解队作业；

（五）船舶试航、试车；

（六）船舶悬挂彩灯；

（七）船舶放艇（筏）进行救生演习。

第五节　违反危险货物载运安全监督管理秩序

第二十条　违反《内河交通安全管理条例》第三十条第二款和《危险化学品安全管理条例》第五十四条的规定，有下列情形之一的，依照《危险化学品安全管理条例》第八十七条规定，责令改正，对船舶所有人或者经营人处以10万元以上20万元以下的罚款，有违法所得的，没收违法所得；拒不改正的，责令停航整顿：

（一）通过内河封闭水域运输剧毒化学品以及国家规定禁止通过内河运输的其他危险化学品的；

（二）通过内河运输国家规定禁止通过内河运输的剧毒化学品以及其他危险化学品的。

第二十一条　违反《内河交通安全管理条例》第三十二条、第三十四条的规定，从事危险货物作业，有下列情形之一的，依照《内河交通安全管理条例》第七十一条的规定，责令停止作业或者航行，对负有责任的主管人员或者其他直接责任人员处以2万元以上10万元以下的罚款；属于船员的，并给予扣留船员适任证书或者其他适任证件6个月以上直至吊销船员适任证书或者其他适任证件的处罚：

（一）从事危险货物运输的船舶，未编制危险货物事故应急预案或者未配备相应的应急救援设备和器材的；

（二）船舶载运危险货物进出港或者在港口外装卸、过驳危险货物未经海事管理机构同意的。

第二十二条　违反《危险化学品安全管理条例》第四十四条的规定，有下列情形之一的，依照《危险化学品安全管理条例》第八十六条的规定，由海事管理机构责令改正，处以5万元以上10万元以下的罚款；拒不改正的，责令停航、停业整顿。

（一）从事危险化学品运输的船员未取得相应的船员适任证书和培训合格证明；

（二）危险化学品运输申报人员、集装箱装箱现场检查员未取得从业资格。

第二十三条　违反《内河交通安全管理条例》第三十一条、《危险化学品安全管理条例》第十八条的规定，运输危险化学品的船舶及其配载的容器未经检验合格而投入使用的，依照《危险化学品安全管理条例》第七十九条的规定，责令改正，对船舶所有人或者经营人处以10万元以上20万元以下的罚款，有违法所得的，没收违法所得；拒不改正的，责令停航整顿。

第二十四条　违反《内河交通安全管理条例》和《危险化学品安全管理条例》第四十五条的规定，船舶配载和运输危险货物不符合国家有关法律、法规、规章的规定和国家标准，或者未按照危险化学品的特性采取必要安全防护措施的，依照《危险化学品安全管理条例》第八十六条的规定，责令改正，对船舶所有人或者经营人处以5万元以上10万元以下的罚款；拒不改正的，责令停航整顿。

本条前款所称不符合国家有关法律、法规、规章的规定和国家标准，并按照危险化学品的特性采取必要安全防护措施的，包括下列情形：

（一）船舶未按照规定进行积载和隔离；

（二）船舶载运不符合规定的集装箱危险货物；

（三）装载危险货物的集装箱进出口或者中转未持有《集装箱装箱证明书》或者等效的证明文件；

（四）船舶装载危险货物违反限量、衬垫、紧固规定；

（五）船舶擅自装运未经评估核定危害性的新化学品；

（六）使用不符合要求的船舶装卸设备、机具装卸危险货物，或者违反安全操作规程进行作业，或者影响装卸作业安全的设备出现故障、存在缺陷，不及时纠正而继续进行装卸作业；

（七）船舶装卸危险货物时，未经批准，在装卸作业现场进行明火作业；

（八）船舶在装卸爆炸品、闪点23℃以下的易燃液体，或者散化、液化气体船在装卸易燃易爆货物过程中，检修或者使用雷达、无线电发射机和易产生火花的工（机）具拷铲，或者进行加油、允许他船并靠加水作业；

（九）装载易燃液体、挥发性易燃易爆散装化学品和液化气体的船舶在修理前不按照规定通风测爆；

（十）液货船未按照规定进行驱气或者洗舱作业；

（十一）液货船在装卸作业时不按照规定采取安全措施；

（十二）在液货船上随身携带易燃物品或者在甲板上放置、使用聚焦物品；

（十三）在禁止吸烟、明火的船舶处所吸烟或者使用明火；

（十四）在装卸、载运易燃易爆货物或者空舱内仍有可燃气体的船舶作业现场穿带钉的鞋靴或者穿着、更换化纤服装；

（十五）在海事管理机构公布的水域以外擅自从事过驳作业；

（十六）在进行液货船水上过驳作业时违反安全与防污染管理规定，或者违反安全操作规程；

（十七）船舶进行供油作业时，不按照规定填写《供受油作业安全检查表》，或者不按照《供受油作业安全检查表》采取安全和防污染措施；

（十八）船舶载运危险货物，向海事管理机构申报时隐瞒、谎报危险货物性质或者提交涂改、伪造、变造的危险货物单证；

（十九）在航行、装卸或者停泊时，未按照规定显示信号。

第二十五条　违反《危险化学品安全管理条例》第六十三条的规定，通过船舶载运危险化学品，托运人不向承运人说明所托运的危险化学品的种类、数量、危险特性以及发生危险情况的应急处置措施，或者未按照国家有关规定对所托运的危险化学品妥善包装并在外包装上设置相应标志的，依照《危险化学品安全管理条例》第八十六条的规定，由海事管理机构责令改正，对托运人处以5万元以上10万元以下的罚款；拒不改正的，责令停航整顿。

第二十六条　违反《危险化学品安全管理条例》第六十四条的规定，通过船舶载运危险化学品，在托运的普通货物中夹带危险化学品，或者将危险化学品谎报或者匿报为普通货物托运的，依照《危险化学品安全管理条例》第八十七条的规定，由海事管理机构责令改正，对托运人处以10万元以上20万元以下的罚款，有违法所得的，没收违法所得；拒不改正的，责令停航整顿。

第六节 违反通航安全保障管理秩序

第二十七条 违反《内河交通安全管理条例》第四十五条,有下列行为或者情形之一的,责令改正,并可以处以2000元以下的罚款;拒不改正的,责令施工作业单位、施工作业的船舶和设施停止作业:

(一)未按照有关规定申请发布航行警告、航行通告即行实施水上水下活动的;

(二)水上水下活动与航行警告、航行通告中公告的内容不符的。

第二十八条 违反《内河交通安全管理条例》第二十九条的规定,在内河通航水域进行可能影响通航安全的作业或者活动,未按照规定设置标志、显示信号的,依照《内河交通安全管理条例》第七十条的规定,处以5000元以上5万元以下罚款。

本条前款所称可能影响通航安全的作业或者活动,包括《内河交通安全管理条例》第二十五条、第二十八条规定的作业或者活动。

第七节 违反船舶、浮动设施遇险救助管理秩序

第二十九条 违反《内河交通安全管理条例》第四十六条、第四十七条的规定,遇险后未履行报告义务,或者不积极施救的,依照《内河交通安全管理条例》第七十六条的规定,对船舶、浮动设施或者责任人员给予警告,并对责任船员给予扣留船员适任证书或者其他适任证件3个月至6个月直至吊销船员适任证书或者其他适任证件的处罚。

本条前款所称遇险后未履行报告义务,包括下列情形:

(一)船舶、浮动设施遇险后,未按照规定迅速向遇险地海事管理机构以及船舶、浮动设施所有人、经营人报告;

(二)船舶、浮动设施遇险后,未按照规定报告遇险的时间、地点、遇险状况、遇险原因、救助要求;

(三)发现其他船舶、浮动设施遇险,或者收到求救信号,船舶、浮动设施上的船员或者其他人员未将有关情况及时向遇险地海事管理机构报告。

本条第一款所称不积极施救,包括下列情形:

(一)船舶、浮动设施遇险后,不积极采取有效措施进行自救;

(二)船舶、浮动设施发生碰撞等事故后,在不严重危及自身安全的情况下,不积极救助遇险他方;

(三)附近船舶、浮动设施遇险,或者收到求救信号后,船舶、浮动设施上的船员或者其他人员未尽力救助遇险人员。

第三十条 违反《内河交通安全管理条例》第四十九条第二款的规定,遇险现场和附近的船舶、船员不服从海事管理机构的统一调度和指挥的,依照《内河交通安全管理条例》第七十八条的规定,对船舶、浮动设施或者责任人员给予警告,并对责任船员给予扣留船员适任证书或者其他适任证件3个月至6个月直至吊销船员适任证书或者其他适任证件的处罚。

第八节　违反内河交通事故调查处理秩序

第三十一条　违反《内河交通安全管理条例》第五十条、第五十二条的规定，船舶、浮动设施发生水上交通事故，阻碍、妨碍内河交通事故调查取证，或者谎报、匿报、毁灭证据的，依照《内河交通安全管理条例》第八十四条的规定，给予警告，并对直接责任人员处以1000元以上1万元以下的罚款；属于船员的，并给予扣留船员适任证书或者其他适任证件12个月以上直至吊销船员适任证书或者其他适任证件的处罚。

本条前款所称阻碍、妨碍内河交通事故调查取证，包括下列情形：

（一）未按照规定立即报告事故；

（二）事故报告内容不真实，不符合规定要求；

（三）事故发生后，未做好现场保护，影响事故调查进行；

（四）在未出现危及船舶安全的情况下，未经海事管理机构的同意擅自驶离指定地点；

（五）未按照海事管理机构的要求驶往指定地点影响事故调查工作；

（六）拒绝接受事故调查或者阻碍、妨碍进行事故调查取证；

（七）因水上交通事故致使船舶、设施发生损害，未按照规定进行检验或者鉴定，或者不向海事管理机构提交检验或者鉴定报告副本，影响事故调查；

（八）其他阻碍、妨碍内河交通事故调查取证的情形。

本条第一款所称谎报、匿报、毁灭证据，包括下列情形：

（一）隐瞒事实或者提供虚假证明、证词；

（二）故意涂改航海日志等法定文书、文件；

（三）其他谎报、匿报、毁灭证据的情形。

第三十二条　违反《内河交通安全管理条例》的有关规定，船舶、浮动设施造成内河交通事故的，除依法承担相应的法律责任外，依照《内河交通安全管理条例》第七十七条的规定，对责任船员给予下列处罚：

（一）造成特别重大事故的，对负有全部责任、主要责任的船员吊销船员适任证书或者其他适任证件，对负有次要责任的船员扣留船员适任证书或者其他适任证件12个月直至吊销船员适任证书或者其他适任证件；责任相当的，对责任船员扣留船员适任证书或者其他适任证件24个月或者吊销船员适任证书或者其他适任证件。

（二）造成重大事故的，对负有全部责任、主要责任的船员吊销船员适任证书或者其他适任证件；对负有次要责任的船员扣留船员适任证书或者其他适任证件12个月至24个月；责任相当的，对责任船员扣留船员适任证书或者其他适任证件18个月或者吊销船员适任证书或者其他适任证件。

（三）造成较大事故的，对负有全部责任、主要责任的船员扣留船员适任证书或者其他适任证件12个月至24个月或者吊销船员适任证书或者其他适任证件，对负有次要责任的船员扣留船员适任证书或者其他适任证件6个月；责任相当的，对责任船员扣留船员适任证书或者其他适任证件12个月。

（四）造成一般事故的，对负有全部责任、主要责任的船员扣留船员适任证书或者其他适任证件9个月至12个月，对负有次要责任的船员扣留船员适任证书或者其他适任证件6个月至9个月；责任相当的，对责任船员扣留船员适任证书或者其他适任证件9个月。

第九节　违反防治船舶污染水域监督管理秩序

第三十三条　本节中所称水污染、污染物与《水污染防治法》中的同一用语的含义相同。

第三十四条　违反《水污染防治法》规定，有下列行为之一的，依照《水污染防治法》第九十条的规定进行处罚：

（一）向水体倾倒船舶垃圾或者排放船舶的残油、废油的；

（二）未经作业地海事管理机构批准，船舶进行散装液体污染危害性货物的过驳作业的；

（三）船舶及有关作业单位从事有污染风险的作业活动，未按照规定采取污染防治措施的；

（四）以冲滩方式进行船舶拆解的；

（五）进入中华人民共和国内河的国际航线船舶，排放不符合规定的船舶压载水的。

违反《水污染防治法》的规定，船舶造成水污染事故的，依照《水污染防治法》第九十四条的规定，造成一般或者较大水污染事故的，处以直接损失的20%的罚款；造成重大或者特大水污染事故的，处以直接损失的30%的罚款。

第三十五条　违反《水污染防治法》第三十条的规定，拒绝海事管理机构现场检查，或者弄虚作假的，依照《水污染防治法》第八十一条的规定进行处罚。

第三十六条　违反《环境噪声污染防治法》第三十四条的规定，船舶在城市市区的内河航道航行时，未按照规定使用声响装置的，依照《环境噪声污染防治法》第五十七条的规定，对其给予警告或者处以1万元以下的罚款。

第三十七条　拆船单位违反《防止拆船污染环境管理条例》的规定，有下列情形之一的，依照《防止拆船污染环境管理条例》第十七条的规定，除责令限期纠正外，还可以根据不同情节，处以1万元以上10万元以下的罚款：

（一）未持有经批准的环境影响报告书（表），擅自设置拆船厂进行拆船的；

（二）发生污染损害事故，不向监督拆船污染的海事管理机构报告，也不采取消除或者控制污染措施的；

（三）废油船未经洗舱、排污、清舱和测爆即进行拆解的；

（四）任意排放或者丢弃污染物造成严重污染的。

第三十八条　拆船单位违反《防止拆船污染环境管理条例》第七条、第十条、第十五条、第十六条的规定，有下列行为之一的，依照《防止拆船污染环境管理条例》第十八条的规定，除责令其限期纠正外，还可以根据不同情节，处以警告或者处以1万元以下的罚款：

（一）拒绝或者阻挠海事管理机构进行拆船现场检查或者在被检查时弄虚作假的；

（二）未按照规定要求配备和使用防污设施、设备和器材，造成水域污染的；

（三）发生污染事故，虽采取消除或者控制污染措施，但不向海事管理机构报告的；

（四）拆船单位关闭、搬迁后，原厂址的现场清理不合格的。

第三章　附则

第三十九条　内河海事行政处罚程序适用《交通运输行政执法程序规定》。

第四十条　海事管理机构办理海事行政处罚案件，应当使用交通运输部制订的统一格式的海事行政处罚文书。

第四十一条　本规定自2015年7月1日起施行。2004年12月7日以交通部令2004年第13号公布的《中华人民共和国内河海事行政处罚规定》同时废止。

▌第三部分 船舶类

中华人民共和国船舶登记办法

（2016年12月8日经第29次部务会议通过，自2017年2月10日起施行）

第一章 总则

第一条 为保障船舶登记有关各方的合法权益，进一步规范船舶登记行为，根据《中华人民共和国海上交通安全法》《中华人民共和国物权法》《中华人民共和国海商法》《中华人民共和国船舶登记条例》等法律、行政法规，制定本办法。

第二条 本办法所称船舶登记，是指船舶登记机关按照《中华人民共和国船舶登记条例》的规定，对船舶所有权、船舶国籍、船舶抵押权、光船租赁、船舶烟囱标志和公司旗进行登记的行为。

第三条 下列船舶的登记适用本办法：

（一）在中华人民共和国境内有住所或者主要营业所的中国公民所有或者光船租赁的船舶；

（二）依据中华人民共和国法律设立的主要营业所在中华人民共和国境内的企业法人所有或者光船租赁的船舶。但是，在该法人的注册资本中有外商出资的，中方投资人的出资额不得低于百分之五十；

（三）外商出资额超过百分之五十的中国企业法人仅供本企业内部生产使用，不从事水路运输经营的趸船、浮船坞；

（四）中华人民共和国政府公务船舶和事业法人、社团法人和其他组织所有或者光船租赁的船舶；

（五）在自由贸易试验区注册的企业法人所有或者光船租赁的船舶。

军事船舶、渔业船舶和体育运动船艇的登记依照有关法规的规定办理。

第四条 交通运输部海事局负责全国船舶登记管理工作。

各级海事管理机构依据职责具体开展辖区内的船舶登记工作，以下简称船舶登记机关。

第五条 船舶登记港为船籍港。各船舶登记机关进行登记的船籍港范围由交通运输部海事局统一确定并对外公布。

船舶登记港由船舶所有人依据其住所或者主要营业所所在地就近选择，但是不得选择两个或者两个以上的船舶登记港。

由企业法人依法成立的开展经营活动的分支机构经营的船舶，可以依据分支机构营业场所所在地就近选择船舶登记港。融资租赁的船舶，可以由租赁双方依其约定，在出租人或者承租人住所地或者主要营业所所在地就近选择船舶登记港。

光租外国籍船舶的，由船舶承租人依据其住所地或者主要营业所所在地就近选择船舶登记港，但是不得选择两个或者两个以上的船舶登记港。

第六条 船舶登记机关办理船舶登记，应当遵循依法、公正、便民的原则。

第七条 船舶登记机关应当建立船舶登记簿。

船舶登记簿可以采用电子介质，也可以采用纸质介质。船舶登记簿采用电子介质的，应当定期进行异地备份，并具有唯一、确定的纸质转化形式。

船舶登记簿由船舶登记机关管理和永久保存。船舶登记簿损毁、灭失的，船舶登记机关应当依据原有登记资料予以重建。

第二章 登记一般规定

第八条 船舶登记应当按照下列程序办理：

（一）申请；

（二）受理；

（三）审查；

（四）记载于船舶登记簿；

（五）发证。

第九条 申请船舶登记，申请人应当填写登记申请书，并向船舶登记机关提交合法身份证明和其他有关申请材料。

第十条 登记申请材料应当为原件，不能提供原件的，可以提交复印件，并同时提交确认复印件与原件一致的证明文件。申请人提交的申请材料是外文的，应当同时提供中文译本。

第十一条 申请人对申请材料的真实性、合法性、有效性负责。

第十二条 船舶登记机关收到船舶登记申请材料后，应当审查申请材料是否齐全，申请材料是否符合法定形式，申请书内容与所附材料是否一致，并核实申请材料是否为原件或者与原件一致。

第十三条 船舶登记机关对登记申请材料审查后，应当按照下列情况出具受理意见：

（一）申请事项属于本登记机关管辖、申请材料齐全、申请书填写完整，复印件与原件一致的，应当受理并书面告知申请人；

（二）申请事项不属于本登记机关管辖的，应当当场书面告知申请人向有管辖权的登记机关申请；

（三）申请材料存在可以当场更正的错误的，应当告知并允许申请人当场更正，申请人更正后，应当受理并书面告知申请人；

（四）申请材料不齐全或者不符合法定形式的，应当书面告知申请人不予受理并一次性告知需

要补正的全部内容 。

第十四条 在船舶登记证书签发之前,申请人以书面形式申请撤回登记申请的,船舶登记机关应当终止办理,并将申请材料退回申请人。

第十五条 经船舶登记机关审查,船舶登记申请符合规定要求的,船舶登记机关予以登记,将申请登记事项记载于船舶登记簿,制作并发放船舶登记证书。

第十六条 有下列情形之一的,船舶登记机关不予登记并书面告知理由:

(一)申请人不能提供权利取得证明文件或者申请登记事项与权利取得证明文件不一致的;

(二)第三人主张存在尚未解决的权属争议且能提供依据的;

(三)申请登记事项与已签发的登记证书内容相冲突的;

(四)违反法律、行政法规规定的。

第十七条 船舶登记机关应当建立船舶登记簿,载明下列事项:

(一)船舶名称、呼号、识别号和主要技术数据;

(二)船舶建造商名称、建造日期和建造地点;

(三)船籍港和船舶登记号码;

(四)船舶的曾用名、原船籍港以及原船舶登记的注销或者中止日期;

(五)船舶所有人的名称、地址及其法定代表人的姓名;

(六)船舶所有权的取得方式和取得日期;

(七)船舶所有权登记日期;

(八)船舶为数人共有的,应当载明船舶共有人的共有情况;

(九)船舶光船租赁的,应当载明光船承租人名称、地址及其法定代表人姓名;

(十)船舶已设定抵押的,应当载明船舶抵押权的设定情况;

(十一)船舶登记机关依法协助司法机关执行的事项。

第十八条 船舶登记证书污损不能使用需要换发的,持证人应当持原船舶登记证书向船籍港船舶登记机关申请换发。

第十九条 船舶所有权登记证书、船舶国籍证书、船舶注销登记证明书遗失或者灭失的,持证人应当书面说明理由,附具有关证明文件,向船籍港船舶登记机关申请补发。船舶登记机关应当予以公告,声明原证书作废。

所有权登记证书补发公告之日起90日内无异议的,船舶国籍证书、船舶注销登记证明书补发公告之日起3日内无异议的,船舶登记机关予以补发新证书。

第二十条 船舶抵押权登记证书、光船租赁登记证书遗失或者灭失的,持证人应当向船籍港船舶登记机关报告。船舶登记机关应当予以公告,声明原证书作废。

第二十一条 船舶权利人、利害关系人、有关国家机关可以依法查阅、复制船舶登记簿或者船舶登记档案。

第二十二条 船舶登记机关协助法院执行的,应当收存法院送达的协助执行通知书和生效的裁判文书。

第二十三条 自船舶登记申请受理之日起,船舶登记机关应当于7个工作日内,将申请登记事项记载于船舶登记簿并核发相应证书,或者作出不予登记的决定。公告时间不计入前款规定的时限。

第二十四条 本办法中的公告,可以在交通运输部海事局的官方网站上发布。

第三章　船舶所有权登记

第一节　船舶名称

第二十五条　船舶申请登记前，应当按照下列规定申请核定船名：

（一）现有船舶，由船舶所有人或者光船租赁外国籍船舶的承租人向拟申请登记地船舶登记机关申请；

（二）新造船舶，由船舶建造人或者定造人向拟申请登记地船舶登记机关申请。未确定拟申请登记地或者为境外定造人建造的，由船舶建造人向建造地船舶登记机关申请。

第二十六条　一艘船舶只准使用一个名称，船名不得与登记在先的船舶重名或者同音。船名经核定后，24个月内未办理船舶登记手续的，经核定的船名自动失效。

第二十七条　船名包括中文名称和英文名称。中文名称由两个及两个以上规范汉字或者两个及两个以上规范汉字加阿拉伯数字组成。英文名称为中文名称中规范汉字的汉语拼音或者中文名称中规范汉字的汉语拼音加阿拉伯数字组成。

第二十八条　船舶不得使用下列名称：

（一）与国家、政府间国际组织名称相同或者相似的，但经有关国家、政府间国际组织同意的除外；

（二）与国家机关、政党名称相同或者相似的，但经有关国家机关、政党同意的除外；

（三）与国家领导人姓名相同的；

（四）与政府公务船舶名称相同或者相似的；

（五）申请人户籍地以外的省、市简称加船舶种类组成的；

（六）带有民族歧视性或者殖民主义色彩的；

（七）有损社会主义道德风尚或者有不良文化倾向的；

（八）法律、行政法规明确禁止使用的。

第二十九条　船名经核定使用后，船舶所有人未发生变更而申请变更船舶名称的，应当重新申请核定船名，并将变更情形进行公告。

第三十条　船舶所有权注销或者船名变更后，原船名自动注销，其他船舶不得申请使用该名称。新的船舶所有人继续使用原船名的，应当重新向船舶登记机关申请核定原船名。

第二节　船舶所有权登记

第三十一条　船舶所有权登记由船舶所有人提出申请。共有船舶由全体共有人共同提出申请。

第三十二条　申请办理船舶所有权登记，应当提交下列材料：

（一）船舶所有权取得证明材料；

（二）船舶技术资料；

（三）船舶正横、侧艏、正艉、烟囱等照片；

（四）共有船舶的，还应当提交船舶共有情况证明材料；

（五）船舶所有人是合资企业的，还应当提交合资企业出资额的证明材料；

（六）已经登记的船舶，还应当提交原船舶登记机关出具的船舶所有权登记注销证明书。

前款所称的船舶技术资料是指新造船舶的建造检验证书，或者现有船舶的船舶检验证书，或者境外购买外国籍船舶的技术评定书。

第三十三条　本办法第三十二条规定提交的船舶所有权取得证明材料，应当满足下列情形之一：

（一）购买取得的船舶，提交购船发票或者船舶的买卖合同和交接文件；

（二）新造船舶，提交船舶建造合同和交接文件；

（三）因继承取得的船舶，提交具有法律效力的所有权取得证明文件；

（四）因赠与取得的船舶，提交船舶赠与合同和交接文件；

（五）依法拍卖取得的船舶，提交具有法律效力的拍卖成交确认书和船舶移交完毕确认书；

（六）因法院裁判或者仲裁机构仲裁取得的船舶，提交生效的裁判文书或者仲裁文书，交接文件或者协助执行通知书；

（七）因政府机关、企事业单位划拨、改制、资产重组发生所有权转移的船舶，提交有权单位出具的资产划拨文件或者资产重组船舶所有权归属证明和交接文件；

（八）因融资租赁取得船舶所有权的，提交船舶融资租赁合同和交接文件；

（九）自造自用船舶或者其他情况下，提交足以证明船舶所有权取得的证明文件。

第三十四条　申请办理建造中船舶所有权登记，应当提交下列材料：

（一）船舶建造合同，如建造合同对建造中船舶所有权约定不明确的，还应提交船舶建造各方共同签署的建造中船舶所有权归属证明；

（二）建造中船舶的基本技术参数；

（三）5张以上从不同角度拍摄且能反映船舶已建成部分整体状况的照片；

（四）船舶未在任何登记机关办理过所有权登记的声明；

（五）共有船舶的，还应当提交船舶共有情况证明材料；

（六）船舶所有人是合资企业的，还应当提交合资企业出资额的证明材料。

第三十五条　船舶所有权登记项目发生变更的，船舶所有人应当持变更项目证明文件和相关船舶登记证书，向船籍港船舶登记机关申请办理变更登记。船舶所有权登记项目变更涉及其他船舶登记证书内容的，应当对其他登记证书一并变更。

第三十六条　因船舶所有权发生转移、船舶灭失和失踪，注销船舶所有权登记的，按照《中华人民共和国船舶登记条例》第三十九条、第四十条的规定办理。

第三十七条　船舶依法拍卖后，新船舶所有人可以凭所有权转移的证明文件向原船舶登记机关申请办理所有权注销登记，并交回原船舶所有权登记证书。原船舶所有权登记证书无法交回的，应当提交书面说明，由船舶登记机关公告作废。

第四章　船舶国籍

第三十八条　船舶所有人申请船舶国籍，应当按照《中华人民共和国船舶登记条例》第十五条的规定提交有关材料。

第三十九条　船舶国籍证书有效期为5年，但下列情形除外：

（一）老旧运输船舶国籍证书的有效期不得超过船舶强制报废日期；

（二）光船租赁船舶国籍证书的有效期与光船租赁期限相同，但最长不超过5年。

第四十条 申请办理临时船舶国籍证书，应当按照《中华人民共和国船舶登记条例》第十七条的规定办理。

第四十一条 从境外购买二手船舶，申请办理临时船舶国籍证书的，船舶所有人应当向住所或者主要营业所所在地的船舶登记机关提交船舶所有权取得证明文件、有效船舶技术证书和原船舶登记机关同意注销的证明文件。

第四十二条 因船舶买卖发生船籍港变化，申请办理临时船舶国籍证书的，新船舶所有人应当向变化后的船舶登记机关提交船舶所有权取得证明文件、有效船舶技术证书。

第四十三条 因船舶所有人住所或者船舶航线变更导致变更船舶登记机关，需要申请办理临时船舶国籍证书的，船舶所有人应当向原船舶登记机关提交有关变更证明文件、有效船舶技术证书。

第四十四条 临时船舶国籍证书有效期一般不超过1年。

以光船条件从境外租进的船舶，临时船舶国籍证书的期限可以根据租期确定，但是最长不超过2年。

第四十五条 船舶国籍证书有效期届满前1年内，船舶所有人应当持船舶国籍证书和有效船舶技术证书，到船籍港船舶登记机关办理证书换发手续。

换发的船舶国籍证书有效期起始日期从原证书有效期届满之日的第2日开始计算，但不得早于签发日期。

第四十六条 船舶国籍登记项目发生变化的，船舶所有人或者光船承租人应当向船籍港船舶登记机关申请办理变更登记，并提交变更项目的证明文件及相关船舶登记证书。

第五章　船舶抵押权登记

第四十七条 20总吨以上船舶的抵押权登记，由船舶抵押人和抵押权人共同向船籍港船舶登记机关申请。

第四十八条 申请办理船舶抵押权登记，应当提交以下材料：

（一）船舶抵押合同及其主合同；

（二）船舶所有权登记证书或者船舶建造合同；

（三）共有船舶的，全体共同共有人或者三分之二以上份额或约定份额的按份共有人同意船舶抵押的证明文件；

（四）已办理光船租赁登记的船舶，承租人同意船舶抵押的证明文件。

申请办理建造中船舶抵押权登记，除提交上述第一至三项材料外，还应当提交抵押人出具的船舶未在其他登记机关办理过抵押权登记并且不存在法律、法规禁止船舶设置抵押权的声明。

第四十九条 船舶抵押权登记，包括下列主要事项：

（一）抵押权人和抵押人的姓名或者名称、地址；

（二）被抵押船舶的名称、国籍，船舶所有权登记证书的颁发机关和登记号码；

（三）被担保的债权数额；

（四）抵押权登记日期。

第五十条　船舶抵押权登记项目发生变化的，抵押人和抵押权人应当共同向船籍港船舶登记机关申请办理变更登记，提交变更项目的证明文件及相关船舶登记证书。

船舶有多个抵押权登记且变更项目涉及被担保的债权数额等变化的，若对其他抵押权人产生不利影响，还应当提交其他抵押权人书面同意变更的证明文件。

第五十一条　船舶抵押权转移登记，按照《中华人民共和国船舶登记条例》第二十三条的规定办理。

第五十二条　因船舶抵押合同解除注销船舶抵押权登记的，按照《中华人民共和国船舶登记条例》第四十一条的规定办理。

第五十三条　20总吨以下船舶申请办理抵押权登记的，可以参照本节有关规定办理。

第六章　光船租赁登记

第五十四条　申请办理光船租赁登记或者光船租赁注销登记，应当按照下列规定提出：

（一）中国籍船舶以光船条件出租给本国企业或者公民的，由船舶出租人和承租人共同向船籍港船舶登记机关申请；

（二）中国企业以光船条件租进外国籍船舶的，由承租人向住所或者主要营业所所在地船舶登记机关申请；

（三）中国籍船舶以光船条件出租境外的，由出租人向船籍港船舶登记机关申请。

第五十五条　船舶在境内出租的，按照《中华人民共和国船舶登记条例》第二十六条的规定办理。

船舶以光船条件出租境外的，按照《中华人民共和国船舶登记条例》第二十七条的规定办理。

以光船条件从境外租进船舶的，按照《中华人民共和国船舶登记条例》第二十八条的规定办理。

第五十六条　光船租赁同时融资租赁的，申请办理光船租赁登记应当提交融资租赁合同。

第五十七条　光船租赁注销登记按照《中华人民共和国船舶登记条例》第四十三条、第四十四条的规定办理。

第五十八条　光船租赁期间，承租人将船舶转租他人，并申请办理光船租赁转租登记的，应当提交出租人同意转租的证明文件。

第五十九条　光船租赁登记项目发生变化的，出租人、承租人应当向船籍港船舶登记机关申请办理变更登记，提交变更项目的证明文件及船舶所有权、光船租赁登记证书。

第七章　船舶烟囱标志和公司旗登记

第六十条　中国籍船舶的所有人可以向船籍港船舶登记机关申请船舶烟囱标志、公司旗登记，并按照规定提供标准设计图纸。

第六十一条 船舶烟囱标志、公司旗登记可以单独申请，也可以一并申请。

第六十二条 船舶登记机关经初步审查后，应对其拟登记的船舶烟囱标志、公司旗予以公告。公告之日起30日内无异议的，方可予以登记。

船舶烟囱标志、公司旗变更设计图的，船舶登记机关予以公告。

第六十三条 船舶烟囱标志、公司旗不得与登记在先的船舶烟囱标志、公司旗相同或者相似。

第六十四条 同一公司的船舶只能使用一个船舶烟囱标志、公司旗。业经登记的船舶烟囱标志、公司旗属登记申请人专用，其他船舶或者公司不得使用。

第六十五条 申请注销船舶烟囱标志、公司旗的，船舶所有人应当向船籍港船舶登记机关提出申请，并交回原船舶烟囱标志、公司旗登记证书。

第六十六条 船舶登记机关应当对登记的船舶烟囱标志、公司旗及其变更或者注销登记情况予以公告。

第八章　自由贸易试验区国际船舶登记的特别规定

第六十七条 本章所称国际船舶登记是指船舶登记机关为在自由贸易试验区内注册的企业仅航行国际航线及港澳台航线的船舶进行的登记。

第六十八条 依据中华人民共和国法律在自由贸易试验区设立的中资企业、中外合资企业、中外合作企业，以及依据国务院自由贸易试验区相关方案设立的外商独资企业和港澳台独资企业的船舶，可以依照本章有关规定申请办理国际船舶登记。

第六十九条 申请国际船舶登记，申请人可以通过前往登记机关现场申请的方式，也可以通过船舶登记机关建立的信息系统网上申请的方式。

网上申请的，船舶登记机关可以根据电子材料先行办理船舶登记手续。申请人在领取登记证书时，应当提交符合第十条要求的申请材料。

第七十条 海事管理机构、船舶检验机构、无线电管理机构和地方交通运输管理部门应当简化各项业务办理条件、优化办理程序，缩短办结时间，并建立信息共享机制，对通过信息共享可以获得的材料，免予申请人提交。

第七十一条 国际登记船舶申请船舶国籍证书时，可以一并申请办理应当由海事管理机构签发的航运公司安全营运和防污染管理体系符合证书、船舶防污染证书、船舶最低安全配员证书、船舶文书等证书、文书。

海事管理机构对申请材料进行统一接收、统筹办理和统一发证。

第七十二条 国际船舶登记申请人提交申请材料时，免予提交海事管理机构或者船舶检验机构签发的可通过信息系统查询的证书。办理船舶登记时，同时办理其他海事业务的，已经提交过的材料免予重复提交。

第七十三条 对于新造船舶或者从其他登记转为国际登记船舶时，船舶检验机构签发船舶检验证书前，可以依申请出具船舶技术参数证明，作为船舶登记机关办理船舶登记的技术资料。

第九章 附则

第七十四条 本办法所称建造中船舶是指船舶处于安放龙骨或者相似建造阶段，或者其后的建造阶段。

第七十五条 长度小于5米的艇筏的登记可以参照本办法执行。

游艇登记另有规定的，从其规定。

第七十六条 本办法自2017年2月10日起施行。

中华人民共和国船舶安全监督规则

（2017年5月23日交通运输部发布；根据2020年3月16日交通运输部《关于修改〈中华人民共和国船舶安全监督规则〉的决定》修正）

第一章　总则

第一条　为了保障水上人命、财产安全，防止船舶造成水域污染，规范船舶安全监督工作，根据《中华人民共和国海上交通安全法》《中华人民共和国海洋环境保护法》《中华人民共和国港口法》《中华人民共和国内河交通安全管理条例》《中华人民共和国船员条例》等法律法规和我国缔结或者加入的有关国际公约的规定，制定本规则。

第二条　本规则适用于对中国籍船舶和水上设施以及航行、停泊、作业于我国管辖水域的外国籍船舶实施的安全监督工作。

本规则不适用于军事船舶、渔业船舶和体育运动船艇。

第三条　船舶安全监督管理遵循依法、公正、诚信、便民的原则。

第四条　交通运输部主管全国船舶安全监督工作。

国家海事管理机构统一负责全国船舶安全监督工作。

各级海事管理机构按照职责和授权开展船舶安全监督工作。

第五条　本规则所称船舶安全监督，是指海事管理机构依法对船舶及其从事的相关活动是否符合法律、法规、规章以及有关国际公约和港口国监督区域性合作组织的规定而实施的安全监督管理活动。船舶安全监督分为船舶现场监督和船舶安全检查。

船舶现场监督，是指海事管理机构对船舶实施的日常安全监督抽查活动。

船舶安全检查，是指海事管理机构按照一定的时间间隔对船舶的安全和防污染技术状况、船员配备及适任状况、海事劳工条件实施的安全监督检查活动，包括船旗国监督检查和港口国监督检查。

第六条　海事管理机构应当配备必要的人员、装备、资料等，以满足船舶安全监督管理工作的需要。

第七条　船舶现场监督应当由具备相应职责的海事行政执法人员实施。

第八条　从事船舶安全检查的海事行政执法人员应当取得相应等级的资格证书，并不断更新知识。

第九条　海事管理机构应当建立对船舶安全状况的社会监督机制，公布举报、投诉渠道，完善举报和投诉处理机制。

海事管理机构应当为举报人、投诉人保守秘密。

第二章　船舶进出港报告

第十条　中国籍船舶在我国管辖水域内航行应当按照规定实施船舶进出港报告。

第十一条　船舶应当在预计离港或者抵港4小时前向将要离泊或者抵达港口的海事管理机构报告进出港信息。航程不足4小时的，在驶离上一港口时报告。

船舶在固定航线航行且单次航程不超过2小时的，可以每天至少报告一次进出港信息。

船舶应当对报告的完整性和真实性负责。

第十二条　船舶报告的进出港信息应当包括航次动态、在船人员信息、客货载运信息、拟抵离时间和地点等。

第十三条　船舶可以通过互联网、传真、短信等方式报告船舶进出港信息，并在船舶航海或者航行日志内作相应的记载。

第十四条　海事管理机构与水路运输管理部门应当建立信息平台，共享船舶进出港信息。

第三章　船舶综合质量管理

第十五条　海事管理机构应当建立统一的船舶综合质量管理信息平台，收集、处理船舶相关信息，建立船舶综合质量档案。

第十六条　船舶综合质量管理信息平台应当包括下列信息：

（一）船舶基本信息；

（二）船舶安全与防污染管理相关规定落实情况；

（三）水上交通事故情况和污染事故情况；

（四）水上交通安全违法行为被海事管理机构行政处罚情况；

（五）船舶接受安全监督的情况；

（六）航运公司和船舶的安全诚信情况；

（七）船舶进出港报告或者办理进出港手续情况；

（八）按照相关规定缴纳相关费税情况；

（九）船舶检验技术状况。

第十七条　海事管理机构应当按照第十六条所述信息开展船舶综合质量评定，综合质量评定结果应当向社会公开。

第四章　船舶安全监督

第一节　安全监督目标船舶的选择

第十八条　海事管理机构对船舶实施安全监督，应当减少对船舶正常生产作业造成的不必要影响。

第十九条　国家海事管理机构应当制定安全监督目标船舶选择标准。

海事管理机构应当结合辖区实际情况，按照全面覆盖、重点突出、公开便利的原则，依据我国加入的港口国监督区域性合作组织和国家海事管理机构规定的目标船舶选择标准，综合考虑船舶类型、船龄、以往接受船舶安全监督的缺陷、航运公司安全管理情况等，按照规定的时间间隔，选择船舶实施船舶安全监督。

第二十条　按照目标船舶选择标准未列入选船目标的船舶，海事管理机构原则上不登轮实施船舶安全监督，但按照第二十一条规定开展专项检查的除外。

第二十一条　国家重要节假日、重大活动期间，或者针对特定水域、特定安全事项、特定船舶需要进行检查的，海事管理机构可以综合运用船舶安全检查和船舶现场监督等形式，开展专项检查。

第二节　船舶安全监督

第二十二条　船舶现场监督的内容包括：

（一）中国籍船舶自查情况；

（二）法定证书文书配备及记录情况；

（三）船员配备情况；

（四）客货载运及货物系固绑扎情况；

（五）船舶防污染措施落实情况；

（六）船舶航行、停泊、作业情况；

（七）船舶进出港报告或者办理进出港手续情况；

（八）按照相关规定缴纳相关费税情况。

第二十三条　船舶安全检查的内容包括：

（一）船舶配员情况；

（二）船舶、船员配备和持有有关法定证书文书及相关资料情况；

（三）船舶结构、设施和设备情况；

（四）客货载运及货物系固绑扎情况；

（五）船舶保安相关情况；

（六）船员履行其岗位职责的情况，包括对其岗位职责相关的设施、设备的维护保养和实际操作能力等；

（七）海事劳工条件；

（八）船舶安全管理体系运行情况；

（九）法律、法规、规章以及我国缔结、加入的有关国际公约要求的其他检查内容。

第二十四条 海事管理机构应当按照船舶安全监督的内容,制定相应的工作程序,规范船舶安全监督活动。

第二十五条 海事管理机构完成船舶安全监督后应当签发相应的《船舶现场监督报告》《船旗国监督检查报告》或者《港口国监督检查报告》,由船长或者履行船长职责的船员签名。

《船舶现场监督报告》《船旗国监督检查报告》《港口国监督检查报告》一式两份,一份由海事管理机构存档,一份留船备查。

第二十六条 船舶现场监督中发现船舶存在危及航行安全、船员健康、水域环境的缺陷或者水上交通安全违法行为的,应当按照规定进行处置。

发现存在需要进一步进行安全检查的船舶安全缺陷的,应当启动船舶安全检查程序。

第三节 船舶安全缺陷处理

第二十七条 海事行政执法人员在船舶安全监督过程中发现船舶存在缺陷的,应当按照相关法律、法规、规章和公约的规定,提出下列处理意见:

(一)警示教育;

(二)开航前纠正缺陷;

(三)在开航后限定的期限内纠正缺陷;

(四)滞留;

(五)禁止船舶进港;

(六)限制船舶操作;

(七)责令船舶驶向指定区域;

(八)责令船舶离港。

第二十八条 安全检查发现的船舶缺陷不能在检查港纠正时,海事管理机构可以允许该船驶往最近的可以修理的港口,并及时通知修理港口的海事管理机构。

修理港口超出本港海事管理机构管辖范围的,本港海事管理机构应当通知修理港口海事管理机构进行跟踪检查。

修理港口海事管理机构在收到跟踪检查通知后,应当对船舶缺陷的纠正情况进行验证,并及时将验证结果反馈至发出通知的海事管理机构。

第二十九条 海事管理机构采取本规则第二十七条第(四)、(五)、(八)项措施的,应当将采取措施的情况及时通知中国籍船舶的船籍港海事管理机构,或者外国籍船舶的船旗国政府。

第三十条 由于存在缺陷,被采取本规则第二十七条第(四)、(五)、(六)、(八)项措施的船舶,应当在相应的缺陷纠正后向海事管理机构申请复查。被采取其他措施的船舶,可以在相应缺陷纠正后向海事管理机构申请复查,不申请复查的,在下次船舶安全检查时由海事管理机构进行复查。海事管理机构收到复查申请后,决定不予本港复查的,应当及时通知申请人在下次船舶安全检查时接受复查。

复查合格的,海事管理机构应当及时解除相应的处理措施。

第三十一条 船舶有权对海事行政执法人员提出的缺陷和处理意见进行陈述和申辩。船舶对于缺陷和处理意见有异议的,海事行政执法人员应当告知船舶申诉的途径和程序。

第三十二条 海事管理机构在实施船舶安全监督中,发现航运公司安全管理存在问题的,应当要求航运公司改正，并将相关情况通报航运公司注册地海事管理机构。

第三十三条　海事管理机构应当将影响安全的重大船舶缺陷以及导致船舶被滞留的缺陷，通知航运公司、相关船舶检验机构或者组织。

船舶存在缺陷或者隐患，以及船舶安全管理存在较为严重问题，可能影响其运输资质条件的，海事管理机构应当将有关情况通知相关水路运输管理部门，水路运输管理部门应当将处理情况反馈相应的海事管理机构。

水路运输管理部门在市场监管中，发现可能影响到船舶安全的问题，应当将有关情况通知相应海事管理机构，海事管理机构应当将处理情况反馈相应水路运输管理部门。

第三十四条　船舶以及相关人员，应当按照海事管理机构签发的《船舶现场监督报告》《船旗国监督检查报告》《港口国监督检查报告》等的要求，对存在的缺陷进行纠正。

航运公司应当督促船舶按时纠正缺陷，并将纠正情况及时反馈实施检查的海事管理机构。

船舶检验机构应当核实有关缺陷纠正情况，需要进行临时检验的，应当将检验报告及时反馈实施检查的海事管理机构。

第三十五条　中国籍船舶的船长应当对缺陷纠正情况进行检查，并在航行或者航海日志中进行记录。

第三十六条　船舶应当妥善保管《船舶现场监督报告》《船旗国监督检查报告》《港口国监督检查报告》，在船上保存至少2年。

第三十七条　除海事管理机构外，任何单位和个人不得扣留、收缴《船舶现场监督报告》《船旗国监督检查报告》《港口国监督检查报告》，或者在上述报告中进行签注。

第三十八条　任何单位和个人，不得擅自涂改、故意损毁、伪造、变造、租借、骗取和冒用《船舶现场监督报告》《船旗国监督检查报告》《港口国监督检查报告》。

第三十九条　《船舶现场监督报告》《船旗国监督检查报告》《港口国监督检查报告》的格式由国家海事管理机构统一制定。

第四十条　中国籍船舶在境外发生水上交通事故，或者被滞留、禁止进港、禁止入境、驱逐出港（境）的，航运公司应当及时将相关情况向船籍港海事管理机构报告，海事管理机构应当做好相应的沟通协调和给予必要的协助。

第五章　船舶安全责任

第四十一条　航运公司应当履行安全管理与防止污染的主体责任，建立、健全船舶安全与防污染制度，对船舶及其设备进行有效维护和保养，确保船舶处于良好状态，保障船舶安全，防止船舶污染环境，为船舶配备满足最低安全配员要求的适任船员。

第四十二条　中国籍船舶应当建立开航前自查制度。船舶在离泊前应当对船舶安全技术状况和货物装载情况进行自查，按照国家海事管理机构规定的格式填写《船舶开航前安全自查清单》，并在开航前由船长签字确认。

船舶在固定航线航行且单次航程不超过2小时的，无须每次开航前均进行自查，但一天内应当至少自查一次。

《船舶开航前安全自查清单》应当在船上保存至少2年。

第四十三条　船长应当妥善安排船舶值班,遵守船舶航行、停泊、作业的安全规定。

第四十四条　船舶应当遵守港口所在地有关管理机构关于恶劣天气限制开航的规定。

航行于内河水域的船舶应当遵守海事管理机构发布的关于枯水季节通航限制的通告。

第四十五条　船舶检验机构应当确保检验的全面性、客观性、准确性和有效性,保证检验合格的船舶具备安全航行、安全作业的技术条件,并对出具的检验证书负责。

第四十六条　配备自动识别系统等通信、导助航设备的船舶应当始终保持相关设备处于正常工作状态,准确完整显示本船信息,并及时更新抵、离港名称和时间等相关信息。相关设备发生故障的,应当及时向抵达港海事管理机构报告。

第四十七条　拟交付船舶国际运输的载货集装箱,其托运人应当在交付船舶运输前,采取整体称重法或者累加计算法对集装箱的重量进行验证,确保集装箱的验证重量不超过其标称的最大营运总质量,与实际重量的误差不超过5%且最大误差不超过1吨,并在运输单据上注明验证重量、验证方法和验证声明等验证信息,提供给承运人、港口经营人。

采取累加计算法的托运人,应当制定符合交通运输部规定的重量验证程序,并按照程序进行载货集装箱重量验证。

未取得验证信息或者验证重量超过最大营运总质量的集装箱,承运人不得装船。

第四十八条　海事管理机构应当加强对船舶国际运输集装箱托运人、承运人的监督检查,发现存在违反本规则情形的,应当责令改正。

第四十九条　任何单位和个人不得阻挠、妨碍海事行政执法人员对船舶进行船舶安全监督。

第五十条　海事行政执法人员在开展船舶安全监督时,船长应当指派人员配合。指派的配合人员应当如实回答询问,并按照要求测试和操纵船舶设施、设备。

第五十一条　海事管理机构通过抽查实施船舶安全监督,不能代替或者免除航运公司、船舶、船员、船舶检验机构及其他相关单位和个人在船舶安全、防污染、海事劳工条件和保安等方面应当履行的法律责任和义务。

第六章　法律责任

第五十二条　违反本规则,有下列行为之一的,由海事管理机构对违法船舶所有人或者船舶经营人处1000元以上1万元以下罚款;情节严重的,处1万元以上3万元以下罚款。对船长或者其他责任人员处100元以上1000元以下罚款;情节严重的,处1000元以上3000元以下罚款:

(一)弄虚作假欺骗海事行政执法人员的;

(二)未按照《船舶现场监督报告》《船旗国监督检查报告》《港口国监督检查报告》的处理意见纠正缺陷或者采取措施的;

(三)按照第三十条第一款规定应当申请复查而未申请的。

第五十三条　船舶未按照规定开展自查或者未随船保存船舶自查记录的,对船舶所有人或者船舶经营人处1000元以上1万元以下罚款。

第五十四条　船舶未按照规定随船携带或者保存《船舶现场监督报告》《船旗国监督检查报

告》《港口国监督检查报告》的，海事管理机构应当责令其改正，并对违法船舶所有人或者船舶经营人处1000元以上1万元以下罚款。

第五十五条 船舶进出内河港口，未按照规定向海事管理机构报告船舶进出港信息的，对船舶所有人或者船舶经营人处5000元以上5万元以下罚款。

船舶进出沿海港口，未按照规定向海事管理机构报告船舶进出港信息的，对船舶所有人或者船舶经营人处5000元以上3万元以下罚款。

第五十六条 违反本规则，在船舶国际集装箱货物运输经营活动中，有下列情形之一的，由海事管理机构处1000元以上3万元以下罚款：

（一）托运人提供的验证重量与实际重量的误差超过5%或者1吨的；

（二）承运人载运未取得验证信息或者验证重量超过最大营运总质量的集装箱的。

第五十七条 实施船舶安全检查中发现船舶存在的缺陷与船舶检验机构有关的，海事管理机构应当按照相关规定进行处罚。

因船舶检验机构人员滥用职权、徇私舞弊、玩忽职守、严重失职，造成已签发检验证书的船舶存在严重缺陷或者发生重大事故的，海事管理机构应当撤销其检验资格。

第五十八条 海事管理机构工作人员不依法履行职责进行监督检查，有滥用职权、徇私舞弊、玩忽职守等行为的，由其所在机构或者上级机构依法给予行政处分；构成犯罪的，由司法机关依法追究刑事责任。

第七章　附则

第五十九条 本规则所称船舶和相关设施的含义，与《中华人民共和国海上交通安全法》《中华人民共和国内河交通安全管理条例》中的船舶、水上设施含义相同。

本规则所称法定证书文书，是指船舶国籍证书、船舶配员证书、船舶检验证书、船舶营运证件、航海或者航行日志以及其他按照法律法规、技术规范及公约要求必须配备的证书文书。

本规则所称航运公司，是指船舶的所有人、经营人和管理人。

本规则所称最大营运总质量，是指在营运中允许的包括所载货物等在内的集装箱整体最大总质量，并在集装箱安全合格牌照上标注。

第六十条 本规则自2017年7月1日起施行。2009年11月30日以交通运输部令2009年第15号公布的《中华人民共和国船舶安全检查规则》同时废止。

中华人民共和国高速客船安全管理规则

（2006年2月24日交通部发布；根据2017年5月23日交通运输部《关于修改〈中华人民共和国高速客船安全管理规则〉的决定》修正）

第一章 总则

第一条 为加强对高速客船的安全监督管理，维护水上交通秩序，保障人命财产安全，依据《中华人民共和国海上交通安全法》《中华人民共和国内河交通安全管理条例》等有关法律和行政法规，制定本规则。

第二条 本规则适用于在中华人民共和国通航水域航行、停泊和从事相关活动的高速客船及船舶所有人、经营人和相关人员。

第三条 中华人民共和国海事局是实施本规则的主管机关。

各海事管理机构负责在本辖区内实施本规则。

第二章 船公司

第四条 经营高速客船的船公司应满足《国内水路运输管理规定》的要求，取得相应的经营资质。

第五条 船公司从境外购置或光租的二手外国籍高速客船应满足《老旧运输船舶管理规定》的要求。

第六条 船公司在高速客船开始营运前，应以手册形式编制下列资料和指南：

（一）航线运行手册；

（二）船舶操作手册；

（三）船舶维修及保养手册；

（四）培训手册。

上述各项手册所应包含的内容由主管机关确定。

第七条 经营高速客船的船公司应当建立适合高速客船营运特点的安全管理制度，包括为防止船员疲劳的船员休息制度。

第三章　船舶

第八条　高速客船须经船舶检验合格，并办理船舶登记手续，持有有效的船舶证书。

第九条　高速客船投入营运前，应向主要营运地的海事管理机构申请办理《高速客船操作安全证书》。

申请办理《高速客船操作安全证书》，应提交下列资料：

（一）船舶检验证书；

（二）船舶所有权证书和船舶国籍证书；

（三）船员适任证书和特殊培训合格证；

（四）航线运行手册；

（五）船舶操作手册；

（六）船舶维修及保养手册；

（七）培训手册；

（八）法律、法规规定的其他资料。

海事管理机构对经审核符合要求的，予以签发《高速客船操作安全证书》。高速客船取得该证书后方可投入营运。

高速客船应随船携带最新的适合于本船的航线运行手册、船舶操作手册、船舶维修及保养手册和培训手册。

第十条　高速客船必须按规定要求配备号灯、号型、声响信号、无线电通信设备、消防设备、救生设备和应急设备等。高速客船上所有的设备和设施均应处于完好备用状态。

第四章　船员

第十一条　在高速客船任职的船员应符合下列要求：

（一）经主管机关认可的基本安全培训并取得培训合格证，其中船长、驾驶员、轮机长、轮机员以及被指定为负有安全操作和旅客安全职责的普通船员还必须通过主管机关认可的特殊培训并取得特殊培训合格证。

（二）船长、驾驶员、轮机长、轮机员按规定持有相应的职务适任证书。

（三）取得高速客船船员职务适任证书者，在正式任职前见习航行时间不少于10小时和20个单航次。

（四）男性船长、驾驶员的年龄不超过60周岁，女性船长、驾驶员的年龄不超过55周岁。

在非高速客船上任职的船员申请高速客船船长、大副、轮机长职务适任证书时的年龄不超过45周岁。

（五）船长、驾驶员的健康状况，尤其是视力、听力和口语表达能力应符合相应的要求。

第十二条　主管机关授权的海事管理机构负责高速客船船员的培训管理和考试、发证工作。有关培训、考试、发证的规定由主管机关颁布实施。

第十三条　高速客船应向办理船舶登记手续的海事管理机构申领最低安全配员证书。高速客船的最低配员标准应满足本规则附录的要求。

第十四条　高速客船驾驶人员连续驾驶值班时间不得超过两个小时，两次驾驶值班之间应有足够的间隔休息时间，具体由当地海事管理机构确定。

第五章　航行安全

第十五条　高速客船航行时应使用安全航速，以防止发生碰撞和浪损。高速客船进出港口及航经特殊航段时，应遵守当地海事管理机构有关航速的规定。

高速客船在航时，须显示黄色闪光灯。

第十六条　高速客船在航时，值班船员必须在各自岗位上严格按职责要求做好安全航行工作。驾驶台负责瞭望的人员必须保持正规的瞭望。无关人员禁止进入驾驶台。

第十七条　高速客船在港口及内河通航水域航行时，应主动让清所有非高速船舶。高速客船在海上航行及高速客船与其他高速船舶之间避让时，应按避碰规则的规定采取措施。高速客船在特殊航段航行时，应遵守海事管理机构公布的特别航行规定。

第十八条　海事管理机构认为必要时可为高速客船推荐或指定航路。高速客船必须遵守海事管理机构有关航路的规定。

第十九条　遇有恶劣天气或能见度不良时，海事管理机构可建议高速客船停航。

第二十条　高速客船应按规定的乘客定额载客，禁止超载。高速客船禁止在未经批准的站、点上下旅客。

第六章　安全保障

第二十一条　高速客船应在专用的码头上下旅客，如需使用非专用码头时，应经海事管理机构审核同意。

第二十二条　高速客船应靠泊符合下列条件的码头：

（一）满足船舶安全靠泊的基本要求；

（二）高速客船靠泊时不易对他船造成浪损；

（三）避开港口通航密集区和狭窄航段；

（四）上下旅客设施符合安全条件；

（五）夜间有足够的照明；

（六）冬季有采取防冻防滑的安全保护措施。

第二十三条　高速客船对旅客携带物品应有尺度和数量限制，旅客的行李物品不得堵塞通道。严禁高速客船载运或旅客携带危险物品。

第二十四条　高速客船应每周进行一次应急消防演习和应急撤离演习，并做好演习记录；每次开航前，应向旅客讲解有关安全须知。

第二十五条　高速客船应建立开航前安全自查制度，制定开航前安全自查表并进行对照检查，海事管理机构可对开航前安全自查表进行监督抽查。

第二十六条　高速客船应当按规定办理进出港口手续。国内航行的高速客船应当按规定办理进出港报告手续。国际航行的高速客船可申请不超过7天的定期进出口岸许可证。

高速客船不得夜航。但航行特殊水域的高速客船确需夜航的，应当向当地海事管理机构申请船舶进出港口许可，经批准后方可夜航。

第二十七条　高速客船发生交通事故、遇险或人员落水，应采取措施积极自救，并立即向就近海事管理机构报告。

第七章　法律责任

第二十八条　违反本规定的，由海事管理机构依照有关法律、行政法规以及交通运输部的有关规定进行处罚。

第二十九条　高速客船违反本规则经海事管理机构处罚仍不改正的，海事管理机构可责令其停航。

本条变迁智能发现

第三十条　海事管理机构工作人员违反规定，滥用职权，玩忽职守，给人民生命财产造成损失的，由所在单位或上级主管机关给予行政处分；构成犯罪的，依法追究其刑事责任。

第八章　附则

第三十一条　本规则所述"高速客船"系指载客12人以上，最大航速（米/秒）等于或大于以下数值的船舶：$3.7\nabla 0.1667$，式中"∇"系指对应设计水线的排水体积（立方米）。但不包括在非排水状态下船体由地效应产生的气动升力完全支承在水面上的船舶。

本规则所述"船公司"系指船舶所有人、经营人或者管理人以及其他已从船舶所有人处接受船舶的营运责任并承担船舶安全与防污染管理的所有义务和责任的组织。

第三十二条　外国籍高速客船不适用本规则第二、三、四章的规定，但应满足船旗国主管当局的要求。

第三十三条　本规则未尽事宜，按国家其他有关法规和我国加入的国际公约执行。

第三十四条　本规则自2006年6月1日起施行。交通部1996年12月24日发布的《中华人民共和国高速客船安全管理规则》（交通部令1996年第13号）同时废止。

附录：

高速客船最低安全配员

沿海及国际航线

安全配员	P<200人		P≥200人	
T<2H	船长1人 驾驶员1人 普通船员1人	轮机长1人 轮机员1人	船长1人 驾驶员1人 普通船员2人	轮机长1人 轮机员1人
2H≤T<4H	船长1人 驾驶员1人 普通船员2人	轮机长1人 轮机员1人	船长1人 驾驶员1人 普通船员3人	轮机长1人 轮机员1人
T≥4H	船长1人 驾驶员2人 普通船员2人	轮机长1人 轮机员1人	船长1人 驾驶员2人 普通船员3人	轮机长1人 轮机员1人

注：1. 普通船员中应至少有1人为水手。

2. 客运部和无线电人员的配员参照《中华人民共和国船舶最低安全配员规则》的海船最低安全配员表进行核定。

3. T——单航次航行时间 P——载客定额 H——小时

二、内河航线

安全配员	P<100人		P≥100人	
T<2H	船长1人 驾驶员1人	轮机员1人	船长1人 驾驶员1人	轮机长1人 普通船员1人
2H≤T<4H	船长1人 驾驶员1人	轮机长1人 普通船员1人	船长1人 驾驶员1人	轮机长1人 普通船员2人
T≥4H	船长1人 驾驶员1人 普通船员2人	轮机长1人 轮机员1人	船长1人 驾驶员2人 普通船员2人	轮机长1人 轮机员1人

注：1. 普通船员中应至少有1人为水手。

2. 客运部人员的配员参照《中华人民共和国船舶最低安全配员规则》的内河船舶最低安全配员表进行核定。

3. T——单航次航行时间 P——载客定额 H——小时

海上滚装船舶安全监督管理规定

（2019年6月26日经第13次部务会议通过，自2019年9月1日起施行）

第一章　总则

第一条　为了加强海上滚装船舶安全监督管理，保障海上人命和财产安全，依据《中华人民共和国海上交通安全法》《中华人民共和国船舶和海上设施检验条例》等法律、行政法规，制定本规定。

第二条　在中华人民共和国管辖海域内对滚装船舶的安全监督管理活动，适用本规定。

第三条　交通运输部主管海上滚装船舶安全管理工作。

国家海事管理机构负责海上滚装船舶安全监督管理工作。

其他各级海事管理机构按照职责权限具体负责海上滚装船舶安全监督管理工作。

第二章　滚装船舶、船员

第四条　滚装船舶应当依法由船舶检验机构检验，取得相应检验证书、文书。

船舶检验机构实施滚装船舶检验，应当注重对以下内容进行测定或者核定：

（一）滚装船舶船艏、船艉和舷侧水密门的性能；

（二）滚装船舶装车处所的承载能力，包括装车处所甲板的装载能力及每平方米的承载能力；

（三）滚装船舶装车处所、客舱等重要部位的消防系统和电路系统；

（四）滚装船舶系索、地铃、天铃及其他系固附属设备的最大系固负荷；

（五）滚装船舶车辆和货物系固手册；

（六）滚装船舶救生系统和应急系统。

第五条　滚装船舶开航前，应当按照滚装船舶艏部、艉部及舷侧水密门安全操作程序和有关要求，对乘客、货物、车辆情况及滚装船舶的安全设备、水密门等情况进行全面检查，并如实记录。

中国籍滚装船舶按照前款规定完成检查并确认符合有关安全要求的，由船长签署船舶开航前安全自查清单。

第六条 滚装船舶在航行中应当加强巡检。发现安全隐患的，应当及时采取有效措施予以消除；不能及时消除的，应当向滚装船舶经营人、管理人报告。必要时，还应当向海事管理机构报告。

第七条 滚装船舶在航行中遭遇恶劣天气和海况时，应当谨慎操纵和作业，加强巡查，加固货物、车辆，防止货物、车辆位移或者碰撞，并及时向滚装船舶经营人、管理人报告。必要时，还应当向海事管理机构报告。

第八条 滚装船舶应当对装车处所、装货处所进行有效通风，并根据相关技术规范确定闭式滚装处所和特种处所每小时换气次数。

第九条 装车处所应当使用明显标志标明车辆装载位置，并合理积载，保持装载平衡。

第十条 滚装客船应当在明显位置标明乘客定额和客舱处所。

严禁滚装客船超出核定乘客定额出售客票。

禁止在滚装船舶的船员起居处、装车处所、安全通道及其他非客舱处所载运乘客。

第十一条 滚装客船开航后，应当立即向司机、乘客说明安全须知所处位置和应急通道及有关应急措施。

第十二条 滚装船舶载运危险货物或者装载危险货物的车辆，还应当遵守《船舶载运危险货物安全监督管理规定》。

第十三条 滚装船舶的船员，应当熟悉所在船舶的下列内容：

（一）安全管理体系或者安全管理制度；

（二）职责范围内安全操作程序；

（三）应急反应程序和应急措施。

第三章　滚装船舶经营人、管理人

第十四条 滚装船舶经营人、管理人应当制定滚装船舶艏部、艉部及舷侧水密门安全操作程序，并指定专人负责滚装船舶水密门的开启和关闭。

第十五条 滚装船舶经营人、管理人应当在船舶的公共场所，使用明显标志标明消防和救生设备设施、应急通道以及有关应急措施，并配备适量的安全须知，供船员、乘客阅览。

第十六条 滚装船舶经营人、管理人应当制定航行、停泊和作业巡检制度，明确巡检范围、巡检程序、安全隐患报告程序和应急情况处理措施以及巡检人员的岗位责任。

第十七条 滚装船舶经营人、管理人应当综合考虑滚装船舶装车处所的承载能力、系固能力，明确滚装船舶系固的具体方案和要求，制定系固手册。

滚装船舶应当按照系固手册系固车辆，并符合船舶检验机构核定的装车处所的承载能力、装载尺度。

第十八条 滚装客船经营人、管理人应当根据航区自然环境、航行时间、气象条件和航行特点，合理调度和使用滚装客船。

中国籍滚装客船应当由船舶检验机构核定船舶抗风等级并在船舶检验证书中明确。船舶开航前或者拟航经水域风力超过抗风等级的，不得开航或者航经该水域。

第十九条 中国籍滚装客船经营人、管理人应当对船舶进行动态监控，及时掌握滚装客船的航行、停泊、作业等动态，并配备航行数据记录仪。

第二十条 滚装船舶经营人、管理人应当定期组织滚装船舶的船员及相关工作人员，按照国际条约或者船舶检验相关规则的规定进行应急演练与培训。

第四章 车辆、货物和乘客

第二十一条 搭乘滚装船舶的车辆，应当向滚装船舶和港口经营人如实提供车辆号牌及驾驶员联系方式等信息。货运车辆还应当如实提供其装载货物的名称、性质、重量和体积等信息。

搭乘滚装船舶的车辆应当按照规定在港口接受安全检查。对检查发现有谎报、瞒报危险货物行为的车辆，不得允许其上船。

中国籍滚装船舶应当指定专人对车辆装载的安全状况进行检查，并填写车辆安全装载记录。车辆安全装载记录应当随船留存至少1个月。

第二十二条 搭乘滚装船舶的车辆，应当将所载货物绑扎牢固，在船舶航行期间处于制动状态，以适合水路滚装运输的需要。

第二十三条 搭乘滚装船舶的车辆，应当处于良好技术状态，并按照指定的区域、类型和抵达港口先后次序排队停放，等候装船。

第二十四条 车辆拟驶上或者驶离船舶时，滚装船舶和港口经营人应当检查码头与滚装船舶的连接情况，保证上下船舶的车辆安全。车辆应当听从港口经营人、滚装船舶的指挥，遵守港口经营人规定的安全速度并按照顺序行驶。

第二十五条 车辆及司机、乘客应当遵守下列规定：

（一）车辆应当进入船舱指定位置，在船舶航行期间关闭发动机；

（二）司机在船舶航行期间不得留在车内，也不得在装货处所和装车处所随意走动、停留；

（三）乘客在上下船及船舶航行过程中不得留在车内，也不得在装货处所和装车处所随意走动、停留。

旅客列车、救护车、押运车、冷藏车、活鲜运输车辆等特殊车辆除外。

第二十六条 搭载旅客列车的滚装船舶应当加强旅客列车在船期间的安全管理，制定旅客应急撤离程序，并及时告知旅客列车经营人。

发生紧急情况的，滚装船舶应当按照应急撤离程序组织旅客安全撤离。旅客列车经营人应当予以配合。

第五章 监督检查

第二十七条 海事管理机构应当按照《中华人民共和国船舶安全监督规则》的规定，对滚装船舶实施船舶现场监督和船舶安全检查。

海事管理机构应当根据选船标准选择实施现场监督和安全检查的滚装船舶。其中，短途固定航线的滚装客船现场监督每周不得少于一次。

第二十八条 滚装船舶有下列情形之一的,海事管理机构应当责令立即纠正或者开航前纠正:

(一)不符合安全适航条件的;

(二)不符合本规定有关载客或者载货要求的。

第二十九条 县级以上人民政府交通运输主管部门对滚装船舶乘客和车辆的售票等情况进行检查,不符合国家有关规定的,应当责令其改正。

第三十条 海事管理机构和县级以上人民政府交通运输主管部门依法对滚装船舶监督检查和安全管理,任何单位和个人不得拒绝、阻挠或者隐瞒有关情况。

第六章 法律责任

第三十一条 违反本规定有关海上交通安全管理的规定,由海事管理机构按照有关法律、行政法规和交通运输部规章给予行政处罚。

第三十二条 违反本规定,滚装客船超额出售客票的,由交通运输主管部门责令改正,处以2000元以上2万元以下的罚款。

第三十三条 违反本规定,车辆搭乘滚装船舶不如实提供车辆、货物信息或者不听从港口经营人、滚装船舶指挥的,由交通运输主管部门责令改正,属于非经营性的,处以1000元以下的罚款;属于经营性的,处以1000元以上3万元以下的罚款。

第三十四条 违反本规定,滚装客船在风力超过船舶抗风等级情况下,仍然开航或者航经该水域的,由海事管理机构责令改正,处以1万元以上3万元以下的罚款。

第三十五条 海事管理机构、交通运输主管部门的工作人员滥用职权、徇私舞弊、玩忽职守等严重失职的,由所在单位或者上级机关给予行政处分;构成犯罪的,依法追究刑事责任。

第七章 附则

第三十六条 本规定下列用语的含义是:

(一)滚装船舶,是指具有滚装装货处所或者装车处所的船舶。

(二)滚装客船,是指具有乘客定额证书且核定乘客定额(包括车辆驾驶员)12人以上的滚装船舶。

(三)装货处所,是指滚装船舶内可供滚装方式装载货物的处所,以及通往该处所的围壁通道。

(四)装车处所,是指滚装船舶的有隔离舱壁的甲板以上或者甲板以下用作装载机动车、非机动车并可以让车辆进出的围蔽处所。

第三十七条 本规定自2019年9月1日起施行。2002年5月30日以交通部令2002年第1号公布的《海上滚装船舶安全监督管理规定》、2017年5月23日以交通运输部令2017年第18号公布的《交通运输部关于修改〈海上滚装船舶安全监督管理规定〉的决定》同时废止。

海运固体散装货物安全监督管理规定

（2019年1月16日经第2次部务会议通过，自2019年3月1日起施行）

第一章　总则

第一条　为了加强海运固体散装货物监督管理，保障海上人命、财产安全，依据《中华人民共和国海上交通安全法》《中华人民共和国港口法》等法律，制定本规定。

第二条　船舶在中华人民共和国管辖海域内从事载运固体散装货物，适用本规定。

第三条　交通运输部主管全国海运固体散装货物的安全管理工作。

国家海事管理机构按照职责负责全国海运固体散装货物的安全监督管理工作。

其他各级海事管理机构按照各自职责权限具体负责海运固体散装货物的安全监督管理工作。

第四条　船舶载运B组固体散装货物的，还应当遵守《船舶载运危险货物安全监督管理规定》。

第二章　一般规定

第五条　从事固体散装货物运输的船舶所有人、经营人或者管理人，按照交通运输部有关规定建立和实施的船舶安全营运和防污染管理体系或者制度，应当包括载运固体散装货物的程序、须知或者管理制度。

第六条　载运固体散装货物的船舶，其船舶装载手册或者稳性计算书中应当列出所载货物安全适运的典型工况。

第七条　船舶载运固体散装货物，应当符合有关积载、隔离和运输的安全技术规范，并符合相应适装证书或者证明文书的要求。

第八条　船舶所有人、经营人或者管理人应当对船员进行固体散装货物专业知识培训和考核，保证船员熟悉固体散装货物的特性、操作规程及应急预案。

第九条　按照本规定办理报告手续的人员，应当熟悉相关法规、标准规范和报告程序。

第十条　拟交付船舶运输的固体散装货物如果未在《国际海运固体散装货物规则》中列出，其托运人应当提交具有相应资质的检测机构(以下简称检测机构)出具的鉴定材料,明确货物的分组、分类、危险性、污染危害性和船舶载运技术条件后,方可交付船舶运输。

第十一条 对环境有害的固体散装货物,船舶卸货完毕后,货物残余物及其洗舱水应当由港口接收设施或者船舶污染物接收单位接收,禁止排放入水,并按照规定在垃圾记录簿中如实记载。

第三章 报告管理

第十二条 载运B组以外固体散装货物船舶进出港口,应当在进出港口24小时前向海事管理机构报告。航程不足24小时的,应当在驶离上一港口前报告。报告应当包括以下信息内容:

(一)船名、航次、国籍、始发港、卸货港、作业地点、预计进出港口和作业时间等船舶信息;

(二)货物名称、组别、类别、联合国编号、总重量和装载位置等货物信息。

第十三条 拟交付船舶运输固体散装货物的托运人,应当在交付运输前向承运人提交以下货物信息,并报告海事管理机构:

(一)固体散装货物安全适运声明书;

(二)属于易流态化固体散装货物的,应当提交检测机构出具的货物适运水分极限和货物水分含量证明;

(三)载运未在《国际海运固体散装货物规则》中列出的货物,应当提交检测机构出具的货物运输条件鉴定材料;

(四)国际航行船舶按照规定需要进出口国家的有关部门批准后方可载运的,应当提交有效的批准文件;

(五)海事管理机构根据《国际海运固体散装货物规则》规定,要求提供的其他证书或者文书。

港口作业委托人应当在固体散装货物装载前,将前款第(一)项至第(三)项的货物信息提供给港口经营人。

第十四条 需要通过检测获得货物信息的,应当由托运人与检测机构共同对货物进行采样。

第十五条 承运人应当对货物信息进行审核,对不符合船舶适装要求的,不得承运。承运期间相关材料、证书或者文书应当保存在船上。

第四章 作业管理

第十六条 载运固体散装货物船舶在装货前,应当按照船舶装载手册或者船舶稳性资料,检查货物的运输资料和适运状况,发现不符合本规定情形的不得装运。

第十七条 从事固体散装货物装卸作业的船舶和港口经营人,应当遵守安全和防污染操作规程,建立并落实船岸安全检查表制度,严格按照船岸安全检查表的要求进行检查和填写。

从事固体散装货物装卸作业的港口经营人,应当指定具有相应专业和履职能力的人员负责对船舶装卸作业进行巡查监督。

港口经营人应当加强作业人员相应专业知识和业务操作能力培训。作业人员在装卸作业期间应当遵守相关安全制度和作业规程。

第十八条 载运固体散装货物船舶和港口经营人应当在固体散装货物装卸作业前以书面形式确定装卸计划，并按照装卸计划进行作业。

发现货物装卸作业与装卸计划不符或者可能存在安全隐患的，载运固体散装货物船舶和港口经营人应当共同进行核实，并采取必要的安全措施。

第十九条 港口经营人应当根据载运固体散装货物船舶提供的配载、积载要求装载货物，进行平舱。装载完毕后，港口经营人应当进行检查并由船长书面确认。

第二十条 船舶应当根据固体散装货物性质合理装载和积载。不相容货物之间应当进行隔离。

船舶载运高密度固体散装货物时，应当在各舱及同一舱内合理分布，避免对船舶结构和强度造成不利影响。

第五章　易流态化固体散装货物的特别规定

第二十一条 易流态化固体散装货物的托运人，应当按照《国际海运固体散装货物规则》的规定，制定并实施货物取样、试验和控制水分含量的程序。

第二十二条 拟交付船舶载运的易流态化固体散装货物，水分含量不得超过其适运水分极限。但是，已经建造或者设置防止货物移动的特殊结构、设备，并持有相应检验证书的中国籍船舶，或者持有相应检验、批准证书的外国籍船舶除外。

第二十三条 拟交付船舶载运的易流态化固体散装货物，其托运人应当提交检测机构出具的含有货物适运水分极限、水分含量等技术指标的检测报告。

适运水分极限的采样和检测应当在货物计划装船前6个月内完成；水分含量的采样和检测应当在货物计划装船前7天内完成。

货物装船前或者装船期间有下列情形之一的，托运人应当重新对货物水分含量进行采样和检测：

（一）因降水等情形可能引起货物水分含量升高或者其他特性变化；

（二）船长有充分理由认为拟装载货物与其水分含量证明不相符。

第二十四条 利用船舶或者码头装卸设施直接转运易流态化固体散装货物，转运作业委托人应当提供货物原有的安全适运声明书、适运水分极限和水分含量证明等资料。

转运作业前，转运作业委托人、承运转运货物船舶应当共同对拟转运货物进行检查，确认货物形态无变化的，方可进行转运作业。

转运作业委托人应当在转运货物船舶离港前，向船舶和海事管理机构提交检测机构对转运货物水分含量的检测报告。

第二十五条 露天储存易流态化固体散装货物，所用堆场应当具备良好的排水功能，并根据天气情况和货物性质采取适当措施，防止货物水分含量增加。

港口经营人装载易流态化固体散装货物的，应当对适运水分极限、水分含量检测报告等货物信息进行核对，经核对无误后方可作业。

港口经营人在作业过程中应当做好作业情况记录，将装卸作业有关信息和单证存档，并自觉接受和配合港口行政管理部门依据职责实施监督管理。

港口经营人在装船前或者装船过程中发现货物不符合规定要求的,应当告知船舶并配合船舶不予装载或者停止装载。

第二十六条 在易流态化固体散装货物装船前,船舶应当检查货物处所舱盖风雨密状况,测试货物处所的污水系统是否工作正常,采取措施防止货物进入舱底污水阱,并做好记录。

第二十七条 易流态化固体散装货物装船期间,遇降水等可能引起货物水分含量升高或者其他特性变化的情形,船舶和港口经营人应当立即采取停止作业、关闭舱盖等安全措施。

第二十八条 载运易流态化固体散装货物船舶,应当根据所载货物的特性和航行区域特点制定货物处所定期巡查计划。

船舶在航行过程中应当按照巡查计划进行定期巡查,并记录巡查情况。发现货物具有流态化趋势或者已经流态化的,应当立即采取应急措施,并向就近的海事管理机构报告。

第六章 人员防护与事故预防

第二十九条 船舶载运可能释放有毒气体、易燃气体或者造成货物处所缺氧的固体散装货物时,应当配备相应的气体测量仪器及其使用说明书,按照规定定期测量货物处所气体浓度,并记录测量结果。

第三十条 船舶载运可能释放有毒气体的固体散装货物时,应当对货物处所提供机械通风或者自然通风。

船舶载运可能释放易燃气体的固体散装货物时,应当对货物处所提供机械通风。

第三十一条 船舶应当制定针对人员进出封闭处所和货物熏蒸处所的安全程序及应急救援措施,在处所入口处设立警示标志。

第三十二条 装载具有毒害性、腐蚀性或者造成货物处所缺氧的固体散装货物时,相关作业人员应当事先经过训练,配备防护设备。紧急情况下需进入货物处所的,应当按照安全程序在船长或者其指定的具有管理职责的船员监督下进行。

第七章 监督管理

第三十三条 海事管理机构发现载运固体散装货物的船舶存在安全隐患的,应当责令立即或者限期消除隐患,不立即消除或者逾期不消除的,采取禁止其进港、离港或者责令其停航、改航、停止作业等措施。

第三十四条 港口行政管理部门应当依据职责对辖区内固体散装货物港口储存、装卸作业实施监督管理。发现港口经营人储存、装卸固体散装货物存在安全隐患的,应当责令立即或者限期消除隐患,不立即消除或者逾期不消除的,采取责令其停止作业等措施。

第八章　法律责任

第三十五条　违反本规定，有下列情形之一的，由海事管理机构责令改正，处1万元以上3万元以下的罚款：

（一）船舶未对不相容货物进行隔离，或者未合理分布高密度固体散装货物的；

（二）船舶未按照规定采取停止作业、关闭舱盖等安全措施的；

（三）船舶未配备气体测量仪器或者未对货物处所气体浓度进行测量的；

（四）船舶未建立并落实船岸安全检查表制度，或者未按照船岸安全检查表的要求进行检查和填写的。

第三十六条　违反本规定，有下列情形之一的，由海事管理机构责令改正，处5000元以上2万元以下的罚款：

（一）船舶在进出港口前未向海事管理机构报告的；

（二）固体散装货物的托运人、转运作业委托人未向承运人、海事管理机构提交货物相关信息的。

第三十七条　违反本规定，有下列情形之一的，由港口行政管理部门责令港口经营人立即纠正或者限期改正：

（一）未根据天气情况和货物性质对易流态化固体散装货物采取适当措施防止货物水分含量增加的；

（二）未根据船舶提供的配载、积载要求装载货物或者进行平舱的。

第三十八条　违反本规定，有下列情形之一的，由港口行政管理部门责令改正，处1万元以上3万元以下的罚款：

（一）港口经营人在装船前或者装船过程中发现货物不符合规定要求，未告知船舶或者停止装载的；

（二）港口经营人在装船过程中遇降水等情形无法保证作业和运输安全时，未停止作业的。

第三十九条　违反本规定，有下列情形之一的，由港口行政管理部门责令改正，处1万元以上3万元以下的罚款：

（一）港口经营人未建立并落实船岸安全检查表制度，或者未按照船岸安全检查表的要求进行检查和填写的；

（二）港口经营人未指定人员在装卸作业期间进行巡查监督的；

（三）港口经营人未对货物信息进行核对的。

第四十条　船舶载运的固体散装货物属于危险化学品并违反本规定的，按照《危险化学品安全管理条例》进行处罚。

第四十一条　海事管理机构、港口行政管理部门的工作人员有滥用职权、徇私舞弊、玩忽职守等严重失职行为的，由其所在单位或者上级机关依法处理；情节严重构成犯罪的，由司法机关依法追究刑事责任。

第九章　附则

第四十二条　本规定下列用语的含义是：

固体散装货物，是指除谷物以外的，不需包装可直接装入船舶的货物处所，由基本均匀的微粒、颗粒或者较大的块状固体物质组成的货物。

B组固体散装货物，是指在《国际海运固体散装货物规则》附录1"组别"栏中列为B组货物或者同时列入A和B组货物。

典型工况，是指船舶满载出港、满载到港、压载出港、压载到港的基本装载情况。

对环境有害的固体散装货物，是指符合《国际防止船舶造成污染公约》附则V有关对海洋环境有害物质判定标准的固体散装货物。

高密度固体散装货物，是指每吨货物在货舱中正常堆积时所占空间小于或者等于$0.56m^3$的固体散装货物。

易流态化固体散装货物，是指含有部分细颗粒和一定量水分的，当水分含量超过适运水分极限时会流态化的固体散装货物。

适运水分极限，是指确保易流态化固体散装货物安全运输的最大水分含量。

第四十三条　本规定自2019年3月1日起施行。

中华人民共和国船舶最低安全配员规则

（2004年6月30日交通部发布；根据2014年9月5日《交通运输部关于修改〈中华人民共和国船舶最低安全配员规则〉的决定》第一次修正；根据2018年11月28日《交通运输部关于修改〈中华人民共和国船舶最低安全配员规则〉的决定》第二次修正）

第一章　总则

第一条　为确保船舶的船员配备，足以保证船舶安全航行、停泊和作业，防治船舶污染环境，依据《中华人民共和国海上交通安全法》《中华人民共和国内河交通安全管理条例》和中华人民共和国缔结或者参加的有关国际条约，制定本规则。

第二条　中华人民共和国国籍的机动船舶的船员配备和管理，适用本规则。

本规则对外国籍船舶作出规定的，从其规定。

军用船舶、渔船、体育运动船艇以及非营业的游艇，不适用本规则。

第三条　中华人民共和国海事局是船舶安全配员管理的主管机关。各级海事管理机构依照职责负责本辖区内的船舶安全配员的监督管理工作。

第四条　本规则所要求的船舶安全配员标准是船舶配备船员的最低要求。

第五条　船舶所有人（或者其船舶经营人、船舶管理人，下同）应当按照本规则的要求，为所属船舶配备合格的船员，但是并不免除船舶所有人为保证船舶安全航行和作业增加必要船员的责任。

第二章　最低安全配员原则

第六条　确定船舶最低安全配员标准应综合考虑船舶的种类、吨位、技术状况、主推进动力装置功率、航区、航程、航行时间、通航环境和船员值班、休息制度等因素。

第七条　船舶在航行期间，应配备不低于按本规则附录一、附录二、附录三[1]所确定的船员构成及数量。高速客船的船员最低安全配备应符合交通部颁布的《高速客船安全管理规则》（交通部令

---

[1] 因无法获得附录一、附录二、附录三官方版本，本书暂不收录。

1996年第13号）的要求。

第八条 本规则附录一、附录二、附录三列明的减免规定是根据各类船舶在一般情况下制定的，海事管理机构在核定具体船舶的最低安全配员数额时，如认为配员减免后无法保证船舶安全时，可不予减免或者不予足额减免。

第九条 船舶所有人可以根据需要增配船员，但船上总人数不得超过经中华人民共和国海事局认可的船舶检验机构核定的救生设备定员标准。

第三章 最低安全配员管理

第十条 中国籍船舶配备外国籍船员应当符合以下规定：

（一）在中国籍船舶上工作的外国籍船员，应当依照法律、行政法规和国家其他有关规定取得就业许可；

（二）外国籍船员持有合格的船员证书，且所持船员证书的签发国与我国签订了船员证书认可协议；

（三）雇佣外国籍船员的航运公司已承诺承担船员权益维护的责任。

第十一条 中国籍船舶应当按照本规则的规定，持有海事管理机构颁发的《船舶最低安全配员证书》。

在中华人民共和国内水、领海及管辖海域的外国籍船舶，应当按照中华人民共和国缔结或者参加的有关国际条约的规定，持有其船旗国政府主管机关签发的《船舶最低安全配员证书》或者等效文件。

第十二条 船舶所有人应当在申请船舶国籍登记时，按照本规则的规定，对其船舶的最低安全配员如何适用本规则附录相应标准予以陈述，并可以包括对减免配员的特殊说明。

海事管理机构应当在依法对船舶国籍登记进行审核时，核定船舶的最低安全配员，并在核发船舶国籍证书时，向当事船舶配发《船舶最低安全配员证书》。

第十三条 在境外建造或者购买并交接的船舶，船舶所有人应当向所辖的海事管理机构提交船舶买卖合同或者建造合同及交接文件、船舶技术和其他相关资料办理《船舶最低安全配员证书》。

第十四条 海事管理机构核定船舶最低安全配员时，除查验有关船舶证书、文书外，可以就本规则第六条所述的要素对船舶的实际状况进行现场核查。

第十五条 船舶在航行、停泊、作业时，必须将《船舶最低安全配员证书》妥善存放在船备查。

船舶不得使用涂改、伪造以及采用非法途径或者舞弊手段取得的《船舶最低安全配员证书》。

第十六条 船舶所有人应当按照本规则的规定和《船舶最低安全配员证书》载明的船员配备要求，为船舶配备合格的船员。

第十七条 船舶所有人应当在《船舶最低安全配员证书》有效期截止前1年以内，或者在船舶国籍证书重新核发或者相关内容发生变化时，凭原证书向船籍港的海事管理机构办理换发证书手续。

第十八条 证书污损不能辨认的，视为无效，船舶所有人应当向所辖的海事管理机构申请换发。证书遗失的，船舶所有人应当书面说明理由，附具有关证明文件，向船籍港的海事管理机构办理补发证书手续。

换发或者补发的《船舶最低安全配员证书》的有效期，不超过原发的《船舶最低安全配员证书》的有效期。

第十九条 船舶状况发生变化需改变证书所载内容时，船舶所有人应当向船籍港的海事管理机构重新办理《船舶最低安全配员证书》。

第二十条 在特殊情况下，船舶需要在船籍港以外换发或者补发《船舶最低安全配员证书》，经船籍港海事管理机构同意，船舶当时所在港口的海事管理机构可以按照本规定予以办理并通报船籍港海事管理机构。

第四章　监督检查

第二十一条 中国籍、外国籍船舶在办理进、出港口或者口岸手续时，应当交验《船舶最低安全配员证书》。

第二十二条 中国籍、外国籍船舶在停泊期间，均应配备足够的掌握相应安全知识并具有熟练操作能力能够保持对船舶及设备进行安全操纵的船员。

无论何时，500总吨及以上（或者750千瓦及以上）海船、600总吨及以上（或者441千瓦及以上）内河船舶的船长和大副，轮机长和大管轮不得同时离船。

第二十三条 船舶未持有《船舶最低安全配员证书》或者实际配员低于《船舶最低安全配员证书》要求的，对中国籍船舶，海事管理机构应当禁止其离港直至船舶满足本规则要求；对外国籍船舶，海事管理机构应当禁止其离港，直至船舶按照《船舶最低安全配员证书》的要求配齐人员，或者向海事管理机构提交由其船旗国主管当局对其实际配员作出的书面认可。

第二十四条 对违反本规则的船舶和人员，依法应当给予行政处罚的，由海事管理机构依据有关法律、行政法规和规章的规定给予相应的处罚。

第二十五条 海事管理机构的工作人员滥用职权、徇私舞弊、玩忽职守的，由所在单位或者上级机关给予行政处分；构成犯罪的，依法追究刑事责任。

第五章　附则

第二十六条 《船舶最低安全配员证书》由中华人民共和国海事局统一印制。

《船舶最低安全配员证书》的编号应与船舶国籍证书的编号一致。《船舶最低安全配员证书》有效期的截止日期与船舶国籍证书有效期的截止日期相同。

第二十七条 本规则附录一、附录二、附录三的内容，可由中华人民共和国海事局根据有关法律、行政法规和相关国际公约进行修改。

第二十八条 本规则自2004年8月1日起施行。

中华人民共和国船员培训管理规则

（2009年6月26日交通运输部发布；根据2013年12月24日交通运输部《关于修改〈中华人民共和国船员培训管理规则〉的决定》第一次修正；根据2017年3月31日交通运输部《关于修改〈中华人民共和国船员培训管理规则〉的决定》第二次修正；根据2019年2月5日交通运输部《关于修改〈中华人民共和国船员培训管理规则〉的决定》第三次修正）

第一章　总则

第一条　为加强船员培训管理，保证船员培训质量，提高船员素质，依据《中华人民共和国船员条例》以及中华人民共和国缔结或者加入的有关国际公约，制定本规则。

第二条　在中华人民共和国境内从事船员培训业务的，适用本规则。

第三条　船员培训实行社会化，从事船员培训业务应当依法经营，诚实信用，公平竞争。

船员培训管理应当公平、公正、公开和便民。

第四条　交通运输部主管全国船员培训工作。

中华人民共和国海事局负责统一实施船员培训管理工作。

各级海事管理机构依照各自职责具体负责船员培训的监督管理工作。

第五条　交通运输部应当按照国家有关法律、行政法规和我国缔结或者加入的有关国际公约的规定，确定船员培训的具体项目，制定相应的培训大纲，并向社会公布。

第二章　船员培训的种类和项目

第六条　船员培训按照培训内容分为船员基本安全培训、船员适任培训和特殊培训三类。

船员培训按照培训对象分为海船船员培训和内河船舶船员培训两类。

第七条　船员基本安全培训，指船员在上船任职前接受的个人求生技能、消防、基本急救以及个人安全和社会责任等方面的培训，包含以下培训项目：

（一）海船船员基本安全；

（二）内河船舶船员基本安全。

第八条 船员适任培训，指船员在取得适任证书前接受的使船员适应拟任岗位所需的专业技术知识和专业技能的培训，包括船员岗位适任培训和船员专业技能适任培训。

船员岗位适任培训分为海船船员岗位适任培训和内河船舶船员岗位适任培训。其中，海船船员岗位适任培训包含以下培训项目：

（一）船长；

（二）轮机长；

（三）大副；

（四）大管轮；

（五）三副；

（六）三管轮；

（七）电子电气员；

（八）值班机工；

（九）值班水手；

（十）电子技工；

（十一）全球海上遇险和安全系统（GMDSS）操作员；

（十二）引航员；

（十三）非自航船舶船员；

（十四）地效翼船船员；

（十五）游艇操作人员；

（十六）摩托艇驾驶员。

内河船舶船员岗位适任培训包含以下培训项目：

（一）驾驶岗位；

（二）轮机岗位；

（三）引航员。

船员专业技能适任培训仅针对海船船员，包含以下培训项目：

（一）精通救生艇筏和救助艇；

（二）精通快速救助艇；

（三）高级消防；

（四）精通急救；

（五）船上医护；

（六）保安意识；

（七）负有指定保安职责船员；

（八）船舶保安员；

（九）船上厨师和膳食服务辅助人员。

第九条 特殊培训，指针对在危险品船、客船、大型船舶等特殊船舶上工作的船员所进行的培训，分为海船船员特殊培训和内河船舶船员特殊培训。其中，海船船员特殊培训包含以下培训项目：

（一）油船和化学品船货物操作基本培训；

（二）油船货物操作高级培训；

（三）化学品船货物操作高级培训；

（四）液化气船货物操作基本培训；

（五）液化气船货物操作高级培训；

（六）客船船员特殊培训；

（七）大型船舶操纵特殊培训；

（八）高速船船员特殊培训；

（九）船舶装载散装固体危险和有害物质作业特殊培训；

（十）船舶装载包装危险和有害物质作业特殊培训；

（十一）使用气体或者其他低闪点燃料船舶船员基本培训；

（十二）使用气体或者其他低闪点燃料船舶船员高级培训；

（十三）极地水域船舶操作船员基本培训；

（十四）极地水域船舶操作船员高级培训；

（十五）水上飞机驾驶员特殊培训。

内河船舶船员特殊培训包含以下培训项目：

（一）油船；

（二）散装化学品船；

（三）液化气船；

（四）客船；

（五）高速船；

（六）滚装船；

（七）载运包装危险货物船舶；

（八）液化气燃料动力装置船；

（九）水上飞机；

（十）地效翼船；

（十一）特定航线江海直达船舶船员行驶资格证明培训。

第三章　船员培训的许可

第十条　船员培训实行许可制度。

培训机构从事第二章规定的船员培训，应当按照本规则的规定，针对不同的船员培训项目，申请并取得特定的船员培训许可，方可开展相应的船员培训业务。

前款培训机构指依法成立的院校、企事业单位或者社会团体。

除为本单位自有的公务船船员开展培训外，任何国家机关以及船员培训和考试的主管部门均不得举办或者参与举办船员培训。

第十一条　培训机构从事船员培训业务，其开展培训的类别和项目，应当符合《海事行政许可条件规定》规定的条件。

第十二条　培训机构申请从事船员培训业务，应当向中华人民共和国海事局提出申请，并提交下列申请材料：

（一）开展船员培训申请；

（二）统一社会信用代码证；

（三）培训场地、设施、设备的情况说明；

（四）教学人员的情况说明及证明材料；

（五）管理人员的情况说明及证明材料；

（六）法规、技术资料的配备情况说明；

（七）船员培训管理制度和安全防护制度文本；

（八）符合规定的船员培训质量控制体系的证明材料。

第十三条 船员培训申请的受理工作应当按照《交通行政许可实施程序规定》的有关要求办理。

第十四条 中华人民共和国海事局应当自受理申请之日起30日内，作出批准或者不予批准的决定。予以批准的，发给《中华人民共和国船员培训许可证》（以下简称《船员培训许可证》）；不予批准的，书面通知申请人并说明理由。

中华人民共和国海事局在受理船员培训申请之后，根据法定条件和程序，需要对申请材料的实质内容进行核实的，可以委托交通运输部直属海事管理机构或者省级地方海事管理机构对培训机构进行核查。核查的工作时间应当计入许可期限。

第十五条 《船员培训许可证》应当载明培训机构的名称、注册地址、法定代表人、准予开展的船员培训项目、培训地点、有效期、培训规模及其他有关事项。

《船员培训许可证》的有效期为5年。

第十六条 《船员培训许可证》记载事项发生变更的，培训机构应当向中华人民共和国海事局申请办理变更手续。

增加培训项目的，应当按照本规则的规定重新提出申请。

第十七条 《船员培训许可证》实施中期核查制度。

中华人民共和国海事局应当自《船员培训许可证》发证之日起第二周年至第三周年之间对培训机构开展中期核查。

第十八条 中华人民共和国海事局在中期核查过程中，可以要求培训机构提交下列材料：

（一）培训机构符合培训许可条件的说明材料；

（二）开展船员培训活动的情况说明；

（三）其他相关材料。

中期核查合格的，中华人民共和国海事局应当在《船员培训许可证》上进行签注；中期核查不合格的，中华人民共和国海事局应当责令限期改正。培训机构在规定期限内未能改正的，中华人民共和国海事局应当依法撤销相应的《船员培训许可证》。

第十九条 培训机构应当在《船员培训许可证》有效期届满之日30日以前，向中华人民共和国海事局申请办理《船员培训许可证》延续手续。中华人民共和国海事局应当自受理延续申请之日起30日内，作出批准或者不予批准的决定。

申请办理《船员培训许可证》延续手续，应当提交下列材料：

（一）《船员培训许可证》延续申请；

（二）本规则第十二条第（二）项至第（八）项规定的材料。

第二十条 有下列情形之一的，中华人民共和国海事局应当办理《船员培训许可证》注销手续：

（一）培训机构自行申请注销的；

（二）法人依法终止的；

（三）《船员培训许可证》被依法撤销或者吊销的。

第四章 船员培训的实施

第二十一条 培训机构应当按照《船员培训许可证》载明的培训项目、培训地点和培训规模开展船员培训。

船员应当在取得《船员培训许可证》的培训机构，完成规定项目的船员培训。

第二十二条 培训机构应当按照交通运输部规定的船员培训大纲和水上交通安全、防治船舶污染等要求设置培训课程、制定培训计划并开展培训。

培训机构开展培训的课程应当经过海事管理机构确认。

第二十三条 培训机构所有的培训场地、设施、设备应当处于良好的使用状态，并应当具备足够的备用品，培训的易耗品应当得到及时补充，以保障培训的正常进行。

第二十四条 从事船员培训的教员不得在两个以上的培训机构担任自有教员。

前款所称"自有教员"指与培训机构所订立劳动合同的期限在1年以上的教员。

第二十五条 培训机构应当将《船员培训许可证》悬挂在经营场所的醒目位置，公示其培训项目、收费项目、收费标准以及师资等情况。

培训机构不得采取欺骗学员等不正当竞争手段开展培训、经营活动。

第二十六条 培训机构在招生时应当向学员告知中华人民共和国海事局规定的有关培训项目中对船员年龄、持证情况、船上服务资历、见习资历、安全任职记录、身体健康状况等方面的要求。

第二十七条 培训机构应当按照中华人民共和国海事局的规定对培训活动如实做好记录。

第二十八条 培训机构应当在每期培训班开班3日前以书面或者电子方式将培训计划报海事管理机构备案，备案内容应当包括培训规模、教学计划和日程安排、承担本期培训教学的教员情况及培训设施、设备、教材等准备情况。

培训机构应当在每期培训班开班前将学员名册向海事管理机构备案。

第二十九条 培训机构应当确保培训质量，有效运行船员培训质量控制体系，对质量控制体系进行定期内部审核，并接受海事管理机构组织的外部审核，及时纠正发现的缺陷。

第三十条 培训机构应当为在本机构参加培训的学员建立培训档案，并在培训结束后出具相应的《船员培训证明》。

对培训出勤率低于规定培训课时90%的学员，培训机构不得出具培训证明。

第三十一条 学员完成培训并取得培训证明后，可以向海事管理机构申请相应培训项目的考试、评估。

第三十二条 对已按照规定完成培训并且考试、评估合格的学员，由海事管理机构依据相关规定签发相应的考试、评估合格证明。

第三十三条 培训机构使用模拟器进行培训的，模拟器功能和性能标准由中华人民共和国海事局制定，其中，海船船员培训所使用的模拟器应当符合经修正的《1978年海员培训、发证和值班标准国际公约》的要求。

使用模拟器培训前，培训机构应当充分进行测试以确保其与培训目标相适应。

使用模拟器开展船员培训的教员，应当具有相应模拟器的实际操作经验，经过使用相应模拟器教学的培训。

第三十四条 开展船上见习或者知识更新培训的航运公司和相关机构，应当将船上培训计划、学员名单，负责指导和训练学员的船长及高级船员的名单、资历等信息报送海事管理机构。

开展船上培训的航运公司和船舶，在保证船舶正常操作以及航行、作业安全的情况下，应当按照《船上培训见习记录簿》所载培训项目的目标和要求或者中华人民共和国海事局规定的船员知识更新大纲开展培训，并保证承担教学和指导任务的船长、高级船员有适当的时间和精力从事相应的船上培训工作。

航运公司应当为船员参加船员培训提供便利，建立船员培训制度，开展职业技能、职业道德、法制观念、安全责任和权益保护等方面培训，不断提高船员素质。

第三十五条 采用远程教学和电子教学方式对船员进行培训的培训机构，应当保证提供安全的学习环境并且使学员有充足的时间进行学习，远程教学和电子教学课程适合于选定的目标和训练任务。

第五章　监督检查

第三十六条 海事管理机构应当建立健全船员培训监督检查制度，督促培训机构、航运公司等落实船员培训管理制度和安全防护制度。

第三十七条 海事管理机构应当配备中华人民共和国海事局规定的符合培训管理、考试、评估、发证要求的设备、资料，建立辖区内培训机构档案，对培训机构实施日常监督管理和业务指导。

第三十八条 海事管理机构应当对培训机构的船员培训情况开展随机抽查，但对经评估确认质量体系运行、培训质量和社会声誉良好的培训机构，可以降低随机抽查比例。抽查应当包括以下重点内容：

（一）教学计划的执行情况；

（二）承担本期培训教学任务的教员情况和授课情况；

（三）培训设施、设备、教材的使用、补充情况；

（四）培训规模与师资配备要求的符合情况；

（五）学员的出勤情况。

第三十九条 海事管理机构实施监督检查时，应当有2名以上执法人员参加，并出示有效的执法证件。

第四十条 海事管理机构实施监督检查，可以询问当事人，向有关培训机构或者个人了解情况，查阅、复制有关资料，并保守被调查培训机构的商业秘密或者个人隐私。

海事管理机构实施监督检查应当做好相关记录并予以保存。

第四十一条 接受海事管理机构监督检查的培训机构或者个人，应当如实反映情况和提供资料。

第四十二条 海事管理机构实施监督检查发现培训机构不再具备许可条件的，由海事管理机构责令限期改正。

培训机构在规定期限内未能改正的,中华人民共和国海事局应当依法撤销相应的《船员培训许可证》。

第四十三条 中华人民共和国海事局应当定期公布培训机构的学员考试及格率。

第四十四条 海事管理机构应当公开船员培训的管理事项、办事程序、举报电话、通信地址、电子邮件信箱等信息,自觉接受社会监督。

第六章 法律责任

第四十五条 违反本规则的规定,未取得《船员培训许可证》擅自从事船员培训的,由海事管理机构处5万元以上25万元以下罚款,有违法所得的,还应当没收违法所得。

前款"未取得《船员培训许可证》擅自从事船员培训"包括下列情形:

(一)无《船员培训许可证》擅自从事船员培训的;

(二)以欺骗、贿赂等非法手段取得《船员培训许可证》的;

(三)未按照《船员培训许可证》载明的事项从事船员培训的。

第四十六条 违反本规则的规定,培训机构未按照交通运输部规定的培训大纲和水上交通安全、防治船舶污染等要求进行培训的,由海事管理机构责令改正,可以处2万元以上10万元以下罚款;情节严重的,给予暂扣《船员培训许可证》6个月以上2年以下直至吊销《船员培训许可证》的处罚。

第四十七条 违反本规则的规定,培训机构有下列情形之一的,由海事管理机构责令改正,并处1万元以上3万元以下罚款:

(一)不如实告知学员对培训项目的规定和要求的;

(二)不按照规定向海事管理机构备案培训计划和学员名册的;

(三)船员培训课程未经海事管理机构确认的;

(四)未按照规定办理《船员培训许可证》记载事项变更手续的;

(五)不按规定出具培训证明的。

第四十八条 海事管理机构工作人员有下列情形之一的,依法给予行政处分:

(一)违反规定给予船员培训许可;

(二)不依法履行监督检查职责;

(三)不依法实施行政强制或者行政处罚;

(四)滥用职权、玩忽职守的其他行为。

第四十九条 违反本规则的规定,情节严重,构成犯罪的,依法追究刑事责任。

第七章 附则

第五十条 具有开展全日制航海中专、专科及以上学历教育资格的院校,经中华人民共和国海事局同意后，招收的全日制航海专业学生按照船员培训大纲完成相应的培训，其毕业证书等同完成本规则规定的三副、三管轮、电子电气员岗位适任培训。

中华人民共和国海事局应当定期公布前款所述的院校名单。

第五十一条 持有经修正的《1978年海员培训、发证和值班标准国际公约》其他缔约国签发的船员培训合格证的中国籍船员，经中华人民共和国海事局确认符合《1978年海员培训、发证和值班标准国际公约》规定的有关最低适任标准后，可按规定申请换发相应的合格证明。

第五十二条 下列情形的船员培训项目可以由交通运输部直属海事管理机构或者省级地方海事管理机构，依照本规则制定培训管理规定并公布实施：

（一）在未满100总吨海船船舶上任职的船长和甲板部船员；或者在主推进动力装置未满220千瓦海船船舶上任职的轮机部船员；

（二）仅在船籍港和船籍港附近水域航行和作业的海船船舶上任职的船员；

（三）在未满100总吨内河船舶上任职的船员。

第五十三条 《船员培训许可证》由中华人民共和国海事局统一印制。

第五十四条 本规则自2009年10月1日起施行。1997年颁布的《中华人民共和国船员培训管理规则》（交通部1997年第13号令）同时废止。

中华人民共和国船舶交通管理系统安全监督管理规则

(1997年7月31日经第11部长办公会议通过,自1998年1月1日起施行)

第一章 总则

第一条 为加强船舶交通管理,保障船舶交通安全,提高船舶交通效率,保护水域环境,根据《中华人民共和国海上交通安全法》《中华人民共和国内河交通安全管理条例》等有关法律、法规,制定本规则。

第二条 本规则适用于在中华人民共和国沿海及内河设有船舶交通管理系统(以下称VTS系统)的区域内航行、停泊和作业的船舶、设施(以下简称船舶)及其所有人、经营人和代理人。

第三条 中华人民共和国港务监督机构是全国船舶交通管理系统安全监督管理的主管机关(以下简称主管机关)。

主管机关设置的船舶交通管理中心(以下称VTS中心)是依据本规则负责具体实施船舶交通管理的运行中心。

第二章 船舶报告

第四条 船舶在VTS区域内航行、停泊和作业时,必须按主管机关颁发的《VTS用户指南》所明确的报告程序和内容,通过甚高频无线电话或其他有效手段向VTS中心进行船舶动态报告。

第五条 船舶在VTS区域内发生交通事故、污染事故或其他紧急情况时,应通过甚高频无线电话或其他一切有效手段立即向VTS中心报告。

第六条 船舶发现助航标志异常、有碍航行安全的障碍物、漂流物或其他妨碍航行安全的异常情况时,应迅速向VTS中心报告。

第七条 船舶与VTS中心在甚高频无线电话中所使用的语言应为汉语普通话或英语。

第三章　船舶交通管理

第八条　在VTS区域内航行的船舶除应遵守《1972年国际海上避碰规则》和《中华人民共和国内河避碰规则》外，还应遵守交通部和主管机关颁布的有关航行、避让的特别规定。

第九条　船舶在VTS区域内航行时，应用安全航速行驶，并应遵守交通部和主管机关的限速规定。

第十条　船舶在VTS区域内应按规定锚泊，并应遵守锚泊秩序。

第十一条　任何船舶不得在航道、港池和其他禁锚区锚泊，紧急情况下锚泊必须立即报告VTS中心。

第十二条　船舶在锚地并靠或过驳必须符合交通部和主管机关的有关规定，并应及时通报VTS中心。

第十三条　VTS中心根据交通流量和通航环境情况及港口船舶动态计划实施交通组织。VTS中心有权根据交通组织的实际情况对航行计划予以调整、变更。

第十四条　船舶在VTS区域内航行、停泊和作业时，应在规定的甚高频通讯频道上正常守听，并应接受VTS中心的询问。

第十五条　在VTS区域内航行的船舶和船队的队形及尺度等技术参数均应符合交通部和主管机关的有关规定。

第四章　船舶交通服务

第十六条　各VTS中心根据其现有功能应为船舶提供相应服务。

第十七条　应船舶请求，VTS中心可向其提供他船动态、助航标志、水文气象、航行警（通）告和其他有关信息服务。

VTS中心可在固定的时间或其他时间播发上款规定的信息。

第十八条　应船舶请求，VTS中心可为船舶在航行困难或气象恶劣环境下，或船舶一旦出现了故障或损坏时，提供助航服务。

船舶不再需要助航时，应及时报告VTS中心。

第十九条　为避免紧迫局面的发生，VTS中心可向船舶提出建议、劝告或发出警告。

第二十条　VTS中心认为必要的时候或应船舶或其所有人、经营人、代理人的请求，可为其传递打捞或清除污染等信息和协调救助行动。

第二十一条　应船舶或其所有人、经营人、代理人的请求，有条件的VTS中心还可为其提供本规则第四章规定以外的服务。

第五章　法律责任

第二十二条　对违反本规则的,主管机关依据有关法律、法规和交通部颁布的有关规章给予处罚。

第二十三条　本规则的实施,在任何情况下都不免除船长对本船安全航行的责任,也不妨碍引航员和船长之间的职责关系。

第二十四条　为避免危及人命财产或环境安全的紧急情况发生,船长和引航员在背离本规则有关条款时,应立即报告VTS中心。

第六章　附则

第二十五条　本规则下列用语的含义:

"船舶"是指按有关国际公约和国内规范规定应配备通信设备及主管机关要求加入VTS系统的船舶。

"VTS系统"是指为保障船舶交通安全,提高交通效率,保护水域环境,由主管机关设置的对船舶实施交通管制并提供咨询服务的系统。

"VTS区域"是指由主管机关划定并公布的,VTS系统可以实施有效管理的区域。

"VTS用户指南"是指由设置VTS系统的主管机关,根据本规则制定颁发的便于船舶加入和使用VTS系统的指导性文件。

"船舶动态报告"是指船舶在某一VTS区域内,按照主管机关的规定通过甚高频无线电话或其他有效手段向VTS中心进行有关航行动态的报告。

第二十六条　凡设置VTS系统的主管机关根据本规则制定本VTS系统的船舶交通管理细则,报备中华人民共和国港务监督局。

第二十七条　本规则由中华人民共和国交通部负责解释。

第二十八条　本规则自1998年1月1日起施行。

中华人民共和国国际船舶保安规则

（2007年3月26日交通部发布；根据2019年6月3日《交通运输部关于修改〈中华人民共和国国际船舶保安规则〉的决定》修正）

第一章　总则

第一条　为加强国际航行船舶保安管理，根据经过修订的《1974年国际海上人命安全公约》（以下简称SOLAS公约）和《国际船舶和港口设施保安规则》（以下简称ISPS规则）的规定，制定本规则。

第二条　本规则适用于下列从事国际航行的中国籍船舶和从事国际航运业务的中国公司以及进入中国管辖海域的外国籍船舶：

（一）客船；

（二）500总吨及以上的货船；

（三）500总吨及以上的特种用途船；

（四）移动式海上钻井装置。

适用本规则的船舶以下简称船舶。

本规则不适用于军用船舶和仅用于政府公务用途的船舶。

第三条　交通运输部主管全国船舶保安工作。中华人民共和国海事局负责具体执行SOLAS公约和ISPS规则规定的缔约国政府船舶保安主管机关的职责。

交通运输部在沿海设立的海事管理机构按照本规则具体履行下列职责：

（一）负责管理船舶保安员和公司保安员的培训，对通过规定的船舶保安培训并经考试合格者，签发相应的培训合格证；

（二）接收船舶海上保安信息，并在法定的职责内按照规定的程序采取相应的行动；

（三）向已经进入中国领海或者已经报告拟进入中国领海的船舶提供相应的保安信息，向相关部门通报保安信息，并按照法定职责采取相应的行动；

（四）实施船舶保安监督管理，检查《船舶连续概要记录》、《国际船舶保安证书》、《临时国际船舶保安证书》、保安报警装置、保安演习以及本规则规定的其他船舶保安事项，检查已经审核合格的船舶保安计划以及修订内容的有效性；

（五）对船舶保安员、公司保安员实施监督管理；

（六）中华人民共和国海事局规定的其他船舶保安职责。

船舶检验机构依据中华人民共和国海事局的授权和本规则有关规定具体履行下列职责：

（一）对《船舶保安计划》进行技术审核；

（二）签发《国际船舶保安证书》和《临时国际船舶保安证书》。

第四条　本规则下列用语的含义是：

（一）特种用途船，是指根据船舶功能的需要而载有12名以上特殊人员（包括乘客）的机械自航船舶，包括以下类型：

1.从事科研、考察及测量的船舶；

2.用于海上人员训练的船舶；

3.不从事捕捞的鲸船及鱼类加工船；

4.不从事捕捞的其他海洋生物资源加工船；

5.设计特点与作业方式与第1目至第4目相类似的其他船舶。

（二）船港界面活动，是指船舶与港口之间的人员来往、货物装卸或者接受港口服务时发生的交互活动。

（三）船到船活动，是指从一船向另一船转移物品或者人员且与港口设施不相关的行为。

（四）保安事件，是指威胁船舶、港口设施或者船港界面活动、船到船活动安全的任何可疑行为或者情况。

（五）保安联络点，是指由交通运输部公布并设立在各直属海事管理机构的联络点。船舶、公司可通过该联络点向海事管理机构就船舶保安事项请求建议或者援助，报告关于其他船舶、动向或者通信的任何保安问题。

（六）保安等级，是指可能导致保安事件或者发生保安事件的风险级别划分。

（七）保安声明，是指船舶与其所从事活动的港口设施或者其他船舶之间达成谅解的书面协议，规定各自的保安措施。

（八）《船舶保安计划》，是指为确保在船上采取旨在保护船上人员、货物、货物运输单元、船舶物料或者船舶免受保安事件威胁的措施而制订的计划。

（九）船舶保安员，是指由公司指定的承担船舶保安责任的船上人员。该保安员对船长负责，其职责包括实施和维护《船舶保安计划》以及与公司保安员和港口设施保安员进行联络。

（十）公司保安员，是指由公司所指定的，负责开展船舶保安评估、制订和报审《船舶保安计划》、实施和维持审核合格后的《船舶保安计划》，并与港口设施保安员和船舶保安员进行联络的人员。

（十一）港口设施保安员，是指被指定负责落实《港口设施保安计划》的制订、实施、修订和维护工作，并与船舶保安员和公司保安员进行联络的人员。

（十二）公司，是指承担安全与防污染管理责任和义务的航运企业，包括船舶所有人、经营人、管理人和光船承租人。

第二章　船舶保安等级

第五条　船舶保安等级从低到高分为三级，分别是保安等级1、保安等级2和保安等级3。

保安等级1是指应当始终保持的最低防范性保安措施的等级。

保安等级2是指由于保安事件危险性升高而应在一段时间内保持适当的附加保护性保安措施的等级。

保安等级3是指当保安事件可能或者即将发生（尽管可能尚无法确定具体目标）时应在一段有限时间内保持进一步的特殊保护性保安措施的等级。

第六条 中华人民共和国海事局应当根据威胁信息的可信程度、得到佐证的程度、具体或者紧迫程度以及保安事件潜在的后果确定和调整船舶的保安等级。

前款所称威胁信息包括但不限于以船舶为载体或者工具对下列对象产生威胁的信息：国家安全、公共安全、公共卫生、公共环境、公共资源、海上通信安全、重要设施安全、社会治安等。

第七条 船舶保安等级由交通运输部发布。

交通运输部发布船舶保安等级时，可以视情发出适当的指令，并向可能受到影响的船舶提供保安信息。

第三章 船舶和公司的保安要求

第一节 一般规定

第八条 船舶应当按照SOLAS公约的要求和中华人民共和国海事局的规定，配备船舶自动识别系统（AIS）、《船舶连续概要记录》，安装船舶保安警报系统，标记船舶永久识别号。

第九条 公司应当履行以下职责：

（一）负责对所属船舶进行船舶保安评估；

（二）负责编制《船舶保安计划》和已审核合格计划的后续修订；

（三）实施经过审核合格的《船舶保安计划》；

（四）采取适当的措施，避免泄漏船舶保安评估或者《船舶保安计划》及其相关的保安敏感性、保密性资料；

（五）应当安排一名或者数名人员作为公司保安员，确定每人所负责的船舶，并确保其能够24小时与船舶、港口设施保安员和海事管理机构保持联系；

（六）向船籍港海事管理机构及时提供最新的公司保安员名单以及24小时联络方式等资料；

（七）在每艘船舶上指定一名适合履行船舶保安职责的人员作为船舶保安员；

（八）为船舶保安员、公司保安员、船长履行职责提供必要的条件；

（九）赋予船长在船舶保安以及在必要时请求公司或者海事管理机构提供帮助方面的决定权；

（十）根据确定的保安等级，采取相应的保安措施；

（十一）组织、参加船舶保安培训、训练和演习；

（十二）收集船舶保安信息，并向相关部门报告或者通报。

第十条 在各等级保安状态下，船舶应当按照经审核合格的船舶保安计划开展工作。

发现保安威胁，在船舶保安等级未确认改变之前，船舶可以按照经过审核合格的保安计划，采取高于其所处保安等级的保安措施，包括附加保护性措施和特殊保护性措施。

船舶的保安等级高于其拟进入或者所在港口的保安等级，船舶应当立即将此情况通知拟进入或者所在国家的保安联络点。

船舶的保安等级低于其拟进入或者所在港口的保安等级,船舶应当立即按照本船的《船舶保安计划》升高船舶的保安等级至不低于港口的保安等级,并向拟进入或者所在国家的保安联络点报告。

第十一条 船长在职责范围内作出的维护船舶安全或者保安的决定,不受公司或者任何其他人员的限制。其中包括拒绝人员(经确定为SOLAS公约、ISPS规则缔约国政府正式授权的人员除外)及其物品上船或者拒绝装货(包括集装箱或者其他封闭的货运单元)。

不论处于何种保安等级,船长在任何时候对船舶的安全负有最终责任。如果有理由相信执行任何有关指令会危及船舶的安全,船长可以要求澄清或者修改指令。

第十二条 船舶在进入中华人民共和国港口之前、在港口期间,船长和船舶保安员应当履行下列义务:

(一)了解拟挂靠的港口设施履行SOLAS公约和ISPS规则的情况;

(二)与我国海事管理机构公布的保安联络点联系,以确定适合的船舶保安等级,并掌握有关船舶保安等级的任何变化;

(三)与拟挂靠的港口设施的保安员联系,了解该港口设施的保安等级,并掌握有关港口设施保安等级的任何变化;

(四)如果保安联络点确定了该船需要提升保安等级并就此发出指令,船长和船舶保安员应当向保安联络点确认已收到关于保安等级改变的指令,并确认已开始实施《船舶保安计划》所列明的措施和程序;如果在实施中遇到任何困难,应当与港口设施保安员联系,并协调适当的行动;

(五)如果船舶按照本条第(四)项规定需要提高的保安等级或已处于的保安等级高于其拟挂靠或所在港口的保安等级,船长和船舶保安员应当立即将此情况通知港口所在地海事管理机构和港口设施保安员,并在必要时与港口设施保安员协调适当的行动。

第十三条 在中华人民共和国领海或者拟进入中华人民共和国领海的船舶,发现可能影响所在区域海上保安的任何信息,应当立即向沿岸保安联络点报告。

第二节 船舶保安评估

第十四条 公司保安员应当确保船舶保安评估由具备评价船舶保安技能的人员按照本规则、SOLAS公约和ISPS规则的要求开展,并对船舶保安评估的妥善实施负有最终责任。

公司可以由公司保安员实施保安评估,也可就某一具体船舶的保安评估委托具备船舶保安评估资质的机构实施,实施船舶保安评估的机构应当对评估的结论负责。

第十五条 船舶保安评估应当符合下列要求以及中华人民共和国海事局规定或者认可的船舶保安评估规范:

(一)确定现有保安措施、程序和操作;

(二)确定并评价应予重点保护的船上关键操作;

(三)确定船上关键操作可能受到的威胁及其发生的可能性,以确定并按优先顺序排定保安措施;

(四)找出船舶设施、设备和重要部位以及方针和程序中的弱点,包括人为因素。

船舶保安评估应当包括现场保安检验。现场保安检验应当检查和评估船上的现有保护措施、指南、程序和操作。

船舶发生重大变化时，应当及时重新进行保安评估。前述重大变化包括：船舶的通信、报警、消防、救生等重要设备结构、功能发生变化，船舶的保安组织机构、职责和协调程序发生重大变化，船舶发生了保安事件等。

第十六条 如果同一公司所有、租赁或者管理的船舶的种类，通信、报警、消防、救生等主要设备、结构相同或者相近，经向海事管理机构说明，可以共同评估并制作一份《船舶保安评估报告》。

第十七条 完成船舶保安评估后，评估人应当制作书面的《船舶保安评估报告》。

《船舶保安评估报告》应当由公司加以审查、接受并保存。

《船舶保安评估报告》应当保密，公司和承担船舶保安评估的机构应当制定并落实防止擅自接触、泄露的措施。

第三节　船舶保安计划

第十八条 《船舶保安评估报告》被公司接受后，公司应当根据船舶保安评估已经确定的船舶特点、潜在威胁和薄弱环节等情况，编制《船舶保安计划》。

《船舶保安计划》应当就本规则定义的三个保安等级作出规定，并至少包括以下内容：

（一）船舶的保安组织机构以及各自职责；

（二）标明船舶保安员和公司保安员，包括公司保安员的24小时联系方式；

（三）船舶与公司、港口设施、其他船舶和具有保安职责的有关主管机关的关系；

（四）保安等级1状态下应当落实的保安措施，以及保安等级提高时应当落实的全部附加和特别保安措施；

（五）《船舶保安计划》的保密措施；

（六）《船舶保安计划》的定期审查和更新程序；

（七）与海事管理机构、港口设施保安员及其他部门联系、报告的程序，船舶内部联系和报告保安事件的程序；

（八）防止将企图用于攻击人员、船舶或者港口的武器、危险物质和装置擅自携带上船的措施；

（九）对限制区域的确定以及防止擅自进入限制区域的措施；

（十）防止擅自上船的措施；

（十一）对保安威胁或者保安状况的破坏作出反应的程序，包括维持船舶或者船港界面的关键操作的规定；

（十二）对缔约国政府在保安等级3时可能发出的指令作出反应的程序；

（十三）在保安威胁或者保安状况受到破坏时的撤离程序；

（十四）保安活动审核程序；

（十五）与计划有关的培训、训练和演习程序；

（十六）确保检查、测试、校准和保养船上装备的任何保安设备的程序；

（十七）测试或者校准船上装备的任何保安设备的频度；

（十八）指明船舶保安警报系统启动点的安装位置；

（十九）船舶保安警报系统的使用，包括试验、启动、关闭、复位和减少误报警的程序、说明和指导；

（二十）保安和监控设备或者系统的类型和维护要求；

（二十一）建立、保持和更新危险货物或者财产及其地点清单的程序；

（二十二）向有关缔约国政府联络点报告的程序；

（二十三）自身要求签署《保安声明》的条件以及如何处理港口设施提出《保安声明》要求的做法；

（二十四）位于非缔约国的港口、与不符合SOLAS公约第XI-2章和ISPS规则A部分的港口设施或者未取得《国际船舶保安证书》的船舶发生界面活动以及与固定、浮动平台或者就位的移动式海上钻井装置进行界面活动时将采取的程序和保安措施。

第十九条　公司应当向船舶检验机构提出《船舶保安计划》技术审核申请。

船舶检验机构应当审核《船舶保安计划》是否符合第十八条的有关规定。审核合格的，应当出具证明文书，审核不合格的，应当书面告知理由。

第二十条　《船舶保安计划》审核合格后，船舶不得擅自更换该计划中所述的任何保安设备。

船舶更换已经审核合格的《船舶保安计划》涉及的任何保安设备，应当与本规则和ISPS规则规定的内容等效。更换保安设备后的《船舶保安计划》应当经船舶检验机构重新认证后方可实施。

第二十一条　船舶重新进行保安评估，公司或者公司保安员应当对《船舶保安计划》作出相应的修订后，按本节规定的程序提出申请。

第二十二条　《船舶保安计划》应当保密。

在符合下列条件时，执法人员可以查看《船舶保安计划》中与不符合情况有关的具体部分：

（一）有明确理由相信船舶不符合SOLAS公约第XI-2章或者ISPS规则A部分的要求，且只能通过审查船舶保安计划的相关要求验证或者纠正不符合情况；

（二）中国籍船舶征得船籍港海事管理机构或者船长的同意，但对计划中的保密信息未经中华人民共和国海事局另行同意，不能受到检查；外国籍船舶征得其所属缔约国政府或者船长的同意，但对计划中的保密信息未经其所属缔约国政府同意，不能受到检查。

本条前款所述的保密信息包括：

（一）对限制区域的确定以及防止擅自进入限制区域的措施；

（二）对保安状况受到的威胁或者破坏作出响应的程序，包括维持船舶或者船港界面的关键操作的规定；

（三）对缔约国政府在处于保安等级3时可能发出的任何指令作出响应的程序；

（四）船舶上负有保安责任人员的职责和船舶上其他人员在保安方面的职责；

（五）确保检查、测试、校准和保养船上任何保安设备的程序；

（六）指明船舶保安警报系统启动点所在位置；

（七）船舶保安警报系统的使用，包括试验、启动、关闭和复位以及限制误发警报的程序、说明和指导。

第二十三条　如果同一公司所有、租赁或者管理的船舶的种类，通信、报警、消防、救生等主要设备、结构相同或者相近，事先取得船籍港海事管理机构同意，可以共同制作一份《船舶保安计划》。

第四节　国际船舶保安证书

第二十四条　从事国际航行的船舶必须持有《国际船舶保安证书》或者《临时国际船舶保安证书》。

《国际船舶保安证书》或者《临时国际船舶保安证书》应当作为船舶法定检验证书的组成部分，随船携带。

第二十五条 符合以下条件，船舶检验机构应当向中国籍船舶签发《国际船舶保安证书》：

（一）船舶具备有效的船舶国籍证书和《船舶连续概要记录》；

（二）船舶按照规定标注了永久识别号，并按规定配备了满足SOLAS公约要求的船舶保安报警系统；

（三）船舶按照规定配备了合格的船舶保安员；

（四）船舶具有经审核合格的《船舶保安计划》；

（五）船舶已通过保安核验。

有下列情况之一的，船舶检验机构应当签发《临时国际船舶保安证书》：

（一）在交船时或者在投入营运或者重新投入营运之前，船舶没有《国际船舶保安证书》；

（二）船舶从SOLAS公约和ISPS规则的一缔约国政府换旗到另一缔约国政府；

（三）船舶从一非SOLAS公约和ISPS规则缔约国政府换旗到一缔约国政府；

（四）公司承担了其以前未经营过的某一船舶的经营责任。

第二十六条 《国际船舶保安证书》的有效期最长不超过5年，《临时国际船舶保安证书》的有效期最长不超过6个月。

第二十七条 船舶应当按照中华人民共和国海事局的规定，在《国际船舶保安证书》有效期内的第2周年和第3周年之间，至少向船舶检验机构申请一次船舶保安期间审核。

第二十八条 中国籍船舶有以下情况之一的，应当申请附加审核：

（一）在接受海事管理机构检查时，检查人员有充分理由确认船舶不符合ISPS规则A部分及本规则的要求；

（二）船舶保安计划作出修正并经审核合格后，公司应当在3个月内申请对船舶进行附加审核，以检查修正后计划的执行情况；

（三）船舶因不满足ISPS规则的要求被滞留、被禁止进港或者驱逐出港。

第五节　船舶保安声明

第二十九条 海事管理机构可以根据船港界面活动或者船到船活动对人员、财产和环境可能造成危险程度的判断，要求船舶与港口设施或者其他船舶签署《保安声明》。

签署《保安声明》的双方，应当确保在船舶与港口设施或者其他船舶之间就各方所分别采取的保安措施达成协议，说明各自的责任，并按照协议开展行动。

第三十条 在下列情况下，船舶可以要求与港口设施或者其他船舶签署《保安声明》：

（一）该船舶所处的保安等级高于其所从事界面活动的港口设施或者另一船舶的保安等级；

（二）在中华人民共和国政府与其他缔约国政府之间有涉及某些国际航线或者这些航线上的特定船舶的关于《保安声明》的协议；

（三）曾经有涉及该船舶或者涉及该港口设施的保安威胁或者重大保安事件；

（四）该船舶位于一个不要求具有和实施经过批准的《港口设施保安计划》的港口设施；

（五）该船舶与另一艘不要求具有和实施经审核合格的《船舶保安计划》的船舶进行船到船活动；

（六）符合该船舶《船舶保安计划》要求签署《保安声明》的其他条件。

对于上述第（一）项至第（五）项签署《保安声明》的请求，有关港口设施或者船舶应当回应。
船舶接到港口设施或者其他船舶签署《保安声明》的请求，应当予以回应。

第三十一条　《保安声明》应当由船长或者船舶保安员、港口设施保安员代表相关各方签署。

《保安声明》应当根据保安等级变化做相应的改变或者重新签署。

《保安声明》应当留船保存3年。

第六节　船舶保安的训练、演习

第三十二条　为了保证《船舶保安计划》的有效实施，公司应当每隔3个月进行一次船舶保安训练，测试下列威胁保安的因素：

（一）对船舶、货物、船舶基础设备或者系统以及船舶物料的损坏或者破坏；

（二）劫持或者扣留船舶或者船上人员；

（三）未经允许进入船舶的人员（包括藏于船上的偷渡人员）；

（四）走私武器或者设备（包括大规模杀伤性武器）；

（五）使用船舶载运企图制造保安事件的人员、设备；

（六）使用船舶本身作为损坏或者破坏的武器；

（七）在港或者锚泊时从海上发动的攻击；

（八）在海上时的攻击。

如果一次有25%以上船员发生变更，而这些人员在最近的适当间隔期中没有参加过该船的保安训练，则必须在发生变更后的一个星期内进行训练。

第三十三条　为了保证《船舶保安计划》的有效实施，测试通信、协调、资源共享和应答能力，公司保安员、船舶保安员应当每日历年至少参加一次由公司或者海事管理机构组织的保安演习，最长间隔不超过18个月。

保安演习可以采用实地或者模拟的形式，也可以与相关演习结合进行。

中国籍船舶如果参加国外有关主管当局组织的保安演习，应当事先通报船籍港海事管理机构。未事先通报的，海事管理机构不予承认。

第七节　船舶保安记录

第三十四条　船舶应当保存涉及以下活动的记录：

（一）培训、训练、演习；

（二）保安状况受到的威胁和保安事件；

（三）保安状况受到的破坏；

（四）保安等级的改变；

（五）与船舶保安状况直接有关的通信；

（六）保安活动的内部审核和评审；

（七）对船舶保安评估的定期评审；

（八）对船舶保安计划的定期评审；

（九）对船舶保安计划任何修正的实施；

（十）船舶保安设备的保养、校准和测试，包括对船舶保安警报系统的测试；

（十一）在任何港口进行船港界面活动时其所处的保安等级；

（十二）在任何港口进行船港界面活动时所采取的特别和附加的保安措施；

（十三）任何船到船活动时维持的适当的保安程序；

（十四）其他与船舶保安有关的实用信息（但不包括船舶保安计划的细节）。

第三十五条 船舶应当对船舶保安记录加以保护，防止擅自接触、删除、破坏、修改或者泄露。

船舶应当建立专门的船舶保安记录簿。

船舶保安记录应当存船保留3年。

第八节 对保安员和有关人员的要求

第三十六条 公司保安员和船舶保安员，应当按照ISPS规则的有关要求，完成海事管理机构规定的船舶保安培训，具备履行其职责的知识和能力。

公司和船舶的其他相关人员，应当按照ISPS规则的有关要求，经过相应的培训，具备履行其担任职责方面的知识和能力。

第三十七条 公司保安员履行下列职责：

（一）利用适当的保安评估和其他相关信息，就船舶可能遇到威胁的情况提出建议；

（二）确保船舶保安评估得以开展；

（三）确保《船舶保安计划》得以制定、提交审核合格以及随后得以实施和维护；

（四）确保对《船舶保安计划》进行适当修改，以纠正缺陷并符合各船舶的保安要求；

（五）安排对保安活动进行内部审核和审查；

（六）安排船舶进行初次和后续的审核；

（七）确保迅速解决和处理在内部审核、定期审查、保安检查和其他审核期间确定的缺陷和不符合项；

（八）加强保安意识和警惕性；

（九）确保负责船舶保安的人员受到适当的培训；

（十）确保船舶保安员和有关港口设施保安员之间的有效沟通与合作；

（十一）及时接收海事管理机构发布的船舶保安信息，并确保将信息及时传递到公司所属船舶；

（十二）确保保安要求和安全要求的一致性；

（十三）若采用了姊妹船或者船队的保安计划，确保每条船舶的计划均准确反映该船具体信息；

（十四）确保海事管理机构为某一特定船舶或者某一组船舶批准的任何替代或者等效措施得以实施和保持。

第三十八条 船舶保安员履行下列职责：

（一）承担船舶的定期保安检查，确保船舶保持适当的保安措施；

（二）保持和监督《船舶保安计划》的实施；

（三）与船上其他人员和有关港口设施保安员协调货物和船舶备品装卸中的保安事项；

（四）对《船舶保安计划》提出修改建议；

（五）向公司保安员报告内部审核、定期审查、保安检查和其他审核期间所确定的缺陷和不符合项，并采取纠正措施；

（六）加强船上保安意识和警惕性；

（七）确保为船上人员提供充分的培训；

（八）报告所有保安事件；

（九）与公司保安员和有关港口设施保安员协调实施《船舶保安计划》；

（十）确保正确操作、测试、校准和保养保安设备。

中国籍船舶的船舶保安员无法履行职责的，海事管理机构出具书面的证明文件，指定其他船员短时间替代船舶保安员的职责，并由船公司通知船舶停靠的下一港口的海事主管当局。

第四章 海上保安报警和处置

第三十九条 中国海上搜救中心总值班室是全国船舶和港口设施保安的总联络点，负责全国船舶和港口设施的保安报警接收和保安信息联络工作。

第四十条 交通运输部在沿海设立的各海事管理机构的值班室，负责下列事项的对外联系工作：

（一）接收港口保安信息和船舶保安信息，针对接到的保安报警及时按照船舶保安应急反应程序采取通告有关部门等保安行动；

（二）对船舶提供保安建议或者援助；

（三）为拟进入我国领海和港口的船舶提供保安信息和保安通信联系；

（四）按规定程序向中国海上搜救中心总值班室报告保安信息。

第四十一条 当出现威胁船舶、船港界面活动或者船到船活动安全的任何可疑行为或者情况，船长或者船舶保安员应当向船舶所在公司进行船舶保安报警。

公司保安员收到船舶保安报警后，应当立即与保安事件发生地的海事管理机构联系，报告船舶的船名、船籍、位置、船舶种类、船上人员和货物情况、受到的保安威胁等情况，同时通报船籍港海事管理机构；如涉及到港口设施，还应通报港口设施所在地港口行政管理部门。

第四十二条 船舶应当制定并落实有关措施妥善使用船舶保安警报设备，以防止船舶发生误报警。保安报警的测试应当避免采取直接与海上保安联络点之间测试的方式，以保证海上保安报警线路的畅通。

第四十三条 船舶发生误报警，应当采取措施立即消除，并向有关海事管理机构报告；海事管理机构以及其他单位和个人因对误报警采取行动支付的额外费用，由误报警的船舶承担。

第四十四条 中华人民共和国海事局负责统一对外发布除保安等级以外的船舶保安信息，并发布全国性或者局部重要性的船舶保安指令。

各海事管理机构根据中华人民共和国海事局的授权，向相关单位发布船舶保安信息和指令。

第四十五条 海事管理机构收到港口保安事件和其他港口保安信息，应当按照应急反应程序，通知相关的公司和船舶，协调港口设施和船舶的保安行动，同时及时通报港口行政管理部门。

第四十六条 海事管理机构收到中华人民共和国管辖水域内船舶的保安报警后，应当按照规定的程序及时采取应急反应措施。

海事管理机构收到中华人民共和国管辖水域外船舶的保安报警后,应当立即向中华人民共和国海事局报告,由中华人民共和国海事局按照规定的程序采取通知该船舶航行位置附近国家等行动。

第五章　监督检查与法律责任

第四十七条　海事管理机构依法对船舶保安活动实施的监督检查,任何单位或者个人不得拒绝、妨碍或者阻挠。

有关单位或者个人应当接受海事管理机构依法实施的监督检查,并为其提供方便。

海事管理机构的工作人员实施监督检查时,应当出示执法证件,表明身份。

第四十八条　海事管理机构应当对船舶的下列保安事项进行监督检查:

（一）《国际船舶保安证书》或者《临时国际船舶保安证书》及证书签发机构的有效性;

（二）《船舶保安计划》在船上实施的有效性;

（三）《船舶连续概要记录》记载和保存的情况;

（四）船舶永久识别号的标识情况,以及保安报警装置、船舶自动识别系统（AIS）的配备情况;

（五）中华人民共和国海事局规定的其他检查事项。

经检查,海事管理机构有明显理由认为船舶不符合SOLAS公约第V、XI章、ISPS规则A部分和本规则要求的,海事管理机构可以对船舶采取进一步强制检查、责令船舶立即或者限期纠正、限制操作（包括限制在港内活动）、责令驶向指定地点、禁止进港、滞留船舶、驱逐出港等行政强制措施。

第四十九条　对拟进入中华人民共和国港口的国际航行船舶,海事管理机构可以在其提交国际航行船舶进口岸申请的同时要求提供以下信息,以确保船舶符合SOLAS公约第XI章、ISPS规则和本规则的要求:

（一）船舶当前运营所处的保安等级;

（二）船舶挂靠前10个港口进行船港界面活动时其所处的保安等级;

（三）船舶挂靠前10个港口进行船港界面活动时所采取的特别和附加的保安措施;

（四）船舶挂靠前10个港口进行船港界面活动时维持的适当的保安程序;

（五）船舶挂靠前10个港口与未取得《国际船舶保安证书》的船舶发生界面活动或者与固定、浮动平台或者就位的移动式海上钻井装置进行界面活动时采取的保安程序和保安措施;

（六）其他海事管理机构要求提供的实用保安信息。

对于船舶未按要求提供前款所述的信息,或者海事管理机构认为提供的信息不符合SOLAS公约第XI章、ISPS规则和本规则的要求,海事管理机构可以采取强制检查、责令船舶立即或者限期纠正、责令驶向指定地点、禁止进港等行政强制措施。

第五十条　对外国籍船舶按照第四十八、四十九条规定采取强制检查、责令船舶立即或者限期纠正、限制操作（包括限制在港内活动）、责令驶向指定地点、禁止进港、滞留船舶、驱逐出港的行政强制措施,中华人民共和国海事局应当将此情况通报船旗国海事当局和国际海事组织。

采取禁止进港或者驱逐出港的措施,还应当通知可知的船舶随后拟挂靠港口的国家当局以及其他有关沿岸国。

第五十一条 对于挂靠未按规定取得有效《港口设施保安符合证书》的我国港口设施的船舶，港口所在地海事管理机构应当采取禁止进港或者驱逐出港的行政强制措施。

第五十二条 对于违反本规则规定的中国公司，海事管理机构可以责令改正；情节严重的，可以责令对有关船舶重新进行保安评估或者修订《船舶保安计划》。

第五十三条 违反本规则规定，公司保安员和船舶保安员未经必要的培训，海事管理机构可以责令公司更换；公司保安员和船舶保安员未能履行本规则规定的职责，海事管理机构可以责令其参加保安培训，情节严重的，可以责令公司暂停或者撤销其保安员资格。

第五十四条 对于违反本规则的行为，依法应当给予海事行政处罚的，海事管理机构按照交通运输部颁布的海事行政处罚有关规定实施行政处罚。

第五十五条 海事管理机构工作人员违反本规则规定，滥用职权，玩忽职守，给人民生命财产造成损失的，由所在单位或者其上级主管机关给予行政处分；涉嫌犯罪的，依法移送司法机关。

第六章 附则

第五十六条 中华人民共和国海事局可以许可中国籍船舶实施等效于SOLAS公约第Ⅺ章、ISPS规则A部分所述措施的其他保安措施。

交通运输部应当将许可该种保安措施的要求、程序等细节通知国际海事组织秘书长。

第五十七条 船舶检验机构审核《船舶保安计划》以及签发《国际船舶保安证书》和《临时国际船舶保安证书》的具体标准、规范应当向中华人民共和国海事局备案。

第五十八条 《国际船舶保安证书》《临时国际船舶保安证书》的内容和格式，由船舶检验机构按照SOLAS公约和ISPS规则的要求统一制定。

第五十九条 本规则自2007年7月1日起施行。但是，500总吨及以上的特种用途船自2008年7月1日起适用本规则。交通部于2004年6月16日发布的《船舶保安规则》（交海发〔2004〕315号）同时废止。

中华人民共和国船舶污染海洋环境应急防备和应急处置管理规定

（2011年1月27日交通运输部公布；根据2013年12月24日《交通运输部关于修改〈中华人民共和国船舶污染海洋环境应急防备和应急处置管理规定〉的决定》第一次修正；根据2014年9月5日《交通运输部关于修改〈中华人民共和国船舶污染海洋环境应急防备和应急处置管理规定〉的决定》第二次修正；根据2015年5月12日《交通运输部关于修改〈中华人民共和国船舶污染海洋环境应急防备和应急处置管理规定〉的决定》第三次修正；根据2016年12月13日《交通运输部关于修改〈中华人民共和国船舶污染海洋环境应急防备和应急处置管理规定〉的决定》第四次修正；根据2018年9月27日《交通运输部关于修改〈中华人民共和国船舶污染海洋环境应急防备和应急处置管理规定〉的决定》第五次修正；根据2019年11月28日《交通运输部关于修改〈中华人民共和国船舶污染海洋环境应急防备和应急处置管理规定〉的决定》第六次修正）

第一章 总则

第一条 为提高船舶污染事故应急处置能力，控制、减轻、消除船舶污染事故造成的海洋环境污染损害，依据《中华人民共和国防治船舶污染海洋环境管理条例》等有关法律、行政法规和中华人民共和国缔结或者加入的有关国际条约，制定本规定。

第二条 在中华人民共和国管辖海域内，防治船舶及其有关作业活动污染海洋环境的应急防备和应急处置，适用本规定。

船舶在中华人民共和国管辖海域外发生污染事故，造成或者可能造成中华人民共和国管辖海域污染的，其应急防备和应急处置，也适用本规定。

本规定所称"应急处置"是指在发生或者可能发生船舶污染事故时，为控制、减轻、消除船舶造成海洋环境污染损害而采取的响应行动；"应急防备"是指为应急处置的有效开展而预先采取的相关准备工作。

第三条 交通运输部主管全国防治船舶及其有关作业活动污染海洋环境的应急防备和应急处置工作。

国家海事管理机构负责统一实施船舶及其有关作业活动污染海洋环境应急防备和应急处置工作。

沿海各级海事管理机构依照各自职责负责具体实施防治船舶及其有关作业活动污染海洋环境的应急防备和应急处置工作。

第四条 船舶及其有关作业活动污染海洋环境应急防备和应急处置工作应当遵循统一领导、综合协调、分级负责、属地管理、责任共担的原则。

第二章 应急能力建设和应急预案

第五条 国家防治船舶及其有关作业活动污染海洋环境应急能力建设规划,应当根据全国防治船舶及其有关作业活动污染海洋环境的需要,由国务院交通运输主管部门组织编制,报国务院批准后公布实施。

沿海省级防治船舶及其有关作业活动污染海洋环境应急能力建设规划,应当根据国家防治船舶及其有关作业活动污染海洋环境应急能力建设规划和本地实际情况,由沿海省、自治区、直辖市人民政府组织编制并公布实施。

沿海市级防治船舶及其有关作业活动污染海洋环境应急能力建设规划,应当根据所在地省级人民政府防治船舶及其有关作业活动污染海洋环境应急能力建设规划和本地实际情况,由沿海设区的市级人民政府组织编制并公布实施。

编制防治船舶及其有关作业活动污染海洋环境应急能力建设规划,应当对污染风险和应急防备需求进行评估,合理规划应急力量建设布局。

沿海各级海事管理机构应当积极协助、配合相关地方人民政府完成应急能力建设规划的编制工作。

第六条 交通运输部、沿海设区的市级以上地方人民政府应当根据相应的防治船舶及其有关作业活动污染海洋环境应急能力建设规划,建立健全船舶污染事故应急防备和应急反应机制,建立专业应急队伍,建设船舶污染应急专用设施、设备和器材储备库。

第七条 沿海各级海事管理机构应当根据防治船舶及其有关作业活动污染海洋环境的需要,会同海洋主管部门建立健全船舶及其有关作业活动污染海洋环境的监测、监视机制,加强对船舶及其有关作业活动污染海洋环境的监测、监视。

港口、码头、装卸站以及从事船舶修造的单位应当配备与其装卸货物种类和吞吐能力或者修造船舶能力相适应的污染监视设施和污染物接收设施,并使其处于良好状态。

第八条 港口、码头、装卸站以及从事船舶修造、打捞、拆解等作业活动的单位应当按照交通运输部的要求制定有关安全营运和防治污染的管理制度,按照国家有关防治船舶及其有关作业活动污染海洋环境的规范和标准,配备必须的防治污染设备和器材,确保防治污染设备和器材符合防治船舶及其有关作业活动污染海洋环境的要求。

第九条 港口、码头、装卸站以及从事船舶修造、打捞、拆解等作业活动的单位应当编写报告,评价其具备的船舶污染防治能力是否与其装卸货物种类、吞吐能力或者船舶修造、打捞、拆解活动所必需的污染监视监测能力、船舶污染物接收处理能力以及船舶污染事故应急处置能力相适应。

交通运输主管部门依法开展港口、码头、装卸站的验收工作时应当对评价报告进行审查,确认其具备与其所从事的作业相应的船舶污染防治能力。

第十条　交通运输部应当根据国家突发公共事件总体应急预案，制定国家防治船舶及其有关作业活动污染海洋环境的专项应急预案。

沿海省、自治区、直辖市人民政府应当根据国家防治船舶及其有关作业活动污染海洋环境的专项应急预案，制定省级防治船舶及其有关作业活动污染海洋环境应急预案。

沿海设区的市级人民政府应当根据所在地省级防治船舶及其有关作业活动污染海洋环境的应急预案，制定市级防治船舶及其有关作业活动污染海洋环境应急预案。

交通运输部、沿海设区的市级以上地方人民政府应当定期组织防治船舶及其有关作业活动污染海洋环境应急预案的演练。

第十一条　中国籍船舶所有人、经营人、管理人应当按照国家海事管理机构制定的应急预案编制指南，制定或者修订防治船舶及其有关作业活动污染海洋环境的应急预案，并报海事管理机构备案。

港口、码头、装卸站的经营人以及有关作业单位应当制定防治船舶及其有关作业活动污染海洋环境的应急预案，并报海事管理机构和环境保护主管部门备案。

船舶以及有关作业单位应当按照制定的应急预案定期组织应急演练，根据演练情况对应急预案进行评估，按照实际需要和情势变化，适时修订应急预案，并对应急预案的演练情况、评估结果和修订情况如实记录。

第十二条　中国籍船舶防治污染设施、设备和器材应当符合国家有关标准，并按照国家有关要求通过型式和使用性能检验。

第三章　船舶污染清除单位

第十三条　船舶污染清除单位是指具备相应污染清除能力，为船舶提供污染事故应急防备和应急处置服务的单位。

根据服务区域和污染清除能力的不同，船舶污染清除单位的能力等级由高到低分为四级，其中：

（一）一级单位能够在我国管辖海域为船舶提供溢油和其他散装液体污染危害性货物泄漏污染事故应急服务；

（二）二级单位能够在距岸20海里以内的我国管辖海域为船舶提供溢油和其他散装液体污染危害性货物泄漏污染事故应急服务；

（三）三级单位能够在港区水域为船舶提供溢油应急服务；

（四）四级单位能够在港区水域内的一个作业区、独立码头附近水域为船舶提供溢油应急服务。

第十四条　从事船舶污染清除的单位应当具备以下条件，并接受海事管理机构的监督检查：

（一）应急清污能力符合《船舶污染清除单位应急清污能力要求》的规定；

（二）制定的污染清除作业方案符合防治船舶及其有关作业活动污染海洋环境的要求；

（三）污染物处理方案符合国家有关防治污染规定。

第十五条　船舶污染清除单位应当将下列情况向社会公布,并报送服务区域所在地的海事管理机构:

(一)本单位的污染清除能力符合《船舶污染清除单位应急清污能力要求》相应能力等级和服务区域的报告;

(二)污染清除作业方案;

(三)污染物处理方案;

(四)船舶污染清除设施、设备、器材和应急人员情况;

(五)船舶污染清除协议的签订和履行情况以及参与船舶污染事故应急处置工作情况。

船舶污染清除单位的污染清除能力和服务区域发生变更的,应当及时将变更情况向社会公布,并报送服务区域所在地的海事管理机构。

第四章　船舶污染清除协议的签订

第十六条　载运散装油类货物的船舶,其经营人应当在船舶进港前或者港外装卸、过驳作业前,按照以下要求与相应的船舶污染清除单位签订船舶污染清除协议:

(一)600总吨以下仅在港区水域航行或作业的船舶,应当与四级以上等级的船舶污染清除单位签订船舶污染清除协议;

(二)600总吨以上2000总吨以下仅在港区水域航行或作业的船舶,应当与三级以上等级的船舶污染清除单位签订船舶污染清除协议;

(三)2000总吨以上仅在港区水域航行或作业的船舶以及所有进出港口和从事过驳作业的船舶应当与二级以上等级的船舶污染清除单位签订船舶污染清除协议。

第十七条　载运油类之外的其他散装液体污染危害性货物的船舶,其经营人应当在船舶进港前或者港外装卸、过驳作业前,按照以下要求与相应的船舶污染清除单位签订船舶污染清除协议:

(一)进出港口的船舶以及在距岸20海里之内的我国管辖水域从事过驳作业的船舶应当与二级以上等级的船舶污染清除单位签订船舶污染清除协议;

(二)在距岸20海里以外的我国管辖水域从事过驳作业的载运其他散装液体污染危害性货物的船舶应当与一级船舶污染清除单位签订船舶污染清除协议。

第十八条　1万总吨以上的载运非散装液体污染危害性货物的船舶,其经营人应当在船舶进港前或者港外装卸、过驳作业前,按照以下要求与相应的船舶污染清除单位签订船舶污染清除协议:

(一)进出港口的2万总吨以下的船舶应当与四级以上等级的船舶污染清除单位签订船舶污染清除协议;

(二)进出港口的2万总吨以上3万总吨以下的船舶应当与三级以上等级的船舶污染清除单位签订船舶污染清除协议;

(三)进出港口的3万总吨以上的船舶以及在我国管辖水域从事过驳作业的船舶应当与二级以上等级的船舶污染清除单位签订船舶污染清除协议。

第十九条　与一级、二级船舶污染清除单位签订污染清除协议的船舶划分标准由国家海事管理机构确定。

第二十条 国家海事管理机构应当制定并公布船舶污染清除协议样本,明确协议双方的权利和义务。

船舶和污染清除单位应当按照国家海事管理机构公布的协议样本签订船舶污染清除协议。

第二十一条 船舶应当将所签订的船舶污染清除协议留船备查,并在办理船舶进出港口手续或者作业申请时向海事管理机构出示。

船舶发现船舶污染清除单位存在违反本规定的行为,或者未履行船舶污染清除协议的,应当向船舶污染清除单位所在地的直属海事管理机构报告。

第五章　应急处置

第二十二条 船舶发生污染事故或者可能造成海洋环境污染的,船舶及有关作业单位应当立即启动相应的应急预案,按照有关规定的要求就近向海事管理机构报告,通知签订船舶污染清除协议的船舶污染清除单位,并根据应急预案采取污染控制和清除措施。

船舶在终止清污行动前应当向海事管理机构报告,经海事管理机构同意后方可停止应急处置措施。

第二十三条 船舶污染清除单位接到船舶污染事故通知后,应当根据船舶污染清除协议及时开展污染控制和清除作业,并及时向海事管理机构报告污染控制和清除工作的进展情况。

第二十四条 接到船舶造成或者可能造成海洋环境污染的报告后,海事管理机构应当立即核实有关情况,并加强监测、监视。

发生船舶污染事故的,海事管理机构应当立即组织对船舶污染事故的等级进行评估,并按照应急预案的要求进行报告和通报。

第二十五条 发生船舶污染事故后,应当根据《中华人民共和国防治船舶污染海洋环境管理条例》的规定,成立事故应急指挥机构。事故应急指挥机构应当根据船舶污染事故的等级和特点,启动相应的应急预案,有关部门、单位应当在事故应急指挥机构的统一组织和指挥下,按照应急预案的分工,开展相应的应急处置工作。

第二十六条 发生船舶污染事故或者船舶沉没,可能造成中华人民共和国管辖海域污染的,有关沿海设区的市级以上地方人民政府、海事管理机构根据应急处置的需要,可以征用有关单位和个人的船舶、防治污染设施、设备、器材以及其他物资。有关单位和个人应当予以配合。

有关单位和个人所提供的船舶和防治污染设施、设备、器材应当处于良好可用状态,有关物资质量符合国家有关技术标准、规范的要求。

被征用的船舶和防治污染设施、设备、器材以及其他物资使用完毕或者应急处置工作结束,应当及时返还。船舶和防治污染设施、设备、器材以及其他物资被征用或者征用后毁损、灭失的,应当给予补偿。

第二十七条 发生船舶污染事故,海事管理机构可以组织并采取海上交通管制、清除、打捞、拖航、引航、护航、过驳、水下抽油、爆破等必要措施。采取上述措施的相关费用由造成海洋环境污染的船舶、有关作业单位承担。

需要承担前款规定费用的船舶,应当在开航前缴清有关费用或者提供相应的财务担保。

本条规定的财务担保应当由境内银行或者境内保险机构出具。

第二十八条 船舶发生事故有沉没危险时,船员离船前,应当按照规定采取防止溢油措施,尽可能关闭所有货舱(柜)、油舱(柜)管系的阀门,堵塞货舱(柜)、油舱(柜)通气孔。

船舶沉没的,其所有人、经营人或者管理人应当及时向海事管理机构报告船舶燃油、污染危害性货物以及其他污染物的性质、数量、种类及装载位置等情况,采取或者委托有能力的单位采取污染监视和控制措施,并在必要的时候采取抽出、打捞等措施。

第二十九条 船舶应当在污染事故清除作业结束后,对污染清除行动进行评估,并将评估报告报送当地直属海事管理机构,评估报告至少应当包括下列内容:

(一)事故概况和应急处置情况;

(二)设施、设备、器材以及人员的使用情况;

(三)回收污染物的种类、数量以及处置情况;

(四)污染损害情况;

(五)船舶污染应急预案存在的问题和修改情况。

事故应急指挥机构应当在污染事故清除作业结束后,组织对污染清除作业的总体效果和污染损害情况进行评估,并根据评估结果和实际需要修订相应的应急预案。

第六章 法律责任

第三十条 海事管理机构应当建立、健全防治船舶污染应急防备和处置的监督检查制度,对船舶以及有关作业单位的防治船舶污染能力以及污染清除作业实施监督检查,并对监督检查情况予以记录。

海事管理机构实施监督检查时,有关单位和个人应当予以协助和配合,不得拒绝、妨碍或者阻挠。

第三十一条 海事管理机构发现船舶及其有关作业单位和个人存在违反本规定行为的,应当责令改正;拒不改正的,海事管理机构可以责令停止作业、强制卸载,禁止船舶进出港口、靠泊、过境停留,或者责令停航、改航、离境、驶向指定地点。

第三十二条 违反本规定,船舶未制定防治船舶及其有关作业活动污染海洋环境应急预案并报海事管理机构备案的,由海事管理机构责令限期改正;港口、码头、装卸站的经营人未制定防治船舶及其有关作业活动污染海洋环境应急预案的,由海事管理机构责令限期改正。

第三十三条 违反本规定,船舶和有关作业单位未配备防污设施、设备、器材的,或者配备的防污设施、设备、器材不符合国家有关规定和标准的,由海事管理机构予以警告,或者处2万元以上10万元以下的罚款。

第三十四条 违反本规定,有下列情形之一的,由海事管理机构处1万元以上5万元以下的罚款:

(一)载运散装液体污染危害性货物的船舶和1万总吨以上的其他船舶,其经营人未按照规定签订污染清除作业协议的;

(二)污染清除作业单位不符合国家有关技术规范从事污染清除作业的。

第三十五条 违反本规定,有下列情形之一的,由海事管理机构处2万元以上10万元以下的罚款：

（一）船舶沉没后，其所有人、经营人未及时向海事管理机构报告船舶燃油、污染危害性货物以及其他污染物的性质、数量、种类及装载位置等情况的；

（二）船舶沉没后，其所有人、经营人未及时采取措施清除船舶燃油、污染危害性货物以及其他污染物的。

第三十六条 违反本规定，发生船舶污染事故，船舶、有关作业单位迟报、漏报事故的，对船舶、有关作业单位，由海事管理机构处5万元以上25万元以下的罚款；对直接负责的主管人员和其他直接责任人员，由海事管理机构处1万元以上5万元以下的罚款；直接负责的主管人员和其他直接责任人员属于船员的，给予暂扣适任证书或者其他有关证件3个月至6个月的处罚。瞒报、谎报事故的，对船舶、有关作业单位，由海事管理机构处25万元以上50万元以下的罚款；对直接负责的主管人员和其他直接责任人员，由海事管理机构处5万元以上10万元以下的罚款；直接负责的主管人员和其他直接责任人员属于船员的，并处给予吊销适任证书或者其他有关证件的处罚。

第三十七条 违反本规定，发生船舶污染事故，船舶、有关作业单位未立即启动应急预案的，对船舶、有关作业单位，由海事管理机构处2万元以上10万元以下的罚款；对直接负责的主管人员和其他直接责任人员，由海事管理机构处1万元以上2万元以下的罚款；直接负责的主管人员和其他直接责任人员属于船员的，并处给予暂扣适任证书或者其他适任证件1个月至3个月的处罚。

第七章　附则

第三十八条 本规定所称"以上""以内"包括本数，"以下""以外"不包括本数。

第三十九条 本规定自2011年6月1日起施行。

中华人民共和国船舶及其有关作业活动污染
海洋环境防治管理规定

（2010年11月16日交通运输部发布；根据2013年8月31日交通运输部《关于修改〈中华人民共和国船舶及其有关作业活动污染海洋环境防治管理规定〉的决定》第一次修正；根据2013年12月24日交通运输部《关于修改〈中华人民共和国船舶及其有关作业活动污染海洋环境防治管理规定〉的决定》第二次修正；根据2016年12月13日交通运输部《关于修改〈中华人民共和国船舶及其有关作业活动污染海洋环境防治管理规定〉的决定》第三次修正；根据2017年5月23日交通运输部《关于修改〈中华人民共和国船舶及其有关作业活动污染海洋环境防治管理规定〉的决定》第四次修正）

第一章 总则

第一条 为了防治船舶及其有关作业活动污染海洋环境，根据《中华人民共和国海洋环境保护法》《中华人民共和国大气污染防治法》《中华人民共和国防治船舶污染海洋环境管理条例》和中华人民共和国缔结或者加入的国际条约，制定本规定。

第二条 防治船舶及其有关作业活动污染中华人民共和国管辖海域适用本规定。

本规定所称有关作业活动，是指船舶装卸、过驳、清舱、洗舱、油料供受、修造、打捞、拆解、污染危害性货物装箱、充罐、污染清除以及其他水上水下船舶施工作业等活动。

第三条 国务院交通运输主管部门主管全国船舶及其有关作业活动污染海洋环境的防治工作。

国家海事管理机构负责监督管理全国船舶及其有关作业活动污染海洋环境的防治工作。

各级海事管理机构根据职责权限，具体负责监督管理本辖区船舶及其有关作业活动污染海洋环境的防治工作。

第二章 一般规定

第四条 船舶的结构、设备、器材应当符合国家有关防治船舶污染海洋环境的船舶检验规范以及中华人民共和国缔结或者加入的国际条约的要求，并按照国家规定取得相应的合格证书。

第五条 船舶应当依照法律、行政法规、国务院交通运输主管部门的规定以及中华人民共和国缔结或者加入的国际条约的要求，取得并随船携带相应的防治船舶污染海洋环境的证书、文书。

海事管理机构应当向社会公布本条第一款规定的证书、文书目录，并及时更新。

第六条 中国籍船舶持有的防治船舶污染海洋环境的证书、文书由国家海事管理机构或者其认可的机构签发；外国籍船舶持有的防治船舶污染海洋环境的证书、文书应当符合中华人民共和国缔结或者加入的国际条约的要求。

第七条 船员应当具有相应的防治船舶污染海洋环境的专业知识和技能，并按照有关法律、行政法规、规章的规定参加相应的培训、考试，持有有效的适任证书或者相应的培训合格证明。

从事有关作业活动的单位应当组织本单位作业人员进行操作技能、设备使用、作业程序、安全防护和应急反应等专业培训，确保作业人员具备相关安全和防治污染的专业知识和技能。

第八条 港口、码头、装卸站和从事船舶修造作业的单位应当按照国家有关标准配备相应的污染监视设施和污染物接收设施。

港口、码头、装卸站以及从事船舶修造、打捞、拆解等有关作业活动的其他单位应当按照国家有关标准配备相应的防治污染设备和器材。

第九条 船舶从事下列作业活动，应当遵守有关法律法规、标准和相关操作规程，落实安全和防治污染措施，并在作业前将作业种类、作业时间、作业地点、作业单位和船舶名称等信息向海事管理机构报告；作业信息变更的，应当及时补报：

（一）在沿海港口进行舷外拷铲、油漆作业或者使用焚烧炉的；

（二）在港区水域内洗舱、清舱、驱气以及排放垃圾、生活污水、残油、含油污水、含有毒有害物质污水等污染物和压载水的；

（三）冲洗沾有污染物、有毒有害物质的甲板的；

（四）进行船舶水上拆解、打捞、修造和其他水上、水下船舶施工作业的；

（五）进行船舶油料供受作业的。

第十条 从事3万载重吨以上油轮的货舱清舱、1万吨以上散装液体污染危害性货物过驳以及沉船打捞、油轮拆解等存在较大污染风险的作业活动的，作业方应当进行作业方案可行性研究，并在作业活动中接受海事管理机构的检查。

第十一条 任何单位和个人发现船舶及其有关作业活动造成或者可能造成海洋环境污染的，应当立即就近向海事管理机构报告。

第三章 船舶污染物的排放与接收

第十二条 在中华人民共和国管辖海域航行、停泊、作业的船舶排放船舶垃圾、生活污水、含油污水、含有毒有害物质污水、废气等污染物以及压载水，应当符合法律、行政法规、有关标准以及中华人民共和国缔结或者加入的国际条约的规定。

船舶在船舶排放控制区内航行、停泊、作业还应当遵守船舶排放控制区大气污染防治控制要求。船舶应当使用低硫燃油或者采取使用岸电、清洁能源、尾气后处理装置等替代措施满足船舶大气排放控制要求。

第十三条　船舶不得向依法划定的海洋自然保护区、海洋特别保护区、海滨风景名胜区、重要渔业水域以及其他需要特别保护的海域排放污染物。

依法设立本条第一款规定的需要特别保护的海域的,应当在适当的区域配套设置船舶污染物接收设施和应急设备器材。

第十四条　船舶应当将不符合第十二条规定排放要求以及依法禁止向海域排放的污染物,排入具备相应接收能力的港口接收设施或者委托具备相应接收能力的船舶污染物接收单位接收。

船舶委托船舶污染物接收单位进行污染物接收作业的,其船舶经营人应当在作业前明确指定所委托的船舶污染物接收单位。

第十五条　船舶污染物接收单位进行船舶垃圾、残油、含油污水、含有毒有害物质污水等污染物接收作业,应当在作业前将作业时间、作业地点、作业单位、作业船舶、污染物种类和数量以及拟处置的方式及去向等情况向海事管理机构报告。接收处理情况发生变更的,应当及时补报。

港口建立船舶污染物接收、转运、处置监管联单制度的,船舶与船舶污染物接收单位应当按照联单制度的要求将船舶污染物接收、转运和处置情况报告有关主管部门。

第十六条　船舶污染物接收作业单位应当落实安全与防污染管理制度。进行污染物接收作业的,应当编制作业方案,遵守国家有关标准、规程,并采取有效的防污染措施,防止污染物溢漏。

第十七条　船舶污染物接收单位应当在污染物接收作业完毕后,向船舶出具污染物接收单证,经双方签字确认并留存至少2年。污染物接收单证上应当注明作业单位名称,作业双方船名,作业开始和结束的时间、地点,以及污染物种类、数量等内容。

船舶应当将污染物接收单证保存在相应的记录簿中。

第十八条　船舶进行涉及污染物处置的作业,应当在相应的记录簿内规范填写、如实记录,真实反映船舶运行过程中产生的污染物数量、处置过程和去向。按照法律、行政法规、国务院交通运输主管部门的规定以及中华人民共和国缔结或者加入的国际条约的要求,不需要配备记录簿的,应当将有关情况在作业当日的航海日志或者轮机日志中如实记载。

船舶应当将使用完毕的船舶垃圾记录簿在船舶上保留2年;将使用完毕的含油污水、含有毒有害物质污水记录簿在船舶上保留3年。

第十九条　船舶污染物接收单位应当将接收的污染物交由具有国家规定资质的污染物处理单位进行处理,并每月将船舶污染物的接收和处理情况报海事管理机构备案。

第二十条　接收处理含有有毒有害物质或者其他危险成分的船舶污染物的,应当符合国家有关危险废物的管理规定。来自疫区船舶产生的污染物,应当经有关检疫部门检疫处理后方可进行接收和处理。

第二十一条　船舶应当配备有盖、不渗漏、不外溢的垃圾储存容器,或者对垃圾实行袋装。

船舶应当对垃圾进行分类收集和存放,对含有有毒有害物质或者其他危险成分的垃圾应当单独存放。

船舶将含有有毒有害物质或者其他危险成分的垃圾排入港口接收设施或者委托船舶污染物接收单位接收的,应当向对方说明此类垃圾所含物质的名称、性质和数量等情况。

第二十二条　船舶应当按照国家有关规定以及中华人民共和国缔结或者加入的国际条约的要求,设置与生活污水产生量相适应的处理装置或者储存容器。

第四章　船舶载运污染危害性货物及其有关作业

第二十三条　本规定所称污染危害性货物，是指直接或者间接进入水体，会损害水体质量和环境质量，从而产生损害生物资源、危害人体健康等有害影响的货物。

国家海事管理机构应当向社会公布污染危害性货物的名录，并根据需要及时更新。

第二十四条　船舶载运污染危害性货物进出港口，承运人或者代理人应当在进出港24小时前（航程不足24小时的，在驶离上一港口时）向海事管理机构办理船舶适载申报手续；货物所有人或者代理人应当在船舶适载申报之前向海事管理机构办理货物适运申报手续。

货物适运申报和船舶适载申报经海事管理机构审核同意后，船舶方可进出港口或者过境停留。

第二十五条　交付运输的污染危害性货物的特性、包装以及针对货物采取的风险防范和应急措施等应当符合国家有关标准、规定以及中华人民共和国缔结或者加入的国际条约的要求；需要经国家有关主管部门依法批准后方可载运的，还需要取得有关主管部门的批准。

船舶适载的条件按照《中华人民共和国海事行政许可条件规定》关于船舶载运危险货物的适载条件执行。

第二十六条　货物所有人或者代理人办理货物适运申报手续的，应当向海事管理机构提交下列材料：

（一）货物适运申报单，包括货物所有人或者代理人有关情况以及货物名称、种类、特性等基本信息；

（二）由代理人办理货物适运申报手续的，应当提供货物所有人出具的有效授权证明；

（三）相应的污染危害性货物安全技术说明书，安全作业注意事项、防范和应急措施等有关材料；

（四）需要经国家有关主管部门依法批准后方可载运的污染危害性货物，应当持有有效的批准文件；

（五）交付运输下列污染危害性货物的，还应当提交下列材料：

1.载运包装污染危害性货物的，应当提供包装和中型散装容器检验合格证明或者压力容器检验合格证明；

2.使用可移动罐柜装载污染危害性货物的，应当提供罐柜检验合格证明；

3.载运放射性污染危害性货物的，应当提交放射性剂量证明；

4.货物中添加抑止剂或者稳定剂的，应当提交抑止剂或者稳定剂的名称、数量、温度、有效期以及超过有效期时应当采取的措施；

5.载运限量污染危害性货物的，应当提交限量危险货物证明；

6.载运污染危害性不明货物的，应当提交符合第三十条规定的污染危害性评估报告。

第二十七条　承运人或者代理人办理船舶适载申报手续的，应当向海事管理机构提交下列材料：

（一）船舶载运污染危害性货物申报单，包括承运人或者代理人有关情况以及货物名称、种类、特性等基本信息；

（二）海事管理机构批准的货物适运证明；

（三）由代理人办理船舶适载申报手续的，应当提供承运人出具的有效授权证明；

（四）防止油污证书、船舶适载证书、船舶油污损害民事责任保险或者其他财务保证证书；

（五）载运污染危害性货物的船舶在运输途中发生过意外情况的，还应当在船舶载运污染危害性货物申报单内摘要说明所发生意外情况的原因、已采取的控制措施和目前状况等有关情况，并于抵港后送交详细报告；

（六）列明实际装载情况的清单、舱单或者积载图；

（七）拟进行装卸作业的港口、码头、装卸站。

定船舶、定航线、定货种的船舶可以办理不超过一个月期限的船舶定期适载申报手续。办理船舶定期适载申报手续的，除应当提交本条第一款规定的材料外，还应当提交能够证明固定船舶在固定航线上运输固定污染危害性货物的有关材料。

第二十八条　海事管理机构收到货物适运申报、船舶适载申报后，应当根据第二十五条规定的条件在24小时内作出批准或者不批准的决定；办理船舶定期适载申报的，应当在7日内作出批准或者不批准的决定。

第二十九条　货物所有人或者代理人交付船舶载运污染危害性货物，应当采取有效的防治污染措施，确保货物的包装与标志的规格、比例、色度、持久性等符合国家有关安全与防治污染的要求，并在运输单证上如实注明该货物的技术名称、数量、类别、性质、预防和应急措施等内容。

第三十条　货物所有人或者代理人交付船舶载运污染危害性不明的货物，应当委托具备相应资质的技术机构对货物的污染危害性质和船舶载运技术条件进行评估。

第三十一条　曾经载运污染危害性货物的空容器和运输组件，应当彻底清洗并消除危害，取得由具有国家规定资质的检测机构出具的清洁证明后，方可按照普通货物交付船舶运输。在未彻底清洗并消除危害之前，应当按照原所装货物的要求进行运输。

第三十二条　海事管理机构认为交付船舶载运的货物应当按照污染危害性货物申报而未申报的，或者申报的内容不符合实际情况的，经海事管理机构负责人批准，可以采取开箱等方式查验。

海事管理机构在实施开箱查验时，货物所有人或者代理人应当到场，并负责搬移货物，开拆和重封货物的包装。海事管理机构认为必要时，可以径行开验、复验或者提取货样。有关单位和个人应当配合。

第三十三条　船舶不符合污染危害性货物适载要求的，不得载运污染危害性货物，码头、装卸站不得为其进行装卸作业。

发现船舶及其有关作业活动可能对海洋环境造成污染危害的，码头、装卸站、船舶应当立即采取相应的应急措施，并向海事管理机构报告。

第三十四条　从事污染危害性货物装卸作业的码头、装卸站，应当符合安全装卸和污染物处理的相关标准，并向海事管理机构提交安全装卸和污染物处理能力情况的有关材料。海事管理机构应当将具有相应安全装卸和污染物处理能力的码头、装卸站向社会公布。

载运污染危害性货物的船舶应当在海事管理机构公布的具有相应安全装卸和污染物处理能力的码头、装卸站进行装卸作业。

第三十五条　船舶进行散装液体污染危害性货物过驳作业的，应当符合国家海上交通安全和防治船舶污染海洋环境的管理规定和技术规范，选择缓流、避风、水深、底质等条件较好的水域，远离人口密集区、船舶通航密集区、航道、重要的民用目标或者设施、军用水域，制定安全和防治污染的措施和应急计划并保证有效实施。

第三十六条　进行散装液体污染危害性货物过驳作业的船舶，其承运人、货物所有人或者代理人应当向海事管理机构提交下列申请材料：

（一）船舶作业申请书，内容包括作业船舶资料、联系人、联系方式、作业时间、作业地点、过驳种类和数量等基本情况；

（二）船舶作业方案、拟采取的监护和防治污染措施；

（三）船舶作业应急预案；

（四）对船舶作业水域通航安全和污染风险的分析报告；

（五）与具有相应能力的污染清除作业单位签订的污染清除作业协议。

海事管理机构应当自受理申请之日起2日内根据第三十五条规定的条件作出批准或者不予批准的决定。2日内无法作出决定的，经海事管理机构负责人批准，可以延长5日。

第三十七条 从事船舶油料供受作业的单位应当向海事管理机构备案，并提交下列备案材料：

（一）工商营业执照；

（二）安全与防治污染制度文件、应急预案、应急设备物资清单、输油软管耐压检测证明以及作业人员参加培训情况；

（三）通过船舶进行油料供受作业的，还应当提交船舶相关证书、船上油污应急计划、作业船舶油污责任保险凭证以及船员适任证书；

（四）燃油质量承诺书；从事成品油供受作业的单位应当同时提交有关部门依法批准的成品油批发或者零售经营的证书。

第三十八条 进行船舶油料供受作业的，作业双方应当采取满足安全和防治污染要求的供受油作业管理措施，同时应当遵守下列规定：

（一）作业前，应当做到：

1.检查管路、阀门，做好准备工作，堵好甲板排水孔，关好有关通海阀；

2.检查油类作业的有关设备，使其处于良好状态；

3.对可能发生溢漏的地方，设置集油容器；

4.供受油双方以受方为主商定联系信号，双方均应切实执行。

（二）作业中，要有足够人员值班，当班人员要坚守岗位，严格执行操作规程，掌握作业进度，防止跑油、漏油；

（三）停止作业时，必须有效关闭有关阀门；

（四）收解输油软管时，必须事先用盲板将软管有效封闭，或者采取其他有效措施，防止软管存油倒流入海。

海事管理机构应当对船舶油料供受作业进行监督检查，发现不符合安全和防治污染要求的，应当予以制止。

第三十九条 船舶燃油供给单位应当如实填写燃油供受单证，并向船舶提供燃油供受单证和燃油样品。燃油供受单证应当包括受油船船名，船舶识别号或国际海事组织编号，作业时间、地点，燃油供应商的名称、地址和联系方式以及燃油种类、数量、密度和含硫量等内容。船舶和燃油供给单位应当将燃油供受单证保存3年，将燃油样品妥善保存1年。

燃油供给单位应当确保所供燃油的质量符合相关标准要求，并将所供燃油送交取得国家规定资质的燃油检测单位检测。燃油质量的检测报告应当留存在作业船舶上备查。

第四十条 船舶应当在出港前将上一航次消耗的燃料种类和数量，主机、辅机和锅炉功率以及运行工况时间等信息按照规定报告海事管理机构。

船舶按照船舶排放控制区要求转换低硫燃油或者采取使用岸电、清洁能源、尾气后处理装置等替代措施满足船舶大气排放控制要求的,应当按照规定如实记录。

第四十一条 船舶进行下列作业,且作业量超过300吨时,应当采取包括布设围油栏在内的防污染措施,其中过驳作业由过驳作业经营人负责:

(一)散装持久性油类的装卸和过驳作业,但船舶燃油供应作业除外;

(二)比重小于1(相对于水)、溶解度小于0.1%的散装有毒液体物质的装卸和过驳作业;

(三)其他可能造成水域严重污染的作业。

因自然条件等原因,不适合布设围油栏的,应当采取有效替代措施。

第四十二条 载运污染危害性货物的船舶进出港口和通过桥区、交通管制区、通航密集区以及航行条件受限制的区域,或者载运剧毒、爆炸、放射性货物的船舶进出港口,应当遵守海事管理机构的特别规定,并采取必要的安全和防治污染保障措施。

第四十三条 船舶载运散发有毒有害气体或者粉尘物质等货物的,应当采取密闭或者其他防护措施。对有封闭作业要求的污染危害性货物,在运输和作业过程中应当采取措施回收有毒有害气体。

第五章 船舶拆解、打捞、修造和其他水上水下船舶施工作业

第四十四条 禁止采取冲滩方式进行船舶拆解作业。

第四十五条 进行船舶拆解、打捞、修造和其他水上水下船舶施工作业的,应当遵守相关操作规程,并采取必要的安全和防治污染措施。

第四十六条 在进行船舶拆解和船舶油舱修理作业前,作业单位应当将船舶上的残余物和废弃物进行有效处置,将燃油舱、货油舱中的存油驳出,进行洗舱、清舱、测爆等工作,并按照规定取得船舶污染物接收单证和有效的测爆证书。

船舶燃油舱、货油舱中的存油需要通过过驳方式交付储存的,应当遵守本规定关于散装液体污染危害性货物过驳作业的要求。

修造船厂应当建立防治船舶污染海洋环境管理制度,采取必要防护措施,防止船舶修造期间造成海洋环境污染。

第四十七条 在船坞内进行船舶修造作业的,修造船厂应当将坞内污染物清理完毕,确认不会造成水域污染后,方可沉起浮船坞或者开启坞门。

第四十八条 船舶拆解、打捞、修造或者其他水上水下船舶施工作业结束后,应当及时清除污染物,并将作业全过程产生的污染物的清除处理情况一并向海事管理机构报告,海事管理机构可以视情况进行现场核实。

第六章 法律责任

第四十九条 海事管理机构发现船舶、有关作业单位存在违反本规定行为的,应当责令改正;

拒不改正的，海事管理机构可以责令停止作业、强制卸载，禁止船舶进出港口、靠泊、过境停留，或者责令停航、改航、离境、驶向指定地点。

第五十条　违反本规定，船舶的结构不符合国家有关防治船舶污染海洋环境的船舶检验规范或者有关国际条约要求的，由海事管理机构处10万元以上30万元以下的罚款。

第五十一条　违反本规定，船舶、港口、码头和装卸站未配备防治污染设施、设备、器材，有下列情形之一的，由海事管理机构予以警告，或者处2万元以上10万元以下的罚款：

（一）配备的防治污染设施、设备、器材数量不能满足法律、行政法规、规章、有关标准以及我国缔结或者参加的国际条约要求的；

（二）配备的防治污染设施、设备、器材技术性能不能满足法律、行政法规、规章、有关标准以及我国缔结或者参加的国际条约要求的。

第五十二条　违反本规定第九条、第四十条规定，船舶未按照规定将有关情况向海事管理机构报告的，由海事管理机构予以警告；情节严重的，处2万元以下的罚款。

第五十三条　违反本规定，船舶未持有防治船舶污染海洋环境的证书、文书的，由海事管理机构予以警告，或者处2万元以下的罚款。

第五十四条　违反本规定，船舶向海域排放本规定禁止排放的污染物的，由海事管理机构处3万元以上20万元以下的罚款。

第五十五条　违反本规定，船舶排放或者处置污染物，有下列情形之一的，由海事管理机构处2万元以上10万元以下的罚款：

（一）超过标准向海域排放污染物的；

（二）未按照规定在船上留存船舶污染物排放或者处置记录的；

（三）船舶污染物处置记录与船舶运行过程中产生的污染物数量不符合的。

第五十六条　违反本规定，船舶污染物接收单位进行船舶垃圾、残油、含油污水、含有毒有害物质污水等污染物接收作业，未编制作业方案、遵守相关操作规程、采取必要的防污染措施的，由海事管理机构处1万元以上5万元以下的罚款；造成海洋环境污染的，处5万元以上25万元以下的罚款。

第五十七条　违反本规定，船舶、船舶污染物接收单位接收处理污染物，有下列第（一）项情形的，由海事管理机构予以警告，或者处2万元以下的罚款；有下列第（二）项、第（三）项情形的，由海事管理机构处2万元以下的罚款：

（一）船舶未如实记录污染物处置情况的；

（二）船舶污染物接收单位未按照规定向海事管理机构报告船舶污染物接收情况，或者未按照规定向船舶出具污染物接收单证的；

（三）船舶污染物接收单位未按照规定将船舶污染物的接收和处理情况报海事管理机构备案的。

第五十八条　违反本规定，未经海事管理机构批准，船舶载运污染危害性货物进出港口、过境停留的，由海事管理机构对其承运人、货物所有人或者代理人处1万元以上5万元以下的罚款；未经海事管理机构批准，船舶进行散装液体污染危害性货物过驳作业的，由海事管理机构对船舶处1万元以上5万元以下的罚款。

第五十九条　违反本规定，有下列第（一）项情形的，由海事管理机构予以警告，或者处2万元以上10万元以下的罚款；有下列第（二）项、第（三）项、第（四）项情形的，由海事管理机构处2万元以上10万元以下的罚款：

（一）船舶载运的污染危害性货物不具备适运条件的；

（二）载运污染危害性货物的船舶不符合污染危害性货物适载要求的；

（三）载运污染危害性货物的船舶未在具有相应安全装卸和污染物处理能力的码头、装卸站进行装卸作业的；

（四）货物所有人或者代理人未按照规定对污染危害性不明的货物进行污染危害性评估的。

第六十条　违反本规定，有下列情形之一的，由海事管理机构处2000元以上1万元以下的罚款：

（一）船舶未按照规定保存污染物接收单证的；

（二）船舶油料供受单位未如实填写燃油供受单证的；

（三）船舶油料供受单位未按照规定向船舶提供燃油供受单证和燃油样品的；

（四）船舶和船舶油料供受单位未按照规定保存燃油供受单证和燃油样品的。

船舶油料供给单位未按照有关安全和防治污染规范要求从事供受油作业，或者所提供的船舶油料超标的，由海事管理机构要求整改，并通报有关主管部门。

第六十一条　违反本规定，进行船舶水上拆解、旧船改装、打捞和其他水上水下船舶施工作业，造成海洋环境污染损害的，由海事管理机构予以警告，或者处5万元以上20万元以下的罚款。

第七章　附则

第六十二条　军事船舶以及国务院交通运输主管部门所辖港区水域外渔业船舶污染海洋环境的防治工作，不适用本规定。

第六十三条　本规定自2011年2月1日起施行。

中华人民共和国防治船舶污染内河水域环境
管理规定

（2015年12月15日经第25次部务会议通过，自2016年5月1日起施行）

第一章　总则

第一条　为防治船舶及其作业活动污染内河水域环境，保护内河水域环境，根据《中华人民共和国水污染防治法》《危险化学品安全管理条例》等法律、行政法规，制定本规定。

第二条　防治船舶及其作业活动污染中华人民共和国内河水域环境，适用本规定。

第三条　防治船舶及其作业活动污染内河水域环境，实行预防为主、防治结合、及时处置、综合治理的原则。

第四条　交通运输部主管全国防治船舶及其作业活动污染内河水域环境的管理。

国家海事管理机构统一负责全国防治船舶及其作业活动污染内河水域环境的监督管理工作。

各级海事管理机构依照各自的职责权限，具体负责管辖区域内防治船舶及其作业活动污染内河水域环境的监督管理工作。

第二章　一般规定

第五条　中国籍船舶防治污染的结构、设备、器材应当符合国家有关规范、标准，经海事管理机构或者其认可的船舶检验机构检验，并保持良好的技术状态。

外国籍船舶防治污染的结构、设备、器材应当符合中华人民共和国缔结或者加入的有关国际公约，经船旗国政府或者其认可的船舶检验机构检验，并保持良好的技术状态。

船舶经船舶检验机构检验可以免除配备相应的污染物处理装置的，应当在相应的船舶检验证书中予以注明。

第六条　船舶应当依照法律、行政法规、国务院交通运输主管部门的规定以及中华人民共和国缔结或者加入的国际条约、协定的要求，具备并随船携带相应的防治船舶污染内河水域环境的证书、文书。

第七条　船员应当具有相应的防治船舶污染内河水域环境的专业知识和技能,熟悉船舶防污染程序和要求,经过相应的专业培训,持有有效的适任证书和合格证明。

从事有关作业活动的单位应当组织本单位作业人员进行防治污染操作技能、设备使用、作业程序、安全防护和应急反应等专业培训,确保作业人员具备相关防治污染的专业知识和技能。

第八条　港口、码头、装卸站以及从事船舶水上修造、水上拆解、打捞等作业活动的单位,应当按照国家有关规范和标准,配备相应的污染防治设施、设备和器材,并保持良好的技术状态。同一港口、港区、作业区或者相邻港口的单位,可以通过建立联防机制,实现污染防治设施、设备和器材的统一调配使用。

港口、码头、装卸站应当接收靠泊船舶生产经营过程中产生的船舶污染物。从事船舶水上修造、水上拆解、打捞等作业活动的单位,应当按照规定处理船舶修造、打捞、拆解过程中产生的污染物。

第九条　150总吨及以上的油船、油驳和400总吨及以上的非油船、非油驳的拖驳船队应当制定《船上油污应急计划》。150总吨以下油船应当制定油污应急程序。

150总吨及以上载运散装有毒液体物质的船舶应当按照交通运输部的规定制定《船上有毒液体物质污染应急计划》和货物资料文书,明确应急管理程序与布置要求。

400总吨及以上载运散装有毒液体物质的船舶可以制定《船上污染应急计划》,代替《船上有毒液体物质污染应急计划》和《船上油污应急计划》。

水路运输企业应当针对所运输的危险化学品的危险特性,制定运输船舶危险化学品事故应急救援预案,并为运输船舶配备充足、有效的应急救援器材和设备。

港口、码头、装卸站的经营人以及有关作业单位应当制定防治船舶及其作业活动污染内河水域环境的应急预案,每年至少组织一次应急演练,并做好记录。

第十条　依法设立特殊保护水域涉及防治船舶污染内河水域环境的,应当事先征求海事管理机构的意见,并由海事管理机构发布航行通(警)告。设立特殊保护水域的,应当同时设置船舶污染物接收及处理设施。

在特殊保护水域内航行、停泊、作业的船舶,应当遵守特殊保护水域有关防污的规定、标准。

第十一条　船舶或者有关作业单位造成水域环境污染损害的,应当依法承担污染损害赔偿责任。

通过内河运输危险化学品的船舶,其所有人或者经营人应当投保船舶污染损害责任保险或者取得财务担保。船舶污染损害责任保险单证或者财务担保证明的副本应当随船携带。

通过内河运输危险化学品的中国籍船舶的所有人或者经营人,应当向在我国境内依法成立的商业性保险机构和互助性保险机构投保船舶污染损害责任保险。具体办法另行制定。

第十二条　船舶污染事故引起的污染损害赔偿争议,当事人可以申请海事管理机构调解。在调解过程中,当事人申请仲裁、向人民法院提起诉讼或者一方中途退出调解的,应当及时通知海事管理机构,海事管理机构应当终止调解,并通知其他当事人。

调解成功的,由各方当事人共同签署《船舶污染事故民事纠纷调解协议书》。调解不成或者在3个月内未达成调解协议的,应当终止调解。

第三章　船舶污染物的排放和接收

第十三条　在内河水域航行、停泊和作业的船舶，不得违反法律、行政法规、规范、标准和交通运输部的规定向内河水域排放污染物。不符合排放规定的船舶污染物应当交由港口、码头、装卸站或者有资质的单位接收处理。

禁止船舶向内河水体排放有毒液体物质及其残余物或者含有此类物质的压载水、洗舱水或者其他混合物。

禁止船舶在内河水域使用焚烧炉。

禁止在内河水域使用溢油分散剂。

第十四条　150总吨及以上的油船、油驳和400总吨及以上的非油船、非油驳的拖驳船队应当将油类作业情况如实、规范地记录在经海事管理机构签注的《油类记录簿》中。

150总吨以下的油船、油驳和400总吨以下的非油船、非油驳的拖驳船队应当将油类作业情况如实、规范地记录在《轮机日志》或者《航行日志》中。

载运散装有毒液体物质的船舶应当将有关作业情况如实、规范地记录在经海事管理机构签注的《货物记录簿》中。

船舶应当将使用完毕的《油类记录簿》《货物记录簿》在船上保留3年。

第十五条　船长12米及以上的船舶应当设置符合格式要求的垃圾告示牌，告知船员和旅客关于垃圾管理的要求。

100总吨及以上的船舶以及经核准载运15名及以上人员且单次航程超过2公里或者航行时间超过15分钟的船舶，应当持有《船舶垃圾管理计划》和海事管理机构签注的《船舶垃圾记录簿》，并将有关垃圾收集处理情况如实、规范地记录于《船舶垃圾记录簿》中。《船舶垃圾记录簿》应当随时可供检查，使用完毕后在船上保留2年。

本条第二款规定以外的船舶应当将有关垃圾收集处理情况记录于《航行日志》中。

第十六条　禁止向内河水域排放船舶垃圾。船舶应当配备有盖、不渗漏、不外溢的垃圾储存容器或者实行袋装，按照《船舶垃圾管理计划》对所产生的垃圾进行分类、收集、存放。

船舶将含有有毒有害物质或者其他危险成分的垃圾排入港口接收设施或者委托船舶污染物接收单位接收的，应当提前向对方提供此类垃圾所含物质的名称、性质和数量等信息。

第十七条　船舶在内河航行时，应当按照规定使用声响装置，并符合环境噪声污染防治有关要求。

第十八条　船舶使用的燃料应当符合有关法律法规和标准要求，鼓励船舶使用清洁能源。

船舶不得超过相关标准向大气排放动力装置运转产生的废气以及船上产生的挥发性有机化合物。

第十九条　来自疫区船舶的船舶垃圾、压载水、生活污水等船舶污染物，应当经检疫部门检疫合格后，方可进行接收和处理。

第二十条　船舶污染物接收单位在污染物接收作业完毕后，应当向船舶出具污染物接收处理单证，并将接收的船舶污染物交由岸上相关单位按规定处理。

船舶污染物接收单证上应当注明作业双方名称、作业开始和结束的时间、地点，以及污染物种类、数量等内容，并由船方签字确认。船舶应当将船舶污染物接收单证与相关记录簿一并保存备查。

第四章　船舶作业活动的污染防治

第二十一条　从事水上船舶清舱、洗舱、污染物接收、燃料供受、修造、打捞、拆解、污染清除作业以及利用船舶进行其他水上水下活动的,应当遵守相关操作规程,采取必要的防治污染措施。

船舶在港从事前款所列相关作业的,在开始作业时,应当通过甚高频、电话或者信息系统等向海事管理机构报告作业时间、作业内容等信息。

第二十二条　托运人交付船舶载运具有污染危害性货物的,应当采取有效的防污染措施,确保货物状况符合船舶载运要求和防污染要求,并在运输单证上注明货物的正确名称、数量、污染类别、性质、预防和应急措施等内容。

曾经载运污染危害性货物的空容器和空运输组件,在未彻底清洗或者消除危害之前,应当按照原所装货物的要求进行运输。

交付船舶载运污染危害性质不明的货物,货物所有人或者其代理人应当委托具备相应技术能力的机构进行货物污染危害性评估分类,确定安全运输条件,方可交付船舶载运。

第二十三条　船舶载运污染危害性货物应当具备与所载货物危害性质相适应的防污染条件。

船舶不得载运污染危害性质不明的货物以及超过相关标准、规范规定的单船限制性数量要求的危险化学品。

第二十四条　船舶运输散发有毒有害气体或者粉尘物质等货物的,应当采取封闭或者其他防护措施。

从事前款货物的装卸和过驳作业,作业双方应当在作业过程中采取措施回收有毒有害气体。

第二十五条　从事散装液体污染危害性货物装卸作业的,作业双方应当在作业前对相关防污染措施进行确认,按照规定填写防污染检查表,并在作业过程中严格落实防污染措施。

第二十六条　船舶从事散装液体污染危害性货物水上过驳作业时,应当遵守有关作业规程,会同作业单位确定操作方案,合理配置和使用装卸管系及设备,按照规定填写防污染检查表,针对货物特性和作业方式制定并落实防污染措施。

第二十七条　船舶进行下列作业,在长江、珠江、黑龙江水系干线作业量超过300吨和其他内河水域超过150吨的,港口、码头、装卸站应当采取包括布设围油栏在内的防污染措施,其中过驳作业由过驳作业经营人负责:

(一)散装持久性油类的装卸和过驳作业,但船舶燃油供应作业除外;

(二)比重小于1(相对于水)、溶解度小于0.1%的散装有毒液体物质的装卸和过驳作业;

(三)其他可能造成水域严重污染的作业。

因自然条件等原因,不适合布设围油拦的,应当采取有效替代措施。

第二十八条　从事船舶燃料供应作业的单位应当建立有关防治污染的管理制度和应急预案,配备足够的防污染设备、器材和合格的人员。

从事船舶燃料供受作业,作业双方应当在作业前对相关防污染措施进行确认,按照规定填写防污染检查表,并在作业过程中严格落实防污染措施。

第二十九条　从事船舶燃料供受作业的水上燃料加注站应当满足国家规定的防污染技术标准要求。

水上燃料加注站接受燃料补给作业应当按照污染危害性货物过驳作业办理相关手续。

第三十条 水上船舶修造及其相关作业过程中产生的污染物应当及时清除，不得投弃入水。

船舶燃油舱、液货舱中的污染物需要通过过驳方式交付储存的，应当遵守污染危害性货物过驳作业管理要求。

船坞内进行的修造作业结束后，作业单位应当进行坞内清理和清洁，确认不会造成水域污染后，方可沉坞或者开启坞门。

第三十一条 从事船舶水上拆解的单位在船舶拆解作业前，应当按规定落实防污染措施，彻底清除船上留有的污染物，满足作业条件后，方可进行船舶拆解作业。

从事船舶水上拆解的单位在拆解作业结束后，应当及时清理船舶拆解现场，并按照国家有关规定处理船舶拆解产生的污染物。

禁止采取冲滩方式进行船舶拆解作业。

第五章 船舶污染事故应急处置

第三十二条 海事管理机构应当配合地方人民政府制定船舶污染事故应急预案，开展应急处置工作。

第三十三条 船舶发生污染事故，应当立即就近向海事管理机构如实报告，同时启动污染事故应急计划或者程序，采取相应措施控制和消除污染。在初始报告以后，船舶还应当根据污染事故的进展情况作出补充报告。

海事管理机构接到报告后应当立即核实有关情况，按规定向上级海事管理机构和县级以上地方人民政府报告。海事管理机构和有关单位应当在地方人民政府的统一领导和指挥下，按照职责分工，开展相应的应急处置工作。

第三十四条 发生船舶污染事故的船舶，应当在事故发生后24小时内向事故发生地的海事管理机构提交《船舶污染事故报告书》。因特殊情况不能在规定时间内提交《船舶污染事故报告书》的，经海事管理机构同意可以适当延迟，但最长不得超过48小时。

《船舶污染事故报告书》应当至少包括以下内容：

（一）船舶的名称、国籍、呼号或者编号；

（二）船舶所有人、经营人或者管理人的名称、地址；

（三）发生事故的时间、地点以及相关气象和水文情况；

（四）事故原因或者事故原因的初步判断；

（五）船上污染物的种类、数量、装载位置等概况；

（六）事故污染情况；

（七）应急处置情况；

（八）船舶污染损害责任保险情况。

第三十五条 船舶有沉没危险或者船员弃船的，应当尽可能地关闭所有液货舱或者油舱（柜）管系的阀门，堵塞相关通气孔，防止溢漏，并向海事管理机构报告船舶燃油、污染危害性货物以及其他污染物的性质、数量、种类、装载位置等情况。

第三十六条 船舶发生事故，造成或者可能造成内河水域污染的，船舶所有人或者经营人应当及时消除污染影响。不能及时消除污染影响的,海事管理机构可以采取清除、打捞、拖航、引航、过驳等必要措施,发生的费用由责任者承担。

依法应当承担前款规定费用的船舶及其所有人或者经营人应当在开航前缴清相关费用或者提供相应的财务担保。

第六章　船舶污染事故调查处理

第三十七条　船舶污染事故调查处理依照下列规定组织实施:

(一)重大以上船舶污染事故由交通运输部组织调查处理;

(二)重大船舶污染事故由国家海事管理机构组织调查处理;

(三)较大船舶污染事故由直属海事管理机构或省级地方海事管理机构负责调查处理;

(四)一般等级及以下船舶污染事故由事故发生地海事管理机构负责调查处理。

较大及以下等级的船舶污染事故发生地不明的,由事故发现地海事管理机构负责调查处理。事故发生地或者事故发现地跨管辖区域或者相关海事管理机构对管辖权有争议的,由共同的上级海事管理机构确定调查处理机构。

第三十八条　事故调查机构应当及时、客观、公正地开展事故调查,勘验事故现场,检查相关船舶,询问相关人员,收集证据,查明事故原因,认定事故责任。

船舶污染事故调查应当由至少两名调查人员实施。

第三十九条　在证据可能灭失或者以后难以取得的情况下,事故调查机构可以依法先行登记保存相应的证书、文书、资料。

第四十条　船舶污染事故调查的证据种类包括:

(一)书证、物证、视听资料、电子数据;

(二)证人证言;

(三)当事人陈述;

(四)鉴定意见;

(五)勘验笔录、调查笔录、现场笔录;

(六)其他可以证明事实的证据。

第四十一条　船舶造成内河水域污染的,应当主动配合事故调查机构的调查。船舶污染事故的当事人和其他有关人员应当如实反映情况和提供资料,不得伪造、隐匿、毁灭证据或者以其他方式妨碍调查取证。

船舶污染事故的当事人和其他有关人员提供的书证、物证、视听资料应当是原件原物,不能提供原件原物而提供抄录件、复印件、照片等非原件原物的,应当签字确认;拒绝确认的,事故调查人员应当注明有关情况。

第四十二条　有下列情形的,事故调查机构可以按照规定程序组织各级海事管理机构和相关部门开展船舶污染事故协查:

(一)污染事故肇事船舶逃逸的;

(二)污染事故嫌疑船舶已经开航离港的;

（三）辖区发生污染事故但暂时无法确认污染来源，经分析过往船舶有事故嫌疑的。

第四十三条 事故调查处理需要委托有关机构进行技术鉴定或者检验、检测的，事故调查机构应当委托具备国家规定资质要求的机构进行。

第四十四条 事故调查机构应当自事故调查结案之日起20个工作日内制作船舶污染事故认定书，并送达当事人。

船舶污染事故认定书应当载明事故基本情况、事故原因和事故责任。

自海事管理机构接到船舶污染事故报告或者发现船舶污染事故之日起6个月内无法查明污染源或者无法找到造成污染船舶的，经船舶污染事故调查处理机构负责人批准可以终止事故调查，并在船舶污染事故认定书中注明终止调查的原因。

第七章　法律责任

第四十五条 违反本规定，有下列情形之一的，由海事管理机构责令改正，并处以2万元以上3万元以下的罚款：

（一）船舶超过标准向内河水域排放生活污水、含油污水等；

（二）船舶超过标准向大气排放船舶动力装置运转产生的废气；

（三）船舶在内河水域排放有毒液体物质的残余物或者含有此类物质的压载水、洗舱水及其他混合物；

（四）船舶在内河水域使用焚烧炉；

（五）未按规定使用溢油分散剂。

第四十六条 违反本规定第十四条、第十五条、第二十一条有下列情形之一的，由海事管理机构责令改正，并处以3000元以上1万元以下的罚款：

（一）船舶未按规定如实记录油类作业、散装有毒液体物质作业、垃圾收集处理情况的；

（二）船舶未按规定保存《油类记录簿》《货物记录簿》和《船舶垃圾记录簿》的；

（三）船舶在港从事水上船舶清舱、洗舱、污染物接收、燃料供受、修造、打捞、污染清除作业活动，未按规定向海事管理机构报告的。

第四十七条 违反本规定第八条、第二十一条、第二十四条、第二十七条、第三十一条，有下列情形之一的，由海事管理机构责令改正，并处以1万元以上3万元以下的罚款：

（一）港口、码头、装卸站以及从事船舶修造、打捞等作业活动的单位未按规定配备污染防治设施、设备和器材的；

（二）从事水上船舶清舱、洗舱、污染物接收、燃料供受、修造、打捞、污染清除作业活动未遵守操作规程，未采取必要的防治污染措施的；

（三）运输及装卸、过驳散发有毒有害气体或者粉尘物质等货物，船舶未采取封闭或者其他防护措施，装卸和过驳作业双方未采取措施回收有毒有害气体的；

（四）未按规定采取布设围油栏或者其他防治污染替代措施的；

（五）采取冲滩方式进行船舶拆解作业的。

第四十八条 违反本规定第七条、第二十条、第二十五条、第二十六条，有下列情形之一的，由海

事管理机构责令停止违法行为,并处以5000元以上1万元以下的罚款:

(一)从事有关作业活动的单位,未组织本单位相关作业人员进行专业培训的;

(二)船舶污染物接收单位未按规定向船方出具船舶污染物接收单证的;

(三)从事散装液体污染危害性货物装卸、过驳作业的,作业双方未按规定填写防污染检查表及落实防污染措施的。

第四十九条 违反本规定第十条,船舶未遵守特殊保护水域有关防污染的规定、标准的,由海事管理机构责令停止违法行为,并处以1万元以上3万元以下的罚款。

第五十条 船舶违反本规定第二十三条规定载运污染危害性质不明的货物的,由海事管理机构责令改正,并对船舶处以5000元以上2万元以下的罚款。

第五十一条 船舶发生污染事故,未按规定报告的或者未按规定提交《船舶污染事故报告书》的,由海事管理机构对船舶处以2万元以上3万元以下的罚款;对直接负责的主管人员和其他直接责任人员处以1万元以上2万元以下的罚款。

第五十二条 海事管理机构行政执法人员滥用职权、玩忽职守、徇私舞弊、违法失职的,依法给予行政处分;构成犯罪的,依法追究刑事责任。

第八章 附则

第五十三条 本规定中下列用语的含义是:

(一)有毒液体物质,是指排入水体将对水资源或者人类健康产生危害或者对合法利用水资源造成损害的物质。包括在《国际散装运输危险化学品船舶构造和设备规则》的第17或18章的污染种类列表中标明的或者暂时被评定为X、Y或者Z类的任何物质。

(二)污染危害性货物,是指直接或者间接地进入水体,会损害水体质量和环境质量,对生物资源、人体健康等产生有害影响的货物。

(三)特殊保护水域,是指各级人民政府按照有关规定划定并公布的自然保护区、饮用水源保护区、渔业资源保护区、旅游风景名胜区等需要特别保护的水域。

(四)水上燃料加注站,是指固定于某一水域,具有燃料储存功能,给船舶供给燃料的趸船或者船舶。

第五十四条 本规定有关界河水域防治船舶污染的规定与我国缔结或者加入的国际公约、协定不符的,适用我国缔结或者加入的国际公约、协定。

防治军事船舶、渔业船舶污染内河水域环境的监督管理工作,不适用本规定。

第五十五条 本规定自2016年5月1日起施行。2005年8月20日以交通部令2005年第11号公布的《中华人民共和国防治船舶污染内河水域环境管理规定》同时废止。

内河运输船舶标准化管理规定

（2014年12月12日经第14次部务会议通过，自2015年4月1日起施行）

第一条 为加强内河运输船舶标准化管理，提高内河运输船舶技术水平，优化内河运输船舶结构，防止船舶污染环境，提高运输效能，促进水路运输事业的发展，根据《国内水路运输管理条例》，制定本规定。

第二条 本规定适用于中华人民共和国境内江河、湖泊、水库及其他内河通航水域从事运输的船舶，但在与外界不通航的封闭性水域内从事运输的船舶除外。

第三条 交通运输部主管全国内河运输船舶标准化管理工作。

县级以上地方人民政府交通运输主管部门主管本行政区域的内河运输船舶标准化管理工作。县级以上地方人民政府交通运输主管部门或者负责水路运输管理的机构（以下统称负责水路运输管理的部门）具体实施内河运输船舶标准化管理工作。

海事管理机构根据有关法律、行政法规和本规定对内河运输船舶检验、交通安全及防止污染水域实行监督管理。

第四条 交通运输部运用经济、技术政策等措施，支持和鼓励采用先进适用的水路运输船舶和技术；对正在使用的不符合新标准的船舶、不符合安全环保新规范的船舶、限制过闸船舶和限制在特定通航水域航行的船舶，可以采取资金补贴等措施，引导和鼓励进行更新、改建；需要采取限期淘汰等措施的，应当对船舶所有人给予补偿。

第五条 禁止水泥质船舶、木质船舶、挂桨机船在京杭运河、川江和三峡库区水域从事内河运输。

任何组织和个人不得新建、改建挂桨机船在长江干线、珠江干线、黑龙江干线及太湖水域从事内河运输。

任何组织和个人不得新建、改建水泥质船舶、总长5米以上的木质船舶、总长20米以上的挂桨机船舶从事内河运输。

第六条 新建、改建内河运输船舶，应当符合交通运输部制定的内河运输船舶标准船型指标体系中的强制性要求。

第七条 新建、改建内河客船、危险品船增加运力的，应当按交通运输部有关规定向设区的市级人民政府水路运输管理部门提出申请，并报具有许可权限的部门批准。

新建、改建内河普通货船增加运力的，应当在船舶开工建造15个工作日内向所在地设区的市级人民政府水路运输管理部门备案。

对符合条件的内河运输船舶,由规定的发证机关配发《船舶营业运输证》,并注明船舶营运区域和船舶符合交通运输部制定的内河运输船舶标准船型指标体系中的强制性要求。

第八条　新建、改建内河运输船舶,应当按国家有关规定向海事管理机构认可的船舶检验机构申请建造检验,取得船舶检验证书。

船舶检验机构应当按照交通运输部制定的内河运输船舶标准船型指标体系和国家其他有关规定进行建造检验,对符合有关规定的,签发船舶检验证书。不符合内河运输船舶标准船型指标体系中强制性要求的,不予签发船舶检验证书。

第九条　新建、改建内河运输船舶取得船舶检验证书后,应当按国家有关规定向海事管理机构申请船舶登记,取得法定的船舶登记证书。不符合内河运输船舶标准船型指标体系中强制性要求、未取得船舶检验证书的,应当不予登记。

第十条　对按照国家规定要求应当改建而未改建的内河运输船舶,其《船舶营业运输证》的配发机关应当对其配发的《船舶营业运输证》予以收回。

第十一条　对不符合内河运输船舶标准船型指标体系中的强制性要求的新建、改建内河运输船舶,航道管理机构应当不予办理通过船闸、升船机等通航设施的手续,海事管理机构应当依据有关规定加强对船舶的现场监管。

第十二条　内河运输船舶所有人、船舶经营人应当按照国家有关规定,向海事管理机构认可的船舶检验机构对营运中的水泥质船舶、木质船舶和挂桨机船舶申请定期检验。经检验不合格的,不得从事内河运输。

第十三条　对已经投入营运的水泥质船舶、木质船舶、挂桨机船舶实行限期淘汰制度,具体时间、航区另行公布。

任何组织和个人不得使用交通运输部明文规定已经淘汰的水泥质船舶、木质船舶、挂桨机船舶从事内河运输。

第十四条　交通运输部和负责水路运输管理的部门应当依照有关法规、规章的规定,对内河运输船舶标准化进行监督检查。

第十五条　内河运输船舶所有人、船舶经营人、船舶管理人应当接受交通运输部和负责水路运输管理的部门依法进行的监督检查,如实提交有关证书、资料或者情况,不得拒绝、隐匿或者弄虚作假。

第十六条　违反本规定,由负责水路运输管理的部门按照《国内水路运输管理条例》的相关规定给予行政处罚。

违反有关内河船舶检验管理和安全监督管理的规定,由海事管理机构按有关法规、规章给予行政处罚。

第十七条　交通运输部和负责水路运输管理的部门、海事管理机构的工作人员玩忽职守、徇私舞弊、滥用职权的,由所在单位或者上级机关依法依规追究法律责任。

第十八条　本规定自2015年4月1日起施行。2001年10月11日以交通部令2001年第8号公布的《内河运输船舶标准化管理规定》同时废止。

水上客运重大事故隐患判定指南（暂行）

（交办海〔2017〕170号）

第一条 为指导水路运输和港口经营人判定水上客运重大事故隐患，根据《中华人民共和国安全生产法》《中华人民共和国海上交通安全法》《中华人民共和国港口法》《中华人民共和国内河交通安全管理条例》《国内水路运输管理条例》等法律、法规和交通运输部有关安全生产隐患治理的规定，制定本指南。

第二条 本指南适用于判定水上客运重大事故隐患。

第三条 本指南中的事故隐患是指水上客运生产经营单位违反安全生产法律、法规、规章、标准、规程和安全生产管理制度的规定，或者因其他因素在生产经营活动中存在可能导致事故发生的物的危险状态、人的不安全行为和管理上的缺陷。

重大事故隐患是指危害和整改难度较大，应当全部或者局部停产停业，并经过一定时间整改治理方能排除的隐患，或者因外部因素影响致使水上客运生产经营单位自身难以排除的隐患。

水上客运生产经营单位包括客船及其所有人、经营人、管理人，客运码头（含客运站，下同）经营人。

第四条 水上客运重大事故隐患主要包括以下六个方面：

（一）客船安全技术状况、重要设备存在严重缺陷；

（二）客船配员或船员履职能力严重不足；

（三）客运码头重要设备及应急设备存在严重缺陷或故障；

（四）水上客运生产经营单位违法经营、作业；

（五）水上客运生产经营单位安全管理存在严重问题；

（六）其他重大事故隐患。

第五条 "客船安全技术状况、重要设备存在严重缺陷"，是指下列情形之一的：

（一）客船擅自改建；

（二）客船改装后，船舶适航性、救生和防火要求，不满足技术法规要求；

（三）客船船体破损、航行设备损坏影响船舶安全航行，未及时修复；

（四）客船应急操舵装置、应急发电机等应急设施设备出现故障；

（五）客船未按规定配备足额消防救生设备设施或存在严重缺陷。

第六条 "客船配员或船员履职能力严重不足"，是指下列情形之一的：

（一）船长或者高级船员的配备未满足最低安全配员要求；

（二）参加航行、停泊值班的船员违反规定饮酒或服用国家管制的麻醉药品或者精神药品。

第七条　"客运码头重要设备及应急设备存在严重缺陷或故障"，是指下列情形之一的：

（一）未按规定配备足额消防救生设备设施或配备的设备设施存在严重缺陷；

（二）未按规定设置旅客、车辆上下船设施，安全设施，应急救援设备，或者设置的设备设施不能正常使用。

第八条　"水上客运生产经营单位违法经营、作业"，是指下列情形之一的：

（一）客船未持有有效的法定证书

（二）客船未遵守恶劣天气限制、夜航规定航行；

（三）客船载运旅客人数超出乘客定额人数的、或未按规定载运或载运的车辆不符合相关规定、或未按规定执行"车客分离"要求；

（四）客运码头未按规定履行安检查危职责，违规放行人员和车辆；

（五）未按规定执行水路旅客运输实名制管理规定；

（六）超出经营许可范围和许可有效期经营。

第九条　"水上客运生产经营单位安全管理存在严重问题"，是指下列情形之一的：

（一）未按规定建立安全管理制度或安全管理体系；

（二）未切实执行安全管理制度或安全管理体系没有得到有效运行；

（三）安全管理相关人员不符合规定的任职要求或履职能力严重不足；

（四）未按规定制定应急预案或者未定期组织演练，且逾期不改正。

第十条　其他重大事故隐患，是指下列情形之一的：

（一）客船人员应急疏散通道严重堵塞；

（二）客船压载严重不当；

（三）客船积载、系固及绑扎严重不当；

（四）客船登离装置存在重大安全缺陷未及时纠正；

（五）客运码头未按相关标准配备安全检测设备或者设备无法正常使用；

（六）客运码头及其停车场与污染源、危险区域的距离不符合规定。

第十一条　对于不能依据本指南直接判断是否为重大事故隐患的情况，可组织有关专家，依据安全生产法律法规、规章、标准、规程和安全生产管理制度，进行论证、综合判定。

第十二条　本指南所指客船系指载客超过12人的船舶。

第十三条　本指南自2018年1月1日起施行。

中华人民共和国内河避碰规则

（1991年4月28日，交通部令第30号发布，自1992年1月1日起施行；根据2003年9月2日《关于修改〈中华人民共和国内河避碰规则（1991）〉的决定》（交海发〔2003〕357号）修正）

第一章　总则

第一条　宗旨

为维护水上交通秩序，防止碰撞事故，保障人民生命、财产的安全，制定本规则。

第二条　适用范围

在中华人民共和国境内江河、湖泊、水库、运河等通航水域及其港口航行、停泊和作业的一切船舶、排筏均应当遵守本规则。

船舶、排筏在国境河流、湖泊航行、停泊和作业，按照中国政府同相邻国家政府签有的协议或者协定执行。

船舶、排筏在与中俄国境河流相通的水域航行、停泊和作业不适用本规则。

第三条　责任

船舶、排筏及其所有人、经营人以及船员应当对遵守本规则的疏忽而产生的后果以及对船员通常做法所要求的或者当时特殊情况要求的任何戒备上的疏忽而产生的后果负责。

不论由于何种原因，两船已逼近或者已处于紧迫局面时，任何一船都应当果断地采取最有助于避碰的行动，包括在紧迫危险时而背离本规则，以挽救危局。

不论由于何种原因，在长江上航行的客渡船必须避让顺航道行驶的船舶。

第四条　特别规定

本规则授权各省、自治区、自辖市海事机构，长江、黑龙江海事局及辖区内有内河的沿海海事机构根据辖区具体情况，制定包括分道通航等有关交通管制在内的特别规定，报交通部批准后生效。

第五条　定义

本规则下列用语的含义是：

（一）"船舶"是指各种船艇、移动式平台、水上飞机和其他水上运输工具，但不包括排筏。

（二）"机动船"是指用机器推动的船舶。

（三）"非自航船"是指驳船、囤船等本身没有动力推动的船舶。

（四）"帆船"是指任何正在驶帆的船舶，包括装有推进器而不在使用者。

（五）"拖船"是指从事吊拖或者顶推（包括旁拖）的任何机动船。

（六）"船队"是指由拖船和被吊拖、顶推的船舶、排筏或者其他物体编成的组合体。

（七）"快速船"是指静水时速为35公里以上的船舶。

（八）"限于吃水的海船"是指由于船舶吃水与航道水深的关系，致使其操纵、避让能力受到限制的船舶。限于吃水的海船的实际吃水在长江定为7米以上，珠江定为4米以上。

（九）"在航"是指船舶、排筏不在锚泊、系靠或者搁浅。

（十）"船舶长度"是指船舶的总长度。

（十一）"航路"是指船舶根据河流客观规律或者有关规定，在航道中所选择的航行路线。

（十二）"顺航道行驶"是指船舶顺着航道方向行驶，包括顺着直航道和弯曲航道行驶。

（十三）"横越"是指船舶由航道一侧横向或者接近横向驶向另一侧，或者横向驶过顺航道行驶船舶的船首方向。

（十四）"对驶相遇"是指顺航道行驶的两船来往相遇，包括对遇或者接近对遇、互从左舷或者右舷相遇、在弯曲航道相遇，但不包括两横越船相遇。

（十五）"能见度不良"是指由于雾、霾、下雪、暴风雨、沙暴等原因而使能见度受到限制的情况。

（十六）"感潮河段"是指沿海各省、自治区、直辖市海事机构及长江海事局划定的受潮汐影响明显的河段。

（十七）"干、支流交汇水域"是指不与本河（干流）同出一源的支流与本河的汇合处。

（十八）"叉河口"是指与本河同出一源的叉河道与本河的分合处。

（十九）"平流区域"是指水流较平缓的运河及水网地带。

（二十）"渡船"是指内河Ⅰ级航道内，单程航行时间不超过2小时，或单程航行距离不超过20公里，其他内河通航水域单程航行时间不超过20分钟的用于客渡、车渡、车客渡的船舶。

第二章　航行和避让

第一节　行动通则

第六条　瞭望

船舶应当随时用视觉、听觉以及一切有效手段保持正规的瞭望，随时注意周围环境和来船动态，以便对局面和碰撞危险作出充分的估计。

第七条　安全航速

船舶在任何时候均应当以安全航速行驶，以便能够采取有效的避让行动，防止碰撞。

船舶决定安全航速时，应当考虑能见度、通航密度、船舶操纵性能、风、浪、流及航道情况和周围环境等主要因素；使用雷达的船舶，还应当考虑雷达设备的特性、效率和局限性。

机动船经过要求减速的船舶、排筏、地段和船舶装卸区、停泊区、鱼苗养殖区、渡口、施工水域等易引起浪损的水域，应当及早控制航速，并尽可能保持较开距离驶过，以避免浪损。

由于本身防浪能力或者防浪措施存在缺陷的，不能因本条第三款规定而免除责任。

第八条　航行原则

机动船航行时,上行船应当沿缓流或者航道一侧行驶,下行船应当沿主流或者航道中间行驶。但在潮流河段、湖泊、水库、平流区域,任何船舶应当尽可能沿本船右舷一侧航道行驶。

设有分道通航、船舶定线制的水域,必须按照有关规定航行和避让。两船对遇或者接近对遇应当以左舷会船。

第九条　避让原则

船舶在航行中要保持高度警惕,当对来船动态不明产生怀疑,或者声号不统一时,应当立即减速、停车,必要时倒车,防止碰撞。

采取任何防止碰撞的行动,应当明确、有效、及早进行,并运用良好驾驶技术,直至驶过让清为止。

在任何情况下,在长江干线航行的客渡船都必须避让顺航道或河道行驶的船舶。

船舶在避让过程中,让路船应当主动避让被让路船;被让路船也应当注意让路船的行动,并按当时情况采取行动协助避让。

两机动船相遇,双方避让意图经声号统一后,避让行动不得改变。

第二节　机动船相遇,存在碰撞危险时的避让行动

第十条　机动船对驶相遇

两机动船对驶相遇时,除本节另有规定外:

(一)上行船应当避让下行船,但在潮流河段,逆流船应当避让顺流船;在湖泊、水库、平流区域,两船中一船为单船,而另一船为船队时,则单船应当避让船队。

(二)在潮流河段、湖泊、水库、平流区域,两船对遇或者接近对遇,除特殊情况外,应当互以左舷会船。

(三)机动船驶近弯曲航段、不能会船的狭窄航段,应当按规定鸣放声号,夜间也可以用探照灯向上空照射以引起他船注意。遇到来船时,按本条(一)、(二)项规定避让,必要时上行船(潮流河段的逆流船)还应当在弯曲航段或者不能会船的狭窄航段下方等候下行船(潮流河段的顺流船)驶过。

第十一条　机动船追越

一机动船正从另一机动船正横后大于22.5度的某一方向赶上、超过该船,可能构成碰撞危险时,应当认定为追越,并应当遵守下列规定:

(一)在狭窄、弯曲、滩险航段、桥梁水域和船闸引航道禁止追越或者并列行驶。

(二)在可以追越的航道中,追越船必须按规定鸣放声号,并取得前船同意后,方可以追越。

(三)在追越过程中,追越船应当避让被追越船,不得和被追越船过于逼近,禁止拦阻被追越船的船头。

(四)被追越船听到追越船要求追越的声号后,应当按规定回答声号,表示是否同意追越。在航道情况和周围环境允许时,被追越船应当同意追越船追越,并应当尽可能采取让出一部分航道和减速等协助避让的行动。

第十二条　机动船横越和交叉相遇

机动船在横越前应当注意航道情况和周围环境,在确认无碍他船行驶时,按规定鸣放声号后,方

可以横越。除本节另有规定外,机动船横越和交叉相遇时,应当按下列规定避让:

(一)横越船都必须应当避让顺航道或河道行驶的船,并不得在顺航道行驶船的船前方突然和强行横越。

(二)同流向的两横越船交叉相遇,有他船在本船右舷者,应当给他船让路。

(三)不同流向的两横越船相遇,上行船应当避让下行船,但在潮流河段逆流船应当避让顺流船。

(四)在平流区域两横越船相遇,上行船应当避让下行船;同为上行或者下行横越船时,有他船在本船右舷者,应当给他船让路。

(五)在湖泊、水库两船交叉相遇,有他船在本船右舷者,应当给他船让路。

第十三条 机动船尾随行驶

机动船尾随行驶时,后船应当与前船保持适当距离,以便前船突然发生意外时,能有充分的余地采取避免碰撞的措施。

第十四条 在长江干线航行的客渡船与其他顺航道或河道行驶的机动船相遇,客渡船都必须避让顺航道或河道行驶的船舶,并不得与顺航道或河道行驶的船舶抢航、强行追越或者强行横越或掉头。两渡船相遇时,应按本节各条规定避让。

第十五条 机动船在干、支流交汇水域相遇

机动船驶经支流河口,在不违背第八条规定的情况下,应当尽可能地绕开行驶。除在平流区域外,两机动船在干、支流交汇水域相遇时,应当按下列规定避让:

(一)从干流驶进支流的船,应当避让从支流驶出的船。

(二)干流船同从支流驶出的船同一流向行驶,干流船应当避让从支流驶出的船。

(三)干流船同从支流驶出的船不同流向行驶,上行船应当避让下行船,但在潮流河段逆流船应当避让顺流船。

两机动船在平流区域进出干、支流交汇水域相遇时,有他船在本船右舷者,应当给他船让路。

第十六条 机动船在叉河口相遇

两机动船在叉河口相遇,同一流向行驶时,有他船在本船右舷者,应当给他船让船;不同流向行驶时,上行船应当避让下行船,但在潮流河段逆流船应当避让顺流船。

第十七条 机动船与在航施工的工程船相遇

不论本节有何规定,机动船与在航施工的工程船相遇,机动船应当避让在航施工的工程船。

第十八条 限于吃水的海船相遇

在长江干线航行的客渡船都必须避让限于吃水的船舶。

限于吃水的海船遇有来船时,应当及早发出会船声号。除第十七条外,不论本节有何规定,来船都必须避让限于吃水的船舶并为其让出深水航道。两艘限于吃水的海船相遇时,应当按本节各条规定避让。

第十九条 快速船相遇

快速船在航时,应当宽裕地让清所有船舶。两快速船相遇时,应当按本节各条规定避让。

第二十条 机动船掉头

机动船或者船队在掉头前,应当注意航道情况和周围环境,在无碍他船行驶时,按规定鸣放声号后,方可以掉头。

过往船舶应当减速等候或者绕开正在掉头的船舶行驶。

第三节　机动船、人力船、帆船、排筏相遇，存在碰撞危险时的避让行动

第二十一条　机动船与人力船、帆船、排筏相遇

除快速船外，机动船与人力船、帆船、排筏相遇时，船舶、排筏均应当遵守下列规定：

（一）机动船发现人力船、帆船有碍本船航行时，应当鸣放引起注意和表示本船动向的声号。人力船、帆船听到声号或者见到机动船驶来时，应当迅速离开机动船航路或者尽量靠边行驶。机动船发现与人力船、帆船距离逼近，情况紧急时，也应当采取避让行动。

（二）人力船、帆船除按当地主管部门规定的航线航行外，不得占用机构船航道或航路。

（三）人力船、帆船不得抢越机动船船头或者在航道上停桨流放，不得驶进机动船刚刚驶过的余浪中去，不得在狭窄、弯曲、滩险航段、桥梁水域和船闸引航道妨碍机动船安全行驶。

（四）人工流放的排筏见到机动船驶来，应当及早调顺排身，以便于机动船避让。

第二十二条　帆船、人力船、排筏相遇

帆船、人力船、排筏相遇，按下列规定避让：

（一）两帆船相遇，顺风船应当避让抢风船；两船都是顺风船或者抢风船，左舷受风船应当避让右舷受风船；两船同舷受风，上风船应当避让下风船。

（二）帆船应当避让人力船。

（三）帆船、人力船都应当避让人工流放的排筏。

第四节　船舶在能见度不良时的行动及其他

第二十三条　船舶在能见度不良时的行动

船舶在能见度不良的情况下航行，应当以适合当时环境和情况的安全航速行驶，加强瞭望，并按规定发出声响信号。

装有雷达设备的船舶测到他船时，应当判定是否存在着碰撞危险。若是如此，应当及早地与对方联系并采取协调一致的避让行动。

除已判定不存在碰撞危险外，每一船舶当听到他船雾号不能避免紧迫局面时，应当将航速减到能维持其航向操纵的最低速度。

无论如何，每一船舶都应当极其谨慎地驾驶，直到碰撞危险过去为止，必要时应当及早选择安全地点锚泊。

第二十四条　靠泊、离泊

机动船靠、离泊位前，应当注意航道情况和周围环境，在无碍他船行驶时，按规定鸣放声号后，方可以行动。正在上述水域附近行驶的船舶，听到声号后，应当绕开行驶或者减速等候，不得抢档。

第二十五条　停泊

船舶、排筏在锚地锚泊不得超出锚地范围。系靠不得超出规定的尺度。停泊不得遮蔽助航标志、信号。

船舶、排筏禁止在狭窄、弯曲航道或者其他有碍他船航行的水域锚泊、系靠。

除因工作需要外，过往船舶不得在锚地穿行。

第二十六条　渔船捕鱼

渔船捕鱼时，不得阻碍其他船舶航行，在航道上不得设置固定渔具。

第二十七条　失去控制的船舶

失去控制的机动船、非自航船应当及早选择安全地点锚泊。严禁非自航船舶自行流放。

第三章　号灯和号型

第二十八条　一般规定

有关号灯的各条规定从日落到日出期间应当遵守。在白天能见度不良的情况下也可以显示有关号灯。在显示号灯的时间内,凡是可能与规定号灯相混淆或者减弱其显示性能的灯光,均不得显示。

有关号型的各条规定,在白天都应当遵守。

号灯、号型均应当显示在最易见处,并符合本规则附录一的技术要求。除本规则另有规定外,几个号灯、号型组成一组时,均应当垂直显示。

第二十九条　在航的机动船

除本章另有规定外,机动船单船在航时,应当显示白光桅灯一盏、红、绿光舷灯各一盏,白光尾灯一盏。船舶长度为50米以上的机动船,还应当在后桅显示另一盏白光灯;除快速船外,船舶长度小于12米的机动船,条件不具备时,可以显示白光环照灯一盏和红、绿光并合灯一盏,也可以显示红、白、绿光三色灯一盏,以代替上述规定的号灯。

下列船舶在航时,除显示前款规定的号灯外,还应当:

(一)快速船白天和夜间均显示黄闪光灯一盏。

(二)限于吃水的海船夜间显示红光环照灯三盏,白天悬挂圆柱形号型一个。

(三)横江渡船夜间在桅杆的横桁两端显示绿光环照灯各一盏,白天在桅杆横衍的一侧悬挂双箭头号型一个。

第三十条　在航的船队

在航的船队分别按下列规定显示号灯:

(一)拖船除显示舷灯、尾灯外,还应当按拖带形式显示:

1.吊拖或者吊拖又顶推船舶时,显示白光桅灯两盏。

2.顶推船舶、排筏时,显示白光桅灯三盏。拖船显示上述号灯有困难时,可以改在船队中最适宜的船舶上显示。

3.吊拖排筏时,显示白、绿、白光桅灯各一盏。

4.吊拖船舶、排筏的拖船,为便于被吊拖船舶或者排筏操舵,也可以在烟囱或者桅的后面,高于尾灯的位置显示另一盏白光灯,但灯光不得在正横以前显露。

(二)两艘以上拖船其同拖顶组成一个船队时,应当按拖带形式显示:

1.共同顶推船舶、排筏时,应当在一艘拖船上显示顶推船队的号灯,其余拖船只显示被顶推船号灯。

2.前后吊拖船舶、排筏或者采用又吊拖又顶推的混合队形时,最前面一艘拖船显示吊拖号灯,后面的拖船只显示被拖船的号灯。

(三)被吊拖、顶推的船舶或者排筏在航时,应当显示下列号灯:

1.被吊拖、顶推的船舶应当显示红、绿光舷灯。被编组为多排数列式队形时,应当在最左边的一列船舶只显示红光舷灯，在最右边的一列船舶只显示绿光舷灯。顶推船队中最前一艘船的船首，应当显示白光船首灯一盏，其灯光不得在正横后显露。被顶推船的船尾超过拖船船尾时，还应当显示白光尾灯。吊拖船队中最后一排船应当显示白光尾灯。

2.船舶长度未满30米的船舶被吊拖为单排一列式时，每艘船可以显示白光环照灯一盏以代替红、绿光舷灯。

3.人力船、帆船、物体在被吊拖、顶推时，应当显示白光环照灯一盏，被顶推时灯光不得在正横后显露。当编组为多排数列式时，则在左、右最外一列显示。

4.排筏被吊拖时，应当在排筏四角高出排面至少1米处显示白光环照灯各一盏；被顶推时，在排首两角高出排面至少1米处显示白光环照灯各一盏，其灯光不得在正横后显露。

第三十一条　在航的人力船、帆船、排筏

人力船、帆船在航时，应当在船尾最易见处显示白光环照灯一盏。帆船遇见机动船驶来时，应当及早在船头显示另一盏白光环照灯或者白光手电筒，直到机动船驶过为止。

人力船、帆船由于操作上的困难，确实不能按照机动船要求方向避让时，夜间应当用白光灯或者白光手电筒，白天用白色信号旗左右横摇。

排筏流放时，应当在前后高出排面至少1米处显示白光环照灯各一盏。

第三十二条　工程船

工程船未进入工地或者已撤出工地时，应当显示一般船舶规定的信号，进入工地时，应当显示下列号灯、号型：

（一）工程船在工地其位置固定时，夜间显示环照灯三盏，其连线构成尖端向上的等边三角形，三角形顶端为红光环照灯，底边两端，通航的一侧为白光环照灯，不通航的一侧为红光环照灯。白天在桅杆横桁两端各悬挂号型一个，通航的一侧为圆球，不通航的一侧为十字号型。

（二）自航工程船在航施工时，除显示机动船在航号灯外，夜间显示红、白、红光环照灯各一盏，白天悬挂圆球、菱形、圆球号型各一个。被拖船拖带的工程船在航施工时，除按第二十九条规定显示号灯外，还应当显示与自航工程船在航施工时相同的号灯、号型。

（三）工程船所伸出的排泥管，应当在管头和管尾并每隔50米距离，显示白光环照灯一盏。

船舶有潜水员在水下作业时，夜间应当显示红光环照灯一盏，白天悬挂"A"字信号旗一面。

第三十三条　掉头

长度为30米以上的机动船或者船队，在掉头前五分钟，夜间应当显示红、白光环照灯各一盏，白天悬挂上为圆球一个，下为回答旗一面的信号，掉头完毕后熄灭或者落下。

第三十四条　停泊

船舶、排筏停泊时，分别按下列规定显示信号：

（一）机动船、非自航船停泊时，夜间显示白光环照灯一盏；船舶长度为50米以上的，应当在前部和尾部各显示白光环照灯一盏，前灯高于后灯。白天锚泊时均悬挂圆球一个。

（二）人力船、帆船停泊时，夜间显示白光环照灯一盏。排筏停泊时，夜间靠航道一侧，前部和后部各显示白光环照灯一盏。

（三）停泊的船舶、排筏向外伸出有碍其他船舶行驶的缆索、锚、锚链或者其他类似的物体时，应当在伸出的方向，夜间显示红光环照灯一盏，白天悬挂红色号旗一面。

第三十五条　搁浅

搁浅的机动船、非自航船夜间除显示停泊号灯外，还应当显示红光环照灯两盏，白天悬挂圆球三个。

第三十六条 装运危险货物

装运易爆、易燃、剧毒、放射性危险货物的船舶在停泊、装卸及航行中，除显示为一般船舶规定的信号外，夜间还应当在桅杆的横桁上显示红光环照灯一盏，白天悬挂"B"字信号旗一面。

第三十七条 要求减速

要求减速的船舶、排筏或者地段，应当在桅杆横桁处或者地段上、下两端，夜间显示绿、红光环照灯各一盏，白天悬挂"RY"信号旗一组。

重载人力船、帆船要求机动船减速，夜间用白光灯或者白光手电筒，白天用白色号旗，在空中上下挥动。

第三十八条 渔船

渔船不捕鱼时，显示为一般船舶规定的信号。捕鱼时应当显示下列号灯、号型：

（一）机动船在捕鱼时，夜间除显示机动船在航或者锚泊的号灯外，还应当显示绿、白光环照灯各一盏。白天悬挂尖端相对的两个圆锥体所组成的号型。

（二）人力船、帆船捕鱼时，不论在航或者停泊，夜间均应当显示白光环照灯一盏，白天悬挂篮子一个。

（三）渔船有外伸渔具时，应当在渔具伸出方向，夜间显示白光环照灯一盏，白天悬挂三角红旗一面。

第三十九条 失去控制的船舶

失去控制的机动船、非自航船锚泊前，夜间除显示舷灯和尾灯外，还应当显示红光环照灯两盏，白天悬挂圆球两个。

第四十条 船舶眠桅

船舶通过桥梁、架空设施需要眠桅不能按规定显示桅灯时，应当在两舷灯光源连线中点上方不受遮挡处显示白光环照灯一盏，代替桅灯。通过后立即恢复原状。

第四十一条 监督艇和航标艇

监督艇执行公务时，夜间应当显示舷灯、尾灯和红闪光旋转灯一盏。

航标艇在航时，夜间应当显示舷灯、尾灯和绿光环照灯两盏。

停泊时显示绿光环照灯两盏。

第四章 声响信号

第四十二条 声响信号设备

机动船应当配备号笛一个、号钟一只。非自航船、人力船、帆船和排筏应当配备号钟或者其他有效响器一只。号笛、号钟应当符合本规则附录二的技术要求。

第四十三条 声号的含义

机动船为表示本船的意图、行动或者需要其他船舶、排筏注意时，应当根据本规则各条规定使用号笛发出下列声号：

（一）一短声——我正在向右转向；当和其他船舶对驶相遇时，表示"要求从我左舷会船"。

（二）两短声——我正在向左转向；当和其他船舶对驶相遇时，表示"要求从我右舷会船"。

（三）三短声——我正在倒车或者有后退倾向。

（四）四短声——不同意你的要求。

（五）五短声——怀疑对方是否已经采取充分避让行动，并警告对方注意。

（六）一长声——表示"我将要离泊"、"我将要横越"，以及要求来船或者附近船舶注意。

（七）两长声——我要靠泊或者我要求通过船闸。

（八）三长声——有人落水。

（九）一长一短声——掉头时，"表示我向右掉头"；进出干、支流或者叉河口时，表示"我将要或者正在向右转弯"。

（十）一长两短声——掉头时，表示"我向左掉头"；进出干、支流或者叉河口时，表示"我将要或者正在向左转弯"。

（十一）一长三短声——拖船通知被拖船舶、排筏注意。

（十二）两长一短声——追越船要求从前船右舷通过。

（十三）两长两短声——追越船要求从前船左舷通过。

（十四）一长一短一长声——我希望和你联系。

（十五）一长一短一长一短声——同意你的要求。

（十六）一长两短一长声——要求来船同意我通过。

（十七）一短一长一短声——要求他船减速或者停车。

（十八）一短一长声——我已减速或者停车。

（十九）两短一长声——能见度不良时，表示"我是客渡船"。

前款中"短声"是指历时约1秒钟的笛声，"长声"是指历时4到6秒钟的笛声。一组声号内各笛声的间隔时间约为1秒钟，组与组声号的间隔时间约为6秒钟。

第四十四条 船舶相遇时声号的应用

船舶相遇时，应当按下列规定使用声号：

（一）两机动船对驶相通，下行船（潮流河段的顺流船）应当在相距1千米以上处谨慎考虑航道情况和周围环境，及早鸣放会船声号；上行船（潮流河段的逆流船）听到声号后，如无特殊情况，应当立即回答相应的会船声号。在鸣放会船声号的同时，夜间还应当配合使用红、绿闪光灯，白天也可以配合使用白色号旗。鸣放声号一短声时，夜间连续显示红闪光灯，白天在左舷挥动白色号旗，表示要求来船从我左舷会过；鸣放声号两短声时，夜间连续显示绿闪光灯，白天在右舷挥动白色号旗，表示要求来船从我右舷会过。

（二）机动船发现人力船、帆船有碍本船航行，要求其让路时，应当鸣放声号一长声以引起注意，并鸣放一短声或者两短声表示本船动向。

（三）机动船驶经支流河口或者叉河口前，应当鸣放声号一长声以引起注意；进出干、支流或者叉河口前，向右转弯应当鸣放声号一长一短声，向左转弯应当鸣放声号一长两短声。

（四）机动船与在航施工的工程船对驶相遇，机动船应当在相距1千米以上处鸣放声号一长声，待工程船发出会船声号后，机动船方可以回答相应的会船声号，并谨慎通过。

第四十五条 能见度不良时的声响信号

船舶、排筏在能见度不良的情况下航行、停泊，应当按下列规定发出声响信号：

（一）在航的机动船应当每隔约1分钟鸣放声号一长声。在航的人力船、帆船、排筏应当每隔约1

分钟急敲号钟或者其他有效响器约5秒钟。

（二）锚泊的机动船、非自航船、排筏应当每隔约1分钟急敲号钟或者其他有效响器约5秒钟。锚泊的人力船、帆船在听到来船声号后，应当不间断地急敲号钟或者其他有效响器，直到判定来船已对本船无碍时为止。

第四十六条　甚高频无线电话

配有甚高频无线电话的船舶在航时，应当在规定的频道上正常守听，并按下列规定进行通话：

（一）一般先由被让路船呼叫，通话时用语应当简短、明确。

（二）一般发出呼叫后，未闻回答，应当认为另一船未设有无线电话设备。

（三）两船的避让意图经通话商定一致后，仍应当按本规则规定鸣放声号。

（四）船舶驶近弯曲、狭窄航段以及在能见度不良的情况下航行，应当用无线电话周期性地通报本船船位和动态。

第五章　附则

第四十七条　附录

本规则的三个附录是本规则的组成部分，与本规则条文具有同等效力。

本规则中所称的"以上""大于"，包括本数；所称的"未满""小于"，不包括本数。

第四十八条　解释机关

本规则的解释权属于中华人民共和国交通部。

第四十九条　生效

本规则自1992年1月1日零时起生效，交通部1979年颁布的《内河避碰规则》同时废止。

附录一：

号灯和号型的技术要求

（一）号灯：

1.“桅灯”是指安置在船舶的桅杆上方或者首尾中心线上方的号灯，在225度的水平弧内显示不间断的灯光，其装置要使灯光从船舶的正前方到第一舷正横后22.5度内显示。

在后桅装设另一盏桅灯时，后灯高于前灯的垂向距离至少为3米，水平距离不小于船舶长度的一半。

2.“舷灯”是指安置在船舶最高甲板左右两侧的左舷的红光灯和右舷的绿光灯，各自在112.5度的水平弧内显示不间断的灯光，其装置要使灯光从船舶的正前方到各自一舷的正横后22.5度内分别显示。

舷灯遮板向灯面，应当涂以无光黑漆。遮板的高度至少等于灯高。

船舶长度为80米以上的驳船，应当在船首、尾部分别设置红、绿光舷灯。

3.“尾灯”是指安置在船尾正中的白光灯，在135度的水平弧内显示不间断的灯光，其装置要使灯光从船舶的正后方到第一舷67.5度内显示。尾灯的高度应当尽可能与舷灯保持水平，但不得高出舷灯。

4."船首灯"是指安置在被顶推驳船首的一盏白光灯，在180度的水平弧内显示不间断的灯光，其装置要使灯光从船舶的正前方到每一舷90度内显示，但不得高于舷灯。

5."环照灯"是指在360度的水平弧内显示不间断灯光的号灯。

6."红闪光灯""绿闪光灯"是指安置在舷灯上方左红、右绿的闪光环照灯，其频率为每分钟50至70闪次。

船舶长度小于12米的机动船也可以用红、绿光手电筒代替红、绿闪光灯，但应当保持灯光明亮，颜色清晰分明。

7."黄闪光灯"是指安置在快速船桅杆上的黄闪光环照灯，其频率为每分钟50至70闪次。

8."红、绿光并合灯"是指安装在桅灯的位置，分别从船舶的正前方到左舷正横后22.5度内显示红光，到右舷正横后22.5度内显示绿光的一盏并合灯。

9."红、白、绿光三色灯"是指安装在桅灯的位置，从船舶的正前方到左舷正横后22.5度内显示红光，到右舷正横后22.5度内显示绿光，从船舶的正后方到每舷67.5度内显示白光的并合灯。

10."能见距离"是指在大气透射率为0.8的黑夜，用正常目力能见到的规定的号灯距离。

11."号灯的能见距离、桅灯垂直间距和舷灯遮板长度的技术要求见表一。

（二）操纵号灯：

1."有条件的船舶可以装置操纵号灯，以补充本规则第四十三条（一）项所规定的声号，操纵号灯的每闪历时应当尽可能与声号鸣放的历时时间同步，其表示的意义与相应的声号意义相同。

2."操纵号灯应当安置在一盏或者多盏桅灯的同一首尾垂直面上，并不低于前桅灯的位置。

3.操纵号灯是一盏白光环照灯，其能见距离至少为4千米。

（三）船舶长度小于12米的机动船夜间航行必须备有能够使用的发电设备和蓄电池，以保证号灯的能见距离。

（四）号型、号旗：

1.除另有规定外，号型均为黑色。

2.号型间的垂直距离不得小于1.5米，但船舶长度未满30米的船舶，其号型间距可相应减小。

3.横江渡船号型的箭头为等边三角形。

4.红色、白色旗的规格是宽0.6米，高0.4米。

5.本规则所用信号旗和回答旗，均应当符合《1969年国际信号规则》的规定。

6.号型的技术要求见表二。

表一：

船舶长度	桅灯、一组号灯间距离	舷灯遮板长度	能见距离（KM）							
			桅灯	舷灯	尾灯	环照灯	闪光灯	人力船、帆船、排筏和船舶长度小于12m的机动船的白色环照灯	船首灯	红、绿光并合灯和红、白、绿光三色灯
50m以上	1.5m（最低一盏不小于最高甲板以上4.5m）	0.91m	6	4	4	4	4	2	2	1
30m至未满50m	1m（最低一盏不小于最高甲板以上3m）	0.91m	5	3	3	3	3			
未满50m	0.6m（最低一盏不小于最高甲板以上1m）	0.6m	3	2	2	2	2			

表二：

单位：m

船舶长度	球型	十字型		圆柱型		圆锥形		菱形	横江渡船号型
	直径	长	宽	直径	高度	底圆直径	高度	两个圆锥体以底相合组织	0.2m ↓↓ 0.3m ↑↑ →1←
30m以上	0.6	0.6	0.6	0.6	1.2	0.6	0.6		
未满30m	0.3	0.3	0.3			0.6	0.6		

附录二：

声响信号设备的技术要求

（一）号笛应当能够发出符合本规则要求的声号。船舶长度为30米以上的船舶，可听距离不小于2千米，船舶长度未满30米的船舶，可听距离不小于1千米。

（二）号笛应当安置在船上尽可能高的地方，使声音尽可能少受障碍物阻挡，特别在前方方向上或者特定方向上。

（三）号钟或者其他具有类似音响特性的器具所发出的声压级，在距它1千米处，应当不小于110分贝。

（四）号钟应当用抗蚀材料制成，并能发出清晰的音响。船舶长度为30米以上的船舶，号钟口的直径应当不小于300毫米，船舶长度未满30米的船舶，应当不小于200毫米。钟锤的重量应当不小于号钟重量的3%。

附录三：

遇险信号

（一）船舶遇险需要其他船舶救助时，应当同时或者分别使用下列信号：

1.用号笛、号钟或者其他任何有效响器连续发出急促短声；

2.用无线电报或者其他通信方法发出莫尔斯码组…－－－…（SOS）的信号；

3.用无线电话发出"求救"或者"梅代"（MAYDAY）语音的信号；

4.在船上燃放火焰；

5.人力船、帆船遇险时白天摇红色号旗，夜间摇红光灯或者红光手电筒。

（二）任何船舶如见他船遇险，也可以代发上述求救信号，但应当说明遇险船舶的船名、位置。

（三）除船舶遇险需要救助外，可能与上述信号有混淆的其他信号，都禁止使用。

附表

安全生产综合性法律、法规及规范性文件一览表

序号	名称	修订情况
1	《中华人民共和国安全生产法》	2002年6月29日第九届全国人民代表大会常务委员会第二十八次会议通过；根据2009年8月27日第十一届全国人民代表大会常务委员会第十次会议的《全国人民代表大会常务委员会关于修改部分法律的决定》第一次修改；根据2014年8月31日第十二届全国人民代表大会常务委员会第二次修正；根据2021年6月10日第十三届全国人民代表大会常务委员会第二十九次会议《关于修改〈中华人民共和国安全生产法〉的决定》第三次修正
2	《中华人民共和国突发事件应对法》	2007年8月30日中华人民共和国第十届全国人民代表大会常务委员会第二十九次会议通过
3	《危险化学品安全管理条例》	2002年1月26日中华人民共和国国务院令第344号公布；根据2011年2月16日国务院第144次常务会议第一次修订，2011年3月2日中华人民共和国国务院令第591号公布，自2011年12月1日起施行的《危险化学品安全管理条例》第一次修正；根据2013年12月4日国务院第32次常务会议通过，2013年12月7日中华人民共和国国务院令第645号公布，自2013年12月7日起施行的《国务院关于修改部分行政法规的决定》第二次修正
4	《国务院关于特大安全事故行政责任追究的规定》	2001年4月21日中华人民共和国国务院令第302号公布，自公布之日起施行
5	《生产安全事故应急条例》	2018年12月5日国务院第33次常务会议通过，中华人民共和国国务院令第708号公布，自2019年4月1日起施行
6	《交通运输突发事件应急管理规定》	2011年9月22日经交通运输部第10次部务会议通过，2011年11月14日中华人民共和国交通运输部令2011年第9号公布，自2012年1月1日起施行
7	《突发公共卫生事件交通应急规定》	2003年11月25日经交通部第15次部务会议通过，2004年3月4日中华人民共和国交通部令2004年第2号公布，自2004年5月1日起施行
8	《公路水路行业安全生产信用管理办法（试行）》	交办安监〔2017〕193号
9	《公路水路行业安全生产工作考核评价办法》	交办安监〔2017〕114号
10	《公路水路行业安全生产风险管理暂行办法》	交安监发〔2017〕60号
11	《公路水路行业安全生产隐患治理暂行办法》	交安监发〔2017〕60号
12	《公路水路行业安全生产监督管理工作责任规范导则》	交安监发〔2017〕59号
13	《交通运输企业安全生产标准化建设评价管理办法》	交安监发〔2016〕133号
14	《交通运输部安全生产约谈办法》	交安监发〔2011〕777号
15	《交通运输安全生产挂牌督办办法》	交安监发〔2013〕470号
16	《交通运输安全生产重点监管名单管理规定》	交安监函〔2013〕643号
17	《交通运输部安全生产事故责任追究办法（试行）》	交安监发〔2014〕115号
18	《交通运输部关于推进交通运输安全体系建设的意见》	交安监发〔2015〕20号
19	《交通运输部关于推进公路水路行业安全生产领域改革发展的实施意见》	交安监发〔2017〕39号

序号	名称	修订情况
20	《交通运输部关于推进安全生产风险管理工作的意见》	交安监发〔2014〕120号
21	《交通运输部关于加强危险品运输安全监督管理的若干意见》	交安监发〔2014〕211号